中文社会科学引文索引（CSSCI）来源

被 CNKI 中国期刊全文数据库存（CJFD）收录

解读鲁迅：文学与政治

Culture and Poetics: An Interpretation of Lu Xun
—Literature and Politics

北京师范大学文艺学研究中心 编
王一川 赵勇 主编
陈雪虎 执行主编

文化与诗学

38

CULTURE AND POETICS

2024
（上）

中国文联出版社

图书在版编目（CIP）数据

文化与诗学 ： 解读鲁迅 ： 文学与政治 / 王一川，赵勇主编. -- 北京 ： 中国文联出版社，2025. 2.

ISBN 978-7-5190-5788-6

Ⅰ. I0-53

中国国家版本馆 CIP 数据核字第 2025SD9535 号

主　　编　王一川　赵　勇
执行主编　陈雪虎
责任编辑　阴奕璇
责任校对　吉雅欣
装帧设计　十　一

出版发行　中国文联出版社有限公司
社　　址　北京市朝阳区农展馆南里 10 号　　邮编　100125
电　　话　010-85923025（发行部）　010-85923091（总编室）
经　　销　全国新华书店等
印　　刷　三河市龙大印装有限公司

开　　本　710 毫米 ×1000 毫米　1/16
印　　张　23.25
字　　数　344 千字
版　　次　2025 年 2 月第 1 版第 1 次印刷
定　　价　65.00 元

“解读鲁迅：文学与政治”专题

西方文学与文论

东方文化与近世美学

笔谈：“整本书”的读法与教法

书　评

“解读鲁迅：文学与政治”专题

主持人语

杨俊杰[1]

“文学与政治”是鲁迅研究的永恒主题。这里集合了国内学界三篇文章，分别以北京时期、厦门时期、上海时期为着眼点，对文学与政治在鲁迅作品里的交织样态进行重温。这里还特别邀请懂日语的朋友，把鹿地亘的文章《竹内好的文学思想：围绕其鲁迅论》翻译成中文。竹内好很早就关注“鲁迅：文学与政治”这一话题，其所阐述的“文学者鲁迅”与“启蒙者鲁迅”，其所谈论的“回心”话题，堪称鲁迅研究的一种经典范式。鹿地亘作为竹内好的同时代人，又曾亲炙鲁迅教诲，对“鲁迅：文学与政治”话题却有着截然不同的理解。把鹿地亘的文章介绍过来，希望有益于大家继续进行思考。

[1] 杨俊杰，文学博士，北京师范大学文学院比较文学与世界文学研究所教授，研究方向为西方文学和中西比较文学。

《呐喊》的创生与“思想革命”的展开

——兼论鲁迅在“联合战线”中的定位与策略[1]

林分份[2]

［摘要］ 小说集《呐喊》既是鲁迅对于年轻时候的梦的记录，也是其书写个人精神发展历程的见证。鲁迅以文学创作加盟《新青年》阵营，且在杂志激进“赤化”的过程中坚持“思想革命”的主张，这使得他在支持陈独秀等人“谈政治”的同时，又远离现实的政党政治和权力之争。此外，在《新青年》阵营分化以后，鲁迅所倡导的“壕堑战”和“韧性的战斗”，使得他在同后期创造社、太阳社等团体组成新的“联合战线”的同时，又能保有自己的独立思考和批判立场。总之，自投身新文化运动以来，热衷“联合战线”、坚持“思想革命”和倡导“韧性”战斗，既是作为知识分子的鲁迅的自我定位和斗争策略，也是其与陈独秀、李大钊等激进人士的区别所在。

［关键词］ 鲁迅 《呐喊》“思想革命”“联合战线”“韧性”战斗

在《〈呐喊〉自序》的第一段，鲁迅就写道：“我在年青时候也曾经做过许多梦，后来大半忘却了”，“这不能全忘的一部分，到现在便成了《呐喊》

---

[1] 本文系国家社科基金项目“近代北京文化空间与新文学的制度化研究（1921—1937）”（项目编号：9BZW161）阶段性成果；教育部2024年哲学社会科学研究重大专项项目“中国现当代文学学科话语的历史谱系与体系建构”（项目批准号：2024JZDZ046）研究成果。

[2] 林分份，文学博士，北京师范大学文学院副教授，研究方向为中国现代文学，目前关注“五四”思想文化史、周氏兄弟研究、现代小说诗学研究等。

的来由。"[1] 换句话说，"曾经做过许多梦"的"年青时候"的经历，正是鲁迅创作《呐喊》集中各篇小说的基础。鲁迅 1881 年 9 月生于绍兴，1898 年 5 月前往南京投考江南水师学堂。如果将鲁迅的这一次"十八岁出门远行"当作他"年青时候"的起点，然后将 1918 年 5 月发表小说《狂人日记》(《呐喊》首篇）算作他"做梦"的终点，那么整整二十年中，从鲁迅往南京求学开始，再到日本留学，再到后来回国工作，他的生活积累，成了其小说创作的动力与源泉。而反过来也可以说，小说集《呐喊》中各篇的创作，也成为鲁迅书写个人精神发展历程的见证。

当然，想要深入了解鲁迅个人精神史的发展历程及其内在面向，除了以往研究中关注《呐喊》各篇作品与作者经历的密切关系之外，还有必要考察鲁迅以文学创作加入《新青年》阵营的过程，以及他坚持"思想革命"的动因及其在"联合战线"中的定位与策略。

一

1906 年夏天，鲁迅从日本仙台医学专门学校退学，回到绍兴与朱安完婚，旋即又赴东京从事文艺研究，并筹办《新生》杂志。十七年后，鲁迅在《〈呐喊〉自序》中回忆筹办《新生》杂志无果的经历时，写道：

> 我感到未尝经验的无聊，是自此以后的事……然而我虽然自有无端的悲哀，却也并不愤懑，因为这经验使我反省，看见自己了：就是我决不是一个振臂一呼应者云集的英雄。只是我自己的寂寞是不可不驱除的，因为这于我太痛苦。我于是用了种种法，来麻醉自己的灵魂，使我沉入于国民中，使我回到古代去……[2]

鲁迅这里所说的"看见自己"，确切的意思是"看清自己"，即看到个人

[1] 鲁迅 . 鲁迅全集：第 1 卷［M］. 北京：人民文学出版社，2005：437.

[2] 鲁迅 . 鲁迅全集：第 1 卷［M］. 北京：人民文学出版社，2005：439.

能力的有限，看到改造国民性的漫漫长路。因此，他决心蛰伏，在生活中作为普通国民的一员，在思想上则沉潜到古代文化中去。但 1917 年 8 月开始，与鲁迅、周作人同为章太炎弟子的钱玄同频繁到访，使得沉寂了十多年的鲁迅，内心再次躁动了起来。

钱玄同是鲁迅加入新文化阵营最为有力的推动者，这在后来成为人所共知的事实。关于这一方面的叙述，最早见于鲁迅 1923 年 8 月刊出的《〈呐喊〉自序》[1]：

> 那时偶或来谈的是一个老朋友金心异，将手提的大皮夹放在破桌上，脱下长衫，对面坐下了，因为怕狗，似乎心房还在怦怦的跳动。
>
> “你钞了这些有什么用？”有一夜，他翻着我那古碑的钞本，发了研究的质问了。
>
> “没有什么用。”
>
> “那么，你钞他是什么意思呢？”
>
> “没有什么意思。”
>
> “我想，你可以做点文章……”
>
> 我懂得他的意思了，他们正办《新青年》，然而那时仿佛不特没有人来赞同，并且也还没有人来反对，我想，他们许是感到寂寞了……[2]

此处的“金心异”即钱玄同，因旧派人物林纾曾在其文言小说《荆生》中以“浙人金心异”影射之，鲁迅由此借用。彼时钱玄同的来访，实与《新青年》的刊行及新文化运动的形势有关。1917 年 8 月 1 日，《新青年》三卷六号出版，此后停刊，直至五个半月后复刊。也正是从《新青年》停刊的 8 月开始，钱玄同频繁到访绍兴会馆，游说鲁迅、周作人兄弟加入新文化运动的阵营。据鲁迅《丁巳日记》所载，1917 年 8 月至 12 月有关钱玄同来访的

---

[1] 鲁迅《〈呐喊〉自序》除了刊于北京新潮社 1923 年 8 月初版的小说集《呐喊》之外，还另刊于 1923 年 8 月 21 日《晨报副刊 · 文学旬刊》第 9 号和 1923 年 8 月 28 日《民国日报 · 觉悟》第 2 版。

[2] 鲁迅 . 鲁迅全集：第 1 卷［M］. 北京：人民文学出版社，2005：440–441.

部分如下：

1917 年 8 月 9 日：下午钱中季来，至夜分去。

1917 年 8 月 17 日：晚钱中季来。

1917 年 8 月 27 日：晚钱中季来。夜大风雨。

1917 年 9 月 24 日：夜钱中季来。

1917 年 9 月 30 日：下午……朱蓬仙、钱玄同来。张协和来。旧中秋也，烹鹜沽酒作夕餐，玄同饭后去。月色极佳。

1917 年 10 月 8 日：晚……钱玄同来。

1917 年 10 月 13 日：晚钱玄同来。

1917 年 11 月 12 日：夜钱玄同来。

1917 年 12 月 23 日：晚钱玄同来谈。[1]

“钱中季”即为钱玄同。上述所记钱玄同到绍兴会馆来访的情形，与多年后周作人的回忆基本吻合：“钱君从八月起，开始到会馆来访问，大抵是午后四时来，吃过晚饭，谈到十一二点钟回师大寄宿舍去。查旧日记八月中的九日、十七日、廿七日来了三回，九月以后每月只来过一回。”[2]

钱玄同的频繁到访，使得鲁迅开始关注《新青年》，并就相关话题反馈自己的看法。据《钱玄同日记》1917 年 10 月 8 日所记：“晚访周氏昆仲。豫才见《新青年》三卷六号我致适之信内称《留东外史》为时人所撰小说中之第二流，颇不谓然……”[3] 实际上，在钱玄同的频繁劝说之下，鲁迅不仅为《新青年》建言献策，而且最终应允为该杂志撰稿。于是，在 1918 年 5 月 15 日出版的《新青年》四卷五号上，鲁迅所撰白话小说《狂人日记》和署名“唐俟”的三首白话诗《梦》《爱之神》《桃花》，得以与读者见面。也就

[1] 鲁迅 . 鲁迅全集：第 15 卷［M］. 北京：人民文学出版社，2005：292–293，296–298，301，304.
[2] 周作人 . 知堂回想录 · 一一六［M］// 周作人散文全集：第 13 卷 . 桂林：广西师范大学出版社，2009：511–512.
[3] 杨天石，主编 . 钱玄同日记（整理本）：上册［M］. 北京：北京大学出版社，2014：321.

是从这时候开始，鲁迅正式加入新文化运动的阵营，此后不断有作品在《新青年》上刊出。

据统计，从 1918 年 5 月 15 日到 1921 年 8 月 1 日，在三年多的时间中，鲁迅在《新青年》上总共发表作品五十四篇，其中小说五篇，新诗六首，杂文二十九篇（包含“随感录”二十七篇），通讯三篇，译文四篇，其他（附记、正误等）七篇。仅就其中的小说、杂文和新诗这三种创作类的文章来看，这些作品的题材和主旨，都与新文化运动的进程紧密配合。

就鲁迅在《新青年》上发表的小说来看，《狂人日记》（载《新青年》四卷五号）“意在暴露家族和礼教的弊害”，《孔乙己》（载六卷四号）控诉了科举制度，《药》（载六卷五号）思考革命者与群众的关系，《风波》（载八卷一号）批判辛亥革命的不彻底性并提出民众觉悟的问题，而《故乡》（载九卷一号）则描绘了辛亥革命十年之后中国农村凋敝、农民受难的情景，展现了以中年闰土为代表的农民精神的麻木。

在杂文方面，从 1918 年 9 月 15 日《新青年》五卷三号起，至 1919 年 11 月 1 日六卷六号止，鲁迅在总共十期的《新青年》上发表了二十七篇“随感录”。这些“随感录”大都针对当时的社会现象，充满着战斗的色彩，正如鲁迅后来在《〈热风〉题记》中写道：

> 这些“短评”，除几条泛论之外，有的是对于扶乩，静坐，打拳而发的；有的是对于所谓“保存国粹”而发的；有的是对于那时旧官僚的以经验自豪而发的；有的是对于上海《时报》的讽刺画而发的。记得当时的《新青年》是正在四面受敌之中，我所对付的不过一小部分。[1]

鲁迅强调，这些“短评”，正是他当时与《新青年》共同御敌的战斗武器。在“随感录”之外，鲁迅还以笔名“唐俟”在《新青年》上发表了两篇专论。其中一篇题为《我之节烈观》，乃是鲁迅针对当时统治者以“表彰节

[1] 鲁迅 . 鲁迅全集：第 1 卷［M］. 北京：人民文学出版社，2005：307.

烈”来挽回“世风”的做法，向封建道德和封建制度所发动的猛烈攻击。另一篇题为《我们现在怎样做父亲》，其宗旨则在于抨击父权，提倡解放儿童和改革家庭。

此外，这一时期鲁迅在《新青年》上所发表的六首白话新诗，也都展现出积极的战斗姿态和乐观、进取的态度——《梦》含蓄地讽刺了那些脱离中国现实的改革方案，热情地呼唤新的社会理想的到来；《爱之神》鼓励青年要敢于摆脱封建婚姻制度的束缚，做自己命运的主人；《桃花》对新文学蓬勃发展的景象表示欣慰，但也含蓄地批评了新文学界自以为是的不良倾向；《他们的花园》表达了诗人对外来的新思想、新事物的热烈支持，对抵制外来新事物的封建保守势力的极大憎恶；《人与时》赞颂一种既执着现在又不断跟随时代前进的进取精神；《他》中的“他”系指女性，描写了对“他”的寻求和失望，表达了对美好事物的憧憬，也暗示了这种憧憬在当时社会中的难以实现。

除了这些新诗之外，鲁迅在当时写给朋友、学生的信中，也流露出昂扬和乐观的心态。比如，1918 年 8 月 20 日，在写给许寿裳的信中，鲁迅表示：“历观国内无一佳象，而仆则思想颇变迁，毫不悲观。”[1] 而 1920 年 5 月 4 日，鲁迅在致学生宋崇义的信中则写道：“要之，中国一切旧物，无论如何，定必崩溃；倘能采用新说，助其变迁，则改革较有秩序，其祸必不如天然崩溃之烈。”[2] 鲁迅在此表达的是对于国人顺应潮流、主动求变的期待。总之，此时的鲁迅不仅一扫之前对于新文化运动的疑虑，而且展现出对改革者必胜的坚定信念及乐观情绪。

二

然而，让鲁迅始料未及的是，在他发表《狂人日记》一年多后，《新青年》团体的内部就起了变化。1919 年 6 月 11 日晚，陈独秀因在北京街头散

---

[1] 鲁迅 . 鲁迅全集：第 11 卷［M］. 北京：人民文学出版社，2005：365-366.

[2] 鲁迅 . 鲁迅全集：第 11 卷［M］. 北京：人民文学出版社，2005：382.

发《北京市民宣言》传单而被警察厅逮捕，此后被关押了三个月，直到9月16日才被释放。加上这段时间有关陈独秀生活作风的谣言甚嚣尘上，因此在获释之后，他就正式脱离了北大。在陈独秀获释的当月，由李大钊轮值主编的《新青年》六卷五号出版。[1]然而，这一期的杂志因集中刊发了一批宣传马克思学说的文章，成为“马克思主义专号”，遂引起了胡适的不满。10月5日，《新青年》同人在胡适寓所召开编辑会议上，决定自七卷一号起，该杂志由陈独秀一人来编。[2]

1919年12月1日，《新青年》七卷一号出版，并发表了《本志宣言》，在公布杂志同人“共同意见”的同时，也大体上确定了该杂志社会主义的方向。据统计，从1919年下半年到1921年上半年，《新青年》发表的关于马克思主义、十月革命和中国工人运动的论文、通讯等总共一百三十余篇。这种情形，使得胡适直呼“今《新青年》差不多成了Soviet Russia（即苏维埃俄国，引者按）的汉译本”[3]。1920年8月，上海共产主义小组成立，陈独秀当选为书记，上海《新青年》编辑部也迎来了变化。1920年12月，在一封写给李大钊、钱玄同、胡适等新青年同人的信中，陈独秀告知了上海《新青年》编辑部的变化：“弟日内须赴广州，此间编辑事务已请陈望道先生办理，另外新加入编辑部者，为沈雁冰、李达、李汉俊三人……望道先生已移住编辑部，以后来稿请寄编辑部陈望道先生收不误。”[4]此时的陈望道、沈雁冰、李达、李汉俊，都是上海共产主义小组的重要成员。随后，在1920年12月16日写给胡适、高一涵的信中，陈独秀提及自己当晚即将奔赴广东，并指出：“《新青年》色彩过于鲜明，弟近亦不以为然，陈望道君亦主张稍改内容，以后仍以趋重哲学文学为是。但如此办法，非北京同人多做文章不可。近几册内容稍稍与前不同，京中同人来文太少，也是一个重大的原因，请二

[1]《新青年》第六卷第五号目录页所标出版时间为“一九一九年五月”，但实际出版时间为该年九月。参见杨俊杰.《新青年》脱期与鲁迅随感录“文稿八枚”［J］.鲁迅研究月刊，2023（1）.

[2] 周作人.周作人日记（影印本）：中册［M］.郑州：大象出版社，1996：52.

[3] 胡适.致李大钊等《新青年》编委（1921年1月22日）［M］//胡适全集：第23卷.合肥：安徽教育出版社，2003：291.

[4] 陈独秀.致李大钊、钱玄同、胡适等［M］//陈独秀著作选编：第2卷.上海：上海人民出版社，2009：317.

兄切实向京中同人催寄文章。”[1]

胡适12月27日收到陈独秀的信后，即在回信中对于解决《新青年》“色彩过于鲜明”的问题提出了三个办法：一，顺其自然，但“另创一个哲学文学的杂志”，且自谓“秋间就有此意”；二，将《新青年》编辑部的事，自九卷一号移到北京来，且发表一个新宣言，“略根据七卷一号的宣言，而注重学术思想艺文的改造，声明不谈政治”；三，胡适引陶孟和的话说，《新青年》既被邮局停寄，何不暂时停办。另外，胡适在信末表明，此一复信在寄出之前，已征得北京部分同人的意见：“此信一涵、慰慈见过。守常、孟和、玄同三人知道此信的内容。他们对于前两条办法，都赞成，以为都可行。馀人我明天通知。”以及“抚五看过，说‘深表赞同’”[2]。

胡适旋即再将此信交给鲁迅等人传阅并征求意见。由于周作人此时在病中，鲁迅特地在1月3日致信胡适，予以回复。在这封信中，除了代周作人声明“以为照第二个办法最好”外，鲁迅特别表明了自己的立场：

> 我的意思是以为三个都可以的，但如北京同人一定要办，便可以用上两法而第二个办法更为顺当。至于发表新宣言说明不谈政治，我却以为不必，这固然小半在“不愿示人以弱”，其实则凡《新青年》同人所作的作品，无论如何宣言，官场总是头痛，不会优容的。此后只要学术思想艺文的气息浓厚起来——我所知道的几个读者，极希望《新青年》如此，——就好了。[3]

很显然，对于《新青年》是否继续谈政治的问题，鲁迅的立场跟胡适迥然不同，而与陈独秀一致。

---

[1] 陈独秀.致胡适之、高一涵［M］// 陈独秀著作选编：第2卷.上海：上海人民出版社，2009：318.

[2] 胡适.答陈独秀（1920年12月间）［M］// 胡适全集：第23卷.合肥：安徽教育出版社，2003：281–282.此处一涵为高一涵，慰慈为张祖训，守常为李大钊，孟和为陶履恭，玄同为钱玄同，抚五为王星拱。

[3] 鲁迅.鲁迅全集：第11卷［M］.北京：人民文学出版社，2005：387.

陈独秀在收到胡适的复信之后，受到陶孟和“停办”说的刺激，当即给陶孟和写了一封信，以“言尽于此”等语表明自己决绝的态度。[1] 此后，陈独秀又于 1 月 9 日致信北京《新青年》同人，表示北京同人尽可另办刊物，但不同意《新青年》停刊，并且指出：“第二条办法，弟虽离沪，却不是死了，弟在世一日，绝对不赞成第二条办法，因为我们不是无政府党人，便没有理由可以宣言不谈政治。”[2] 在此，陈独秀坚决捍卫《新青年》谈政治的立场。

或许是感受到了陈独秀立场的果决，胡适于 1921 年 1 月 22 日又专门给李大钊等《新青年》同人写了一封信，且“附加一函并附陈独秀与孟和书一份”，进一步征询大家的意见，并试图提出让双方都能接受的一种方案：“我很愿意取消‘宣言不谈政治’之说，单提出‘移回北京编辑’一法。理由是：《新青年》在北京编辑或可以多逼迫北京同人做点文章。否则独秀在上海时尚不易催稿，何况此时在素不相识的人的手里呢？岂非与独秀临行时的希望——‘非北京同人多做文章不可’——相背吗？”[3] 不难看出，胡适在退一步的同时，又以北京同人能否多做文章一事要求《新青年》移回北京编辑，说到底还是想掌握《新青年》的编辑权。在胡适这封信末尾所附众人的意见中，鲁迅与周作人的立场庶几一致，都表示赞成北京编辑，但“看现在《新青年》的趋势是倾于分裂的，不容易勉强调和统一。无论用第一、第二条办法，结果还是一样，所以索性任他分裂，照第一条或者倒还好一点”。与周作人稍微不同的是，鲁迅似乎看穿了胡适的心思，强调任他分裂的同时，“但不必争《新青年》这一个名目”[4]。

在这种情形之下，陈、胡二人的分道扬镳已属必然。因此，1 月 28 日，陈望道代表新青年社致信周作人，同时为《新青年》九卷一号催稿：“胡适先生口说不谈政治，却自己争过自由：我们颇不大敢请教他了。但稿颇为

---

[1] 胡适．致陈独秀（约 1921 年 1 月初）［M］// 胡适全集：第 23 卷．合肥：安徽教育出版社，2003：287.

[2] 陈独秀．陈独秀致《新青年》同人函（1921 年 1 月 9 日）［J］．现代中文学刊，2009（4）.

[3] 胡适．致李大钊等《新青年》编委（1921 年 1 月 22 日）［M］// 胡适全集：第 23 卷．合肥：安徽教育出版社，2003：291.

[4] 胡适．致李大钊等《新青年》编委（1921 年 1 月 22 日）［M］// 胡适全集：第 23 卷．合肥：安徽教育出版社，2003：292–293.

难，在京一方面，只有希望先生与豫才、守常、玄同诸先生努力维持了。”[1]在拉稿对象上，陈望道显然已将主张“不谈政治”的胡适排除在外。雪上加霜的是，1921 年 2 月初，在《新青年》八卷六号排印将完的时候，稿件却被法租界巡捕房包探所搜，而且不准在上海印刷。无奈之下，新青年社“既须找寻原稿重编一道（当为‘过’），又须将印刷地点改在广东，所以出版便不能如期了”[2]。遭此变故，《新青年》八卷六号直到 4 月 1 日才在广州顺利出版。

1921 年 2 月 15 日，陈独秀从广州写信给胡适，告知自己的立场和此时《新青年》的处境：

> 我当时不赞成《新青年》移北京，老实说是因为近来大学空气不大好。现在《新青年》已被封禁，非移粤不能出版，移京已不成问题了。你们另外办一个报，我十分赞成，因为中国好报太少，你们做出来的东西总不差，但我却没有工夫帮助文章。而且在北京出版，我也不宜做文章。我是一时不能回上海了。[3]

不难看出，陈独秀接受了胡适在京另办刊物的提议，也表明自己无法为新刊写稿的难处。与此同时，陈独秀也明白，让胡适等人继续为《新青年》供稿，已属不可能之事。因此，在致信胡适的同一天，陈独秀另写一信向鲁迅、周作人兄弟求助：“豫才、启明二先生：《新青年》风波想必先生已经知道了，此时除移粤出版无他法，北京同人料无人肯做文章了，惟有求助于你两位，如何，乞赐复。”[4]不难看出，对于陈独秀而言，彼时的北京同人中，唯有周氏兄弟才是他最可倚仗的盟友。

---

[1] 陈望道 . 与周作人关于《新青年》杂志的通信［M］// 陈望道全集：第 10 卷 . 杭州：浙江大学出版社，2011：175–176.

[2] 记者 . 编辑室杂记［J］. 新青年，1921，9（1）.

[3] 陈独秀 . 致胡适之（1921 年 2 月 15 日）［M］// 陈独秀著作选编：第 2 卷 . 上海：上海人民出版社，2009：366.

[4] 陈独秀 . 致周启明信（1921 年 2 月 15 日）［M］// 陈独秀著作选编：第 2 卷 . 上海：上海人民出版社，2009：365.

三

鲁迅虽然同情《新青年》乃至维护陈独秀，但其思想立场仍然与当时热衷宣传社会主义和鼓吹阶级斗争的陈独秀存在本质上的区别。在此，考察鲁迅在《新青年》第七卷前后以及第八卷、第九卷所刊文章主题和内容的变化，或许就能有所发现。

在陈独秀单独主编第七卷之前，鲁迅以笔名唐俟在 1919 年 11 月 1 日出版的《新青年》六卷六号发表了杂文《我们现在怎样做父亲》，以及“随感录”六十一至六十六，即《不满》《恨恨而死》《“与幼者”》《有无相通》《暴君的臣民》《生命的路》诸篇。而在陈独秀独立主编的第七卷中，鲁迅只将所译日本作家武者小路实笃的剧作《一个青年的梦》，放在《新青年》七卷二号开始连载，至 1920 年 4 月 1 日《新青年》七卷五号载完，此外并未在该刊第七卷发表其他文字。《一个青年的梦》的译稿，原本是鲁迅应孙伏园之约刊于《国民公报》上，但未及刊完，该报即被禁，故而鲁迅将其移载《新青年》，并撰《译者序二》说明“全剧的宗旨”，“是在反对战争”；而“翻成中文的意义”，则是因为“这剧本很可以医许多中国旧思想上的痼疾”[1]。换句话说，鲁迅之所以翻译《一个青年的梦》，其动机正是后来所说的“揭出病苦，引起疗救的注意”的“启蒙主义”[2]。

陈独秀对于鲁迅近来仅提供剧作译稿的做法显然并不满足，故在 1920 年 3 月 11 日与周作人的通信中，他表示：“我们很盼望豫才先生为《新青年》创作小说，请先生告诉他。”[3] 不仅如此，陈望道在当年夏天加入《新青年》编辑部之后，也代表《新青年》杂志写信约请鲁迅写小说。[4] 在二陈的催促之下，鲁迅 8 月 5 日完成小说《风波》，于 8 月 7 日邮寄上海《新青年》

---

[1] 鲁迅 . 鲁迅全集：第 10 卷［M］. 北京：人民文学出版社，2005：212.

[2] 鲁迅 . 鲁迅全集：第 10 卷［M］. 北京：人民文学出版社，2005：526.

[3] 陈独秀 . 致周启明信（1920 年 3 月 11 日）［M］// 陈独秀著作选编：第 2 卷 . 上海：上海人民出版社，2009：213.

[4] 陈望道 . 关于鲁迅先生的片断回忆［M］// 陈望道文存全编：第 7 卷 . 上海：复旦大学出版社，2021：321.

编辑部，作品即在 9 月 1 日出版的《新青年》八卷一号刊出。陈独秀显然先行看到了这篇小说，故而在 8 月 22 日给周作人的信中告知“《风波》在一号报上登出，九月一号准能出版”，并且在信末再次表示，“鲁迅兄做的小说，我实在五体投地的佩服”[1]。此外，在编完八卷二号后，陈独秀于 9 月 28 日致信周作人，表达了对杂志稿源的担忧：“二号报准可如期出版。你尚有一篇小说（指翻译的小说，引者）在这里，大概另外没有文章，不晓得豫才兄怎么样？‘随感录’本是一个很有生气的东西，现在为我一个人独占了，不好不好，我希望你和豫才玄同二位有功夫都写点来。”在担忧稿源的同时，他还心系鲁迅的小说创作，“豫才兄做的小说实在有集拢来重印的价值，请你问他倘若以为然，可就《新潮》《新青年》剪下自加订正，寄来付印。”[2]

事实上，此时鲁迅已经发表的小说，除了刊于《新青年》的《狂人日记》《孔乙己》《药》《风波》四篇之外，尚有《明天》《一件小事》二篇，分别载于《新潮》月刊和《晨报·周年纪念刊》。但就在这为数不多的六篇作品中，陈独秀却已然看出了它们的独特价值，故而试图劝说鲁迅将小说集拢来重印。由于资料所缺，鲁迅当时作何反应不得而知，但陈独秀的催促却给他留下了深刻的印象，以至于十多年后仍记忆犹新：“但是《新青年》的编辑者，却一回一回的来催，催几回，我就做一篇，这里我必得记念陈独秀先生，他是催促我做小说最着力的一个。”[3] 而实际上，小说集《呐喊》1923 年 8 月由北京新潮社出版，很快就售卖一空，此后不断再版，成为中国现代文学史上最为畅销的小说集之一，恰恰证明了此前陈独秀果真慧眼识珠。[4]

在《新青年》激进“赤化”的过程中，鲁迅、周作人兄弟持续供应的文艺稿件，一定程度上保持了该杂志此前思想启蒙的特色。正如陈望道致周作

---

[1] 陈独秀 . 致周启明信（1920 年 8 月 22 日）[M] // 陈独秀著作选编：第 2 卷 . 上海：上海人民出版社，2009：246.

[2] 陈独秀 . 致周启明信（1920 年 9 月 28 日）[M] // 陈独秀著作选编：第 2 卷 . 上海：上海人民出版社，2009：272.

[3] 鲁迅 . 鲁迅全集：第 4 卷 [M] . 北京：人民文学出版社，2005：526.

[4] 以 1938 年 6 月《鲁迅全集》出版之前的版次统计，小说集《呐喊》自 1923 年 8 月由北京新潮社出版，至 1937 年 6 月由上海北新书局出版，总共印行了 24 个版次。参见周国伟 . 鲁迅著译版本研究编目 [M] . 上海：上海文艺出版社，1996：72–73.

人的信中所言："总之，所谓'周氏兄弟'是我们上海广东同人与一般读者所共同感谢的。多如先生们病中也替《新青年》做文章，《新青年》也许看起来，像是'非个人主义''历史主义'，却不是纯粹赤色主义或'汉译本的"Soviet Russia"'了！！"[1]陈望道的观察无疑是准确的。只是，彼时周氏兄弟有限的稿件，显然无法影响《新青年》的进一步"赤化"。1920年8月，上海马克思主义研究会改组为上海共产主义小组（发起组），陈独秀当选为书记。在9月1日出版的《新青年》八卷一号上，陈独秀发表了《谈政治》一文，同期设立"俄罗斯研究"专栏。此后，陈独秀在12月1日出版的《新青年》八卷四号上发起"关于社会主义的讨论"，并大量刊登具有鲜明政治倾向的作品。至此，《新青年》逐步成为上海共产主义小组的机关刊物。

或许是有感于《新青年》同人的分化以及杂志风格的巨变，自1920年9月1日至1921年8月1日，鲁迅在《新青年》第八卷和第九卷上面，总共只发表了五篇文字，包括小说创作《风波》《故乡》二篇，小说译作《幸福》（阿尔志跋绥夫著）、《三浦右卫门的最后》（菊池宽著）二篇，以及童话译作《狭的笼》（爱罗先珂著）一篇。这五篇文字，无论是《风波》批判辛亥革命的不彻底、《故乡》展现农村凋敝和农民精神的麻木，或者《幸福·译者附记》揭示沦落的妓女和以妓女为乐者的麻木、《三浦右卫门的最后·译后记》慨叹中国缺少抨击封建"名教"的作品，以及《狭的笼·译后附记》谴责了英日帝国主义对爱罗先珂的迫害，都延续了鲁迅"启蒙主义"的题旨。

而所谓"启蒙主义"，在鲁迅那里，最为接近的表述即"思想革命"。对于后者，鲁迅在1925年3月12日复徐炳昶的公开信中，有过具体的论述：

> 大约国民如此，是决不会有好的政府的；好的政府，或者反而容易倒。也不会有好议员的，现在常有人骂议员，说他们收贿，无特操，趋炎附势，自私自利，但大多数的国民，岂非正是如此的么？这类的议

[1] 陈望道.与周作人关于《新青年》杂志的通信（1921年2月13日）[M]//陈望道全集：第10卷.杭州：浙江大学出版社，2011：177.

员，其实确是国民的代表。我想，现在的办法，首先还得用那几年以前《新青年》上已经说过的“思想革命”。还是这一句话，虽然未免可悲，但我以为除此没有别的法。而且还是准备“思想革命”的战士，和目下的社会无关。待到战士养成了，于是再决胜负。我这种迂远而且渺茫的意见，自己也觉得是可叹的，但我希望于《猛进》的，也终于还是“思想革命”。[1]

在鲁迅看来，坏的政府和坏的议员，其根源在于坏的国民，因此，改造国民性就显得尤为紧迫；而改造国民性的办法，也就是“思想革命”，尤其是培养“思想革命”的战士。此外，根据许钦文的回忆，1924 年 5 月 30 日，在北大上完《中国小说史》课后，当他问及鲁迅讲《中国小说史》并不限于中国的小说史，而且重点好像还是在反封建思想和介绍写作的方法上时，鲁迅回答道：“是的呀！如果只为着《中国小说史》而讲中国小说史，即使讲得烂熟，大家都能够背诵，可有什么用处呢！”在许钦文看来，彼时鲁迅讲课的主要目的，在于培养一大批能够写作的青年作家，以此摧毁孔孟之道，向旧社会多方面地进攻。[2] 而这，或许正是彼时的鲁迅与鼓吹阶级斗争、暴力革命的陈独秀、李大钊等人的根本区别。或许正因如此，陈独秀后来在《我对于鲁迅之认识》这篇回忆文章中，明确指出：“鲁迅先生和他的弟弟启明先生，都是《新青年》作者之一人……他们两位，都有他们自己独立的思想，不是因为附和《新青年》作者中那一个人而参加的，所以他们的作品在《新青年》中特别有价值，这是我个人的私见。”[3] 对于周氏兄弟及其作品的独特价值，陈独秀显然心知肚明。

鲁迅坚持“思想革命”的立场使得他远离现实的政治斗争，而这也有利于他身处党派之外，一直保持文化斗士的批判立场。此一情形，正如他在 1927 年 10 月发表的《答有恒先生》一文中写道：“曾经有一位青年，想以独

[1] 鲁迅 . 鲁迅全集：第 3 卷［M］. 北京：人民文学出版社，2005：22–23.
[2] 许钦文 .《鲁迅日记》中的我［M］. 杭州：浙江人民出版社，1979：36.
[3] 陈独秀 . 我对于鲁迅之认识［J］. 宇宙风，1937（52）.

秀办《新青年》，而我在那里做过文章这一件事，来证成我是共产党。但即被别一位青年推翻了，他知道那时连独秀也还未讲共产。退一步，'亲共派'罢，终于也没有弄成功。"[1] 此外，1933 年，鲁迅在《〈守常全集〉题记》中，提到他对《新青年》时代的李大钊的印象："《新青年》的同人中，虽然也很有喜欢明争暗斗，扶植自己势力的人，但他一直到后来，绝对的不是。"这段话虽然是评价李大钊的，但更像鲁迅的夫子自道——因为在《新青年》时代，鲁迅正是一个置身于权力斗争之外的人。

四

1935 年，在回顾"五四"之后的北京文坛时，鲁迅指出："在北京这地方，——北京虽然是'五四运动'的策源地，但自从支持着《新青年》和《新潮》的人们，风流云散以来，1920 年至 1922 年这三年间，倒显着寂寞荒凉的古战场的情景。"[2] 在此，鲁迅着力肯定《新青年》《新潮》的作者们曾经在创作新文学、开展"思想革命"方面所发挥的巨大影响，同时感慨此后"寂寞荒凉"的情景。此外，在 1930 年代撰写的多篇回忆文章中，鲁迅也屡屡表达对《新青年》同人风流云散的痛惜。这些文章中，尤为重要的是《〈鲁迅自选集〉序言》和《我怎么做起小说来》这两篇，它们也是作为创作家的鲁迅对于个人精神史的公开表述。

1932 年 12 月，经由左联盟员楼适夷的沟通，鲁迅为上海天马书店编选了《鲁迅自选集》，并于次年 3 月出版。[3] 在该书序言中，鲁迅回顾了自己创作《呐喊》《彷徨》《野草》和《朝花夕拾》等作品的心路历程。其中关于《呐喊》部分，与十年前《〈呐喊〉自序》中的说明几乎一致，可以不提。重

[1] 鲁迅 . 鲁迅全集：第 3 卷［M］. 北京：人民文学出版社，2005：476.

[2] 鲁迅 . 鲁迅全集：第 6 卷［M］. 北京：人民文学出版社，2005：53.

[3]《鲁迅自选集》是继郁达夫《忏余集》之后天马书店出版的第二本书籍，由余姚名家陈之佛负责装帧设计。该系列的《茅盾自选集》《知堂文集》《丁玲文集》《创作的经验》也随后相继出版。参见俞宽宏 . 鲁迅与天马书店关系探微——兼论左联解散前后鲁迅面对盗版问题的职业忧虑［J］. 上海鲁迅研究，2020（2）.

点是后面关于《新青年》团体的散掉以及创作《野草》《彷徨》等的说明：

> 后来《新青年》的团体散掉了，有的高升，有的退隐，有的前进，我又经验了一回同一战阵中的伙伴还是会这么变化，并且落得一个“作家”的头衔，依然在沙漠中走来走去，不过已经逃不出在散漫的刊物上做文字，叫作随便谈谈。有了小感触，就写些短文，夸大点说，就是散文诗，以后印成一本，谓之《野草》。得到较整齐的材料，则还是做短篇小说，只因为成了游勇，布不成阵了，所以技术虽然比先前好一些，思路也似乎较无拘束，而战斗的意气却冷得不少。新的战友在那里呢？我想，这是很不好的。于是集印了这时期的十一篇作品，谓之《彷徨》，愿以后不再这模样。[1]

在这段引文中，鲁迅“荷戟独彷徨”的落寞形象跃然纸上，而他感慨《新青年》团体分化的那一句话，也屡屡被后来的研究者加以引用和阐释。正如有的研究者指出，自《新青年》阵营解体以后，鲁迅的态度与新文化运动主将胡适、陈独秀形成了巨大的反差——他们对自己在这一团体和运动中所起的作用，是自信的，肯定的，同时对于这一伟大的文艺复兴运动以这种方式在他们手中这样分裂、解体，他们不仅没有自责，也几乎没有多少惋惜、眷念之意。[2] 导致这种反差的原因，很大一部分源于鲁迅的自我定位和个人立场。就实际来看，按照周作人后来的说法，鲁迅和他在《新青年》中属于“客员”的地位，并未参加《新青年》具体的编辑会议。[3] 对此，鲁迅也有自知之明，所以他将那时的自己定位为敲敲边鼓，呐喊几声，乃至“听将令”的小卒。[4] 然而，有必要进一步追问的是，在写作《〈鲁迅自选集〉序

---

[1] 鲁迅．鲁迅全集：第 4 卷［M］．北京：人民文学出版社，2005：46.《〈鲁迅自选集〉自序》在 1933 年上海天马书店初版《鲁迅自选集》中，题为《序言》。

[2] 李玉明．论《新青年》阵营的解体对鲁迅的影响［J］．东方论坛，2015（6）.

[3] 周作人．知堂回想录・一二二［M］// 周作人散文全集：第 13 卷．桂林：广西师范大学出版社，2009：535.

[4] 鲁迅．鲁迅全集：第 1 卷［M］．北京：人民文学出版社，2005：441.

言》的1932年年底，鲁迅早就被奉为左联的盟主了，他在团体中的地位也与《新青年》时代迥然有别，可为何他偏偏回过头来，对之前自己“成了游勇，布不成阵”的状态大发感慨？

1933年3月，在为上海天马书店《创作的经验》一书所撰写的《我怎么做起小说来》一文中，鲁迅不仅感念当时陈独秀们一回一回地催他做小说，而且指出：“自然，做起小说来，总不免自己有些主见的。例如，说到‘为什么’做小说罢，我仍抱着十多年前的‘启蒙主义’，以为必须是‘为人生’，而且要改良这人生。”[1]换句话说，正是在有关文学的“启蒙主义”或者“思想革命”这一点上，鲁迅一度与《新青年》同人达成了一致的立场，也因此形成了“联合战线”，由此展开了他的文学事业，才有了《呐喊》《彷徨》《野草》《朝花夕拾》等一系列创作集的出版，而这也正是鲁迅珍视“联合战线”并在后来不断追忆的主要原因之一。事实上，早在1923年的《〈呐喊〉自序》中，鲁迅就表示，由于听将令，他往往不惜在小说中用了曲笔，以至于他的小说“和艺术的距离之远，也就可想而知了”[2]。而在1933年发表的《〈鲁迅自选集〉序言》中，鲁迅则感叹，如今自己以散兵游勇的状态做短篇小说，“技术虽然比先前好一些，思路也似乎较无拘束”，但“战斗的意气却冷得不少”[3]。在这两篇自序中，鲁迅明确地表达了同一个意思：为了“听将令”和“战斗的意气”，亦即为了联合作战的效果，他宁愿牺牲小说的艺术。

或许是基于对《新青年》时代的回味，1927年在广州时期，鲁迅也曾想过“与创造社联合起来，造一条战线，更向旧社会进攻，我再勉励写些文字”[4]。耐人寻味的是，在鲁迅1927年10月到达上海之后，创造社的成仿吾、郭沫若也曾有过联合鲁迅恢复《创造周报》的想法，乃至一度公开刊登了启事；但随着冯乃超、朱镜我、李初梨、彭康、李铁声等几个从日本回来

---

[1] 鲁迅．鲁迅全集：第4卷［M］．北京：人民文学出版社，2005：526.
[2] 鲁迅．鲁迅全集：第1卷［M］．北京：人民文学出版社，2005：442.
[3] 鲁迅．鲁迅全集：第4卷［M］．北京：人民文学出版社，2005：469.
[4] 鲁迅．鲁迅全集：第11卷［M］．北京：人民文学出版社，2005：195.

的年轻共产党员加入创造社，创造社和太阳社在1928年年初就发起了对鲁迅的“围剿”[1]。然而，或许是出于对“联合战线”的执着,1930年3月，在郁达夫、茅盾等人的协调之下，鲁迅不计前嫌，与创造社、太阳社的成员一起成立了左翼作家联盟。

“左联”的成立，满足了鲁迅对于联合作战的执念。然而，“左联”组织中所掺杂的政党政治和权力之争，也在一定程度上使得鲁迅身心俱疲。即便如此，鲁迅的兴趣所在仍然不是政党政治或权力之争，而是努力保持知识分子的独立思考和批判立场。鲁迅逝世一年后，陈独秀在《我对于鲁迅之认识》一文中指出:“最后，有几个诚实的人，告诉我一点关于鲁迅先生大约可信的消息：鲁迅对于他所接近的政党之联合战线政策，并不根本反对，他所反对的乃是对于土豪、劣绅、政客、奸商都一概联合，以此怀恨而终。”“……这位老文学家终于还保持着一点独立思想的精神，不肯轻于随声附和，是值得我们钦佩的。”[2] 半个世纪后，胡风在其长篇回忆文章《鲁迅先生》中也指出，当左翼组织的成员在内部争权夺利的时候，只有鲁迅“对敌人感到不能忍受的憎恨”，以及“对那个政权的各种罪恶手段，对新月派，对民族主义‘文学家’，对第三种人，等等，只有他做了认真的斗争”。此外，胡风的《鲁迅先生》有一节专写鲁迅那封《答托洛斯基派的信》和《论现在我们的文学运动》是怎样出台的，也印证处于“联合战线”中的鲁迅对个人立场的坚持。据胡风说，那信和文章，不仅不是鲁迅的口述、冯雪峰笔录，也不是鲁迅起意写的，而是冯雪峰自己要写，写好再用鲁迅名义发表的；另外，冯雪峰把那封信和文章念给鲁迅听后，鲁迅都没有说什么，只简单点了点头，表示了同意，“但略略现出了一点不耐烦的神色”。因此，胡风认为:“鲁迅在思想问题上是非常严正的，要他对没有经过深思熟虑（这时候绝不可能深思熟虑）的思想观点担负责任，那一定要引起他精神上的不

[1] 冯乃超．鲁迅与创造社［M］// 杨良志，鲁迅博物馆、鲁迅研究室、《鲁迅研究月刊》．鲁迅回忆录・散篇：下册［M］．北京：北京出版社，1999：1114.
[2] 陈独秀．我对于鲁迅之认识［J］．宇宙风，1937（52）.

安。"[1] 换句话说，即便身处"联合战线"中的核心位置，即便不得不以自己的名义发表相关文字，鲁迅仍然竭力保持自己的独立思考和个人立场。

鲁迅对"联合战线"的执念，不仅与他主张的"思想革命"密切相关，更与他倡导的斗争策略密切相关。实际上，加入《新青年》团体以来，鲁迅就一直在思考革命的牺牲者与群众的关系问题。1919 年 9 月，在发表于《新青年》六卷五号的小说《药》中，写到革命者夏瑜被杀头的现场时，鲁迅生动地刻画了围观群众的神态："颈项都伸得很长，仿佛许多鸭，被无形的手捏住了的，向上提着。"[2] 可悲的是他们中的一些人还拿夏瑜的血做了人血馒头，作为治病的药引！此后，鲁迅对牺牲者的意义有了更进一步的思考。1923 年 12 月 26 日，鲁迅赴北京女子高等师范学校演讲《娜拉走后怎样》，在末尾谈到群众与牺牲者的问题时，他指出：

> 群众，——尤其是中国的，——永远是戏剧的看客。牺牲上场，如果显得慷慨，他们就看了悲壮剧；如果显得觳觫，他们就看了滑稽剧。北京的羊肉铺前常有几个人张着嘴看剥羊，仿佛颇愉快，人的牺牲能给与他们的益处，也不过如此。而况事后走不几步，他们并这一点愉快也就忘却了。

鲁迅因此得出结论："对于这样的群众没有法，只好使他们无戏可看倒是疗救，正无需乎震骇一时的牺牲，不如深沉的韧性的战斗。"[3] 另外，在 1925 年 3 月 18 日致许广平的信中，鲁迅写道："所以我想，在青年，须是有不平而不悲观，常抗战而亦自卫，荆棘非践不可，固然不得不践，但若无须必践，即不必随便去践，这就是我所以主张'壕堑战'的原因，其实也无非想多留下几个战士，以得更多的战绩。"[4] 正是希望青年"常抗战而亦自卫"，

---

[1] 胡风 . 鲁迅先生［M］// 胡风全集：第 7 卷 . 武汉：湖北人民出版社，1999：106–107.

[2] 鲁迅 . 鲁迅全集：第 1 卷［M］. 北京：人民文学出版社，2005：464.

[3] 鲁迅 . 鲁迅全集：第 1 卷［M］. 北京：人民文学出版社，2005：170–171.

[4] 鲁迅 . 鲁迅全集：第 11 卷［M］. 北京：人民文学出版社，2005：21.

鲁迅尤其反对他们去请愿，更不愿看到他们以血肉之躯抵挡统治者的刺刀和子弹。

1926年3月18日，由于段祺瑞执政府向请愿的学生开枪，北京女子师范大学的刘和珍、杨德群等学生牺牲了。鲁迅则在3月30日所发表的文章《“死地”》中大声疾呼：“但我很恳切地希望：请愿的事，从此可以停止了。倘用了这许多血，竟换得一个这样的觉悟和决心，而且永远纪念着，则似乎还不算是很大的折本。”[1] 大约十年之后，也就是1936年2月，鲁迅发表《“题未定”草（六至九）》一文，他引用张岱《越绝诗小序》中的话：“忠臣义士多见于国破家亡之际，如敲石出火，一闪即灭，人主不急起收之，则火种绝矣。”但鲁迅恰恰反对张岱“急起收之”的意见，他认为：“石在，火种是不会绝的。但我要重申九年前的主张：不要再请愿！”[2] 毫无疑问，他所坚持的正是“韧性”战斗的策略。

对于鲁迅而言，“韧性”战斗的策略，不仅适用于学生同军阀的斗争，也适用于知识分子同军阀的走狗和帮凶的斗争。在1926年11月发表的《〈坟〉题记》中，鲁迅写道：

> 我的可恶有时自己也觉得，即如我的戒酒，吃鱼肝油，以望延长我的生命，倒不尽是为了我的爱人，大大半乃是为了我的敌人，——给他们说得体面一点，就是敌人罢——要在他的好世界上多留一些缺陷。君子之徒曰：你何以不骂杀人不眨眼的军阀呢？斯亦卑怯也已！但我是不想上这些诱杀手段的当的。[3]

鲁迅于此强调的是，“君子之徒”希望他能直接对军阀开骂，由此激怒他们，被他们逮捕和枪杀，但他早已识破了“君子之徒”的奸计，偏偏要实施“韧性”战斗的策略。此外，对于“好心人”主张要“粗粗直直”地喊自

[1] 鲁迅．鲁迅全集：第3卷［M］．北京：人民文学出版社，2005：283.
[2] 鲁迅．鲁迅全集：第6卷［M］．北京：人民文学出版社，2005：449.
[3] 鲁迅．鲁迅全集：第1卷［M］．北京：人民文学出版社，2005：4.

由、要“大刀阔斧”的血战以及不要“细针短刺”的讥讽，鲁迅则一针见血地揭露，这种论调其实是“‘粗粗直直地’要求你去死亡”[1]。

这种“韧性”战斗的策略，一直贯穿于鲁迅上海时期的文学创作与文化实践中。1933 年 3 月，在上海天马书店出版的《鲁迅自选集》中，鲁迅总共选入二十二篇作品。按照目录标示，该书的篇章全部来源于鲁迅已出版或将出版的五部创作集，其中七篇出自《野草》，五篇出自《呐喊》，五篇出自《彷徨》，二篇出自《故事新编》，三篇出自《朝花夕拾》。仅就小说而言，鲁迅从《呐喊》中选出了《孔乙己》《一件小事》《故乡》《阿 Q 正传》《鸭的喜剧》，从《彷徨》中选出了《在酒楼上》《肥皂》《示众》《伤逝》《离婚》，而从暂未出版的《故事新编》中选出了《奔月》《铸剑》[2]。显而易见，具有直观浓烈的批判精神和战斗色彩的《狂人日记》《药》《风波》《头发的故事》《孤独者》等篇章并不在其中。而鲁迅在《自序》中给出的理由是：“但将给读者一种‘重压之感’的作品，却特地竭力抽掉了。”[3] 所谓“特地竭力抽掉”给读者“重压之感”的作品，既是鲁迅对于当时文化压迫的愤懑之辞，也是其为了保障联合作战的效果，所采取的战斗策略。换句话说，在《新青年》团体散掉的十多年后，鲁迅与楼适夷、楼炜春、韩振业等左联盟员及进步人士创办的天马书店合作，以及与茅盾、郁达夫、丁玲、张天翼等作家一道推出丛书，正是延续其“联合战线”的思路。同时，为了让该书店策划的《鲁迅自选集》能通过国民党的书报审查，也为了避免给“君子之徒”陷害出版者的机会，鲁迅将那些战斗色彩过于直观和浓烈的小说篇章抽掉了，这本身就是一种“壕堑战”和“韧性”战斗的策略。

从总体上看，鲁迅“思想革命”的主张以及培养战士、徐徐图之的策略，源于近代以来中国知识分子的共同观点：想要振兴腐败没落的中国，只能从彻底转变中国人的世界观和完全重建他们的思想意识着手。诚如论者指

---

[1] 鲁迅 . 鲁迅全集：第 5 卷［M］. 北京：人民文学出版社，2005：171-172.

[2]《故事新编》1936 年 1 月由上海文化生活出版社出版。鲁迅此时选的两篇《奔月》《铸剑》，约 1926 年年底至 1927 年年初作于厦门。

[3] 鲁迅 . 鲁迅全集：第 4 卷［M］. 北京：人民文学出版社，2005：470.

出，这种观点的本质是一种“借思想文化以解决问题的途径”，与那些强调政治权力、社会条件或经济生产方式的社会改革理论相比，它“强调思想和文化的改革应优先于政治、社会和经济的改革”[1]。有鉴于此，尽管鲁迅支持《新青年》谈政治，但其所持“思想革命”的主张，本质上仍然是一种强调理论建设、改造国民性优先的设想，也因而与陈独秀、李大钊等人强调政治权利、经济生产方式的社会变革优先的路径迥然有别。

最后，有必要指出的是，“五四”落潮后，鲁迅在与左联等团体的合作中，虽然最大程度地坚持“思想革命”的立场，但实际上，他自己并不能完全从政党政治的旋涡中抽离出来，甚至一度深陷其中。此种局面，显然已经超出了鲁迅向往“联合战线”的初衷，也成为他晚年无法跳脱的困境之一。然而，从另一方面看，或许正是由于抱持“思想革命”、热衷“联合战线”的作家与政党政治的实际纠葛，抑或由于启蒙者身上所呈现的“文学”与“政治”的深层较量，方才使得鲁迅及其启蒙事业成为 20 世纪中国知识分子精神史上无法绕开的案例。

---

[1]［美］林毓生 . 中国意识的危机：五四时期激烈的反传统主义［M］. 穆善培，译 . 贵阳：贵州人民出版社，1986：43.

作为回忆的文学与政治：读鲁迅《范爱农》[1]

杨俊杰[2]

［摘要］ 关于鲁迅《范爱农》一文，人们最常谈起的是其回忆与事实之间有明显偏离，以及鲁迅所作的一些带有夸张意味的描写。可实际上，鲁迅的回忆未必都像大家所想的那样与事实有明显偏离，周作人的回忆也未必比鲁迅的回忆更为可靠。而比鲁迅的回忆是真还是假更为重要的，其实是鲁迅的回忆所可能包含的重要内涵。鲁迅在回忆里刻意描写、渲染自己与范爱农之间的相似，并非只是一种单纯的文学技巧，并非只是一味地感伤，也并非像竹内好所说的那样把范爱农当成鲁迅的一个过去了的自己。结合鲁迅本人将再一次向革命走去的写作情境，这里更倾向于认为鲁迅回忆范爱农还寄托着鲁迅对于将来的那个自己的期待。

［关键词］ 鲁迅　范爱农　回忆　竹内好　政治

回忆常与事实有所偏离，《朝花夕拾》的最末一篇也是如此。鲁迅南下来到厦门，在 1926 年的温暖冬日里，回想与友人范爱农之间的点滴过往。从清末留学日本时候说起，然后是辛亥革命前后在绍兴做事，甚至共事。待鲁迅入职教育部，辗转来到北京以后，却传来了范爱农落水而死的噩耗。所有这些事情，鲁迅当然是依托着实际发生过的情形娓娓道来。然而，其中与

---

[1] 本文系国家社科基金项目“鲁迅译《工人绥惠略夫》考释与研究”（项目编号：22BWW013）阶段性成果。

[2] 杨俊杰，文学博士，北京师范大学文学院比较文学与世界文学研究所教授，研究方向为西方文学和中西比较文学。

事实有所偏离的地方——或者谨慎地说，疑似与事实有所偏离的地方，也有不少。《范爱农》“总体上是一篇回忆性的散文，因此，它基本是依据事实来写的；但也渗透了小说家的笔法，在个别情节上有小说的虚构、夸张和典型化处理”[1]——钱理群的这番概括简练、平实，足以代表目前学界普遍共识。

之所以能够察觉到与事实有所偏离，很大程度上要感谢周作人后来提供的许多信息。比如关于写诗悼念范爱农，文章里面是这样说的——“夜间独坐在会馆里，十分悲凉，又疑心这消息并不确，但无端又觉得这是极其可靠的，虽然并无证据。一点法子都没有，只做了四首诗，后来曾在一种日报上发表，现在是将要忘记完了。只记得一首里的六句，起首四句是：‘把酒论天下，先生小酒人。大圜犹酩酊，微醉合沉沦’。中间忘掉两句，末了是‘旧朋云散尽，余亦等轻尘’”[2]。鲁迅去世以后，周作人翻见鲁迅的悼诗的原稿、周作人的抄写，还有范爱农 1912 年 3 月 27 日从杭州写给鲁迅的一封信，一并整理发表（落款署 1938 年 2 月 13 日，发表于《宇宙风》1938 年第 67 期“南迁纪念特大号”）。[3] 这才知道原来是鲁迅在北京把写好的悼诗，寄给正在绍兴的周作人，一共三首。随信还有附言（落款署“二十三日”，即 1912 年 7 月 23 日），嘱咐他要发表在绍兴的报纸上。收到鲁迅寄来的诗以后，周作人也作诗一首以表哀悼之意，题为《哀爱农先生》，一并予以发表。鲁迅把自己写的悼诗记成“四首”，显然是把周作人那首也算在里面。鲁迅努力想要记起的，便是其中第三首。周作人提供的版本是，“把酒论当世，先生小酒人。大圜犹酩酊，微醉自沉沦。此别成终古，从兹绝绪言。故人云散尽，我亦等轻尘”。鲁迅写的那段话有哪些地方记得不准确，也就一清二楚。鲁迅日记 1951 年出版影印本（之后出版整理本，1981 年收入鲁迅全集），1912 年 7 月 22 日日记正好录存三首诗完整内容，[4]1912 年 8 月 2 日日记又录存周作人所写悼诗完整内容，[5] 恰印证周作人所记可信。

---

[1] 钱理群．“白眼看鸡虫”：鲁迅笔下的“畸人”范爱农［J］．语文建设，2010（2）．

[2] 鲁迅．鲁迅全集：第 2 卷［M］．北京：人民文学出版社，2005：327.

[3] 周作人．周作人散文全集：第 8 卷［M］．桂林：广西师范大学出版社，2009：2–7.

[4] 鲁迅．鲁迅日记：第 1 册［M］．上海：上海出版公司，1951：九右．

[5] 鲁迅．鲁迅日记：第 1 册［M］．上海：上海出版公司，1951：十左．

就《范爱农》一文“小说家的笔法”而言，通常总会以“争电报”一事为例。至于判断的依据，同样来自周作人。徐锡麟、秋瑾牺牲的消息传到海外，浙江籍留学生悲痛万分，聚会进行悼念。有人提出要给清政府发电报，对残忍杀害革命者的行为进行谴责。有人表示支持，也有人表示反对，现场分裂为两派。按照鲁迅的回忆，他本人属于“发”派，范爱农则属于“不发”派——“他蹲在席子上，我发言大抵就反对；我早觉得奇怪，注意着他的了，到这时才打听别人：说这话的是谁呢，有那么冷？认识的人告诉我说：他叫范爱农，是徐伯荪的学生。我非常愤怒了，觉得他简直不是人，自己的先生被杀了，连打一个电报还害怕，于是便坚执地主张要发电，同他争起来”。[1] 然而，周作人在 1950 年 12 月 26 日发表的《蒋观云》、1950 年 12 月 27 日发表的《范爱农》（与鲁迅的文章同名，却是一篇短文）这两篇文章里所呈现的，却是一个与之大相径庭的情形。前者提到，蒋观云“是蒋伯器的父亲，所以同乡学生都尊他为前辈，鲁迅与许季茀也常去问候他。可是到了徐锡麟案发作，他们对他就失了敬意了。当时绍兴属的留学生开了一次会议，本来没有什么善后办法，大抵只是愤慨罢了，不料蒋观云已与梁任公组织‘政闻社’，主张君主立宪了，会中便主张发电报给清廷，要求不再滥杀党人，主张排满的青年们大为反对。蒋辩说猪被杀也要叫几声，又以狗叫为例，鲁迅答说，猪才只好叫叫，人不能只是这样便罢”[2]。后者写道，“其时蒋观云主张发电报给清廷，有许多人反对，中间有一个人，蹲在屋角（因为会场是一间日本式房子，大家本是坐在席上的），自言自语的说道：‘死的死掉了，杀的杀掉了，还打什么鸟电报！’他也是反对发电报的，只是态度很是特别，鲁迅看他那神气觉得不大顺眼，所以并未和他接谈，也不打听他的姓名，便分散了。这是一九〇六年的事情……”[3]。把两个内容合到一起，不难看出鲁迅、范爱农当时都反对发电报，他们没有发生争论，鲁迅甚至都不知道那个人的名字是范爱农。周作人后来在《知堂回想录》（第七四“徐锡麟

[1] 鲁迅 . 鲁迅全集：第 2 卷［M］. 北京：人民文学出版社，2005：322.
[2] 周作人 . 周作人散文全集：第 10 卷［M］. 桂林：广西师范大学出版社，2009：854.
[3] 周作人 . 周作人散文全集：第 10 卷［M］. 桂林：广西师范大学出版社，2009：856.

事件”）里，还把这一点说得更加明确——“……鲁迅原来也是这一派，所以范爱农所说的话：‘杀的杀掉了，死的死掉了，还发什么屁电报呢！’根本是不错的，鲁迅当然也是这个意思，不过他说话的口气和那态度很是特别，所以鲁迅随后还一再传说，至于意见却原来是一致的”[1]。周作人还借用德国大诗人歌德的著名说法“诗与真”，把鲁迅所写的“争电报”说成是易“真”以“诗”——“那篇《范爱农》的文章里说，自己主张发电报，那为的是配合范爱农反对的意思，是故意把‘真实’改写为‘诗’，这一点是应当加以说明”[2]。周作人的态度是很明确的，其所在意的是“真”，并且也把其所知道的“真”讲了出来。

周作人的这些说明，已广为学界所采纳。然而，其中并非没有可疑之处。徐锡麟携陈伯平、马宗汉等志士刺杀安徽巡抚恩铭，事在 1906 年 7 月 6 日。徐锡麟不幸被擒，第二天惨遭剖心酷刑。革命壮举引起震动，刑罚残酷激起愤慨，日本报纸也纷纷做出报道，鲁迅他们正好就是从日本报纸上读到的。鲁迅写道，“学生所看的多是《朝日新闻》和《读卖新闻》，专爱打听社会上琐事的就看《二六新闻》。一天早晨，辟头就看见一条从中国来的电报，大概是——‘安徽巡抚恩铭被 Jo Shiki Rin 刺杀，刺客就擒。’大家一怔之后，便容光焕发地互相告语，并且研究这刺客是谁，汉字是怎样三个字”[3]。关于留日学生所能读到的日本报道，日本学者泽本香子做过仔细调查。除鲁迅提到的三种报纸（东京《朝日新闻》《读卖新闻》、东京《二六新闻》）以外，他还调查了其他及时做出报道的报纸，如大阪《每日新闻》、大阪《朝日新闻》《同文沪报》等。由其所作研究，可知日本报纸自 7 月 8 日起开始报道，自 7 月 11 日起给出徐锡麟名字的准确汉语形式。[4] 这意味着，徐锡麟壮烈牺牲的消息，鲁迅以及众多留日学生确实能够较为及时地知道。鲁迅又在 1906 年 7 月回国结婚，婚礼时间据说是农历六月初六即 7 月 26 日。从

[1] 周作人 . 周作人散文全集：第 13 卷［M］. 桂林：广西师范大学出版社，2009：362.
[2] 周作人 . 周作人散文全集：第 13 卷［M］. 桂林：广西师范大学出版社，2009：362.
[3] 鲁迅 . 鲁迅全集：第 2 卷［M］. 北京：人民文学出版社，2005：321.
[4] 沢本香子 . 新聞に見る徐錫麟事件、秋瑾事件［J］. 清末小説，1988（11）.

东京到绍兴舟车流转又须两个星期左右，[1]鲁迅离开东京的时间当在7月12日左右。鲁迅究竟何时携周作人一起离家前往东京，今已无从得知。[2]可以确定的是，重新来到东京，一定是在8月以后。这样说起来，悼念徐锡麟遇难、召开同乡会，乃至出现“争电报”一事，时间在鲁迅回国以前，很可能是7月10日左右。这意味着，周作人并不在现场，并非“争电报”一事的亲见者。关于这一点，周作人本人其实也曾说起过。《知堂回想录》第九四“辛亥革命三——范爱农”（一定程度上可视其为1938年《关于范爱农》一文的增扩版）写道，“辛亥革命的时候，我所直接见到的人物，只有一个范爱农……范爱农却是亲自见过的，虽然在安庆事件当时反对打电报，蹲在席子上那种情形，不曾看见过，却也大略可以想象得来”[3]。既然不在现场，周作人关于“争电报”一事所提供的信息自然都是他听来的。把听来的事情写进文章里，他所做的事情其实也是回忆。

值得一提的是，之前已有研究者敏锐地留意到了这一点。杨永青根据《知堂回想录》第九四，确切地指出“周作人所知道的情形只是听人转述”[4]。他提醒说，周作人的说法与鲁迅所写差别太大。若周作人的说法合乎事实，则只能判定鲁迅所写完全失真，甚至整篇《范爱农》的前半部分也将失真——而要是虚构的比例这样地大，恐怕就不能够说是旧事重提。倘其如此，《朝花夕拾》“小引”里之所说，全部十篇文章“是从记忆中抄出来的，与实际容或有些不同，然而我现在只记得是这样”[5]，至少就《范爱农》而言便是完全不能适用的。有鉴于此，杨永青认为周作人的说法不能采信。对他来说，鲁迅所写基本属实，不过是局部细节偶有夸张而已。顺由此种质疑态度往前，便能发觉所谓鲁迅的回忆与实际情形有所偏离，认真追究起来不过是以一种回忆（周作人的回忆）覆盖另一种回忆（鲁迅的回忆）而已。耐人寻味之处在于，周作人的回忆又是从何而来。假如周作人的回忆主要，甚至

---

[1] 蒙树宏．鲁迅旧式婚姻史实探微［J］．思想战线，1985（6）．

[2] 张菊香，张铁荣，编．周作人年谱（1885—1967）［M］．天津：天津人民出版社，2000：66.

[3] 周作人．周作人散文全集：第13卷［M］．桂林：广西师范大学出版社，2009：429.

[4] 杨永青．鲁迅和范爱农“通电之争”考辨［J］．语文教学与研究，1983（12）．

[5] 鲁迅．鲁迅全集：第2卷［M］．北京：人民文学出版社，2005：236.

完全来自鲁迅以前的讲述，来自鲁迅以前所作的回忆，那么，焦点将不再是周作人、鲁迅他们两位究竟谁回忆得准确，而是鲁迅早先的回忆（以周作人的回忆为中介）、鲁迅后来的回忆这两者究竟哪一个失真——甚或两者都失真。此种情形之下，再想争辩出谁真谁假，实在过于艰难。更合适的说法或许是，在周作人的回忆的挑战下，鲁迅本人关于“争电报”一事的回忆“疑似”与事实有所偏离。是否真有所偏离，又在何处偏离，难有确切答案。如此说来，就这段回忆而言，更为重要的事情是，鲁迅是这样进行回忆的，或确切地说，鲁迅后来在1926年写这篇文章的时候是这样进行回忆的。换言之，首先值得关注的问题，是如此回忆包含着怎样的意味，而非此一回忆是否失真。回忆的基本性状，原本就在真与假的彼岸。

这段回忆里面恰包含着不容易把握其意味的内容，鲁迅因争执而存下的对于范爱农的印象似乎过于负面、过于极端。对鲁迅而言，“从此我总觉得这范爱农离奇，而且很可恶。天下可恶的人，当初以为是满人，这时才知道还在其次；第一倒是范爱农。中国不革命则已，要革命，首先就必须将范爱农除去”[1]。对范爱农的不满、厌恶，被夸张地展示为，在鲁迅所理解的革命里乃是第一要事，竟然比1926年的读者们很有可能会比较熟悉的孙文“十六字”革命纲领还要重要。最近有研究者坦率地指出，这“固然也是一种幽默，夸张行文，但总感觉有点用力过猛，刻意为之，又何至于此呢。我写下这几句话，忐忑着，这就算是我对鲁迅的一点小小的不敬、不解和批评吧”[2]。可喜的是，最近又有研究者尝试对鲁迅何以这样写、这样回忆进行解释。

丁文指出，鲁迅这番话正好对革命进程当中革命对象必然会出现变化的状况做出揭示，“早在辛亥革命未成功之前，革命的对象已经发生了改变。原先民族革命的对象：‘满人’与其所代表的满清政权，已经被像范爱农这样同阵营中的异己分子替代了。原因是范爱农发出了与‘多数’不一致的声音，而去除杂音则是‘多数’的目标，革命者成为革命对象本身便是革命的

---

[1] 鲁迅．鲁迅全集：第2卷［M］．北京：人民文学出版社，2005：322.

[2] 吴俊．文学的个人史：鲁迅传述和《朝花夕拾》［M］．上海：华东师范大学出版社，2022：152.

内在目标之一”[1]。对这位研究者而言，鲁迅《范爱农》一文的重要内涵在于，以范爱农这位革命者的人生遭际为着眼点，对辛亥革命前后三代革命者的总体面貌做勾勒。被回忆的范爱农、进行回忆的鲁迅，均属于第二代革命者。他们是被夹在中间的革命者，在作为前驱的第一代投身于革命的革命者的光环底下那样的黯淡，在继起的第三代投机于革命的革命者的锋芒面前又那样的木讷。他们还被第三代革命者当成革命对象，革命对象的内容就是这样在革命进程当中出现变化。不过，鲁迅与范爱农同属“中间代际”，鲁迅本人又是叙事者、回忆者，按道理说他不会把自己写成第二代革命者的背叛者，投靠后起的革命者而以范爱农为革命对象。鲁迅那样地痛恨范爱农，又那样不做掩饰地表达出来，应该另有原因。文章里面有许多地方，在指示着他与范爱农的相似——比如在草拟电报的时候，“结果是他不做，我也不做，不知谁承认做去了”[2]，又或者在重逢的时候，“互相熟视了不过两三秒钟，我们便同时说：‘哦哦，你是范爱农！’‘哦哦，你是鲁迅！’不知怎地我们便都笑了起来”[3]。丁文敏锐地看到了这一点，并由他们两位之间的这种相似，或曰“影像的重叠”，谈到他们之间的“生存竞争”。也就是说，关于鲁迅何以渴望“必须将范爱农除去”，丁文所给出的解释实际是，鲁迅与范爱农相似而相争。

从“相似”的角度进行解释，确实很有启发性。循之而往，便可察觉到鲁迅那样负面、极端地存下一个关于范爱农的印象，也是与范爱农“相似”的一种体现。而范爱农之所以与鲁迅相争，则是因为先前在横滨曾经有过一面之缘而同样负面、极端地存下一个关于鲁迅的印象——凭着那一面之缘而同样负面、极端地存下一个关于鲁迅的印象的，可不止范爱农一人。文章里面写道，“一天我忽而记起在东京开同乡会时的旧事，便问他：‘那一天你专门反对我，而且故意似的，究竟是什么缘故呢？’‘你还不知道？我一向就

---

[1] 丁文 . 时代群像与代际书写：《范爱农》手稿与初刊本对读及其研究意义［J］. 海南师范大学学报（社会科学版），2023（2）.

[2] 鲁迅 . 鲁迅全集：第 2 卷［M］. 北京：人民文学出版社，2005：322.

[3] 鲁迅 . 鲁迅全集：第 2 卷［M］. 北京：人民文学出版社，2005：322–323.

讨厌你的，——不但我，我们。’‘你那时之前，早知道我是谁么？’‘怎么不知道。我们到横滨，来接的不就是子英和你么？你看不起我们，摇摇头，你自己还记得么？’我略略一想，记得的，虽然是七八年前的事。那时是子英来约我的，说到横滨去接新来留学的同乡”[1]。由鲁迅这段描写，尤其由范爱农所说的话便可看出，就如此易怒、如此容易怀恨这一点而言，鲁迅不单与范爱农相似，还与范爱农身边其他革命同道相似。此种相似，或者说，此种共性，当然是一种缺点。也就是说，鲁迅、范爱农以及其他一些革命者身上的确存在着幼稚的一面，并且鲁迅在回忆的时候不仅没有掩饰，还采取夸张的方式进行展示。由于有这样的缺点而出现相互争斗的情形，也就在所难免。不过，单纯由于有这样的缺点而怀恨、而争斗，与还牵扯着利益层面的，尤其是个人私利层面的算计而放纵一己之恨意以至于恶意争斗之间，无疑是存在着明显区别的。从鲁迅与范爱农后来结成友谊来看，他们两位的情形显然是前一种。他们只是单纯地依从冲动而易怒、而怀恨，未涉及利益与算计。要是愿意进一步推断说，之所以重逢后迅速升温成为好友，就是由于他们默契地把从前所怀有的那种幼稚的恨意理解为他们作为志同道合的革命者的身份标签，恐怕并非过度诠释。这样说起来，就鲁迅渴望“必须将范爱农除去”而言，值得留意的事情在于，鲁迅把他们当时那一批革命者所共有的一个缺点，以一种夸张的方式在回忆里做了披露。

鲁迅与范爱农所共有、所相似的，除了这易燃易怒的缺点，还有辗转不得志的人生遭际。相比较而言，鲁迅要幸运得多。在许寿裳的推荐下，他往南京到教育部里任职，摆脱了绍兴故里的复杂人事。虽然之后仍在辗转，去了北京也谈不上怎样的得意，来到厦门以后也没有想过要长久停留，但终究过着一种一直还算稳定，而且较为体面的生活。范爱农的情况则越来越糟，“他后来便到一个熟人的家里去寄食，也时时给我信，景况愈困穷，言辞也愈凄苦。终于又非走出这熟人的家不可，便在各处飘浮。不久，忽然从同乡那里得到一个消息，说他已经掉在水里，淹死了”[2]。范爱农的死，令鲁

[1] 鲁迅 . 鲁迅全集：第 2 卷［M］. 北京：人民文学出版社，2005：323.
[2] 鲁迅 . 鲁迅全集：第 2 卷［M］. 北京：人民文学出版社，2005：327.

迅痛心不已，“夜间独坐在会馆里，十分悲凉”[1]。有理由推想鲁迅会有一种强烈的感觉，要是没有离开绍兴，他自己的情形或许就会和范爱农一样。设若如此，鲁迅从范爱农后来的悲剧命运里所看到的，很有可能就是他自己的投影——怀念、哀悼范爱农，同时也是怀念、哀悼自己。[2]

日本学者竹内好甚至还更进一步，把范爱农看成鲁迅的“自己”。关于鲁迅的创作，竹内好做过一个总体性的判断。他明确地说，鲁迅作品里所呈现的乃是鲁迅的自己，且是鲁迅的以前的自己、过去的那个自己——“他并没在作品中讲述自己以外的东西，但他讲述的自己，却可以说是过去形的自己，而不是现在形的。现在形的他，在很多情况下就在作品附近”[3]。这个总体性的判断，在很大程度上是以《在酒楼上》《孤独者》这两篇小说为依托的。竹内好写道，“这两篇作品虽然都借助着无人格的‘我’来展开，但被描写的实际上却是和作者极为接近的一个人。这个人在《在酒楼上》是以独白的形式从内面来描写的，而在《孤独者》里却是以叙述主人公行为的形式从外部来描写的”[4]。所谓“和作者极为接近的一个人”，就是指鲁迅的“过去形的自己”。也就是说，对竹内好而言，《在酒楼上》吕纬甫、《孤独者》魏连殳这两个人物形象，正是鲁迅的自己，且是鲁迅的过去的自己。诚然，竹内好所说的鲁迅的过去的自己，乃是为鲁迅的现在的自己所超越了的那个自己，是鲁迅的过去了的自己。鲁迅在作品里呈现一个又一个过去了的自己，不啻是在作品里一次又一次地在同以前的自己告别。竹内好本人所使用的，则是一个更加通俗易懂的表达——鲁迅“像脱掉衣服那样丢弃作品”[5]。竹内好还写道，“我认为《在酒楼上》出现的‘我’的酒友‘吕纬甫’和《孤独者》里的‘我’的朋友‘魏连殳’都是同一个人物，而且把他们和《朝花夕

---

[1] 鲁迅．鲁迅全集：第 2 卷［M］．北京：人民文学出版社，2005：327.

[2] 吴俊．文学的个人史：鲁迅传述和《朝花夕拾》［M］．上海：华东师范大学出版社，2022：157.

[3]［日］竹内好．近代的超克［M］．李冬木，赵京华，孙歌，译．北京：生活・读书・新知三联书店，2016：104.

[4]［日］竹内好．近代的超克［M］．李冬木，赵京华，孙歌，译．北京：生活・读书・新知三联书店，2016：161.

[5]［日］竹内好．近代的超克［M］．李冬木，赵京华，孙歌，译．北京：生活・读书・新知三联书店，2016：104.

拾》里出现的‘范爱农’联系在一起，夸张点儿说是同一个人物也未为不可”[1]，又或者，鲁迅“把范爱农看作另一个自己。也许他内心对范爱农有一种负疚感。这与几年后失去年轻的朋友柔石时的悲叹如出一辙。那是实际存在的象征人物，是《在酒楼上》的吕纬甫、《孤独者》中魏连殳的原型”[2]。不难看出，竹内好之所以把鲁迅笔下的范爱农说成是鲁迅的自己，意在指出鲁迅将范爱农作为鲁迅本人的过去的那个自己、鲁迅本人的那个已经成其为过去的自己来进行呈现。

竹内好关于范爱农形象的认识，当然是深刻的。可是，《范爱农》一文里的“我”，并非“无人格的我”。无论留学日本，还是辛亥革命以后，鲁迅之为“我”始终有其自己的生活，与此同时范爱农也在过着他本人的生活，这些都是文章里面很清楚地做了呈现的。假如确实可以说鲁迅从范爱农后来的悲剧命运里看到了他自己的投影，并且在这一意义上确实可以说鲁迅在范爱农身上看到了他自己，这实际只是在说鲁迅在范爱农身上看到了鲁迅自己的另外一种可能性。这种可能性在范爱农身上展开而成其为现实性，而当其转变成为现实性之时，便已然是范爱农的而非鲁迅的。这意味着，范爱农作为鲁迅的“自己”，其实是鲁迅的一个模糊的自己。只有把鲁迅的许多实质性的内容、把鲁迅成其为鲁迅的许多决定性的内容抽离了以后，才会得出鲁迅的这个模糊的自己。而既然许多决定鲁迅成其为鲁迅的内容已被抽离，那么，范爱农在被说成是鲁迅的自己的那一刻，就已经不是鲁迅的自己，更谈不上是鲁迅所活过的某个过去的自己。至于吕纬甫、魏连殳，也完全可以从这个角度来理解。《在酒楼上》结尾写道，“我们一同走出店门，他所住的旅馆和我的方向正相反，就在门口分别了。我独自向着自己的旅馆走，寒风和雪片扑在脸上，倒觉得很爽快”[3]。“我”与吕纬甫的分别，不啻是一个富于意味的隐喻。“我”与吕纬甫、“我”与魏连殳，以及“我”与范爱农，二者之

[1]［日］竹内好．近代的超克［M］．李冬木，赵京华，孙歌，译．北京：生活·读书·新知三联书店，2016：104–105.

[2]［日］竹内好．从“绝望”开始［M］．靳丛林，编译．北京：生活·读书·新知三联书店，2013：135.

[3] 鲁迅．鲁迅全集：第 2 卷［M］．北京：人民文学出版社，2005：34.

间无论何等地相似，终究是两个不同的形象、不同的人。

德国学者奥尔巴赫关于“外形”（figura）概念的内涵变化，做过非常精彩的梳理。基督教早期思想家赋予“外形”一词以全新的内涵，并为后世所沿用，进而发展出了一种“外形解读”（figuraldeutung）模式。但丁创作《神曲》，在奥尔巴赫看来就是以“外形解读”为指导思想。比方说，通常都把《神曲》里那位作为向导的维吉尔当成是理性的象征或隐喻，在奥尔巴赫看来这是一种寓意解读的思路，与但丁的实际创作思想相去甚远。维吉尔之所以能够成为但丁神奇旅程的向导，很大程度上是由于维吉尔生前（维吉尔从前在尘世中）作为诗人而对未来真理有所预见有关。“历史上的维吉尔”（der geschichtliche Vergil）为炼狱里的维吉尔做了很好的铺垫，使得维吉尔进入一种比“历史上的维吉尔”更加高级的状态。正是在这一意义上，“历史上的维吉尔”是炼狱里的维吉尔的“外形”（figura，Figur），为炼狱里的维吉尔所“实现”。[1] 奥尔巴赫的“外形”研究，或许能为进一步理解文中“我”与范爱农之间的关系带来启发。要是愿意设想鲁迅也在某种程度上隐约地把范爱农（还有吕纬甫、魏连殳）当成是他自己的“外形”，隐约地期待着自己能够进入一种比范爱农他们更加高级的状态，以将范爱农他们所追求、所期待的东西（诚然只是部分地）实现出来，那么，从《范爱农》又或者《在酒楼上》《孤独者》这些作品当中所读出来的核心信息，恐怕就不完全是鲁迅的忧伤、哀悼，而还有鲁迅的坚毅、执着。《孤独者》结尾所写的“我的心地就轻松起来，坦然地在潮湿的石路上走，月光底下”，不啻又是一个富于意味的隐喻。哪怕这个“我”、哪怕这位鲁迅并不清楚自己要往（或者能往）哪里走，但他至少在怡然地走着。

《范爱农》一文完稿于1926年11月18日，然后寄给韦素园（参看1926年11月20日写给韦素园的信），发表在《莽原》第24期。写作这篇文章的时候，鲁迅正在犹豫是否接受邀请前往中山大学。不妨看许广平1926年10月23日自广州写来的信——“这里既电邀你，你何妨来看一看

[1] Erich Auerbach. Figura [M]//Gesammelte Aufsätze zur romanischen Philologie. Bern und München: Francke, 1967: 87.

呢。广大（中大）现系从新开始，自然比较的有希望，教员大抵新聘，学生也加甄别，开学在下学期，现在是着手筹备。我想，如果再有电邀，你可以来筹备几天，再回厦门教完这半年，待这里开学时再来。广州情形虽云复杂，但思想言论，较为自由……”[1]。革命浪潮的起伏，鲁迅已见得很多，也想得很多。他为文学革命、思想革命做过呐喊，然后陷入彷徨。各种原因叠加在一起，如今又要走近革命，前往革命策源地广州，鲁迅的心情当然不会是单纯的激动。然而无论如何，他一定要做一些准备，向革命敞开自己，近距离地倾听、观察，与革命同行。回忆曾经的革命同道范爱农，想到范爱农他们所期待的东西还没有实现，自然也是鲁迅所做的准备工作之一。身处现在，把往事想起、将过去拉近，拉成弯弓的形状，积蓄起了弹向以后、射向将来的张力，便是《范爱农》这篇回忆的动力机制。政治的往事在回忆里被文学化，文学的回忆又暗蕴着政治的动能，这就不是回忆的具体内容的真假所能完全涵盖的。

[1] 鲁迅 . 鲁迅全集：第 11 卷［M］. 北京：人民文学出版社，2005：182.

不安书写与《故事新编》的形成：论鲁迅对舍斯托夫思想的接受[1]

张历君[2]

［摘要］1936年夏天，增田涉得知鲁迅患病的消息，便专程到上海探望病中的鲁迅。估计大概就在这次探访鲁迅的期间，增田涉注意到鲁迅书架上摆放着舍斯托夫的著作。舍斯托夫是最早对西方思想界产生影响的“俄国存在主义哲学家”，他影响了加缪、巴塔耶和德勒兹等重要的法国作家和理论家。鲁迅在1934年和1935年间收集了当时出版的所有舍斯托夫的日译著作。我们不禁会问，究竟是什么原因驱使鲁迅在生命的最后阶段集中关注舍斯托夫的著作？舍斯托夫的著作对鲁迅晚年的创作发展，又发挥着怎样的作用？本文立足于学界有关鲁迅与舍斯托夫的既有研究成果，尝试进一步探讨，20世纪30年代日本文坛对舍斯托夫的接受和理解，在何种程度上影响了鲁迅对舍斯托夫的关注；并进而阐明，鲁迅晚年对舍斯托夫的接受和理解，如何为《故事新编》打开了书写的可能性，让鲁迅最后一部小说集最终孕育成形。

［关键词］鲁迅　舍斯托夫　《故事新编》　莎士比亚论争　不安书写

---

[1] 感谢杨俊杰教授和陈雪虎教授在本文撰写过程中所提供的协助。特别感谢杨俊杰教授惠赠舍斯托夫《论莎士比亚的〈裘力斯·凯撒〉》法译本和《悲剧哲学》日译本初版两项重要文献，让拙作得以顺利完成。

[2] 张历君，香港中文大学跨文化研究哲学博士，香港中文大学中国语言及文学系客座助理教授。研究方向为中国现代文学、文化及文学理论、跨文化研究及文化翻译、媒体文化。

前言：鲁迅书架上的舍斯托夫

1936年夏天，增田涉得知鲁迅患病的消息，便专程到上海探望病中的鲁迅。增田涉1936年6月抵达上海，同年7月回国，这也是他第二次到访上海。[1]鲁迅在1936年的日记中，留下两则相关记录：7月6日日记中谈及，“下午须藤先生来注射。增田君来”；7月9日日记提到，“下午须滕先生来注射。晚增田君来辞行，赠以食品四种”。[2]二十年后，增田涉在《鲁迅的印象》(《魯迅の印象》)“第二版序”中这样回忆自己两次上海之行：“我在上海和鲁迅直接接触，是从昭和六年（1931）三月到同年十二月末的十个月期间，以后，从昭和十一年（1936）六月到七月，为了探望他的病，再一次去过上海，前后凡一年间，都看见他的脸，听见他的声音。”[3]估计大概就在第二次探访鲁迅的期间，增田涉注意到鲁迅书架上摆放着舍斯托夫［Лев Шестов（Lev Shestov）］的著作。后来他便在《鲁迅的印象》一书中，记下自己的观察：

> 鲁迅具有广泛的兴趣和研究精神，这不仅限于木刻画的问题，就看他的文学乃至文学的政治评论——杂文也是如此。不能仅仅看到他晚年的左翼倾向便推测为他的全部。就是在晚年，也还是买《弗罗贝尔全集》,《舍斯托夫全集》也放在书架上。他单向世间强调的一面，不是真正的他。至少不是全面的他。虽然这确实是他的大部份，但必须知道，他还有着没表现在外面的深湛的部分。[4]

诚如钟敬文在译者注释中所指出的，增田涉当时在鲁迅书架上看到的大

---

[1] 鲁迅．鲁迅书简：致日本友人增田涉［M］．西安：陕西人民出版社，1973：4;［日］增田涉．鲁迅的印象［M］．钟敬文，译．长沙：湖南人民出版社，1980：129.

[2] 鲁迅．鲁迅全集：第16卷［M］．北京：人民文学出版社，2005：611-612.

[3]［日］增田涉．鲁迅的印象［M］．钟敬文，译．长沙：湖南人民出版社，1980：2.

[4]［日］增田涉．鲁迅的印象［M］．钟敬文，译．长沙：湖南人民出版社，1980：104.

概是《舍斯托夫选集》(《シェストフ選集》)，而非《舍斯托夫全集》。[1] 根据鲁迅 1935 年的日记和书账，他是在当年 2 月 10 日、3 月 10 日，分别购得三木清主编的两卷《舍斯托夫选集》日译本。他在日记中这样写道：2 月 10 日“雨。午后买《シェストフ選集》(第一卷）一本，二元五角。”3 月 10 日“内山书店送来 Dostoevsky、Chekhov、Shestov、A. Gide 全集各一本，共泉十元。”按 1935 年书账纪录，这里第二则日记中提及的舍斯托夫（Shestov）全集，指的正是三木清主编的《舍斯托夫选集》(第二卷)。[2] 无论如何，对增田涉来说，鲁迅书架上的这套《舍斯托夫选集》别具意义。它与《弗罗贝尔全集》的存在,[3] 共同标志着鲁迅“没表现在外面的深湛的部分”。换言之，增田涉认为，鲁迅晚年对舍斯托夫的兴趣与他“向世间强调”的左翼倾向，共同构成鲁迅矛盾复杂而又深湛的思想。我们唯有同时把握鲁迅的这两个面向，才能了解他思想的全部。[4]

然而，鲁迅又是在什么时候开始注意到舍斯托夫的？根据他的日记的记录，他最早在 1934 年 6 月购得第一本舍斯托夫著作的日译本：6 月 11 日，下午买“《悲劇の悲［哲］學》一本”。[5] 这是舍斯托夫的名作《悲剧哲学：陀思妥耶夫斯基和尼采》[Достоевский и Ницше: философия трагедии（*Dostoevskii and Nietzsche: The Philosophy of Tragedy*）] 首个日译本，由东京芝书店于 1934 年 1 月初版。[6] 此书由河上彻太郎、阿部六郎合作翻译。河上彻太郎参照法译本和德译本，翻译有关陀思妥耶夫斯基（Fyodor Dostoevsky）的前半部分（第一章至第十七章）；阿部六郎则主要参照德译本，翻译序言和有关尼采（Friedrich Nietzsche）的后半部分（第十八章至第

[1]［日］增田涉．鲁迅的印象［M］．钟敬文，译．长沙：湖南人民出版社，1980：104 注 1.
[2] 鲁迅．鲁迅全集：第 16 卷［M］．北京：人民文学出版社，2005：516，520–521，576.
[3]《弗罗贝尔全集》指的应该是东京改造社出版的九卷《福楼拜全集》(《フロオベエル全集》) 日译本。鲁迅．鲁迅全集：第 17 卷［M］．北京：人民文学出版社，2005：450.
[4]［日］增田涉．鲁迅的印象［M］．钟敬文，译．长沙：湖南人民出版社，1980：104.
[5] 鲁迅．鲁迅全集：第 16 卷［M］．北京：人民文学出版社，2005：456.
[6] レオ・シエストフ．悲劇の哲學［M］．河上徹太郎，阿部六郎，譯．東京：芝書店，1934：版权页．

二十九章)。[1]

及后，鲁迅又于1934年9月购买了舍斯托夫《创造源自虚无》[*Творчество из ничего*(*Creation from Nothing*)]的两个不同日译本：首先是9月12日，他在日记中提及“得《虚無よりの創造》一本，一元五角”；另外，他也在当年书账中，记下自己在9月16日购得《無からの創造》一本。[2]《虚無よりの創造》由河上彻太郎翻译，东京芝书店于1934年7月初版；[3]而《無からの創造》则由木寺黎二、安土礼二郎和福岛丰合译，东京三笠书房于1934年7月初版。[4]这两个译本虽然均收入论文《创造源自虚无：安・契诃夫》，但事实上，它们是两本内容不同的舍斯托夫日译文集。我们在下文会进一步讨论，河上彻太郎编译的《虚無よりの創造》，对这个时期鲁迅创作的影响。

鲁迅生前最后一批购买的舍斯托夫日译文集，则是增田涉在鲁迅书架上看到的三木清主编的两卷本《舍斯托夫选集》。这套《选集》分别于1934年12月、1935年3月由东京改造社初版。[5]根据《鲁迅全集》修订编辑委员会的考证，鲁迅所藏《选集》第一卷是第五版，而第二卷则是初版。[6]换言之，鲁迅在1934至1935年间收集了当时出版的所有舍斯托夫的日译著作。我们不禁会问，究竟是什么原因驱使鲁迅在生命的最后阶段集中关注舍斯托夫的著作？舍斯托夫的著作对鲁迅晚年的创作发展，又发挥着怎样的作用？

诚如张冰所言，“在当今国际哲学界，舍斯托夫被公认为‘伟大的俄国哲学家’，是20世纪存在主义哲学思潮的奠基人之一。由于很早就流亡国外的缘故，舍斯托夫成为最早对西方思想界产生影响的‘俄国存在主义哲

---

[1] レオ・シェストフド.[ストエフスキイ文献集成第8巻]悲劇の哲学[M].河上徹太郎，阿部六郎，訳.井桁貞義，本間暁共，編.東京：大空社，1995：2.

[2] 鲁迅.鲁迅全集：第16卷[M].北京：人民文学出版社，2005：472，504.

[3] レオ・シエストフ.虚無よりの創造[M].河上徹太郎，譯.東京：芝書店，1934：版权页.

[4] レオ・シエストフ.無からの創造[M].木寺黎二，安土禮二郎，福島豊，譯.東京：三笠書房，1934：版权页。

[5] 三木清監修.シェストフ選集：第1卷[M].東京：改造社，1934：版权页；三木清監修.シェストフ選集：第2卷[M].東京：改造社，1935：版权页.

[6] 鲁迅.鲁迅全集：第17卷[M].北京：人民文学出版社，2005：442.

学家'"。他认为，舍斯托夫在欧洲"是名副其实的'存在主义之父'，同时早在生前就被公认为俄国文坛从象征主义问世以来所有俄国现代派的'祖师爷'和'思想前驱'。"[1] 事实上，魏韶华早于2004年已在《"林中路"上的精神相遇——鲁迅与克尔凯郭尔比较研究》一书中，初步整理了鲁迅在1933至1935年间购读克尔凯郭尔（Søren Kierkegaard）和舍斯托夫著作的情况。他进而指出："经过研究，我惊奇地发现，在1933—1935年这段相对集中的时段内，在鲁迅的心灵地盘上，出现了两位相对集中的购读对象，他们分别是鲁迅早年在日本时期就已熟知的克尔凯郭尔和克尔凯郭尔的俄国精神继承人列夫·舍斯托夫。我认为，这对于鲁迅来说是一起非同寻常的值得关注的精神事件，我倾向于把它视为鲁迅晚年对终其一生坚守的'精神本体'的聚拢，它是鲁迅早期对存在主义哲学兴趣的自然延伸。"[2] 魏氏的研究极具启发性，他在重新联结鲁迅与20世纪初欧陆存在主义思想的研究课题上，无疑有筚路蓝缕之功。可惜的是，他主要将研究重点集中在鲁迅与克尔凯郭尔的比较研究上，未能进一步点明20世纪30年代日本思想界对舍斯托夫的接受和理解，在何种程度上影响了鲁迅对舍斯托夫的关注。此外，魏氏亦没有发现，鲁迅阅读舍斯托夫这一"精神事件"，对《故事新编》最终孕育成形，起着重要的作用。本文将沿着上述这两个方向进一步阐明，舍斯托夫的理论在20世纪30年代的东亚之旅，如何为鲁迅最后一部小说集打开了书写的可能性。

一、不安的文学与舍斯托夫论争

鲁迅书架上摆放着众多藏书，增田涉当时为何会特别注意到三木清主编的这套《舍斯托夫选集》？这大概与日本文坛在20世纪30年代所展开的著

[1] 张冰．译序［M］// 纳·巴拉诺娃－舍斯托娃．列夫·舍斯托夫评传——根据与同时代人的回忆录和通信上卷［M］．张冰，译．成都：四川人民出版社，2022：7–8.

[2] 魏韶华．"林中路"上的精神相遇——鲁迅与克尔凯郭尔比较研究［M］．北京：中国社会科学出版社，2004：23–24.

名论争——舍斯托夫论争（シェストフ論争），有着密切的关系。而三木清正是这场论争中的关键人物。

1927 年的日本金融危机以及 1929 年的世界经济大萧条，使日本经济陷入停滞状态，失业率激增。“当时日本的政党政治不仅对崩溃的经济完全无能为力，反而极力干涉普选的实施，而且政府的高官贪污案件频出，国民对政党内阁的不信任达到了顶点。经济的混乱和政府的无力成为军部推行侵略中国的路线的借口。”[1]1931 年，日本开始侵略中国东北。当年 9 月，日本关东军炸毁南满铁路，发动“九一八事变”。1932 年 1 月，关东军则出兵上海，引发了“上海事变”。3 月，伪满洲国成立。与此同时，日本国内涌现各种右翼团体，其中樱会策划了 1931 年 3 月事件和 10 月事件。1932 年则相继发生“血盟团事件”“五一五事件”，首相犬养毅遭到暗杀，此事等于宣告日本政党政治的终结。[2]

诚如叶渭渠所指出的，日本“在国内实行法西斯化，疯狂镇压工农运动和日本共产党及其领导的进步活动”[3]。1932 年发生热海事件，日本共产党 1500 名党员遭到检举。翌年 2 月，《蟹工船》的作者小林多喜二被捕，并在筑地警察局惨遭虐杀。6 月，日共中央委员佐野学、锅山贞亲被捕后提交了“申请书”，声明脱离日共，支持日本侵略中国东北。1934 年，日本无产阶级文化联盟（考普）和日本无产阶级作家联盟（纳尔普）被迫解散，大批无产阶级作家纷纷宣布“转向”。普罗文学运动的崩溃不单影响普罗文学作家，也对于其他原本不支持左翼运动的作家和知识分子，造成极大的冲击，并带来不安和混乱的情绪。[4]“这时，众多知识分子面对上述政治局面和文化、文

---

[1] 刁榴 . 三木清的哲学研究：以昭和思潮为线索［M］. 北京：社会科学文献出版社，2008：121.

[2] 叶渭渠 . 日本文学思潮史［M］. 北京：北京大学出版社，2009：336;［日］熊野纯彦 . 和辻哲郎与日本哲学［M］. 龚颖，译 . 北京：生活 · 读书 · 新知三联书店，2018：300；熊野純彦，编 . 日本哲学小史——近代 100 年の 20 篇［M］. 東京：中央公論新社，2012：96.

[3] 叶渭渠 . 日本文学思潮史［M］. 北京：北京大学出版社，2009：336。

[4] 叶渭渠 . 日本文学思潮史［M］. 北京：北京大学出版社，2009：336;［日］熊野纯彦 . 和辻哲郎与日本哲学［M］. 龚颖，译 . 北京：生活 · 读书 · 新知三联书店，2018：300；熊野純彦，编 . 日本哲学小史——近代 100 年の 20 篇［M］. 東京：中央公論新社，2012：96–97；白春燕 . 普罗文学理论转换期的骁将杨逵：1930 年代台日普罗文学思潮越境交流［M］. 台北：秀威经典，2015：95.

学形势，感到自己无能为力，产生一种‘不安情绪’和‘危机意识’。”[1]

三本清敏锐地抓住由马克思主义退潮而引发的这股不安情绪，很快地做出反应。“他把如何解释和克服‘危机意识’‘不安意识’作为自己的研究课题。”[2] 白春燕便曾引述曾根博义的研究指出，三木清 1933 年 6 月于《改造》月刊上发表《不安的思想及其超越》(《不安の思想とその超克》) 一文，最早将“不安”问题化。[3] 翌年，河上彻太郎、阿部六郎在这种“不安”的时代氛围中，合作翻译了舍斯托夫的《悲剧哲学》，并在当时日本读书界引起了意料之外的巨大反响。[4] 他们二人在该书“译者序”声言：“将这样一本有毒的书，[……] 转译甚至所谓呈献给现代日本，是我们诚实的恶意。”[5] 此书出版后，横光利一便曾向河上彻太郎表示，据说舍斯托夫的“悲剧哲学”很苦恼着当时的日本年轻人。换言之，日本的“不安哲学”和“不安文学”潮流是因该书的出版而流行起来的。[6] 本多秋五便曾指出，日本文坛最初的存在主义式的“实存体验”（実存的体験），发生于 1931 年的九一八事变至第二次世界大战尚未正式爆发的这段时间。他认为，这也就是所谓“转向”体验，而他则将之称为“舍斯托夫体验”（シェストフ的体験）。[7] 诚如黄琪椿所言，“舍斯托夫之所以在 20 世纪 30 年代中期风行于日本，恰恰反映了日本左翼运动遭镇压后，无论是共产主义同路人和反共产主义者，转向或非转向者之间共通的丧失理念、理想与意识形态，陷入不信任政治、不安与虚无的精神状态。”[8] 舍斯托夫的流行与这个时期日本知识界的不安情绪之间的密切关系，由之清晰可见。

---

[1] 叶渭渠 . 日本文学思潮史［M］. 北京：北京大学出版社，2009：337.

[2] 刁榴 . 三木清的哲学研究：以昭和思潮为线索［M］. 北京：社会科学文献出版社，2008：121.

[3] 白春燕 . 普罗文学理论转换期的骁将杨逵：20 世纪 30 年代台日普罗文学思潮越境交流［M］. 台北：秀威经典，2015：96–97.

[4]［日］河上徹太郎 . 河上徹太郎全集：第 3 巻［M］. 東京：勁草書房，1969：30.

[5] レオ・シエストフ . 悲劇の哲學［M］. 河上徹太郎，阿部六郎，譯 . 東京：芝書店，1934：2.

[6]［日］河上徹太郎 . 河上徹太郎全集：第 3 巻［M］. 東京：勁草書房，1969：38；叶渭渠 . 日本文学思潮史［M］. 北京：北京大学出版社，2009：337.

[7]［日］本多秋五 . 物語戰後文学史：下［M］. 東京：岩波書店，2005：265.

[8] 黄琪椿 . 殖民现代性主体的生成与破灭：再论《植有木瓜树的小镇》［J］. 文化研究 2019（28）：112.

1956年，平野谦、小田切秀雄和山本健吉合作编辑了三卷文学史资料集——《现代日本文学论争史》。他们在这部论争史中专辟“舍斯托夫论争”的部分，选辑了三木清、藤原定、小林秀雄、河上彻太郎、青野季吉、阿部六郎、板垣直子和坂润等人的相关评论文章九篇。九篇选文中，三木清的文章占了两篇，亦即《不安的思想及其超越》《关于舍斯托夫的不安》(《シェストフ的不安について》)。[1] 可见三木清在这次论争中的重要地位。孙歌在《竹内好的悖论》一书中，便曾扼要概述当时日本文坛的四位代表人物对舍斯托夫的不同解读：

> 《悲剧的哲学》出版后，引起了毁誉不一的反应，只有在关于此书“难于评论”这一点上是一致的。在倾向于挖掘舍斯托夫的思想资源的肯定性阅读中，自然主义作家正宗白鸟在其中读出了理想与审美感的破灭，认为丑恶中才存在着摆脱“日常性哲学”的真正人性；评论家小林秀雄则在其中读出了颠覆理论、哲学、科学既定权威的正当性；哲学家三木清读出了海德格尔和雅斯贝尔斯的存在主义基本命题，即破除形而上学的本质与现象的区分方式寻找现实——在舍斯托夫这里，日常性与非日常性成为区分的基准。而在译介者河上彻太郎那里，读解的关键则在于舍斯托夫不是悲剧的表现者，而是悲剧中的人物；因而，他认为舍斯托夫的文本渗透了思想的实践性。[2]

孙歌准确地把握了三木清在这次论争中的基本定位，亦即在舍斯托夫的著作中“读出了海德格尔和雅斯贝尔斯的存在主义基本命题”。这当然与三木清的学术背景密切相关。三木清1897年出生于兵库县一个笃信净土真宗的农民家庭。他1914年考入东京第一高等学校。他因阅读西田几多郎的成名作《善的研究》(《善の研究》)，于是决定报考京都大学哲学系，跟随西

[1]［日］平野謙，小田切秀雄，山本健吉，編集．現代日本文學論争史：下［M］．東京：未來社，1969：9–18.

[2] 孙歌．竹内好的悖论［M］．北京：北京大学出版社，2023：150–151.

田几多郎学习哲学。他 1920 年 3 月大学毕业，毕业论文的题目是《批判哲学与历史哲学》。1922 年，三木清接受岩波书店创办人岩波茂雄的资助，留学德国。他首先就学于李凯尔特（Heinrich Rickert），后来又转到海德格尔（Martin Heidegger）门下学习。[1]“三木除了热心听海德格尔的讲座之外，还听了 N. 哈特曼等人的讲座，并在海德格尔的介绍下跟随迦达默尔学习《形而上学》等亚里士多德的著作。海德格尔的助手莱维特（Karl Löwith）指导三木读书，将三木带入广阔的德国精神史中，三木大量阅读并开始研究克尔凯郭尔、尼采、陀思妥耶夫斯基、狄尔泰等人的生命哲学和解释学，对历史的兴趣也从认识的对象转向对历史的存在本身的关注。”[2] 三木清 1925 年回到日本，1927 年离开了京都，到东京法政大学担任哲学专业的主任教授。他回国后不久，便开始研究马克思主义和历史唯物论。他在东京活跃于论坛，并在《思想》杂志上发表了一系列关于马克思主义的文章，引起了巨大的反响。然而，他却因有向日本共产党提供资金的嫌疑，于 1930 年 5 月被捕入狱。三木清于半年后获释，但却因此失去了公职。[3] 在上述的学术和政治背景影响下，三木清敏锐地抓住舍斯托夫与时代的不安情绪之间的紧密关系，并尝试从海德格尔和雅斯贝斯（Karl Jaspers）存在主义的理论视野入手，解读舍斯托夫的著作。

虽然平野谦、小田切秀雄和山本健吉将三木清《不安的思想及其超越》一文视为“舍斯托夫论争”的重要文献，但三木清其实没有在这篇文章里集中讨论舍斯托夫。他主要在这篇文章中详细说明了“不安的思想”。他在文章的第一节中便指出，从九一八事变（满洲事变）开始，日本知识分子的精神状况便发生了显著的变化。事变发生后，日本知识界弥漫着“不安”的精

---

[1] 刁榴 . 三木清的哲学研究：以昭和思潮为线索［M］. 北京：社会科学文献出版社，2008：7–9；［日］熊野纯彦 . 和辻哲郎与日本哲学［M］. 龚颖，译 . 北京：生活・读书・新知三联书店，2018：303；熊野純彦，编 . 日本哲学小史——近代 100 年の 20 篇［M］. 東京：中央公論新社，2012：100.

[2] 刁榴 . 三木清的哲学研究：以昭和思潮为线索［M］. 北京：社会科学文献出版社，2008：9.

[3] 刁榴 . 三木清的哲学研究：以昭和思潮为线索［M］. 北京：社会科学文献出版社，2008：9-11；［日］熊野纯彦 . 和辻哲郎与日本哲学［M］. 龚颖，译 . 北京：生活・读书・新知三联书店，2018：303–304；熊野純彦，编 . 日本哲学小史——近代 100 年の 20 篇［M］. 東京：中央公論新社，2012：100–102.

神氛围。他并认为，这种不安的精神危机之后可能会逐步加深。在“不安的思想”支配下，“不安的文学”（不安の文學）和“不安的哲学”（不安の哲學）便会涌现，并获得大量的爱好者和追随者。因此，有必要理解和批判“不安的思想”的根本性质。三木清认为，欧洲之前便已经历过这种不安的精神危机，并产生出相应的精神表现：文学方面的表现是普鲁斯特（Marcel Proust）、纪德（André Gide）的作品，神学方面是卡尔·巴特（Karl Barth）、布鲁内尔（Emil Brunner）的著作，哲学方面则是海德格尔等人的思想。因此，三木清尝试借鉴法国批评家克雷弥尔（Benjamin Crémieux）有关第一次世界大战以后欧洲文学发展的总结和分析，借以说明“不安的思想”的根本性质。[1]

三木清所参考的克雷弥尔著作，应该是他在1931年初版的《不安与重建：战后文学论集》(*Inquiétude et reconstruction. Essai sur la littérature d'après-guerre*)。克雷弥尔在此书中便已提出“不安的文学”（littérature d'inquiétude）的说法。[2] 三木清引用他的说法指出，1918年至1930年期间是一个过渡的时期，“不安的精神”（不安の精神）正是这个时期的特征。有趣的是，1918年正是一战结束的时候。战争的结束并没有为社会带来和平与幸福。恰恰相反，当时的欧洲社会却由于通货膨胀等原因，变得更为动荡和不安。换言之，“人、生活、世界，看上去已经不能纳入理智的框架了。一切曾经是合理的东西、思想或人格的支撑物，看上去已经破碎了。一切都给人以不安定的感觉。”[3] 战争以后，人们变得孤立、游离于社会，或毋宁说，社会远离了人们。人们已无法在自己的内部找到不可动摇的基础。内在世界的破产附加于外在世界的破产之上。如此一来，人格的不可动摇性和统一性便变得无法把握。[4] 与这种“不安的精神”相呼应的，则是一种新的文学方

---

[1] 三木清．三木清全集：第10卷［M］．東京：岩波書店，1966–1968：285–287.

[2] 有关克雷弥尔的“不安的文学”的说法，请参阅以下论文的相关讨论和分析：Aude Leblond. Poétique du roman-fleuve, de Jean-Christophe à Maumort [D]. Thèse de doctorat de Littérature française. Université de la Sorbonne nouvelle-Paris III, 2010: 191–200.

[3] 三木清．三木清全集：第10卷［M］．東京：岩波書店，1966–1968：287–289. 引文部分参考了孙歌的翻译，见孙歌．竹内好的悖论［M］．北京：北京大学出版社，2023：149.

[4] 三木清．三木清全集：第10卷［M］．東京：岩波書店，1966–1968：292.

法（新しい文學の方法）：

> 脱离理智的东西、空间的东西、刚性的东西、转向情绪性的东西、时间性的东西、流动的东西这种感觉乃至趣味，与从客观的东西转向主观的东西是相同的。对社会失去信赖或者社会活动受阻的人，必然地引入内部、自己的内部。这样，内观或者内省都是沿袭普鲁斯特和纪德等的道路的新的文学方法。虽说是主观的，但对不安的精神来说，浪漫主义是不可能的吧。因此，作为新文学的规则，采取新超导性，便由此产生了今日的所谓新写实主义。[1]

诚如克雷弥尔所指出的，1918 年至 1930 年，是文学史上的“人格分解”（人格の分解）时期，而“人格的统一”亦于这个时期被“意识之流”（意識の流）置换。与此相应，三木清这里所谓的“新写实主义”（新しいリアリズム），具体指的就是陀思妥耶夫斯基、普鲁斯特、纪德、皮兰德娄（Luigi Pirandello）和乔伊斯（James Joyce）等现代派作家所开拓的新艺术世界（新しい藝術的世界）。三木清认为，这些作家将真诚（シンセリティ sincerity）视为一种艺术态度，确立了一种主观的写实主义。他并肯定这些作家对人类心理的发现。[2]

诚如曾根博义所言：“知识分子的内在心境因舍斯托夫的流行而变得表面化，三木清将这种内在心境置于‘对于不安的自我关注’之延长线上，称之为‘舍斯托夫的不安’。”[3]1934 年 9 月，三木清在《改造》上发表了《关于舍斯托夫的不安》。这篇文章明显是一年前发表的《不安的思想及其超越》的续篇。他在《关于舍斯托夫的不安》一文的开首便这样说道：“不安的文学、不安的哲学，在我国成为一个公开的问题，已经有两年了吧。列夫・舍

---

[1] 三木清 . 三木清全集：第 10 卷［M］. 東京：岩波書店，1966–1968：291–292. 引文参考了叶渭渠的翻译，见叶渭渠 . 日本文学思潮史［M］. 北京：北京大学出版社，2009：338.

[2] 三木清 . 三木清全集：第 10 卷［M］. 東京：岩波書店，1966–1968：292–293.

[3] 白春燕 . 普罗文学理论转换期的骁将杨逵：1930 年代台日普罗文学思潮越境交流［M］. 台北：秀威经典，2015：98.

斯托夫在此时的流行是其延续，也是其最近的形态。”三木清明显将当时日本的舍斯托夫热，理解为他所谓的“不安的思想”潮流的延续。他并进而指出：“这种倾向与我国的社会形势相适应自不必说，这种不安必须从社会形势来解释。但是，这种不安不能单纯从客观的社会条件来说明。如果一个人本来就没有不安的地方，他就不会因为处于一定的条件下而陷入不安。我们必须查明人类存在本身的不安是什么。现在，我想在理解舍斯托夫的不安的性质的同时，重新思考这些问题。”换言之，他尝试在这篇文章中，将“舍斯托夫的不安”从社会文化现象提升为哲学问题。[1] 三木清并进一步为不安的思想辩护，因为“不安的文学、不安的哲学，常常被简单地批评为怀疑论、厌世主义之类”。但他反对将“不安”视为单纯的厌世态度。与此相反，三木清认为：“被日常遮蔽的真实［リアリティ（reality）］只有在不安中才初次显露出来。不安的文学、不安的哲学，在其本质上，是探究非日常的真实的文学、哲学。”换言之，“不安”除了是忧郁、低落和焦躁等日常心理现象以外，它还包含着一个形而上学的层次。而三木清正是要从这个形而上学层次的“不安”入手，探究“被日常遮蔽的真实”。[2] 他认为，文学和哲学正是从对这种“被日常遮蔽的真实”的执着探究中诞生的：

> 在任何时候，哲学和文学的根本问题都是真实（リアリティ）的问题。任何一种哲学，任何一种文学，在根本上，都不欲求真实之外的东西。差别只是在于，将什么作为真实来体验，并加以确立。即使某些东西似乎破坏了现实，它也只是试图发现另一个更深的、更真切的现实。舍斯托夫在关于尼采、帕斯卡、陀思妥耶夫斯基、契诃夫、托尔斯泰及其他的诸多评论中孜孜不倦地探究的，也就是新的真实的问题。他在对

---

[1] 三木清．三木清全集：第 10 卷［M］．東京：岩波書店，1966–1968：392；三木清．关于舍斯托夫式的不安［EB/OL］．零无，译．（2022-08-18）［2024-05-16］．https://zhuanlan.zhihu.com/p/554666643.

[2] 三木清．三木清全集：第 11 卷［M］．東京：岩波書店，1966–1968：392–393；三木清．关于舍斯托夫式的不安［EB/OL］．零无，译．（2022-08-18）［2024-05-16］．https://zhuanlan.zhihu.com/p/554666643.

陀思妥耶夫斯基和尼采的批评中写道，“唯有一件事不可怀疑——这里有现实。有新的、闻所未闻的、未曾见过的，或者说以前绝不供展览的现实”。[1]

这里，三木清明显延续了自己在《不安的思想及其超越》一文中有关“新写实主义”的讨论。他认为，舍斯托夫有关非日常性的真实的探究，与实存哲学［实存の哲学（Existenzphilosophie）］以及海德格尔和雅斯贝斯等人的思考，在某种程度上有相通之处。实存哲学已经不再像旧形而上学那样，通过实在与现象、本质与假象的区分来思考“真实”的问题。舍斯托夫同样舍弃了这些旧形而上学的区分，代之以有关日常性与非日常性的思考。三木清认为，舍斯托夫“以非日常性的东西，或者说‘地下室人’的权利，对日常性的东西，即人们通常认为是现实的东西，提出强烈的抗议。舍斯托夫的日常性概念几乎可以看作与海德格尔的‘世界’概念相应”[2]。三木清这里提及的“地下室人”（地下室の人間[3]）来自舍斯托夫的《悲剧哲学》。舍斯托夫在该书的结尾这样写道：

哲学毕竟是悲剧哲学［悲劇の哲學（philosophy of tragedy）］。陀思妥耶夫斯基的小说和尼采的著作，仅仅说了“最丑陋的人”［“最醜”の人間（“ugliest” people）］和他们的问题。尼采和陀思妥耶夫斯基，就如果戈里一样，本身就是最丑陋的人，没有日常性的希望。他们试图在那个从未有寻觅过的地方、按照一般信念除了永恒的黑暗和混沌外没有也不可能有什么东西的地方，甚至穆勒本人也假设有可能无因而动的地方，寻找自己的东西。那里，也许每个地下人［地下室の男

[1] 三木清．三木清全集：第11卷［M］．東京：岩波書店，1966–1968：395；三木清．关于舍斯托夫式的不安［EB/OL］．零无，译．（2022–08–18）［2024–05–16］．https://zhuanlan.zhihu.com/p/554666643.

[2] 三木清．三木清全集：第10卷［M］．東京：岩波書店，1966–1968：395–396；三木清．关于舍斯托夫式的不安［EB/OL］．零无，译．（2022–08–18）［2024–05–16］．https://zhuanlan.zhihu.com/p/554666643.

[3] underground man.

（underground man）］的意义都与整个世界的意义相当，那里，也许悲剧之人［悲劇人（people of tragedy）］将会找到他们在寻觅的东西……日常性之人［日常の人（people of commonplaceness）］不愿意跨越这条致命的界线，去追逐这类不可思议的“也许”。[1]

三木清敏锐地抓住舍斯托夫所提出的这个没有日常性希望的“地下室人”形象，并从这个线索入手，在文章中逐步揭示在“舍斯托夫的不安”中所包含的非日常性的“真实”。

虽然鲁迅在1935年陆续购买了三木清主编的两卷《舍斯托夫选集》，但他却没有在文章中提及三木清。大概是基于这个原因，《鲁迅全集》修订编辑委员会在考证鲁迅收藏的《舍斯托夫选集》时，也忽略了三木清这位主编，而只列出阿部六郎和木寺黎二这两位译者。[2] 此外，魏韶华在对鲁迅购读舍斯托夫的资料进行考证时，虽然初步列出了两卷《舍斯托夫选集》的篇目，却遗留了三木清撰写的“序”“跋”。[3] 纵然鲁迅从未在著作中提及三木清，但值得注意的是，1933年6月至1934年9月期间，正当三木清在《改造》月刊上发表《不安的思想及其超越》《关于舍斯托夫的不安》这两篇文章之际，鲁迅同时也是《改造》月刊的供稿作者。1933年2月，萧伯纳（George Bernard Shaw）访问上海，改造社的社长山本实彦派遣记者木村毅去上海采访。鲁迅会见了萧伯纳后不久，木村毅便以《改造》月刊的名义向鲁迅约稿。同年2月23日，鲁迅用日文写了《看萧和“看萧的人们”记》，此文随后在《改造》4月号特辑上刊发。1934年1月，山本实彦寄送了贺年明信片给鲁迅，这是二人首次直接交往。此后，山本便多次向鲁迅邀稿。1936年2月，山本实彦到访上海，他和鲁迅应内山完造邀请，终于首次会

[1]［俄］列夫·舍斯托夫．尼采与陀思妥耶夫斯基：关于悲剧哲学的随笔［M］．田全金，译．上海：华东师范大学出版社，2015：191；レオ・シエストフ．悲劇の哲學［M］．河上徹太郎，阿部六郎，譯．東京：芝書店，1934：278；Lev Shestov. Dostoevsky, Tolstoy, and Nietzsche [M]. trans. Bernard Martin and Spencer Roberts. Athens: Ohio University Press, 1970: 322.

[2] 鲁迅．鲁迅全集：第17卷［M］．北京：人民文学出版社，2005：442.

[3] 魏韶华．“林中路”上的精神相遇——鲁迅与克尔凯郭尔比较研究［M］．北京：中国社会科学出版社，2004：26.

面。[1] 诚如仓重拓所言："论鲁迅对日本的看法，不可忽略的是鲁迅用日语给日本读者写的文章及其历史性内涵，尤其是他在日本影响力较大的综合杂志《改造》月刊发表的一系列文章。中日两国之间政治紧张明显加剧的 20 世纪 30 年代中期，鲁迅在日本《改造》月刊上陆续发表了四篇文章，其中包括 1933 年 4 月的《看萧和'看萧的人们'记》、1934 年 3 月的《关于中国的两三件事》、1934 年 6 月的《在现代中国的孔夫子》以及 1936 年 4 月的《我要骗人》。"[2] 我们现在已无法确定，鲁迅当年有没有读过三木清这两篇名文，但可以肯定的是，他与改造社的关系相当密切。另外，鲁迅对 20 世纪 30 年代日本无产阶级文学运动的"转向"情况亦相当关注。[3]1936 年认识鲁迅的日本左翼文学家鹿地亘，后来在《中国的十年》(《中国の十年》，1948）中这样说道："鲁迅对我们日本劳动人民的解放运动了如指掌，其了解程度差不多跟我们一样，甚至微不足道的消息都知道。"[4] 换言之，鲁迅很可能因对"转向"情况的关注，而进一步注意到与"转向"问题紧密相关的"不安的思想"和"舍斯托夫的不安"等争论。

更值得注意的是，我们上文便提及，三木清在《不安的思想及其超越》里集中引述了克雷弥尔在《不安与重建：战后文学论集》一书的观点。此书后来由增田笃雄译成日文，题为《不安与再建：新文学概论》(《不安と再建——新しい文學概論》)，于 1935 年由小山书店出版。[5] 鲁迅在 1935 年 1 月的日记中便记录了购买此书的情况：1935 年 1 月 24 日"晴。午前内山书店买《美术百科全书》(西洋篇）一本，《不安と再建》一本，共泉一元"[6]。换言之，鲁迅差不多在这个日译本刚正式出版之际，便购入此书。无论如

---

[1] 张杰 . 鲁迅：域外的接近与接受［M］. 福州：福建教育出版社，2001：178.

[2]［日］仓重拓 . 鲁迅《我要骗人》再考——以竹内好与鹿地亘对"浅间山"的不同解读为主［J］. 鲁迅研究月刊，2021（2）.

[3]［日］仓重拓 . 试论鲁迅对"转向"的看法——以日本友人访谈录中的相关记载为主［J］. 文学评论，2019（2）.

[4]［日］仓重拓 . 试论鲁迅对"转向"的看法——以日本友人访谈录中的相关记载为主［J］. 文学评论，2019（2）.

[5] 鲁迅 . 鲁迅全集：第 17 卷［M］. 北京：人民文学出版社，2005：467.

[6] 鲁迅 . 鲁迅全集：第 16 卷［M］. 北京：人民文学出版社，2005：512.

何，我们希望强调的是，鲁迅晚年大量购读舍斯托夫著作的日译本，其中牵涉当时中国和日本文坛多重交错的政治、文化、文学和思想脉络。唯有我们重新勾勒这些复杂的关系线索，才能进一步了解鲁迅晚年究竟在何种意义上接受舍斯托夫的思想。

二、莎士比亚论争与鲁迅群众观的转变

鲁迅只在《“以眼还眼”》一文中，集中引述舍斯托夫的文句段落。这篇文章最初发表于 1934 年 11 月出版的《文学》月刊第三卷第五号，[1] 也是他 1934 年 9 月购买舍斯托夫《创造源自虚无》两个不同日译本之后不久。他在这篇文章中将舍斯托夫译为“显斯妥夫”（Lev Shestov）。他指出，舍斯托夫因“痛恨十月革命，逃入法国”[2]。鲁迅虽然到了 1935 年 2 月和 3 月才购入由改造社出版的三木清主编的《舍斯托夫选集》，但他对舍斯托夫于十月革命后移居法国情况的了解，却与三木清在《选集》序言中的介绍基本一致。因当时缺乏舍斯托夫的详细传记资料，所以三木清亦只能在序言中作概略的介绍。按照他的介绍，舍斯托夫 1866 年生于基辅，“舍斯托夫”是笔名，本名是列夫・伊萨科维奇・施瓦尔茨曼［レフ・イサアコヴィッチ・シュヴァルツマン（Lev Isaakovich Shvartsman）］。[3] 因此，三木清推测舍斯托夫很可能是犹太裔的俄罗斯人。据说他最初立志成为一名律师，并在莫斯科和基辅的法学院接受了高等教育。[4] 他 1898 年便已出版处女作《莎士比亚及其批评者勃兰兑斯》［Шекспир и его критик Брандес（*Shakespeare and His Critic Brandes*）］。但他在后来的作品中，才显现出自己的真正潜力。他在 1911 年至 1912 年出版了六卷本全集，第一卷为《莎士比亚及其批评者勃兰兑斯》，

[1] 鲁迅 . 鲁迅全集：第 6 卷［M］. 北京：人民文学出版社，2005：128 注 1.

[2] 鲁迅 . 鲁迅全集：第 6 卷［M］. 北京：人民文学出版社，2005：121.

[3] 舍斯托夫的本名应为耶古达・莱布・施瓦尔茨曼［Иегуда Лейб Шварцман（Yeguda Lev Shvartsman）］。参看张冰 .《舍斯托夫文集》总序［M］//［俄］列夫・舍斯托夫 . 莎士比亚及其批评者勃兰兑斯［M］. 张冰，译 . 北京：商务印书馆，2020：i.

[4] 舍斯托夫先后就读于莫斯科大学数学系和基辅大学法律系。参看张冰 .《舍斯托夫文集》总序［M］//［俄］列夫・舍斯托夫 . 莎士比亚及其批评者勃兰兑斯 . 张冰，译 . 北京：商务印书馆，2020：ii.

第二卷为《托尔斯泰和尼采学说中的善》[Добро в учении гр. Толстого и Ф. Ницше（*The Good in the Teaching of Tolstoi and Nietzsche*）1900]，第三卷为《悲剧哲学：陀思妥耶夫斯基和尼采》[Достоевский и Ницше: философия трагедии（*Dostoevskii and Nietzsche: The Philosophy of Tragedy*）1903]，第四卷为《无根据颂》[Апофеоз беспочвенности（*Apotheosis of Groundlessness*）1905]，第五卷为《开端与终结》[Начала и концы（*Beginnings and Endings*）1908]，第六卷为《伟大的前夜》[Великие кануны（*The Great Vigils*）1912]。他后来又出版了两本主要著作，分别为《钥匙的统治》[Власть ключей（*The Power of Keys*）1923] 和《在约伯的天平上》[На весах Иова（*In Job's Balance*）1929]。他的许多作品当时已翻译成英、德、法、意等多种语言，拥有广泛的读者群。1917 年十月革命后，他流亡国外，据说居住在法国。[1]

上述三木清在《选集》序言中提供的生平简介，大概是鲁迅当时读到的较为全面的舍斯托夫传记资料。然而，鲁迅对舍斯托夫的著作却自有独特的理解，并未完全依循三木清的实存哲学解读方向。有趣的是，鲁迅在《"以眼还眼"》一文中引述的舍斯托夫文句，并非出自较著名的作品（如《悲剧哲学》），而是一篇较为冷门的莎士比亚（William Shakespeare）评论文章——《莎士比亚（剧）中的伦理的问题》。[2] 虽然齐宏伟已推断出这篇文章的原作应为《论莎士比亚的〈裘力斯·凯撒〉》["Юлий Цезарь" Шекспира（Shakespeare's *Julius Caesar*）]，[3] 但他没有进一步考究鲁迅读到的究竟是这篇文章的哪一个版本，也没有说明为何鲁迅会将文章的题目译为《莎士比亚（剧）中的伦理的问题》。事实上，鲁迅所读到的这篇文章的译本，应该出自河上彻太郎所编译的《创造源自虚无》(《虚無よりの創造》)。因为河上这个译本除收入《创造源自虚无：安・契诃夫》(《アントン · チエホフ虚無よりの創造：安・契訶夫》) 外，还收入鲁迅所引用的《莎士比亚［剧］中

[1] 三木清 . 三木清全集：第 17 卷［M］. 東京：岩波書店，1966–1968：327.

[2] 鲁迅 . 鲁迅全集：第 6 卷［M］. 北京：人民文学出版社，2005：127.

[3] 齐宏伟 ."偏要向这些作绝望的抗战"——鲁迅的"舍斯托夫体验"反思［J］. 文化中国,2011(2).

的伦理的问题》(《シェイクスピアに於ける倫理の問題》)一文。[1]河上在此书“跋：关于列夫・舍斯托夫”(跋—レオ・シエストフについて)中谈及这篇莎士比亚评论文章，指出它是在舍斯托夫发表《莎士比亚及其批评者勃兰兑斯》(1898)一书八年后撰写的论文。[2]而这篇论文正是在1905年以附录形式收入《无根据颂》俄文版初版里的。当时河上应该未能完全掌握这篇文章的发表情况。事实上，舍斯托夫的《论莎士比亚的〈裘力斯・凯撒〉》原本是一篇导读文章，最早发表于由圣彼得堡的布罗克豪斯和叶夫龙出版社[Брокгауз и Евфрон(Brokgauz-Efron)]在1903年出版的莎士比亚作品集第三卷，及后才被编入舍斯托夫的个人文集《无根据颂》。[3]然而，河上又为何会将这篇论文的题目译为《莎士比亚(剧)中的伦理的问题》？这大概是因为他所依据的底本是法译本，而法译本的题目正是Le Problème éthique chez Shakespeare。[4]

1934年6月，杜衡在《文艺风景》创刊号上，发表了《莎剧凯撒传里所表现的群众》。1934年9月，施蛰存在《现代》杂志第五卷第五期上，发表了《我与文言文》，其中议论了苏俄排演莎士比亚剧作的情形。鲁迅及后在1934年9月至11月期间，陆续发表了《“莎士比亚”》《又是“莎士比亚”》和《“以眼还眼”》三篇文章，遂掀起一场关于莎士比亚的小型论争。[5]鲁迅正是在这场论争的具体脉络中，大段引述舍斯托夫《莎士比亚(剧)中的伦理的问题》的文句段落。

这场莎士比亚论争，其实是鲁迅与施蛰存之间有关“《庄子》与《文选》”论战的其中一环。1933年10月6日，鲁迅在《申报》“自由谈”专栏

---

[1] レオ・シエストフ.虚無よりの創造[M].河上徹太郎，譯.東京：芝書店，1934：目錄頁.

[2] 河上徹太郎.河上徹太郎全集：第3卷[M].東京：勁草書房，1969：34.

[3] Andrea Oppo. Lev Shestov: the philosophy and works of a tragic thinker [M]. Boston: Academic Studies Press, 2020: 12n24.

[4] L. Chestov. Le Problème éthique chez Shakespeare (Jules César de Shakespeare) [J]. trans. Tatiana Beresowsky-Chestov. La Pensée française: libre organe de propagation française et d'expansion républicaine, 1925 (4.105): 9.

[5] 鲁迅.鲁迅全集：第5卷[M].北京：人民文学出版社，2005：588-590，600-602；鲁迅.鲁迅全集：第6卷[M].北京：人民文学出版社，2005：124-129.

发表《感旧》一文，批评当时文坛的复古倾向，其中便谈及《庄子》与《文选》。文章发表后，施蛰存怀疑鲁迅批评自己，因为他曾答复《大晚报》编辑寄给他的问卷表格，介绍给青年读《庄子》和《文选》，“并附加了一句脚注：‘为青年文学修养之助’”。于是，施蛰存便在同年10月8日的《申报》“自由谈”专栏上，发表《〈庄子〉与〈文选〉》一文，为自己申辩。结果，二人你来我往，便引发了一场大论战。[1]施蛰存的《我与文言文》正是为了回应这个议题的论争而写的。他在文章其中的一个段落，议论了当时苏俄排演莎士比亚剧作以及梅兰芳准备访苏演出的消息：

> 所谓“文学的遗产”这个奇特的名词，原是从苏俄来的。正如他们的文艺理论（或曰政策）一样，苏俄对旧时代文学的态度是常常在变动的……关系这种情形，我们可以拿苏俄对于莎士比亚的态度来做例。苏俄最初是“打倒莎士比亚”，后来是“改编莎士比亚”，现在呢，不是要在戏剧季中“排演原本莎士比亚”了吗？（而且还要梅兰芳去演“贵妃醉酒”呢！）这种以政治方策运用之于文学的丑态，岂不令人齿冷！[2]

上述这段议论引起了鲁迅的关注，他因而撰写《“莎士比亚”》一文批评施蛰存。[3]鲁迅进一步将杜衡《莎剧凯撒传里所表现的群众》与施蛰存的议论联系起来，随后撰写了《又是“莎士比亚”》和《“以眼还眼”》两篇文章加以批评。杜衡在文章中曾这样议论《裘力斯·凯撒》（*Julius Caesar*）第一幕中所再现的“群众”：

> 群众，假如可以称为群众的话，在这场戏里实际上是“言不及义”，一句重要的话也没有说，尽让那两位保民官声色俱厉地教训着，可是单

[1] 李富根，刘洪，编．恩怨录·鲁迅和他的论敌文选：下［M］．北京：今日中国出版社，1996：869-905.

[2] 陈子善，徐如麒，编．施蛰存七十年文选［M］．上海：上海文艺出版社，1996：348.

[3] 鲁迅．鲁迅全集：第5卷［M］．北京：人民文学出版社，2005：588-589.

从这些教训，我们就能够看到不少事情的。这使我们想起在近几年来的各次政变中所时常看到的，“鸡来迎鸡，狗来迎狗”式的庆祝会，提灯会，市民们拖儿带女地赶着热闹，游行，喊口号的那些可痛心的情形。莎氏所写的还是纪元前四十四年的事情，可是，在这近二千年之间，人类底进化究竟在那儿呢？抑或我们这个东方古国至今还停滞在二千年前的罗马所曾经过的文明底阶段上呢？[1]

鲁迅在《又是“莎士比亚”》一文中，针对杜衡上述这段议论进行反驳，并进而怀疑莎士比亚是否了解古罗马的社会情况：“真的，‘发思古之幽情’，往往为了现在。这一比，我就疑心罗马恐怕也曾有过有理性，有明确的利害观念，感情并不被几个煽动家所控制，所操纵的群众，但是被驱散，被压制，被杀戮了。莎士比亚似乎没有调查，或者没有想到，但也许是故意抹杀的，他是古时候的人，有这一手并不算什么玩把戏。”[2] 鲁迅此时明显尚未注意到舍斯托夫有关《裘力斯·凯撒》中“群众”的分析，所以他便简单质疑了这部莎剧只展示了“被几个煽动家所控制，所操纵的群众”的刻板印象。

然而，当鲁迅仔细读过舍斯托夫的《莎士比亚（剧）中的伦理的问题》后，他对《裘力斯·凯撒》这部莎剧的理解便大为改变，并撰写了《“以眼还眼”》一文，进一步批驳杜衡的观点。鲁迅这篇文章只有四页篇幅，却花了一页摘抄他自己翻译的舍斯托夫文章段落，可见他对舍斯托夫观点的重视。事实上，除了这一页引文之外，鲁迅在文章中论及莎士比亚的一些观点，也明显来自舍斯托夫的论文。譬如，鲁迅文章中这一段对杜衡的批评：

那些“朋友们”除注意作者的时代和环境而外，还会知道《凯撒传》的材料是从布鲁特奇的《英雄传》里取来的，而且是莎士比亚从作喜剧转入悲剧的第一部；作者这时是失意了。为什么事呢，还不大明白。但总之，当判断的时候，是都要想到的，又未必有杜衡先生所豫言

[1] 杜衡 . 莎剧凯撒传里所表现的群众［J］. 文艺风景，1934（1）.

[2] 鲁迅 . 鲁迅全集：第 5 卷［M］. 北京：人民文学出版社，2005：601.

的痛快，简单。[1]

首先，鲁迅在这里谈及《裘力斯·凯撒》主要取材自普鲁塔克（Plutarch）的《希腊罗马名人传》[*Vitae parallelae*（*Lives of the Noble Greeks and Romans*）]。而舍斯托夫也在《莎士比亚（剧）中的伦理的问题》首部分，集中讨论了普鲁塔克对莎士比亚的影响。他指出，莎士比亚通过托马斯·诺斯（Thomas North）的英文译本熟知普鲁塔克的著作。[2] 其次，鲁迅亦指出，《裘力斯·凯撒》"是莎士比亚从作喜剧转入悲剧的第一部"。他认为："作者这时是失意了。"这明显来自舍斯托夫在文章开端中的这一段分析：

> 在莎士比亚的生活中发生了某种可怕的、震撼了他生命的事，而正是从 1601 年起，莎士比亚完全变成了另外一个人。与此相应，他的创作也有了另外一个特点。前不久，他刚刚完成了喜剧《第十二夜》，那是一部充满如此多真挚喜悦而又无忧无虑的笑的剧，而几乎是在紧接此剧之后，他写了《裘力斯·凯撒》和《哈姆雷特》。《裘力斯·凯撒》是连一个剧中人也不敢哪怕是笑那么一声儿的剧，而在《哈姆雷特》中，发出笑声的只有哈姆雷特自己，而这却是那样一种笑，以致你都搞不清，究竟是什么更可怕一些——是他的笑，还是他那丧失理智的嚎啕痛哭。[3]

可以说，鲁迅透过阅读舍斯托夫的论文，进一步深化了对《裘力斯·凯

[1] 鲁迅 . 鲁迅全集：第 6 卷［M］. 北京：人民文学出版社，2005：126.

[2] 方珊，编 . 舍斯托夫集［M］. 上海：上海远东出版社，1998：2–3；L. Chestov. Le Problème éthique chez Shakespeare (Jules César de Shakespeare) [J]. trans. Tatiana Beresowsky-Chestov. La Pensée française: libre organe de propagation française et d'expansion républicaine, 1925(4.105): 9; Лев Шестов. Апофеоз беспочвенности [M]. Ленинград: Издательство Ленинградского университета, 1991: 182.

[3] 方珊，编 . 舍斯托夫集［M］. 上海：上海远东出版社，1998：1；L. Chestov. Le Problème éthique chez Shakespeare (Jules César de Shakespeare) [J]. trans. Tatiana Beresowsky-Chestov. La Pensée française: libre organe de propagation française et d'expansion républicaine, 1925(4.105): 9; Лев Шестов. Апофеоз беспочвенности [M]. Ленинград: Издательство Ленинградского университета, 1991: 181.

撒》的理解，也获得了更为坚实的批评基础。事实上，他的文章题目“以眼还眼”，表面上是来自《马太福音》的典故，其实来自他在文章中摘译的舍斯托夫文句段落：

> 莎士比亚之被称为写实家，并不是无意义的。无论在那一点，他决不阿谀群众，做出凡俗的性格来。他们轻薄，胡乱，残酷。今天跟在彭贝的战车之后，明天喊着凯撒之名，但过了几天，却被他的叛徒勃鲁都斯的辩才所惑，其次又赞成安东尼的攻击，要求着刚才的红人勃鲁都斯的头了。人往往愤慨着群众之不可靠。但其实，岂不是正有适用着“以眼还眼，以牙还牙”的古来的正义的法则的事在这里吗？劈开底来看，群众原是轻蔑着彭贝、凯撒、安东尼、辛那之辈的，他们那一面，也轻蔑着群众。今天凯撒握着权力，凯撒万岁。明天轮到安东尼了，那就跟在他后面罢。只要他们给饭吃，给戏看，就好。他们的功绩之类，是用不着想到的。他们那一面也很明白，施与些像个王者的宽容，借此给自己收得报答。在拥挤着这些满是虚荣心的人们的连串里，间或夹杂着勃鲁都斯那样的廉直之士，是事实。然而谁有从山积的沙中，找出一粒珠子来的闲工夫呢？群众，是英雄的大炮的食料，而英雄，从群众看来，不过是余兴。在其间，正义就占了胜利，而幕也垂下来了。[1]

上述这个段落，出自舍斯托夫文章的结尾。[2] 鲁迅认为这是文章的“结论”，[3] 但严格来说，这个段落只能算是文章结尾的余论。舍斯托夫的文章分析了《裘力斯·凯撒》的几个主要人物，包括勃鲁托斯（Marcus Brutus）、凯撒、安东尼（Mark Antony）、凯歇斯（Caius Cassius）、鲍西娅（Portia）

---

[1] 鲁迅．鲁迅全集：第 6 卷［M］．北京：人民文学出版社，2005：126–127.

[2] 方珊，编．舍斯托夫集［M］．上海：上海远东出版社，1998：16；L. Chestov. Le Problème éthique chez Shakespeare (Jules César de Shakespeare) [J]. trans. Tatiana Beresowsky-Chestov. La Pensée française: libre organe de propagation française et d'expansion républicaine, 1925(4.105): 12; Лев Шестов. Апофеоз беспочвенности [M]. Ленинград: Издательство Ленинградского университета, 1991: 190.

[3] 鲁迅．鲁迅全集：第 6 卷［M］．北京：人民文学出版社，2005：126.

和群众。舍斯托夫在文章中花了十页的篇幅详细分析了勃鲁托斯，却只以最后四页简略论及其余的人物。而“群众”（толпа；la foule［crowd］）这个“多侧面的剧中人”，则只以最后一个自然段来分析讨论。[1] 可见舍斯托夫的文章重点主要集中在勃鲁托斯身上，而非“群众”。

诚如张冰所指出的，尽管勃兰兑斯（Georg Brandes）在评论《裘力斯·凯撒》时指责勃鲁托斯是杀死凯撒的凶手，但舍斯托夫认为是道德的命令在要求人为其献祭。因此，与其将矛头对准勃鲁托斯，倒不如对准道德本身。[2] 舍斯托夫在文章的首部分便指出，与《裘力斯·凯撒》的中心思想最为相关的，“不是凯撒的个性，因为他最不适合于以自己的生命来证实这一思想，而是杀死凯撒的凶手，即高尚的勃鲁托斯的个性”[3]。舍斯托夫这一分析重点的选取，其实相当合理。学者如刘洪涛和谢江南便已指出：“到底谁是这部悲剧的主角，一直是众说纷纭。认为勃鲁托斯是主角的大有人在，因为在整部剧中，莎士比亚对勃鲁托斯的刻画最为详尽也最为深刻。”[4] 此剧讲述，凯歇斯密谋策划刺杀凯撒，并寻求名望素著的勃鲁托斯的支持。勃鲁托斯有所犹疑，但最终被说服。他相信为了共和国的利益，凯撒之死是必要的。但他拒绝了凯歇斯有关杀死凯撒心腹安东尼的建议。勃鲁托斯、凯歇斯及其同伙在 3 月 15 日刺杀了凯撒。勃鲁托斯在广场上对群众发表讲话，成功解释了密谋者的动机。然而，安东尼接着发言，使群众转而反对密谋者，密谋者因而被迫逃离罗马。最后，勃鲁托斯和凯歇斯在腓尼比平原兵败自杀。[5] 诚如刘洪涛、谢江南所言：“勃鲁托斯几乎在每一个剧情发展的关键

[1] 方珊，编 . 舍斯托夫集［M］. 上海：上海远东出版社，1998：16；L. Chestov. Le Problème éthique chez Shakespeare (Jules César de Shakespeare) [J]. trans. Tatiana Beresowsky-Chestov. La Pensée française: libre organe de propagation française et d'expansion républicaine, 1925 (4.105): 12; Лев Шестов. Апофеоз беспочвенности [M]. Ленинград: Издательство Ленинградского университета, 1991: 190.

[2] 张冰 . 本卷说明［M］//［俄］列夫・舍斯托夫 . 莎士比亚及其批评者勃兰兑斯 . 张冰，译 . 北京：商务印书馆，2019：viii.

[3] 方珊，编 . 舍斯托夫集［M］. 上海：上海远东出版社，1998：3；L. Chestov. Le Problème éthique chez Shakespeare (Jules César de Shakespeare) [J]. trans. Tatiana Beresowsky-Chestov. La Pensée française: libre organe de propagation française et d'expansion républicaine, 1925 (4.105): 9; Лев Шестов. Апофеоз беспочвенности [M]. Ленинград: Издательство Ленинградского университета, 1991: 182.

[4] 刘洪涛，谢江南，编 . 莎士比亚戏剧导读［M］. 北京：北京师范大学出版社，2018：273.

[5]［英］威廉莎士比亚 . 尤力乌斯・凯撒［M］. 傅浩，译 . 北京：外语教学与研究出版社，2016：7.

点，都有出场，都有着至关重要的作用。在全剧十八场中，有十二场戏里有他，而且最终结局也是以勃鲁托斯死亡告终。”[1] 舍斯托夫的文章原本是以莎士比亚作品集第三卷导论的形式发表的，他自然会将文章焦点放在勃鲁托斯身上。

换言之，鲁迅将《莎士比亚（剧）中的伦理的问题》中有关“群众”的分析视为“结论”，很大程度上基于他个人的主观理解。这固然是因为他是在与杜衡争论莎剧有关“群众”再现问题的脉络中引述舍斯托夫的观点，但值得注意的是，鲁迅的解读偏向其实也源于他当时对“群众”议题的思考和关注。范若恩便曾敏锐地指出，鲁迅在 1907 年发表的早期文言论文《文化偏至论》中，便已论及《裘力斯·凯撒》中的“群众”：

> 是故布鲁多既杀该撒，昭告市人，其词秩然有条，名分大义，炳如观火；而众之受感，乃不如安东尼指血衣之数言。于是方群推为爱国之伟人，忽见逐于域外。夫誉之者众数也，逐之者又众数也，一瞬息中，变易反复，其无特操不俟言；即观现象，已足知不祥之消息矣。[2]

诚如李欧梵所指出的，鲁迅在这篇文章中主要透过反对“物质”和“众数”，来推动“文化偏至”的钟摆，而其推动者则是少数孤独的“精神界之战士”。[3] 鲁迅在这篇早期论文里，将《裘力斯·凯撒》剧中的“群众”，理解为他所反对的“众数”。因此，范若恩认为：“鲁迅在其早年和晚年分别对《裘力斯·凯撒》中著名的群氓场景作出了截然相反的解读——他少年期间将剧中罗马群众归约为被煽动操纵的无理性群氓，而在其晚年则将其解读为政治力量角逐博弈中的冷漠复仇看客。”[4] 换言之，鲁迅 1934 年因受到舍斯托夫的启发，改变了他对“群众”的理解。

---

[1] 刘洪涛，谢江南．莎士比亚戏剧导读［M］．北京：北京师范大学出版社，2018：273.

[2] 鲁迅．鲁迅全集：第 1 卷［M］．北京：人民文学出版社，2005：53.

[3] 李欧梵．铁屋中的呐喊［M］．尹慧珉，译．杭州：浙江大学出版社，2016：81.

[4] 范若恩．鲁迅莎剧群氓观的嬗变——基于侨易学的研究［J］．政治思想史，2022（4）.

范若恩准确地点出，鲁迅在《“以眼还眼”》一文中，将“群众”理解为“复仇看客”。然而，“复仇”一词在鲁迅的作品中有其独特意涵，因此不能将《“以眼还眼”》中的“群众”理解为全然负面的“政治力量角逐博弈中的冷漠复仇看客”。这里，我们必须同时结合对鲁迅《故事新编》的互文对读，才能彻底理解鲁迅晚年群众观的微妙变化。

三、不安书写与《故事新编》的形成

丸尾常喜在批注鲁迅《野草》的《复仇》时，曾点明“表演者与观看者这一构图”对理解鲁迅复仇观的重要性。他首先指出：“表演者与观看者这一构图，对于鲁迅的文学而言，继在《〈呐喊〉自序》里说到仙台‘幻灯片事件’以来，一直是一个重要的构想。这是读者在其作品里经常能够切实地感觉到的一个命题。鲁迅正式开始小说写作之后，在《药》（1919）里描写了购买用死囚的血浸过的‘人血馒头’的华老栓以及观看斩首的拥挤的人群，在《阿Q正传》（1921—1922年）里描写了看阿Q游街的成群民众。（……）写于《复仇》之后大约三个月的《示众》（1925年3月18日），重点描写了在路口热心围绕在犯人和巡警周围的人群。”他在分析了“表演者与观看者”这一鲁迅作品中反复出现的构图后，便进而指出，鲁迅在1923年《娜拉走后怎样》中进一步将复仇和疗救理解为“无戏可看”。[1] 丸尾所引述的是以下一段鲁迅批判“群众”和“看客”的著名段落：

> 群众，——尤其是中国的，——永远是戏剧的看客。牺牲上场，如果显得慷慨，他们就看了悲壮剧；如果显得觳觫，他们就看了滑稽剧。北京的羊肉铺前常有几个人张着嘴看剥羊，仿佛颇愉快，人的牺牲能给与他们的益处，也不过如此。而况事后走不几步，他们并这一点愉快也就忘却了。

---

[1]［日］丸尾常喜．耻辱与恢复——《呐喊》与《野草》［M］．秦弓，孙丽华，编译．北京：北京大学出版社，2009：176–178.

> 对于这样的群众没有法，只好使他们无戏可看倒是疗救，正无需乎震骇一时的牺牲，不如深沉的韧性的战斗。[1]

丸尾常喜认为，鲁迅的《复仇》明显延续了《娜拉走后怎样》这种让看客“无戏可看”的复仇和疗救主题。[2] 他所依据的是鲁迅 1934 年 5 月 16 日致郑振铎信中对《复仇》主题的阐释：

> 我在《野草》中，曾记一男一女，持刀对立旷野中，无聊人竟随而往，以为必有事件，慰其无聊，而二人从此毫无动作，以致无聊人仍然无聊，至于老死，题曰《复仇》，亦是此意。但此亦不过愤激之谈，该二人或相爱，或相杀，还是照所欲而行的为是。[3]

值得注意的是，无论在《娜拉走后怎样》（1923）、《复仇》（1924）还是 1934 年 5 月 16 日致郑振铎的信中，鲁迅在阐述其复仇观时，都将表演者视为复仇主体，而将看客或群众视为复仇的目标。然而，当鲁迅在 1934 年 9 月 30 日撰写《“以眼还眼”》时，他这个有关“表演者与观看者的构图”却被彻底颠倒。在舍斯托夫的启发下，群众和看客反过来成了“复仇者”：

> 人往往愤慨着群众之不可靠。但其实，岂不是正有适用着“以眼还眼，以牙还牙”的古来的正义的法则的事在这里吗？劈开底来看，群众原是轻蔑着彭贝、凯撒、安东尼、辛那之辈的，他们那一面，也轻蔑着群众。今天凯撒握着权力，凯撒万岁。明天轮到安东尼了，那就跟在他后面罢。只要他们给饭吃，给戏看，就好……群众，是英雄的大炮的食料，而英雄，从群众看来，不过是余兴。[4]

---

[1] 鲁迅．鲁迅全集：第 1 卷［M］．北京：人民文学出版社，2005：170–171.
[2]［日］丸尾常喜．耻辱与恢复——《呐喊》与《野草》［M］．秦弓，孙丽华，编译．北京：北京大学出版社，2009：178.
[3] 鲁迅．鲁迅全集：第 13 卷［M］．北京：人民文学出版社，2005：105.
[4] 鲁迅．鲁迅全集：第 6 卷［M］．北京：人民文学出版社，2005：127.

英雄或表演者视群众为炮灰，而群众或看客则将英雄视为笑料或娱乐［забава；divertissement（amusement, entertainment, fun）］。[1] 这正好彰显了“以眼还眼，以牙还牙”这个古来的正义法则。而“群众”赖以“复仇”的方法正是“看戏”。换言之，这篇文章标志着鲁迅复仇观的彻底转变，这也是鲁迅何以将文章题目改为“以眼还眼”的原因所在。

伊藤虎丸在《〈故事新编〉之哲学》的序言中，曾指出鲁迅的文集一般均按照作者执笔创作的时序排列。《故事新编》却一反常态，“按作品题材（或者说主人公）的历史年序排列”。他认为，鲁迅的用意是要在这部小说集里，“创造一个‘新故事’的世界”。他指出，《故事新编》八篇小说的创作，前后横跨十三年。他将《故事新编》创作过程分成三个时期：第一时期是 1922 年，创作了第一篇《不周山》，结集时改题为《补天》；第二时期是 1926 年，创作了《铸剑》《奔月》；第三时期是 1934 年 8 月至 1935 年 12 月，创作了《非攻》《理水》《采薇》《出关》和《起死》，并于 1935 年 12 月 26 日完成“序言”。伊藤虎丸敏锐地指出，“其中最后四篇，在一两个月内一气呵成”。[2]

鲁迅基本上是在 1935 年 11 月至 12 月期间，一口气完成《理水》《采薇》《出关》和《起死》这四篇。而值得注意的是，《理水》写作时间是 1935 年 11 月，亦即鲁迅完成《“以眼还眼”》的一个月后。更有趣的是，鲁迅竟将刚结束的莎士比亚论争写进这篇小说里。众所周知，《理水》是鲁迅对“大禹治水”故事的重写。小说的第三节讲述禹回到京都，在水利局的大厅询问一众大员外出考察的情况时，其中一名大员这样说道：“他们以为华夏的人口太多了……减少一些倒也是致太平之道。况且那些不过是愚民，那喜怒哀乐，也决没有智者所推想的那么精微的。知人论事，第一要凭主观。

---

[1] 方珊，编．舍斯托夫集［M］．上海：上海远东出版社，1998：16；L. Chestov. Le Problème éthique chez Shakespeare (Jules César de Shakespeare) [J]. trans. Tatiana Beresowsky-Chestov. La Pensée française: libre organe de propagation française et d’expansion républicaine, 1925(4.105): 12; Лев Шестов. Апофеоз беспочвенности [M]. Ленинград: Издательство Ленинградского университета, 1991: 190.

[2]［日］伊藤虎丸．鲁迅、创造社与日本文学：中日近现代比较文学初探［M］．孙猛，徐江，李冬木，等译．北京：北京大学出版社，2005：125–126.

例如莎士比亚……”[1] 鲁迅这里明显是以扭曲变形的漫画化方式，将杜衡的形象写进小说里。换言之，《理水》与《“以眼还眼”》隐含着联系二者的互文线索。

竹内好曾扼要概括《理水》主题内容：“《理水》的主题很明确。以治理黄河水的中心人物大禹为中心，不过作品的描写重心不是放在大禹上，而是凭空想把重心放在了围绕着大禹的社会。空想的因素比其他作品多得多。大禹是象征着实际行动的实干家，围绕他有一群空谈家、学者、官僚，而且还有一群奴性的群众。”[2] 竹内好准确地把握住故事的主题核心，亦即探讨大禹与围绕着大禹的社会大众之间关系。然而，竹内好没有注意到，围绕大禹的群众不一定是负面的“奴性的群众”，其中还有一位正面的“乡下人”人物。换言之，鲁迅这篇小说与过往作品不大一样，其中的“群众”和“看客”不再只是负面的人物，还包含正面人物。

事实上，这篇小说的情节布局亦与众不同。诚如王瑶所言：“小说是要塑造禹的光辉形象的，但前两节不仅禹没有登场，而且在开场时连禹的存在也成了问题，小说正是由一场‘世界上是否真有这个禹’的激烈论战开始的。鲁迅让一些喜剧性人物充分表演，通过文化山的‘学者’和‘乡下人’之间展开的这场形式荒唐、内容严肃的论争，赋予了禹的形象以深刻的人民的性质。”[3] 小说总共只有四节，禹这位主角要到第三节才出场。小说的前半部分都在写群众或看客之间的争论，议题则是禹这位英雄是否存在。这里，我们不妨回忆一下鲁迅所翻译的舍斯托夫文句：“群众，是英雄的大炮的食料，而英雄，从群众看来，不过是余兴。”这篇小说的前半部分，主要讲述的正是群众的“余兴”。

有趣的是，小说的第一节讲述，有一位被贬称为“愚人”的“乡下人”，与学者鸟头先生争论禹是否确实存在。这位“乡下人”的原型，其实就是

[1] 鲁迅 . 鲁迅全集：第 2 卷［M］. 北京：人民文学出版社，2005：396.

[2]［日］竹内好 . 从“绝望”开始［M］. 靳丛林，编译 . 北京：生活 · 读书 · 新知三联书店，2013：142.

[3] 王瑶 . 中国现代文学史论集：重排本［M］. 北京：北京大学出版社，2008：83–84.

鲁迅自己。众所周知，鸟头先生是在影射顾颉刚。根据《说文解字》，顾字从页雇声，雇是鸟名，页本义则是头（頭）。所以，“鸟头”这个人物名称实由“顾”字而来。顾颉刚根据《说文解字》，将“禹”说成是蜥蜴之类的虫。[1] 小说安排他出场时说道：“你们是受了谣言的骗的。其实并没有所谓禹，‘禹’是一条虫，虫虫会治水的吗？”又安排“乡下人”反驳鸟头先生的说法指出：“人里面，是有叫作阿禹的，……况且‘禹’也不是虫，这是我们乡下人的简笔字，老爷们都写作‘禺’，是大猴子……”并讽刺鸟头先生——“您叫鸟头先生，莫非真的是一个鸟儿的头，并不是人吗？”鸟头先生因此恼羞成怒说道：“你竟这样的侮辱我！说我不是人！我要和你到皋陶大人那里去法律解决！如果我真的不是人，我情愿大辟——就是杀头呀，你懂了没有？要不然，你是应该反坐的。你等着罢，不要动，等我吃完了炒面。”[2] 鲁迅 1927 年在广州时，顾颉刚由杭州发信给鲁迅，表示鲁迅在文字上侵害了他，要“提起诉讼，听候法律解决”[3]。换言之，小说中的这位“乡下人”所暗指的，正是鲁迅自己。如此一来，我们便赫然发现，鲁迅在这篇小说中完全颠覆了他自己在此前的作品所塑造的负面的“看客”形象。而这篇小说也意味着，鲁迅的群众观变得更复杂微妙。

竹内好在对《理水》的简短评论中强调这篇小说“空想的因素比其他作品多得多”，并称赞道：“雄伟的布局和奔放的想象，活灵活现的刻画，与其他作品相比，远胜一筹。”[4] 但事实上，这篇小说中不少奇诡想象甚或人物对话，都采自《山海经》《尚书》《史记》《论语》等古书的记载。黄子平在分析《故事新编》的“油滑”和古今杂陈的手法时，曾准确地指出：

> 倘若从作者与他的特殊素材之间的“搏斗”这一角度，讨论如何以“叙述”来征服“时间”，则应该看到，从古书上采来的那些材料，大半

---

[1] 鲁迅 . 鲁迅全集：第 2 卷［M］. 北京：人民文学出版社，2005：402 注 6.

[2] 鲁迅 . 鲁迅全集：第 2 卷［M］. 北京：人民文学出版社，2005：386–388.

[3] 鲁迅 . 鲁迅全集：第 2 卷［M］. 北京：人民文学出版社，2005：403 注 13.

[4]［日］竹内好 . 从“绝望”开始［M］. 勒丛林，编译 . 北京：生活 · 读书 · 新知三联书店，2013：142.

就已经是“故事”的新编了，如上述孔子论禹和孟子论夷齐，其时间跨度便已极大——严格地依据编年史坐标“现实主义”地组织这些材料只能是一种奢想。一旦我们将所谓“史实”看成只是引号中对事件的叙述而不是历史本身，将它们处理成“传闻”或“报导”就是最适宜的了。《故事新编》中凡是将事件置于幕后而将史料看作“传闻”而嘲讽地引用者，其效果都极好：如《理水》中关于禹如何治水的传闻，《采薇》中关于武王伐纣的互相矛盾的报导。[1]

黄子平这里集中分析的《理水》和《采薇》，都是鲁迅在1935年最后阶段创作的篇章。换言之，鲁迅在这一创作阶段，对所谓“史实”和“故事”素材的运用，已完全越出历史小说“编年史坐标‘现实主义’”的规限，尝试探索小说书写的另一种可能性。我们不要忘记，舍斯托夫在讨论《裘力斯·凯撒》剧中对“群众”的描写时，他首先提及的就是“现实主义”问题：“《裘力斯·凯撒》中，还有一个具有多侧面的剧中人，那就是人民，或确切地说，就是‘民众’。莎士比亚之所以能获得‘现实主义者’［реалиста; réaliste（realist）］的称号并非平白无故。他一点儿都不去取悦民众，也不用千篇一律的种种美德来美化他们。”[2] 鲁迅翻译的版本，将“现实主义者”译作“写实家”。鲁迅很可能在舍斯托夫有关“群众”的分析中获得灵感，因而重新开展自己有关“现实主义”的小说实验和书写探索。

无独有偶，三木清也将“不安的文学”称为“新写实主义”，并将现代派的作品理解为真诚探究人类心理的“主观写实主义”。鲁迅的“现实主义”探索，却并非走三木清的路线。毋宁说，鲁迅透过与三木清所谓“主观写实主义”的互文对话，建立了自己晚期独特的“现实主义”书写。1935年12

[1] 黄子平.《故事新编》：时间与叙述［M］// 革命·历史·小说.香港：牛津大学出版社，2018：148.

[2] 方珊，编.舍斯托夫集［M］.上海：上海远东出版社，1998：16；L. Chestov. Le Problème éthique chez Shakespeare (Jules César de Shakespeare) [J]. trans. Tatiana Beresowsky-Chestov. La Pesée française: libre organe de propagation française et d’expansion républicaine, 1925, 4(105): 12; Лев Шестов. Апофеоз беспочвенности [M]. Ленинград: Издательство Ленинградского университета, 1991: 190.

月 26 日，鲁迅撰写了《故事新编》的“序言”，这也意味着他人生最后一次小说书写实验的完成。在这篇序言中，鲁迅是这样谈及第一篇《补天》的创作缘起的：

> ……《不周山》便是取了“女娲炼石补天”的神话，动手试作的第一篇。首先，是很认真的，虽然也不过取了茀罗特说，来解释创造——人和文学的——的缘起。不记得怎么一来，中途停了笔，去看日报了，不幸正看见了谁——现在忘记了名字——的对于汪静之君的《蕙的风》的批评，他说要含泪哀求，请青年不要再写这样的文字。这可怜的阴险使我感到滑稽，当再写小说时，就无论如何，止不住有一个古衣冠的小丈夫，在女娲的两腿之间出现了。这就是从认真陷入了油滑的开端。油滑是创作的大敌，我对于自己很不满。[1]

茀罗特就是弗洛伊德（Sigmund Freud）。鲁迅原本打算借用弗洛伊德的学说来解释人和文学的创造，“认真”重写“女娲炼石补天”的神话故事。这个创作方向无疑就是三木清所论及的探索人类心理的“主观写实主义”。鲁迅却因为“中途停了笔，去看日报了”，延搁了“认真”的创作过程，因而让报章上的“滑稽”论争潜入了他的创作。如此一来，原本“认真”的创作便被置换为“油滑”的书写。换言之，《故事新编》的“油滑”书写诞生于与“主观写实主义”的互文对话。于此，鲁迅并没有简单地以“油滑”取代“主观写实主义”，而是以“油滑”的差异书写增补“主观写实主义”。鲁迅最终在“油滑”和“主观写实主义”之间打开了他自己独有的“不安书写”（writing of disquietude）或“新写实主义”。三木清在《关于舍斯托夫的不安》的结尾这样写道：

> 问题是建立新的伦理，建立走向世界的意义，从而创造一种新的行

[1] 鲁迅 . 鲁迅全集：第 2 卷［M］. 北京：人民文学出版社，2005：353.

> 动的人。这个人将像地下室人一样愤怒和抗议现实，而不与现实妥协，他将用科学和理性武装自己，以便在现实中克服现实。然而，从无中的创造绝非易事。“可能性是所有范畴中最困难的”，要达到必然性和可能性综合的现实性——从无中的创造首先在那里成就——更是难上加难。[1]

鲁迅在他生命和创作的最后阶段并未建立一种“新的伦理”，但他以自己的独特的“不安书写”，打开了生命的另一种可能性。他以这样的一段话结束《故事新编》的“序言”：

> 现在才总算编成了一本书。其中也还是速写居多，不足称为“文学概论”之所谓小说。叙事有时也有一点旧书上的根据，有时却不过信口开河。而且因为自己的对于古人，不及对于今人的诚敬，所以仍不免时有油滑之处。过了十三年，依然并无长进，看起来真也是“无非《不周山》之流”；不过并没有将古人写得更死，却也许暂时还有存在的余地的罢。[2]

“不过并没有将古人写得更死”，最终，“古人”在鲁迅的“油滑”书写中重新获得了生命的可能性，这也是鲁迅式的“创造源自虚无”。

[1] 三木清 . 三木清全集：第 11 卷［M］. 東京：岩波書店，1966—1968：408；三木清 . 关于舍斯托夫式的不安［EB/OL］. 零无，译 .（2022-08-18）［2024-05-16］. https://zhuanlan.zhihu.com/p/554666643

[2] 鲁迅 . 鲁迅全集：第 2 卷［M］. 北京：人民文学出版社，2005：354.

竹内好的文学思想

——围绕其“鲁迅论”

［日］鹿地亘 著　桑浩哲 译[1]

［译者按］ 鹿地亘（1903—1982，本名濑口贡），日本左翼活动家、作家。1933年担任纳普（日本无产阶级作家同盟）最后一任书记，并撰写解体声明。此后被捕入狱，出狱后于1935年逃往中国。在上海结识鲁迅，受其关照，并担任《大鲁迅全集》部分翻译工作。鲁迅去世时，鹿地亘是十二名抬棺者之一。抗日战争期间，他与妻子池田幸子一同在国民政府任职，从事反战和平工作。井上桂子《中国で反戦平和活動をした日本人——鹿地亘の思想と生涯》一书，对此有详细介绍。

战后鹿地亘返回日本，致力于战后重建和民主化。1951年被美军以“担任苏联间谍”为由非法逮捕，卷入所谓“鹿地事件”。诉讼持续近二十年，最终于1969年被判无罪。诉讼期间鹿地亘并未停止学术工作，“从1947年开始写了20本专著，向日本社会介绍了抗战时期的中国和中国人，以及日本士兵在中国开展的反战和平活动，在消除日本对中国的误解上产生了反响”[2]。返回日本时，鹿地亘带回大量抗日战争一手资料。丸山升等成立“鹿地亘资料调查刊行会”，1994—1995年陆续出版十三卷本《日本人民反战同盟资料》。

关于鹿地本人回国以后的学术轨迹和社会活动，目前较欠缺关注。鹿地亘的“鲁迅论”，也处在一种较为边缘化的地位。以丸山升为例，其《鲁迅与鹿地亘》一文坦言，“我在《鲁迅在日本》一书中没能触及鹿地的鲁迅论”——因为“他的叙述在不同时期多有不一致之处，还原事实并探究不一

[1] 桑浩哲，北京师范大学文学院比较文学与世界文学研究所硕士。

[2] 井上桂子，第203—204页 .

致的原因非常棘手”，并且，“说心里话，我觉得他的‘鲁迅论’在日本的研究史上并没有绕不过去的分量”。对丸山而言，鹿地亘在鲁迅研究中的价值，主要是作为鲁迅晚年生活的见证者，“能转达一些其他资料中没有的鲁迅的见解”[1]。丸山的文章对鹿地亘与鲁迅的交往进行梳理，并未探讨鹿地的“鲁迅论”。简言之，鹿地的“鲁迅论”，对丸山来说没有什么研究价值，这也是日本学界的一般看法。

鹿地亘的“鲁迅论”，主要可分为三类。其一是对鲁迅作品的翻译，其二是对鲁迅其人的回想（这是丸山认为唯一有价值的部分），其三是关于鲁迅的评论，有《鲁迅与中国革命》[2]《思想斗争的问题——鲁迅与毛泽东》[3]、《关于鲁迅与〈政治的远见〉》[4]等。很显然，第三类是鹿地亘“鲁迅论”的核心。“鹿地的‘鲁迅论’”在中日两国都处于边缘地位，这一现象本身也值得研究。鹿地的鲁迅论有何特点，是否像丸山所说毫无思想价值？鹿地的“鲁迅论”与其他学者的“鲁迅论”有何关系、在日本的鲁迅研究学术史上当如何定位？这些评论文章产生于什么背景、要回应什么问题、反映了怎样的思想界状况？以上问题都可以进一步探讨，本次译介只是起步。

《竹内好的文学思想——围绕其“鲁迅论”》一文成文于1967年，并于1968年3月发表于《民主文学》。文中以竹内的“鲁迅论”为中心，对其整个思想做了激烈的批评。文中所涉鲁迅著作，这里均以2005年人民文学出版社《鲁迅全集》为依托进行翻译。文中所涉竹内好著作，主要参考1986年浙江文艺出版社出版的《鲁迅研究》、2016年生活·读书·新知三联书店出版的《近代的超克》。鹿地亘原文没有脚注，脚注均为译者注。付梓之际，特别感谢乐曲老师（北京师范大学文学院）校读。

---

[1]［日］鹿地亘．鲁迅と鹿地亘［M］// 櫻美林大學中國文學論叢．1996：97–114.

[2]［日］鹿地亘．鲁迅と中国革命［M］// 鲁迅研究．八雲書店，1948.

[3]［日］鹿地亘．思想闘争の問題——鲁迅と毛沢東［J］．近代文学，1962（3）.

[4]［日］鹿地亘．鲁迅と政治的遠見について［J］．文化評論，1962（12）；以及本次译介的《竹内好的文学思想——围绕其“鲁迅论”》，［日］鹿地亘．竹内好の文学思想——鲁迅論をめぐって［J］．民主文学，1968（3）.

一、导言

鲁迅于去世前半年左右（1936年4月）在杂志《改造》上发表了一篇名为《我要骗人》的日语小文章。开头如下：

> 疲劳到没有法子的时候，也偶然佩服了超出现世的作家，要模仿一下来试试。然而不成功。超然的心，是得像贝类一样，外面非有壳不可的。而且还得有清水。浅间山边，倘是客店，那一定是有的罢，但我想，却未必有去造"象牙之塔"的人的。
>
> 为了希求心的暂时的平安，作为穷余的一策，我近来发明了别样的方法了，这就是骗人。[1]

八年后（1944年），竹内好在《鲁迅》一书中提到了鲁迅"文章的难懂"，并以此文为例说，"象牙之塔"尚可理解，"浅间山边的客店"则让人搞不明白。浅间山并无特别含义，"说是泰山、喜马拉雅山也无妨"。其中似乎并无"讽刺和典故"。文章极为明快，但"那种明快是完全摸不着边际的明快。明快得令人不安，总觉得作者是在什么地方躲开了似的"[2]。

实际上，当我第一次看到这篇文章时，我对竹内的"不明白"感到疑惑。我甚至感到不安，感觉这个不明白中可能藏着陷阱。然而，似乎并非如此。

那么，让我们从愚直的解说开始吧。浅间山绝不能替换成"泰山或是喜

---

[1] 鲁迅 . 鲁迅全集：第 6 卷［M］. 北京：人民文学出版社，2005：503.

[2]［日］竹内好 . 近代的超克［M］. 李冬木，赵京华，孙歌，译 . 北京：生活·读书·新知三联书店，2016：164–165.（"什么地方不懂呢？就是'浅间山边，倘是客店，那一定是有的罢，但我想，却未必有去造"象牙之塔"的人的'这一句。其中的'象牙之塔'，如果去参考其他论争文章也并非不可理解，但'浅间山边，倘是客店，那一定是有的罢'，在我是无论如何也弄不通的。不可理解的是把贝类—清水—浅间山—客店联想在一起。'浅间山'即使不是浅间山，是泰山，是喜马拉雅山都无所谓的。说'浅间山'，只是要拿出一种平凡的东西，因此在这个譬喻里恐怕并不包含着暗讽和典故。文章是极明快的，但这明快却像去捕捉白云，明快得令人不安，总觉得作者是在什么地方躲开了似的。这种不安感和小说是相通的。这个例子举得并不太好，不过我所说的不懂，在一般性质上就是这么种东西。"）

马拉雅山”。它必得是一座不知何时会从脚下喷发而出的火山。因为鲁迅在此所说的正是不知何时会燃起战火的上海。且看后文。

> 去年的秋天或是冬天，日本的一个水兵，在闸北被暗杀了。忽然有了许多搬家的人，汽车租钱之类，都贵了好几倍。搬家的自然是中国人，外国人是很有趣似的站在马路旁边看。我也常常去看的。一到夜里，非常之冷静，再没有卖食物的小商人了，只听得有时从远处传来着犬吠。然而过了两三天，搬家好像被禁止了。警察拼死命的在殴打那些拉着行李的大车夫和洋车夫，日本的报章，中国的报章，都异口同声的对于搬了家的人们给了一个“愚民”的徽号。这意思就是说，其实是天下太平的，只因为有这样的“愚民”，所以把颇好的天下，弄得乱七八糟了。[1]

这里所谓“搬家的人”，就是那些如洪水泛滥般逃向租界的市民。他们感到脚下大地异样的震颤，预感到了迫在眉睫的危险。时值日本在满洲建立傀儡国，并以此为立足点旁若无人地蚕食华北的最高潮。中国民众响应共产党停止近十年的内战、一致对外的号召，对抗日一事群情激奋。然而，比起外敌，蒋介石更害怕共产党和人民。他没有停止反革命战争，却对日军的侵略视而不见，把北方国土拱手相让，接连进行屈辱的妥协。侵略者乘其软弱，更肆无忌惮地扩大侵略。很快，全国范围内日益高涨的民众反抗就超出了蒋介石的控制。就在蒋介石对“自力抗战”失去信心，恳请欧美列国的干涉，想要借助外力阻止日军贪得无厌的侵略时，形势进一步恶化。继满洲（九一八）事变之后，又于次年1月发生了上海事变（一·二八事变）。他属下的长城线的喜峰口、齐齐哈尔和绥远等地的军队也纷纷奋起，难以抑止。乘此机运，出现了企图让蒋介石不得不加入抗战的密谋。一名日本水军被国民党内反蒋派手下的刺客伏杀。这可是件大事！日本军方绝不会默然。一旦

[1] 鲁迅．鲁迅全集：第6卷［M］．北京：人民文学出版社，2005：503.

出现这种危险的征兆，在火山口上度日般的居民自然要逃离闸北，在那儿日本海军陆战队构筑着“陆上战舰”般的钢铁要塞兼兵营。结果，以日本居留民区为中心的租界扩展区顿成空巷，人们纷纷逃往苏州河对岸的英美联合租界和法国租界，形成了逃难者的洪流。其行列铺天盖地，日夜不息。成千上万的突增人口使得租界哀声一片。从小路、院子到屋檐下皆无立锥之地。难民们在竹席围墙中铺上地垫，蜷缩着身子挤在一起。食品供应陷入危机，物价飞涨。更不用说搬家公司的车费，更是“日翻数倍”。

然而，此时无论是尚不想在华中（北方姑且不论）和英美起摩擦的日本，还是想赶紧息事宁人的蒋介石，都害怕事态因市民的恐慌而更加难以挽救。于是一方面艰难的外交继续进行，另一方面中日报纸都“异口同声”道：明明“天下太平”，这帮愚民偏要惹是生非。最后，警察用路障封锁了交通，并用武力阻止了那些“愚民”。但经验告诉人们，报纸和称他们为“愚民”的当局都不可信。即便挨打挨踢，他们仍像预感到洪水将至而迁巢的蚁群般继续涌上街头，换个路线继续逃窜。

外国人有自国政府作后盾保证他们的安全。他们来来往往，隔岸观火般观赏这一景象。鲁迅也“去看”了。这是因为他晚年住在与日本陆军司令部隔着虹口公园（今天的鲁迅公园）的住宅区的一隅。在养病的无聊中偶尔出门时，虽不愿意也免不了看到这一幕。他自己没有撤退，并非因为他不是“愚民”，用他自己的话说，是因为“懒”。不，其实是因为危险“无论跑到那里去，都是一个样”。因为那些从人民身上“夺了自由的权力者”虽然直到最后关头都号称着“天下太平”，而一旦危险殃及自身，马上就把“夺来的自由”揣进口袋，坐着飞机“飞上空中了”。

所以鲁迅说：

> 中国的人民是多疑的。无论那一国人，都指这为可笑的缺点。然而怀疑并不是缺点。总是疑，而并不下断语，这才是缺点。我是中国人，所以深知道这秘密。其实，是在下着断语的，而这断语，乃是：到底还是不可信。但后来的事实，却大抵证明了这断语的的确。中国人不疑自

己的多疑。所以我的没有搬家，也并不是因为怀着天下太平的确信，说到底，仍不过为了无论那里都一样的危险的缘故。五年以前翻阅报章，看见过所记的孩子的死尸的数目之多，和从不见有记着交换俘虏的事，至今想起来，也还是非常悲痛的。

虐待搬家人，殴打车夫，还是极小的事情，中国的人民，是常用自己的血，去洗权力者的手，使他又变成洁净的人物的，现在单是这模样就完事，总算好得很。[1]

这是对国民党、蒋介石和日本军方的喷火式控诉。

五年前的上海事变（一·二八事变）中"不见有记着交换俘虏"，指的是当英勇作战的十九路军将士被俘后，连同为数众多、不由分说被当成"间谍"的市民们，一起被抓进日本海军陆战队本部，不经审讯就被一个个斩首之事。卡车上的尸体堆积如山，全被投弃于黄浦江下游。当战争作为"事变"收尾时，日方这边已经没有可以交换的俘虏了。这件事和散落在街头的儿童的尸体在鲁迅心中留下了难以消解的愤恨。在这样的环境中，与病魔斗争的鲁迅压根没想过成为一个"超出现世的作家"。"一夜之逆旅"暂且不论，以"超然的心"钻进"象牙之塔"里于他是不可能的事。于是为了在纷乱之中"希求心的暂时的平安"，他终于学会了"骗人"。

"骗人"究竟是何意呢?

但当大家正在搬家的时候，我也没有整天站在路旁看热闹，或者坐在家里读世界文学史之类的心思。走远一点，到电影院里散闷去。一到那里，可真是天下太平了。这就是大家搬家去住的处所。我刚要跨进大门，被一个十二三岁的女孩子捉住了。是小学生，在募集水灾的捐款，因为冷，连鼻子尖也冻得通红。我说没有零钱，她就用眼睛表示了非常的失望。我觉得对不起人，就带她进了电影院，买过门票之后，付给她

[1] 鲁迅．鲁迅全集：第 6 卷［M］．北京：人民文学出版社，2005：504.

一块钱。她这回是非常高兴了，称赞我道，“你是好人”，还写给我一张收条。只要拿着这收条，就无论到那里，都没有再出捐款的必要。于是我，就是所谓“好人”，也轻松的走进里面了。

看了什么电影呢？现在已经丝毫也记不起。总之，大约不外乎一个英国人，为着祖国，征服了印度的残酷的酋长，或者一个美国人，到亚非利加去，发了大财，和绝世的美人结婚之类罢。这样的消遣了一些时光，傍晚回家，又走进了静悄悄的环境。听到远地里的犬吠声。女孩子的满足的表情的相貌，又在眼前出现，自己觉得做了好事情了，但心情又立刻不舒服起来，好像嚼了肥皂或者什么一样。[1]

这就是“骗人”后的余味。鲁迅由此想起：

诚然，两三年前，是有过非常的水灾的，这大水和日本的不同，几个月或半年都不退。但我又知道，中国有着叫作“水利局”的机关，每年从人民收着税钱，在办事。但反而出了这样的大水了。我又知道，有一个团体演了戏来筹钱，因为后来只有二十几元，衙门就发怒不肯要。连被水灾所害的难民成群的跑到安全之处来，说是有害治安，就用机关枪去扫射的话也都听到过。恐怕早已统统死掉了罢。然而孩子们不知道，还在拼命的替死人募集生活费，募不到，就失望，募到手，就喜欢。而其实，一块来钱，是连给水利局的老爷买一天的烟卷也不够的。我明明知道着，却好像也相信款子真会到灾民的手里似的，付了一块钱。实则不过买了这天真烂漫的孩子的欢喜罢了。我不爱看人们的失望的样子。倘使我那八十岁的母亲，问我天国是否真有，我大约是会毫不踌躇，答道真有的罢。[2]

到此就不必再多解说了吧。这是国民党时期“慈善募捐”的场景。每当

[1] 鲁迅 . 鲁迅全集：第 6 卷［M］. 北京：人民文学出版社，2005：504–505.
[2] 鲁迅 . 鲁迅全集：第 6 卷［M］. 北京：人民文学出版社，2005：505.

我读到这部分文字，就会立刻想起鲁迅晚年作品《故事新编》中的《理水》。在这篇小说中，他借“大禹治水”的故事辛辣地讽刺了国民政府的腐败堕落。不过竹内好将《故事新编》视为鲁迅文学成就中的“蛇足”[1]，并不感兴趣。总之，在这里我们应该注意到，鲁迅对天灾实是人祸、国民政府借此发国难财这一事实何其愤慨。这也唤醒了我的一些亲身记忆。从抗日战争中，蒋介石出于“战略目的”让黄河决堤，使成百上千万人民葬身水底，到今天美国军队对北越的河岸和水坝的轰炸，诸如此类之事层出不穷。

然而，这样的事日日夜夜在眼前发生，有时还是忍不住不把真相赤裸裸地告诸世人。这种情况不断发生，鲁迅怀着难以忍受的心情反思道：“而我，却愈加恣意的骗起人来了”，“如果这骗人的学问不毕业，或者不中止，恐怕是写不出圆满的文章来的”[2]。

实际上这篇小文只是逢场作戏，是应了改造社社长山本实彦之请。山本访问上海，通过内山完造恳请鲁迅写这篇文章。大概是托他为“中日亲善”或多或少写点什么。山本为此专程从东京赶来，而鲁迅“出于礼貌”才同意写这篇文章。或者干脆说，他是想给作为中间人的内山留面子。然而“写着这样的文章，也不是怎么舒服的心地”[3]。因此他虽然婉言此文也是为了不驳人颜面的“骗人的文章”，却也有所表白：

> 要说的话多得很，但（要说出这些话——鹿地注）得等候“中日亲善”更加增进的时光。不久之后，恐怕那“亲善”的程度，竟会到在我们中国，认为排日即国贼——因为说是共产党利用了排日的口号，使中国灭亡的缘故，——而到处的断头台上，都闪烁着太阳的圆圈的罢，但

[1]［日］竹内好．鲁迅［M］．李心峰，译．杭州：浙江文艺出版社，1986：107.（“编好的《故事新编》不管怎么看都只能使人觉得是勉强编成的。即使从最后写出的三篇极不精彩的、随便抛出的作品来看，也是无可怀疑的。如果说他抱有什么野心，那么，这也并不是勉强的想象。不过，他最后把它放弃了。从这一点来说，我觉得放弃《故事新编》并不可惜。它是一个多余的蛇足，有没有它都没关系。可是，虽然那么想，却还有不能断然舍弃的东西。”参见［日］竹内好．近代的超克［M］．李冬木，赵京华，孙歌，译．北京：生活·读书·新知三联书店，2016：177.）

[2] 鲁迅．鲁迅全集：第6卷［M］．北京：人民文学出版社，2005：506.

[3] 鲁迅．鲁迅全集：第6卷［M］．北京：人民文学出版社，2005：506.

即使到了这样子，也还不是相互披沥真实的心的时光。[1]

文末以“用血写添几句个人的豫感”[2] 这一让人得以略窥其心境的不祥句子作结。“血”的预感在同年 10 月 18 日鲁迅去世后不到 10 个月时因卢沟桥事变而应验。

有鉴于此，我很自然地困惑竹内为何不能理解“浅间山”。况且，1932 年上海事变（一・二八事变）时他正在上海，不时与鲁迅见面。[3] 在事变前后的六年时间里，他也接触着中国的现实。诚然，身处现实之中也未必能够如实地触知现实。然而，倘若如此，我们就得弄清楚，竹内不了解的仅仅只是“浅间山”，还是鲁迅和他的文学本身。

二 [4]

老实说，这篇小文应该在二十年前就写好了。然而，我一直拖到今天才写，一方面是因为我的“怠惰”，另一方面也是因为上述的困惑始终难以索解。刚好从前年以来竹内的三卷评论集出版，我才得以系统地接触到他的思想，从而决定重新捡起这个老课题。在这里，我的研究对象主要是竹内的思想，特别是他的文学思想，而他对鲁迅的解释当然与他的文学思想有着根本的联系。因此，为了研究的方便，我决定以他对鲁迅的解说为端绪。

从 1944 年的《鲁迅》开始，竹内好在此后的文章中一直用各种表达方式把鲁迅称为“最具本质性的文学家”，“笔写整个人性的根本意义上的文学

[1] 鲁迅 . 鲁迅全集：第 6 卷［M］. 北京：人民文学出版社，2005：506. 鲁迅原文没有“相互”一词。

[2] 鲁迅 . 鲁迅全集：第 6 卷［M］. 北京：人民文学出版社，2005：507.

[3] 竹内好在鲁迅生前未曾与之会面。仓重拓推测认为，鹿地亘“很可能将竹内好错认成跟自己一样直接受鲁迅之教的‘中国文学研究会’同人增田涉”。［参看仓重拓 . 鲁迅《我要骗人》再考——以竹内好与鹿地亘对“浅间山”的不同解读为主［J］. 鲁迅研究月刊，2021（2）］记错时间的情况在鹿地亘的文章中不罕见，这个“毛病”也让丸山升很伤脑筋。

[4] 鹿地亘原文即是如此，其本人想必以导言为第一节。

家”，并把他的文学称为“触到文学的根本的文学”。[1] 单从字面上看，我也并无异议。问题在于“本质”“文学的根本”“整个人性”等词的内涵。

他所说的“本质”“根本”等词究竟指什么，从他对鲁迅的解释中出现的“构造现代中国文学自律性的基石”、“他的文学没有以别的东西作为自己的支柱”、“启蒙者鲁迅和孩童般相信纯文学的鲁迅是个矛盾的统一，二律背反、同时存在”、“政治与文学的对决”、因此产生的“顽强的自我固执”等表达中就可一目了然。即对鲁迅而言，政治和思想是文学的身外之物，且常和文学处于矛盾和竞争的状态中。

他也承认鲁迅是“启蒙者、学者、政治家”，但“由于他是文学家，他放弃了那些方面”，只是“曾经表现为那些方面”，所以对鲁迅而言这些身份不过是次要的。竹内感兴趣的也正是作为“根本意义上的文学家”的鲁迅，以及他对“文学自律性”的执着等，而非其“政治家、思想家、启蒙者”等“次要身份”。竹内还说这些不是自己关心的领域。

鲁迅由于这种“二律背反”，进行着内在的苦斗。苦斗外现，即产生了终其一生的论争文学——“论争是鲁迅文学支撑自身的食粮。把十八年的岁月消磨在论争里的作家，即使在中国也是不多见的”[2]。

鲁迅的苦斗就是“他喜欢使用的‘挣扎’一词所显示的强烈的凄怆的生活方式”[3]。其斗争方法如下：“他先让自己与新的时代（说成是在外部展开的历史现实更好理解——鹿地）对决，通过‘挣扎’而涤荡自身，再把涤荡过的自身从中拉将出来……但是，由‘挣扎’而涤荡了自身的他，却与此前

[1] 结合上下文来看，主要是指竹内好 1949 年发表的文章《作为思想家的鲁迅》，后来的单行本《鲁迅》多将其收作附录。相关内容可参看［日］竹内好．鲁迅［M］．李心峰，译．杭州：浙江文艺出版社，1986：157.（“鲁迅是个文学家，而且是根本意义上的文学家。就是说，他的文学没有以别的东西作为自己的支柱。他在摆脱了一切的规范、过去的权威的道路上，不懈地继续走着，而且在否定中形成了他自身……其不妥协的态度却被称为鲁迅精神而传统化了，成为构造现代中国文学自律性的基石。鲁迅的文学是触到文学的根本的文学，因此，他本人常常大于他的作品。”）

[2]［日］竹内好．近代的超克［M］．李冬木，赵京华，孙歌，译．北京：生活·读书·新知三联书店，2016：78.

[3]［日］竹内好．鲁迅研究［M］．李心峰，译．杭州：浙江文艺出版社，1986：6.

的他别无两样。”[1] 所以，“对他来说，没有所谓的思想进步。他最初以进化论的世界观的信奉者出现，但在后来，他表白自己已经认清了进化论的谬误，而且晚年还悔悟了早期作品中可以看到的虚无的倾向。有些人把这些解释为鲁迅的思想进步，但是，对于他的顽强的自我固执来说，这种解释太歧义了”[2]。

我的眼前似乎浮现出修行者鲁迅任瀑布冲刷的苦行身姿。他从瀑布中起身离开之后，并未发生变化，还是原来那个修行者。不，应当说他压根就没有从被瀑布冲刷前的“观念世界”中迈出一步。

然而，在这个过程中，鲁迅“抓住了对于他一生具有决定意义的可称之为‘回心’的东西”。所谓“某种根本性态度的入驻”和“回心”，就像是一个轴心，鲁迅一边与现实不断对抗，同时沿着一定的轨道，最终回归于此。这个轴心就是“文学的根源”，而使鲁迅能紧握这一轴心的正是他的“正觉”。看来，对这位苦行僧来说，与现实的交锋即便在外部起到了启蒙或政治作用，也不过是在次要意义上出现的外在现象。真正重要的是他的“正觉”。而鲁迅获得这一“正觉”的时期，在竹内看来，就是鲁迅充满谜团的沉寂期，也就是他从日本回来后的十多年的沉潜期。“作为鲁迅的‘骨骼’形成的时期，我不能想到别的时期。”[3]

然而不用说，竹内描绘的这个鲁迅形象和我们的鲁迅毫无关联。如果我们坦率接受鲁迅自己的说法，即在人生初期，家道中落、父亲离世和其他事情使他开了世眼，怀揣着民族救亡的志向，他赴日学医。之所以中途弃医从文，是因为他意识到，相较于救治同胞的肉体，更大的问题在于撼动其灵魂。借用中国著名的鲁迅研究者之一唐弢的话说，“鲁迅把笔当作手术刀，剖进了中国异常的半殖民半封建社会的深处”。

“挣扎”一词有着拼命抵抗的意味。鲁迅挑战着重围般的旧中国深不可

---

[1]［日］竹内好．近代的超克［M］．李冬木，赵京华，孙歌，译．北京：生活·读书·新知三联书店，2016：50.

[2]［日］竹内好．鲁迅［M］．李心峰，译．杭州：浙江文艺出版社，1986：9;［日］竹内好．近代的超克［M］．李冬木，赵京华，孙歌，译．北京：生活·读书·新知三联书店，2016：85–86.

[3]［日］竹内好．鲁迅［M］．李心峰，译．杭州：浙江文艺出版社，1986：46–47.

测之黑暗，尽管不断受挫，近乎绝望，但他仍然毫不屈服，一直试图撕破这黑暗。这就是他的“挣扎”，不是用“抵抗”之类的词可简单替换的。“挣扎”一词表达的是他看不到未来的光芒，只能绝望地与黑暗抗争的心情。

的确，即使在绝望中鲁迅也没有放弃“民族救亡”的愿望。或许正是从他始终如一的抗争中，竹内感觉到了鲁迅的某种不变之处吧。然而，通过持续的斗争，鲁迅的思想也在不断发展变化。他的思想世界并非沿着相同轨道不断回归，而是在与现实的交锋中，螺旋式地上升与超越。

其中，鲁迅早年的十年沉潜期对我们来说也并不是什么难解之谜。对于以他为首的一批觉醒了现代意识的知识分子来说，此时的中国还尚无可投身之所处。对于后日创作的《孤独者》《在酒楼上》等作品所表现的世界，一些日本文学家表示感同身受，但必须记得作品所对应的上述历史阶段。清王朝随着辛亥革命的兴起而灭亡。这为即将到来的人民民主革命开了先路，然而军阀政治接踵而至。鲁迅虽知时机尚早，但也到了必须得吹响进攻号角的时刻。这正是他不得不写《狂人日记》和《阿Q正传》的社会背景。鲁迅曾自语“想要消去在黑暗中”[1]。这句话反映了他在这种如棺材一般的环境中埋身故纸时的灰暗心情。然而，即使在这样的情况下，他也无法让自己对“民族”的热念再次沉睡。因此，古书的涉猎也贯彻着他一直以来的倾向——钩沉民族之魂的系谱。积蓄的热念如地底的“死火”，终于突破地表、迸出烈焰。《魏晋风度及文章与药及酒之关系》等寄心于历史的名篇就这样汩汩而出。因此，的确可以说这段沉潜期给鲁迅后来的活动赋予了某种性格基调，但这和竹内好所说的开启了“文学的正觉”风马牛不相及。

竹内擅自塑造了自己的鲁迅形象。“论争是鲁迅文学支撑自身的食粮”之论断不外是又一例证。在他看来，鲁迅仿佛像牛寻草一样，把论争当作滋养他文学的“生涯之草”[2]。论争本身并无意义，他甚至自己制造着“无意义

[1] 此处引文应来自《呐喊·自序》。原文是“而我的生命却居然暗暗的消去了，这也就是我惟一的愿望”。

[2] 原文为“生涯の草”。李心峰译本第2页作“生活道路上的草”，李冬木译本第78页作“毕生的余业”并在译注中详做说明。芭蕉也曾用此语比喻俳句，俳句之于芭蕉，正如论争之于鲁迅，虽非正业，却与其“生之根本直接相关”。

的对立（论争对手）”[1]。“他不仅攻击旧时代，而且也不宽恕新时代。”“‘创造社’和‘太阳社’倡导革命文学的时候，他与之所进行的恶战苦斗不在任何人之下，然而就结果而言，他却是所孕育其后产生的大团结里的核心人物。与此同样的情况在他晚年再次出现。面对难以撼动的‘救亡’舆论的产物‘文艺家协会’，他仍在病床上指挥一小部分‘文艺工作者’与之进行对决。”[2]“这两件事体现出他从文学的政治化倾向中保卫了文学的纯粹性”，“他的死解救了这种无意义的对立”。竹内似乎想说，如果没有死亡的解救，鲁迅仍然会继续他作为“挣扎”于“内心的苦恼”之表征的“无意义的论争”。

但事实上，鲁迅在那时已经过了“挣扎”的阶段。让我们回溯一下现实的历史吧。在写《阿Q正传》的时候，鲁迅虽然知道时机尚早，但为了激励少数奋起者，他还是和他人一起发声了。此后，战火既已燃起，哪怕是孤军奋战，他也没有退缩或倒下。他在如其所料、令人绝望的黑暗中，为寻求救亡之路而“上下求索”。作为“挣扎”之心的结晶，《野草》诞生了。不过与此同时，中国也在不断发生着重大变化。

从以五四运动为开端的反帝国主义运动的高潮中，无产阶级及其政党迅猛涌现。“联苏、容共、扶助工农”——即在十月革命胜利的鼓舞下，对外与苏联结盟，对内与共产党和城市农村的劳动人民结盟——的政策，改变了孙中山领导的资产阶级民主革命运动的内容。从以广大的民族统一战线为基础的北伐战争开始，中国的前途闪现出新的光芒。虽然孙文之死和其后蒋介石的倒行逆施使得革命一度受挫，但共产党和劳动人民从血泊中不屈地奋起斗争，“谁承担着民族解放的重任”的问题也因他们的表现而明朗化了。

在这种时代风潮的影响下，年轻的激进知识分子发起了革命文化运动，他们宣布像鲁迅那样在黑暗中“挣扎”的时代已经过去。鲁迅则反唇相讥他们的“革命性”浮于表面。然而，最终这场论争不仅给年青一代上了一课，也帮助鲁迅打开了自己的眼界，了解了阶级世界观，最终在瞿秋白的协助下，成立了中国左翼作家联盟。

[1]［日］竹内好．鲁迅［M］．李心峰，译．杭州：浙江文艺出版社，1986：1.
[2]［日］竹内好．鲁迅［M］．李心峰，译．杭州：浙江文艺出版社，1986：8.

竹内在言及鲁迅的“恶战苦斗”时，虽然也提到了这一论争，但从上述历史过程就可以看出，这既不是“二律背反”式的“文学与政治”之争，也非从政治中保卫“文学的纯粹性”。这是一场将民族革命文学领入新的阶级视角中的论争，也是一场为无产阶级立场扎根民族革命文化运动奠定基础的论争。如果反用竹内的说法，所谓的“恶战苦斗”则不应从将论争当作“生涯之草”的鲁迅方面，而是应该从五四时期以来文化运动的历史发展方面来说明。并且，这一发展对竹内的鲁迅来说可能是“次要的”，但对鲁迅本人来说，却是标志着一个历史阶段的大事。此外，尽管《野草》时代已经结束，鲁迅也绝没有“在晚年还悔悟了早期作品中可以看到的虚无的倾向”[1]。他怀着珍爱的心情编订《野草》，就是为了纪念他在看不到光明、闭锁的视野中不屈战斗的过去。

晚年的另一场论争不是鲁迅引发的“无意义的对立”，也谈不上是“死”将他从这一论争中解救出来。

继满洲事变后，日本贪得无厌的侵略扩张给中国带来了严重的民族危机。中国共产党在 1935 年的《八一宣言》中，呼吁全国人民停止蒋介石持续了近十年的反人民的国内战争，采取民族团结自卫的政策，并向蒋介石和国民党也提出了诉请。呼应此号召，上海文艺界的周扬、夏衍等人主张在“国防文学”的口号下，在文艺界建立起广泛的民族阵线。主张者恳请鲁迅出面担任其旗手，但他以“生病”为由婉拒了。人们很忧虑。之所以忧虑，并非因为鲁迅托词般的“生病”，而是他们明显意识到这托词背后有别的意味。

鲁迅当然不反对中国共产党和《八一宣言》。其态度可以从以下事实中看出。1936 年年初，他和茅盾联名向到达西北的毛泽东、朱德发出贺电，祝贺长征的胜利；同年 8 月，他在给徐懋庸的公开信中就《八一宣言》说道：“我是看见的，我是拥护的，我无条件地加入这战线。”[2]

但是，他对《八一宣言》的接受方式与周扬、夏衍等人不同。他同意

[1]［日］竹内好．鲁迅［M］．李心峰，译．杭州：浙江文艺出版社，1986：9.
[2] 鲁迅．鲁迅全集：第 6 卷［M］．北京：人民文学出版社，2005：549.

1935 年 12 月中共中央决议中的分析，即“中国反革命统冶，首先是卖国贼头子蒋介石的统话之削弱与崩溃…… 民族革命战线是扩大了”，也同意“联合一切可能的抗日力量”的结论。然而，他对蒋介石派系的反动势力心怀芥蒂，不相信他们会听从共产党的号召。现实是国内战争仍在进行，“到处的断头台上，都闪烁着太阳的圆圈”般的屈辱外交也在继续。尽管如此，周扬、夏衍等文化运动的领导人还是提出了“国防文学”之类想当然的口号，仿佛停止内战已经是既定事实。对这些人，鲁迅信不过。在彻底的现实主义者鲁迅看来，即便这有可能，也还绝非现实。要使这种统一的可能成为现实，前提必须是更多地调动抗日民族革命的力量，孤立反动派，穷追猛打。这也是为何在他最终与茅盾、胡风等人联合发表的《中国文艺工作者宣言》中，提出了与“国防文学”对立的“民族革命战争的大众文学”之口号。

提出这一口号，并非一时兴起。当时，左翼作家联盟已经因内部派系斗争而几近解体，而且没有什么像样的行动。早在 1932 年鲁迅给周扬的“辱骂和恐吓决不是战斗”的忠告中，就可以看出他身处其中是多么的苦不堪言。而后来他被迫写给徐懋庸的公开信，也大致显露了这种状况。因此，本就抱恙的鲁迅怀着暂时静观其变的态度。看到徐懋庸等人排除异己，将自己这种态度说成是仿佛反对统一战线的“恶劣的倾向”，怒不可遏的鲁迅在病榻上写公开信回击道：“不正是你们的态度才是破坏统一战线的原因吗？”[1]

到此为止。对这个问题我不想太过深入，因为这毕竟不是本文的主题。中国“文化大革命”的主要人物之一戚本禹最近提出了这个问题，并指出了当时周扬、夏衍等人与王明之间的关系。我想从一个证人的立场在其他文章中讨论包括戚本禹所说的这些问题。

我在这里不得不问的是，在上述过程中，竹内是从哪里找到了“保卫文学的纯粹性”的鲁迅？又是谁挑起的论争？是因“病”而保持沉默的鲁迅，还是那些迫使他表明态度、带病公开写《文艺工作者宣言》回击的人？简言

---

[1] 在鲁迅答徐懋庸的信中未见此句。相似的表述是“在国难当头的现在，白天里讲些冠冕堂皇的话，暗夜里进行一些离间，挑拨，分裂的勾当的，不就正是这些人么？”（鲁迅 . 鲁迅全集：第 6 卷［M］. 北京：人民文学出版社，2005：548.）

之，竹内不过是在鲁迅身上寻找自己思想的影子。因此，他把文学战线上的政治论争说成了“政治与文学的对决”，又给鲁迅喂了一次“生涯之草”。

认为在文学运动中建立统一战线、粉碎宗派主义的斗争是“无意义的对抗”，或许是因为竹内“不在那样场合中”，因而不能理解其意义。即便如此，说是“死”将鲁迅从论争中解救，从此中国终于出现了“没有论争的文坛”，则完全与事实不符。所谓《文艺工作者宣言》，并不是鲁迅“大手一挥”，想要建立和“文艺家协会”对立的另一组织的宣言，而是鲁迅、茅盾、胡风等为了表达反对以“国防文学”为口号的“文艺家协会”之共同意志的联合声明。因而发表之后也没有另外留下什么组织。此外，在鲁迅辛辣的公开信之后，“国防文学”“民族革命战争的大众文学”这两个口号之间的争论自然就告一段落了。

10 月 19 日，鲁迅结束了他的斗争生涯。并非他的死结束了冲突，而是在此之前，公开的论争已经平息。10 个月后，以次年的七七卢沟桥事变为契机，网罗了上海所有作家的“抗敌作家协会筹备委员会”开始运作，取代了现有的“文艺家协会”。[1] 其成立仪式，1938 年 3 月 23 日在抗日战争中的武汉召开。

三

或许我对“竹内鲁迅”谈得太多了。鲁迅的“回心”另当别论，竹内自己的文学思想无疑有着一种“回心”。最能表现其“回心”的正是他对鲁迅的解读，或者可以说他的“回心”是在其鲁迅研究时期构筑起来的吧。我想在本文中进一步探究的正是这一点。

从日本全面入侵中国前后到日本战败前（竹内在战争末期随军出征），竹内一直致力于鲁迅的研究。在此前的六年里，他作为一个在关心革命与战争的“场合之外”的年轻学者从北京游学到上海，陶醉于中国和中国文化

[1] 1936 年 6 月 7 日，中国文艺家协会在上海成立，发布《中国文艺家协会宣言》。

之中。他的中国观、亚洲观和“鲁迅观”就此形成，其后诞生了他的处女作《鲁迅》。他亲眼看见了鲁迅笔下的“浅间山”，但却对此不理解，这很好地表明了一个当时在军国主义笼罩下度过青春的日本人的意识与在苦难中负重前行的中国和鲁迅有多大的距离。然而后来，战争从大陆蔓延到太平洋，日本的帝国主义历史到了最终结算的关头。竹内到此时虽然还是没有产生自觉的抵抗意识，但在时代浪潮的波及之下，他作为文学者坚守自我，对国家的战争动员做出了消极的抵抗，走向了“以文学对抗政治”之路。这有其值得肯定的一面。

然而，到了军国主义最终崩溃的战后，竹内迎来了重新审视以往的历史和自己在这段历史中所形成的意识的机会。为此，他首先不得不反观自己迄今为止的消极抵抗。否则他就会把与鲁迅的“挣扎”截然不同的自己的“挣扎”固定化，并将之作为“回心”之轴带入战后。两者之间的根本区别是什么呢？鲁迅的“挣扎”不是被动的。他不是被动地坚守自我，而是四处为寻找“救亡”的根基和立足点而求索、彷徨。也正因此，他最终将立足点落在了无产阶级上。

竹内又如何呢？1948 年，他写了一篇题为“鲁迅与日本文学”的文章，文中呈现的鲁迅仍然是一个与他本人相似的“竹内鲁迅”。

“他没有过什么自我主张。也从来没有建立一个文坛宗派。他一直都是被动的。到 1930 年‘左联’诞生时，鲁迅在思想上已接近共产主义（他从未称自己为共产主义者，只是将他们称为同志）。他的共产主义只是使他骨子里的反帝反封思想更加自觉。异质的东西并没有增加，只是本质进一步增强而已。共产主义只是使得前近代[1]的半殖民地的现实更加清晰。

“在‘左联’成立前的数年间，面对革命文学（普罗文学）的集中攻势，鲁迅经历了一番恶战苦斗……（中略）……其结果是成立了‘左联’这一进步作家的群众组织，这一传统也关联着抗日民族统一战线。

[1] 日语语境的“近代”概念语义比在汉语语境中更广，就时段而言基本涵盖了“近代”与“现代”。此外它还具有文明形态的意涵，类似于“现代性”。竹内好的《近代的超克》《何谓近代》等，都是在这一层面立论。鹿地亘文中所称的“前近代”亦侧重于此，即“半封建”。

“我认为，当我们对日本普罗文学做历史性评价时（这是为了日本文学进步的必要工作），‘左联’可以成为一面镜子。‘左联’和‘纳普’是友好组织，但他们难道不是有着本质的不同吗？”[1]

让我们先厘清事实吧。

鲁迅未曾是所谓的同志。我也不知道他如此自称过。[2]但是，主动为“民族救亡”而上下求索，最后走向阶级立场的鲁迅和“同志”之间，有什么是相通的呢！同志因不想处于在同一场运动中分担责任的境地，所以才是同志。

鲁迅与太阳社、创造社的年轻革命文学家们进行的论争，是反映了革命新阶段的这些文学组织，或者说中国的革命文学继往开来、向前迈进的“跳板”。鲁迅自己也因此打开了眼界。如果认为他的开眼是从其一以贯之的“民族救亡”的愿望上展开的，那么说是“使得鲁迅的本质进一步增强”倒也无可指摘，但加上了“异质的东西没有增加”一句，则完全暴露了竹内的理解错误。

当鲁迅挑战旧中国，把希望寄托在新生代的成长上时，他确实曾信奉过“进化论”思想，但没有从中看到希望。当中国的现实发展带来星火之光，鲁迅的阶级立场觉醒时，他的思想不是“增加了异质性的东西”，而是“向异质性的东西发展转化”。

另外，没有扎根于当时中国“前近代的半殖民地的现实”的“共产主义”或马列主义，我们并不能称之为真正的马列主义。从这个意义上讲，他对青年革命作家的反击，一方面打开了自己的眼界，另一方面也纠正了青年们脱离现实的毛病。也正因此，在中国共产党的指导、帮助下，这场论争结出了以立足中国的马列主义为支撑的统一的革命文学运动，即“左联”运动这一硕果。

---

[1]［日］竹内好．鲁迅与日本文学［M］// 刘献彪，林治广，编．鲁迅与中日文化交流．陈秋帆，译．长沙：湖南人民出版社，1981：296–297.

[2] 鲁迅在《答托洛斯基派的信》中说，“为着现在中国人的生存而流血奋斗者，我得引为同志，是自以为光荣的”。（鲁迅．鲁迅全集：第 6 卷［M］．北京：人民文学出版社，2005：610.）

至此，竹内是如何理解“共产主义”的，也就一目了然了吧。在他看来，共产主义是外来的异质思想，并没有进入并在各国的现实中扎根，而只是僵化的教条。因此，用他的话说，左联是教条主义的共产主义者和“彻心于中国前现代的半殖民地现实”的民族主义共产主义者相结合的统一战线运动。如此，奇怪的中国近代文学史分期出现了。“作为现代文学的中国文学，至今经过了三大时期，即‘文学革命’、革命文学和民族主义运动”，“文学革命经过革命文学，变为无产者文学，随着无产者文学的解体，逐渐出现了向着民族主义的统一倾向”。[1]“左联在1936年的大论争之后，在抗日统一战线的形成中作为一个传统流传下来。但无论如何，它起源于‘自由大同盟’……（中略）……从历史上看，的确成为了人民战线的孕育者。它似乎并不是日本的‘纳普’那样的协会。它是一种群众组织，本质上包含着人民战线的质素。关于1936年的大论争，虽还有很多不甚明了之处，但文坛确实围绕成立抗日统一战线的问题（主要是组织问题）一分为二。鲁迅是少数派，他拼死战斗。他为何如此顽抗呢？……就我所知，是因为他固守左联的传统。”（以上引自《鲁迅与日本文学》）

中国的现代文学是从反映五四时期反帝反封建的民族革命运动中诞生的，从一开始就一贯具有革命民族主义性质。此后在革命运动中无产阶级的领导不断加强，再加上蒋介石和国民党的背叛，使得革命的使命落在了共产党和城乡劳动人民的肩上。作为其反映，文学运动中出现了明显持无产阶级的立场的左联运动。然而，这绝不意味着文学运动因此就失去了它的革命民族主义特征。至于“纳普”和“左联”，尽管它们的政治目标不同（一是推翻天皇制度的民主革命，一是反帝反封建的民族革命），但它们都是阶级性的文学运动。在这一点上，它们的本质不可能有什么不同。当然，两者都各自致力于团结更多的人民和民族，但他们并不是统一战线运动的组织（即基于超越党派和思想立场的共同纲领而团结起来的人民战线或民族战线之类），

[1]［日］竹内好．鲁迅［M］．李心峰，译．杭州：浙江文艺出版社，1986：113.（“中国文学，粗略地来看，从文学革命经过革命文学，变为无产者文学；随着无产者文学的解体，逐渐出现了向着民族主义的统一倾向。”）

而是贯彻着党性的革命文学运动的组织。如果竹内没有被自己的主观好恶蒙蔽，关注鲁迅《对于左翼作家联盟的意见》《中国无产阶级革命文学和前驱的血》以及其他1930年以后发表的著作，他应该不难理解这一点。

且不说这些，他把“左联”的系谱追溯到“自由大同盟”，随性得让人诧异。“自由大同盟”是一个政治联合组织，而不是一个文学运动组织。它是由各人民运动团体（包括文学团体）联合起来反对蒋介石的恐怖政治而建立的。竹内援引“自由大同盟”歪曲了“左联”的性质，据此说“左联”并不是“纳普”那样的阶级性文学组织，结果使其独断的谬误又进了一步。

接下来，我们不得不再纠正一个事实。如前所述，所谓鲁迅晚年的“大论争”，是在日本侵略扩张引发的国家统一战线的势头上升之背景下发生的。对于鲁迅在这场争论中为何“如此顽抗”，竹内解释说是因为他坚持了“左联”的传统。这里的“左联”传统，不用说，就是被他认定为“孕育了人民阵线”的“左联”和作为“自由大同盟”这样的统一战线的“左联”。于是事情就变成了鲁迅坚持“左联”“统一战线的特性”，而反对周扬和夏衍的派系主义。

这种无稽之谈是从何而来的呢？有据可循。看鲁迅给徐懋庸的公开信就会发现，鲁迅批判了那些嘴上提倡着统一战线，实际上却在排除异己的领导者们的派系主义。竹内就是在这里犯了糊涂。

诚然，上文也有所提及，在“左联”末期出现了派系之争，导致组织和活动陷入分散。这些冲突一直持续到统一战线的提出才收尾。然而，这与围绕抗日民族阵线性质的论争之间没有直接关系。应该着手讨论的是如何理解论争的内容。在这一点上，因鲁迅的确是赞成统一战线的，就说这是“固守”着“左联”统一战线的传统，于理不通。因为“左联”正是在国共两党的分裂和国内战争的背景下作为党派性的文艺运动组织而诞生的。非但不如此，竹内所谓的“没有主动地树立过文坛的党派”的鲁迅正是受到“左联”内部的派系斗争牵连，以致不得不暂时持静观的态度。

周扬、夏衍等人的立场是“党派的”，那么是否能说鲁迅与之相对采取了“民族战线”的立场呢？从已论及的内容来看，明显并非如此。

竹内视“党派的”与“民族战线”为对立物。实际上，如果遵从这一说法，关于鲁迅的立场的问题就无解了。他虽然支持抗日民族战线，但始终不放松对国民党的警惕，不同意周扬、夏衍等人在“国防文学”的号召中所做的天真的说明。鲁迅认为应该孤立在“停止内战，一致对外”的民族呼声中陷入窘境的国民党反动派，而不是通过毫无原则的妥协来拯救他们。这体现了他并不轻易相信国民党反动派会接受共产党的统一提议。

一年后，蒋介石因西安事变不得不停战，八个月后的七·七事变，使得全民族的抗日战争得以实现。那么从这些事实来看，我们能否断定鲁迅是错误的呢？很难这么说。因为一年前，谁也无法预见到会出现类似西安事变的能使蒋介石屈服的机会。可以预见的是，如果蒋介石不接受“停止内战，一致对外”的民族呼声，国民党的分裂将进一步加速，面临严重困境的蒋或将屈服，或将被民族战线抛弃。这两种情况都是可能发生的。

也就是说，关于这一点，鲁迅的看法本质上是正确的。此后蒋介石在民族战线中的不断动摇、背叛即是明证。不过，他和茅盾等人提出的“民族革命战争”的口号，本身也没有号召国民党“一致对外”的意思。所以鲁迅在这个问题上的理解又不能说是完全正确。因此，直到七七事变、抗敌文艺家协会成立后，新的共同目标才超越了当时的论争，演进为“抗敌文学”。

对鲁迅和中国文学的讨论到此为止。让我们回到主题上来。首先，有关竹内的“回心”究竟是什么，又是如何构成的问题，到此可以得出结论了。贯穿在“根本意义上的文学家”“和政治对立的文学”“不依赖他物的文学”等表达中的文学思想正是他的“回心”。不难想象，这种思想是从战争期间他对政治的消极抵抗中开始的。但是消极抵抗的意识虽然能够和政治拉开距离，却并不能导向另一个与之对抗的主体性的自我立场。他把自己定位为一个“同志”。对他来说，“从与政治的对决中获得文学的自觉”才是最重要的。

这样一来，他总是以不变的主观性观照外部世界的发展，再用这种主观性重构外部世界。于是一切都不可避免地成为“竹内的鲁迅”“竹内的中国”“竹内的日本和亚洲”，等等。

在《鲁迅》一书中竹内说“我关心的事，不是鲁迅如何变化，而是鲁迅为何没有变化”，又说“对他来说，没有所谓的思想进步”。[1] 这清楚地表明了他在那个时期的思考过程。然而，不变的、思想上没有进步的不是鲁迅，而是竹内自己。他在鲁迅身上寻找自己的影子，并将这个影子重构为“竹内的鲁迅”。他的主观性如何令人诧异地肆意运作，我们到此已经领略了不少了。

主观中当然体现着一个人的喜好。他创造了自己的鲁迅，并把他塑造成偶像供奉着。另一方面，他以自己的亚洲、自己的中国为据，作为颇具声威的批判者直面同样是由他主观创造出来的日本、日本文学、日本意识形态、无产阶级文学，等等。近来，一群盲从主义者暴露了本性，只要是中国的东西，就是狗屎也要跪拜。竹内和他们的不同之处在于，他还稍微有一些唯我独尊的立场，而盲从者则连自我的立场都没有。

但是，这种主观的立场一定也有其产生的客观基础。我们接下来得确认这个基础究竟是什么。

四

竹内好在《鲁迅与日本文学》（1948）中，将由西学东渐引发的东亚的近代化分为日本型与中国型两种类型，并对二者进行比较，将其特点描述如下。

日本“自上而下成功实现了近代化。虽然实际上并未真正成功，但借由成功的念想，实现了一种可能性的成功。于是就想通过向外扩张来解决由此产生的内部矛盾……（中略）……这种类型的特点是催生出一种鲁迅称之为日本人的‘勤奋’的自我扩张的生命力，即为了摆脱殖民地处境而成为殖民地的主人，为了减少落后而一心扑向最新的东西。表现在意识上，就是一种

---

[1]［日］竹内好．鲁迅研究［M］．李心峰，译．杭州：浙江文艺出版社，1986：9，39.（“对他来说，没有所谓的思想进步。他最初以进化论的世界观的信奉者出现，但在后来，他表白自己已经认清了进化论的谬误，而且晚年还悔悟了早期作品中可以看到的虚无的倾向。有些人把这些解释为鲁迅的思想进步；但是，对于他的顽强的自我固执来说，这种解释太歧义了。”“我关心的事，不是鲁迅如何变化，而是鲁迅为何没有变化。他变了；但是，他又没有变。就是说，我在不动之中来看鲁迅。”）

朝发达国家无限逼近的现代化运动”。

中国“(在清末)像日本一样自上而下进行了改革，但都失败了”。因而接下来的改革“产生了一种并非自上而向外，而是自下而向内的倾向，并不断加强。孙中山的运动成功地推翻了满族支配的君主制。但其成功的同时也是失败。由此引发了依托外国势力的军阀反动政治，不得不从自下而上的国民革命再出发。在国民革命中，出现了中国共产党运动。如此，运动总是从下而上产生，不断向内深化。正是在这样的时代背景中，才可能出现像鲁迅那样通过抗拒外部来形成否定性自我的人吧”。

把这种晦涩的表达翻译成普通语言的话，大意如下。日本的近代化走的是自上而下的资本主义发展道路，以绝对主义的天皇制度为支柱，并加入列强的竞争行伍，对亚洲的殖民地进行瓜分，以图对外扩张。也就是说，日本为了防止自己被殖民而走上了殖民其他国家的道路。另一方面，为了跟上先进资本主义国家的步伐，它“广求知识于海外”，并迅速引进。中国在这条道路上失败了，沦为半殖民地，以人民的力量推翻了外国及作为其傀儡的本国政府，即从内部进行了变革，从而走上了一条不同于日本的反资本主义的现代化道路。

然而，这样转译可能有过度阐释之嫌。必须纠正的是，竹内所说的“上”和“下”并没有包含统治者—人民这一对立概念。这正是问题所在。

文学方面，竹内以对现代西方文学的接受方式为例，通过对比“鸥外型”和“鲁迅型”来说明日本和中国的差异。

“鸥外型”，即日本人为了追赶西方而“猛扑向最一流的东西”，“一个个猎取被视作欧洲现代文学主流的思潮”。“鲁迅式”则是为了培养民族反抗精神，有选择地吸收“波兰、捷克、匈牙利和巴尔干半岛诸国等被压迫民族的文学”“斯拉夫系反抗型诗人的文学”。

前者正如“鸥外”所感叹的，植物被移植到贫乏的土壤中只能开出寒酸的花朵。日本因其社会基础的贫乏，移植进来的先进文化也“走了样”。竹内指出这是一种对近代化的“拟似的解决”，是一种看似“成功”但实际上“并不成功”的近代化，是一直怀着“可能”的希望，一次次进行尝试但始终无果，然而对此却毫不自知的近代化。因此他批判道：正是这种近代化催生了毫无原创性的模仿、西方崇拜、对“权威”一边依仗一边跪拜的奴隶性等“精神模式”。

这部分说得确实有一定道理。然而他又说：“对日本文学来说，新的东西总是作为流派自外而来”，而“无产阶级文学也是这么出现的。新的流派引进之后，就被期盼着它的人赋予权威。无产阶级文学也是如此。反抗权威的号召成为了其权威。当权威与现实抵牾而失去价值时，就再找新的权威。像鲁迅那样通过反对作为权威的无产阶级文学而奔向‘左联’的运动，在日本是不会出现的”。

到此，竹内那似乎说对了的部分的本质也完全暴露出来了。

当落后的日本近代之光照亮走向资本主义道路时，为其垫脚的是城市和农村的劳动群众。他们期待着维新能把他们从封建时代的毫无权利和残酷的剥削中解放出来。但他们期待落空，发现自己成为专制主义天皇制下畸形的日本资本主义的牺牲品，又被铸上了饥饿和毫无权利的新枷锁。然而此时他们已被唤醒的希望并未就此消失。由此开始了“近代”的民权斗争。这一激荡的斗争起起伏伏，成为社会中涌动的暗流。随着声势的逐渐扩大，无产阶级也不断成长，走向自觉。最终历史使命交到了他们的手中。无产阶级文学正是作为这一斗争的号角而诞生的。

竹内难道要将把这样的无产阶级文学和其他诸如自然主义、理想主义等具有资本主义特征的各种主义等同，视之为从外国匆忙引进的一种文学“流派”吗？

无产阶级文学作为一种运动，是从杂志《播种者》开始的。[1]这一运动将党性作为纲领，则是从“纳普”开始的。到了今天，它已被民主主义文学运动继承，其目标是在民主民族战线的基础上，实现广泛的统一。以无产阶级文学的诞生为时间点，再往前追寻其谱系的话，可以上溯到贯穿整个日本近代的阶级斗争洪流。在阶级斗争的不同阶段，我们也可以看到它是如何以

[1] 1921 年（大正十年）2 月，小牧近江与友人金子洋文、今野贤三等推出杂志《種蒔く人》，以国际主义和反军国主义为基调，视文艺运动为革命运动之一翼。

多样的方式，被投射到社会意识中并影响着外部世界。

顺便一提，竹内对上述情况视而不见，为了将中国和日本构建成对置的两种类型，就说鲁迅否定作为“权威”的无产阶级文学，奔向“左联”。实际上倒是他自己将被歪曲了的“竹内鲁迅”奉为权威，搞错了用力的方向吧。

不用说，十月革命和苏联的成就，照亮并激励了全世界的无产阶级和民族解放运动，这是一个不争的事实。日本的解放运动及其解放文学，以及鲁迅眼界的打开，在这方面也不例外。但这并不是对“权威”的盲从，而是借助先进的经验找到自己的立足点。只有那些脱离实际的人才会像竹内所说的那样，将外来经验奉为权威接受。在竹内看来，日本资本主义的发展史有一种模仿外国和追逐权威的倾向，这也是因为当时落后的日本所具有的资本主义基础还很薄弱，仅此而已。

那么，竹内本人的立足点在哪里呢？正如我们已经看到的，它只能内在于竹内自身。他虽然讨论着日本的近代化，但在自身之外并没有一个可以与之同担当、共进退的阵地。这是因为他总是在外界寻找自己的影子，所以他的主观主义批评是片面的。

从他对文学运动的评论中可以举几个例子。在上文引用过的《中国文学与人文主义》（1948）中，他说：

> 不光“新日本文学会”，一般日本人都有一种心理倾向，将有组织的状态当作理所当然的前提，无组织的状态则无法想象。这是中国人难以理解的现象。中国作家各自都有一种作为公民的连带感，并将之作为其文学的支撑（如果他失去了这种连带感，他就不再是一个作家了），所以不需要特意外求。虽然有时会为了凝聚新的文学力量成立组织，但一旦文学发展到一定阶段，组织就会自然解散。组织被当作文学运动的一种手段，如果方便就创建，不然就作罢。它是手段而非目的。目的是为了推动文学（国民文学）的发展。所以从中国文学的眼光来看，日本诸多恒常的、目的化的组织，包括“新日本文学会”都可视为结党连

群。这表现出日本文学的封建封闭性。

组织的自我目的化组织的堕落。

并不是说中国的组织和运动就不会堕落。但就中国而言，拒斥堕落并将运动向前推进的动向也自组织内部产生。[1]

如此，竹内当时没有加入“新日本文学会”的理由就明了了。他是一个于自身内部具有“公民连带感”的厌恶组织的文学家。他引以自辩的中国的情况，是在一次题为“论中国文学”的座谈会（文学时标）中，由从军“诗人”李嘉那得来的。李嘉当时在联合国军占领下的日本担任国民党通讯社的社员。

这一时期（1948 年）中国正处于动荡不安的解放战争的高潮，文学家们被迫分散到不同地区，统一的、有组织的活动还没能展开。抗日战争时期的抗敌文艺家协会也因为同样的理由分散各地。但是，如果据此认为不进行组织性的集结是中国文学家的本来面目，那就不对了。另外，歪曲“左联”，说其并非“恒常的”组织，也是不可接受的。我们不如推演一下竹内的观点，即假如由于每个人内心都有一种“民族连带感”，所以他们可以在没有外界任何特定军事组织的情况下进行抗日战争，岂不怪哉？

组织在所有情况下都是手段。“以自我为目的”的组织是什么意思呢？目的是什么都行，总之先把组织建起来吗？竹内真认为这样的组织可以成立吗？

组织崩溃的方式多种多样，比如他们失去了自己的目的，比如他们针对自己的目的产生了意见的对立，又比如当私人“派系”及其冲突破坏了组织，等等。但这绝不是一种正常的状态。不用说，无论是过去的无产阶级文学运动还是今天的民主文学运动，其组织都既不是私党，也不是竹内所说的“文学行会”。它们是为了阶级或民主民族团结的目的而合力建成的组织，并作为这样的组织健全地运作着。

---

[1]［日］竹内好 . 中国文学とヒュマニズム［J］. 人間，1948，3（12）. 但文中未见鹿地亘所引内容。

竹内将走向组织的意向称为“封建封闭性”的表现。但“言论、集会和结社自由”是在现代才获得的权利，而不是在前现代。竹内对此都视而不见吗?

他用以支撑自己文学的所谓内在的“公民连带感”究竟是什么东西呢?这里有一个很好的例子。

“在中国，国民党和共产党正处于对立状态，并进行着武装争斗。但他们的对立是建立在民族团结之上的，其斗争是争夺领导权的斗争。也就是说，是思想上的对立，并不会分裂民族感情。甚至可以说正相反，感受到内战之痛的民族情感才是文学之母……”（同上）

前半部分是什么意思?似乎因为国民党和共产党都是为了“民族统一”（国家统一?）而争夺权力，所以并不意味着他们在“分裂民族感情”。人民则处于与国民党或共产党都不相干的第三立场。因为如果他们加入任何一个党，民族感情就会被分裂。竹内的话只能这样解释。总之，他说在第三种“民族感情”的立场上，战争是一种困扰与痛苦，亦是文学之母。这很类似于“反对任何国家进行核试验”或“错不单在南方军、北方军或是整个美国，总之进行战争的双方都不好”式的民族感情论。当然，这种对解放战争的解释与事实毫不相干。实际上，正是因为中国人的“国民感情”完全抛弃了在美国的支持下不断引发灾难的反人民的卖国政府，而支持了解放军，在兵力和装备上具有压倒性优势的蒋介石大军才会被共产党消灭。

当然，不用说中国也有一部分比较迟钝的人民具有竹内所说的“民族感情”。然而，感情是一种随着现实的发展而迅速变化的东西，并不代表一种立场。暂时的静止状态投映在竹内的脑中，被“固化”、被建构为立场，仅存在于他的主观之中。

从《现代主义与民族问题》一文中可以另举一例。他说:“日本的法西斯强权把日本的民族意识从沉睡中唤醒，并提升到超民族主义而利用之。批判这种强权机构很必要，但因此连朴素的民族主义情绪都要压制，这就不对了。后者有正当的发言权。”另外他还说:“如果不追溯统治者利用和同化人民的朴素民族情感的悲惨历史，不与之正面对决，就无法在今天谈论民族问题。”[1]

对此不得不打个问号。竹内所谓践踏了“朴素的民族主义”和“朴素的民族情感”的到底是谁？是那些将这种情感引为帝国的命脉，以致亡国，最后又以一亿人的全体忏悔将责任推给“朴素的情感”，然后企图重蹈覆辙的那些家伙？还是那些致力于揭穿“朴素的情感”是“法西斯主义”的阴谋，并努力启蒙民众，与把战争责任转嫁人民而寻求卷土重来的家伙作斗争的人？“与朴素情感的正面对决”，除了在这些努力中，还能在哪看到呢？

竹内的“立场”非常明确。他并不把朴素的民族感情当作变动之物。也就是说，他不能从中汲取生命力。相反，他把朴素的情感固化为“朴素”，使之成为第三种立场。这和让人们把目光从核军备竞赛的原因上移开，毫不讲理地说“哪一方都不好”，甚至说错的不是“人”而是“核弹氢弹”的立场相通。如果问题在人，禁核运动就上升到了“政治”问题。作为一个讨厌政治和组织的人，他站在文学的立场上与“政治”对抗着。“朴素的情感”才是“文学之母”。就这样，他从这第三立场提出了“民族文学”。

[1] 此文最早刊载于《文学》1951 年第 19 卷第 9 号，后收入《竹内好評論集》(1966)。

西方文学与文论

儒莲《看钱奴》法译手稿与中西文学传统中的“吝啬鬼”

洪淑倩[1]

［摘要］ 法国汉学家儒莲翻译的元杂剧《看钱奴》两部法语手稿，现藏于法兰西研究院图书馆，是目前已知最早的该剧的西译本。在19世纪30年代初，儒莲首次以剧情梗概与片段译文结合的形式译介了《看钱奴》。随后，儒莲开展了一系列的中国古典戏曲翻译活动，重新全面翻译了《看钱奴》。由于深受法国文学“吝啬鬼”传统的影响，儒莲有意将《看钱奴》的“贾仁”塑造成“东方阿巴贡”。鉴于儒莲的《看钱奴》译本，他的弟子巴赞将《看钱奴》纳入西方戏剧类型“性格喜剧”之中。自此，中西文学传统中的“吝啬鬼”完成首次对接。

［关键词］《看钱奴》 儒莲 吝啬鬼 性格喜剧 手稿研究

法国汉学家儒莲自1823年追随雷慕沙学习汉语以后，一生致力于汉学研究。儒莲的大部分译作均已出版，然而尚有不少具有相当价值的汉学译作以手稿的形式保存至今，等待被发掘和研究。其中，元曲家郑廷玉的杂剧《看钱奴买冤家债主》（以下简称《看钱奴》）是儒莲未出版的戏曲译作之一，也是该剧最早的法语译本，仅有片段流传。尽管儒莲的译本从未正式出版，却已名声在外。王国维在《宋元戏曲史》提及：“裘利安所译，尚有《灰阑

[1] 洪淑倩，上海师范大学人文学院博士研究生。

记》《连环计》《看钱奴》，均在千八百三四十年间。”[1] 傅惜华在《元代杂剧全目》的《看钱奴买冤家债主》一节中刊载：“法国 S. Julien 译此剧为法文，刊行年不详。” [2]

20 世纪初，法国汉学家俞第德受到儒莲译本的启发，将《看钱奴》改编成《中国守财奴》一剧，在法国六座国立剧院之一的奥德翁剧院上演。[3] 经由俞第德的创新推举，《看钱奴》顺利进入法国主流剧院观众的视野。1963 年，法国伽利玛出版社与联合国教科文组织联合出版了华裔法国翻译家李治华翻译的《看钱奴》完整法语译本。[4] 由此看来，《看钱奴》在法国的翻译经历了完整的传播路径。由此，本文首要梳理儒莲两部《看钱奴》手稿现状，儒莲在何种学术背景下翻译《看钱奴》？他的翻译策略如何？作为文学主题的吝啬鬼形象如何在中、西不同语境的背景下进行对接？

一、儒莲《看钱奴》手稿概况

（一）手稿现状

儒莲的大部分手稿藏于法兰西研究院图书馆（Bibliothèque du l’Institut de France），由东方学家爱德华·斯派奇于 1894 年捐赠给该馆。儒莲将他的手稿与部分书籍都遗赠给了他的学生德理文。德理文去世后，部分手稿在外出售。1893 年，斯派奇购买了绝大部分手稿，并于 1894 年捐赠给法兰西研究院，以便后人研究。他撰写了一部关于儒莲手稿的报告，并将这批手稿进行了初步分类：

---

[1] 王国维 . 宋元戏曲史［M］. 北京：中国书籍出版社，2016：156.

[2] 傅惜华 . 元代杂剧全目［M］. 北京：作家出版社，1957：101.

[3] 除了《中国守财奴》一剧外，据罗仕龙考证 1899 年演出的《妙汗衫》虽然题名更贴合元杂剧《合汗衫》，但部分情节也是根据《看钱奴》贾仁的吝啬行为所改编。见罗仕龙 . 中国守财奴的妙汗衫：从元杂剧《合汗衫》的法译到《看钱奴》的改编与演出［J］. 编译论业，2017，10（1），演出记录参阅法国国家图书馆编号：FRBNF39459816。

[4] Li Tche-houa. L’avare [M]//Le signe de patience, et autres pieces du théâtre des Yuan. Paris: Gallimard, 1963: 135–254.

> 第一类是已经出版的作品手稿；第二类是未出版的手稿，分成经书、历史和地理、佛教研究、戏曲、其他五个子类。[1]

法兰西学院图书馆将这两类分别编号为MS2299与MS2300，其中《看钱奴》手稿收录在MS2300（30）册中，一共两部。这两部手稿据斯派奇记载："一部是抄写本，一部是底稿，共96。"[2] 据笔者在该图书馆实地考证，现存手稿为96页，保留完整。这两部手稿的特征与斯派奇的记录相符，抄写本是剧情梗概夹有片段翻译（以下简称第一部手稿），另一部底稿为全译本（以下简称第二部手稿）。第一部手稿整体页面整洁，行文较少涂改；第二部手稿行文涂改较多，多页有整段译文删除后重新翻译的痕迹。手稿纸张从中间折开，左边栏是译文正文，右边栏则用于修改和添加注释，尤其是第二部手稿的注释篇幅几乎与正文相等。两部手稿每页正面均加盖"法兰西研究院图书馆"字样的印章。

（二）翻译底本

《看钱奴》据目前的资料考证主要有三种版本，一是《元刻古今杂剧三十种》本，二是息机子《古今杂剧选》本，三是《元曲选》癸集本。[3] 儒莲并未在手稿上标注自己所用的底本，但仍有一些线索可以帮助判断其底本情况。

第一，根据儒莲自己所编书目考证所用版本。1853年，儒莲编纂了《帝

---

[1] Edouard Specht. Note sur les manuscrits de Stanislas Julien [M]// Comptes rendus des séances de l'Académie des Inscriptions et Belles-Lettres. 38e année, N. 3, 1894: 219–228. 文中所引译文，凡未说明者均为笔者自译。

[2] Edouard Specht. Note sur les manuscrits de Stanislas Julien [M]］// Comptes rendus des séances de l'Académie des Inscriptions et Belles-Lettres. 38e année, N. 3, 1894: 227. 原手稿编页是两面为一页，下文中引用手稿按原稿页码标注。

[3] 傅惜华．元代杂剧全目［M］．北京：作家出版社，1957：101. 李修生．古代戏曲剧目提要［M］．北京：文化艺术出版社，1997：19.［日］吉川幸次郎．元杂剧研究［M］．郑清茂，译．台北：艺文印书馆印行，1987：37.

国图书馆新基金会专藏中文、满文、蒙古文、日文目录》(以下简称《儒莲目录》),共 4 卷,未刊印版。第三卷的“正剧、戏剧及对话体小说”共记录 35 部戏曲类书籍,其中仅录入“《元人百种》,编号是 No.1618—1623,6 卷,藏于巴黎兵工厂图书馆”[1]。在此条目下方,儒莲特别申明另有一本不完整的《元曲选》,但未录入《看钱奴》的其他两种版本。

儒莲书目所记载的《元人百种》版本,依据古恒的《中文、朝鲜文、日文等书籍目录》(以下简称《古恒目录》)在法国国家图书馆查询,具体版本信息如下:一是《元人杂剧百种》,编号为“Chinois 4331—4338”,雕虫馆校订本,本衙藏板,白口,单鱼尾,半叶九行二十大字,十九小字,左右双边,明万历旃蒙单开之岁序,附插图;二是《元曲选》,编号为“Chinois 4339—4344”,明万历年序刻本,本衙藏板,白口,单鱼尾,半叶九行二十大字,十九小字,左右双边,版心刊“杂剧”,前附插图一百十二幅。内封面题“元人杂剧百种 / 雕虫馆校订”,明万历旃蒙单于之岁春上巳日书于西湖僧人舍序。[2]“旃蒙单于之岁”,实为乙卯年,即明万历四十三年(1615)吴兴臧氏雕虫馆原刊本。[3]儒莲书目中《元曲选》保留了巴黎兵工厂手稿馆的旧有编号“Nouveau Fonds 1618—1623”,与第二部的旧有编号一致。另一部儒莲提及不完整的《元曲选》旧有编号是“Fourmont No.34”,与第一部旧有编号一致。两本应是同一时期入馆,无论儒莲最后参考的是哪一本,原刻本皆为臧氏编纂的《元曲选》。

第二,笔者在翻阅儒莲手稿时,有一张儒莲阅读戏曲书目的清单,题名《我看过的戏曲名单》,记载了 22 部戏曲:

---

[1] S. Julien, Catalogue des livres Chinois, Mandchous, Mongols et Japonais du Nouveau Fonds de la Bibliothèque Impériale. Tome III [M]. 1853: 12. 当时凡进图书馆的书,会被重新装订,6 卷数是当时装订的卷数。

[2] Maurice Courant, Catalogue des Livres Chinois, Coréens, Japonais, etc. bibliothèque nationale département des manuscrits, Tome I [M]. Paris: Ernest, Leroux, 1902: 462. 法国国家图书馆所藏《元曲选》版本信息由刘蕊博士提供,在此致谢。

[3] 邓绍基.《元曲选》的编纂和刊刻时间[M]// 元剧考论 . 北京:人民文学出版社,2017:491.

汉宫秋（1e）；杨氏女杀狗劝夫（7e）；……看财奴买冤家债主（91e）。[1]

杂剧名括号里的数字为该戏剧在《元曲选》中的排列序号。儒莲书单中《看财奴买冤家债主》括号里标注“91”，对应的是《看钱奴》在《元曲选》目录中排第 91。《看钱奴》在原书中的癸集本，未提作者名。儒莲一直未在手稿中标注《看钱奴》的作者名。另外，傅惜华详细地梳理了《看钱奴》的元明版本，其中仅有《元曲选》本的卷首图像正名将“钱”字作“财”，《元刻古今杂剧三十种》本与《古今杂剧选》都为“钱”字。[2] 这张阅读清单可以佐证儒莲《看钱奴》手稿所用底本极有可能是明万历臧晋叔编《元曲选》雕虫馆刻本。

（三）两部手稿的差异

上述两部译本的主标题为《看钱奴，或看守财富的奴隶，或吝啬鬼》（*Khan-tsien-nou, l'esclave qui grande les richesse, ou L'Avare*），由音译原剧名“看钱奴”和意译“吝啬鬼”组成。

两部译稿在形式和内容上存在显著差异。第一部手稿以剧情梗概为主，运用第三人称描述情节，并插入了部分原剧人物的对话翻译，但并未翻译任何曲词。其剧情梗概部分包括楔子、第一折、第二折、第四折和第五折。第二折和第四折中夹杂部分片段的翻译。值得注意的是，第四折实际上对应原文的第三折，第五折则对应原文的第四折。该手稿的一个显著结构特征是没有标注第三折，而将总折数变成了五折。这使得元杂剧本身“一楔子四折”的固定结构变得紊乱。但这并非儒莲有意为之。从手稿中可以看出，每折首页会标注折的编号，并在末尾写明结束于第几段的分析。在第二折的末尾，儒莲将其标错为第三折，发现后又改正过来，却没有相应地将第四折改为第三折，导致第三折缺失。因此，儒莲最终将元杂剧“一楔子四折”的结构错

[1] MS 2300(32), dossier 9. BIF.

[2] 傅惜华 . 元代杂剧全目［M］. 北京：作家出版社，1957：101.

乱成了“一楔子五折”。其中，译稿明确将第一、二、四折分了两场。手稿中的片段译文均来自原剧中贾仁的宾白部分。

第二部手稿为全译稿，按照《看钱奴》原文一楔子四折的结构全面翻译，并添加了数量庞大的注解。主要内容如下：楔子，翻译了唱段【仙吕赏花时】【幺篇】。第一折分了场一，灵派侯上场诗，翻译了唱段【仙吕点绛唇】【混江龙】【油葫芦】【哪吒令】【鹊踏枝】【寄生草】【六幺序】【幺篇】【赚煞】。第二折，写了一段原剧中没有的前情补充。陈德甫上场诗、店小二上场诗，唱词有【正宫端正好】【滚绣球】【倘秀才】【滚绣球】【倘秀才】【滚绣球】【倘秀才】【滚绣球】【倘秀才】【赛鸿秋】【随煞】。第三折，贾长寿上场诗、净扮庙祝上场诗、【商调集贤宾】、【逍遥乐】、【金菊香】、【醋葫芦】、【梧叶儿】、【后庭花】【柳叶儿】（这两个宫调合在一起）、【高过浪来里煞】。第四折，店小二上场诗、【越调斗鹌鹑】、【紫花儿序】、【小桃红】、【鬼三台】、【调笑令】、【幺篇】、【天净沙】、【秃厮儿】、【圣药王】、【收尾】。

原剧中的宫调和曲牌名未译，以“他唱”替代。此外，儒莲只在楔子和第一折页边处标注了“场一”字样，其他部分没有出现任何分场的字样。相较于第一部手稿，第二部手稿作为元杂剧译本而言更加完备。

二、儒莲《看钱奴》第一部手稿的流传与他的中国戏曲翻译计划

（一）法国历史学家诺代对《看钱奴》的研究

“吝啬鬼”在西方文学中是相当重要的一个主题。早在古罗马时期，剧作家普劳图斯的《一坛金子》便以塑造了吝啬鬼欧克利奥的形象而闻名，莫里哀的喜剧《吝啬鬼》正是脱胎于此剧。《吝啬鬼》自 1688 年上演以来，经久不衰，成为法兰西文化象征的文学形象。

法兰西学院历史学教授约瑟夫・诺代计划为《一坛金子》撰写后记，他

苦于欧洲此类戏剧题材多如牛毛，毫无新鲜之感。[1] 恰在此时，同为法兰西学院教授的儒莲给诺代提供了一部东方“吝啬鬼”的喜剧译本。诺代在文章首段的脚注中写明：“我在此非常感谢一位年轻的学者——儒莲先生，是他好心地给我提供了一部译文。”[2] 这部译本正是元杂剧《看钱奴》。诺代以此为基础，进行有选择的剧情介绍与剧情评析，撰写了一篇中西吝啬鬼形象比较的学术论文。

换个角度来看，这也能解释为何儒莲的第一部手稿以剧情梗概为主。法兰西研究院现存四部儒莲的戏曲译稿：《赵氏孤儿》《西厢记》《货郎旦》以及《看钱奴》，但仅有《看钱奴》的第一部手稿是剧情梗概的形式。诺代的《普劳图斯戏剧集》第1卷本在1831年出版。笔者认为可能是诺代在计划编纂《普劳图斯戏剧集》第2卷时咨询过儒莲，儒莲提到《看钱奴》一剧。以此为契机，儒莲随后用剧情梗概的形式翻译《看钱奴》。因为这种形式可以让完全不懂汉语的诺代快速地理解《看钱奴》的精髓，以便他写作。

诺代的论文成为《看钱奴》译本得以流传的关键。儒莲的学生巴赞编辑德庇时的《中国人》法译本刊载了《看钱奴》第四折的剧情梗概和片段翻译。[3] 引用了诺代文中摘录的《看钱奴》译文，延续了儒莲第一部手稿的误译之处，即实际上是原剧第三折的剧情梗概。1853年，巴赞在与鲍狄埃合作出版的《现代中国》（*Chine moderne*）中收录的《看钱奴》，直接一字未动地引用诺代的论文。

诺代在文中多处点评贾仁。譬如，原剧中贾仁哄骗周荣祖签下不平等的契约，契约中未明写贾仁付多少钱，却写了反悔之人罚宝钞一千贯，最后贾仁以两贯钱的价格买下了周荣祖的儿子。诺代评价这段情节是“吝啬鬼贾仁对其他人的嘲弄”[4]。实际上，诺代并不满意原剧中大团圆的结局，他几乎

---

[1] Joseph. Naudet.Note de la marmite [M]//Théatre de plaute, Tome II, Paris: C.-L.-F. Panckoucke, 1833: 374–375.

[2] Joseph. Naudet.Note de la marmite [M]//Théatre de plaute, Tome II, Paris: C.-L.-F. Panckoucke, 1833: 375.

[3] J. F. Davis. La Chine [M]. Paris: Paulin, 1837: 385–389.

[4] Joseph. Naudet.Note de la marmite [M]//Théatre de plaute, Tome II, Paris: C.-L.-F. Panckoucke, 1833: 380.

删去了儒莲译介的原剧第四折剧情，让剧情结束在第三折，即贾仁交代儿子别忘了要回豆腐店欠自己的五文钱。这般调整后，才与莫里哀《吝啬鬼》中阿巴贡的结局“昂赛耳默让阿巴贡将儿女的喜事告诉母亲，阿巴贡却说‘我呀，去看我的宝贝匣子’”相近。[1] 诺代大幅度改动《看钱奴》的结尾，最后让《看钱奴》与《吝啬鬼》结局相似，即“金钱是吝啬鬼考虑问题出发点也是最终归宿”。

“吝啬鬼”成为一种中心媒介，让诺代察觉到东西方戏剧文化的交融之处，并将其带入西方学术界。《看钱奴》译本让诺代感受到一股“他者的新风”。这股新风“与西方古典喜剧截然不同的社会风俗秩序”。[2] 在诺代看来，《看钱奴》展现了中国社会家庭生活的诸多细节，而这些都是一部出色的戏剧必须具备的元素。[3] 诺代设想《看钱奴》可以让本已走向灵感枯竭的西方吝啬鬼文学重新汲取新的生命力。[4]

（二）儒莲关于中国古典戏曲系列翻译计划

自雷慕沙开始，法国学院派汉学家就试图筹划中国戏曲翻译的工作。尤其在马若瑟《赵氏孤儿》问世之后，英国汉学家德庇时连续出版了《老生儿》与《汉宫秋》两部戏曲译作，而法国却并没有新的戏曲译作出版。法国汉学界亟须开展戏曲翻译活动，以捍卫法国汉学界的权威性。[5] 儒莲接任法兰西研究院汉语讲席教授一职后，翻译出版了《灰阑记》和《赵氏孤儿》全译本，法国汉学界戏曲翻译活动才得以进一步展开。

---

[1] Joseph. Naudet.Note de la marmite [M]//Théatre de plaute, Tome II, Paris: C.-L.-F. Panckoucke, 1833: 385.

[2] Joseph. Naudet.Note de la marmite [M]//Théatre de plaute, Tome II, Paris: C.-L.-F. Panckoucke, 1833: 385.

[3] Joseph. Naudet.Note de la marmite [M]//Théatre de plaute, Tome II, Paris: C.-L.-F. Panckoucke, 1833: 385.

[4] Joseph. Naudet.Note de la marmite [M]//Théatre de plaute, Tome II, Paris: C.-L.-F. Panckoucke, 1833: 374–375.

[5] Abel-Rémusat. Letter au rédacteur du journal asiatique sur l’état et les progrès de la littérature chinoise en Europe [M]//Mélanges Asiatiques, Tome II, Paris: Librairie Orientale de Dondey-Dupré père et fils, 1826: 24.

由于《看钱奴》的第一部译稿是剧情梗概，儒莲计划完整地翻译该剧。儒莲曾多次表达计划出版《看钱奴》一事。在 1832 年《灰阑记》译本序言中，儒莲表示："我们打算即将出版我们刚翻译的这四部戏剧:《看钱奴》《冯玉兰》《窦娥冤》和《合汗衫》。"[1] 在此计划中，《窦娥冤》和《合汗衫》由巴赞翻译完成。[2] 儒莲此时基本上已将中国古典戏曲翻译工作交给巴赞负责。

巴赞去世后，儒莲选择兼任法国东方语言学院汉语教授一职。在一封写给该学院行政长官的信中，儒莲表示已兼任该职七年之久，申请转为正式教职。因为东方语言学院汉语教学主要以白话为主，所以在这封信中儒莲主要陈述自己已出版的小说和戏曲作品，其中提到：

> 最后，我即将出版的手稿：
> 1.《西厢记》，喜剧—歌剧，16 折；
> 2.《吝啬鬼》，中国喜剧，5 折。[3]

此封信件未标注日期。根据儒莲在信中所提及任职的时间判断，大致在 1869—1870 年。在这封信件中，儒莲声称要出版的《吝啬鬼》是五折，也就表示儒莲的第二部四折手稿还未完成。但儒莲在 1867 年世界博览会上演讲的《中国文学与语言研究报告》中，着重强调要出版的《看钱奴》是带有"全唱段"的译本。[4] 与此同时，《西厢记》和《汉宫秋》全译本也都在 1867 年的翻译出版计划中。这三部戏曲译文，最后仅有《西厢记》在儒莲逝世后，被他的学生整理出版。[5] 可见，儒莲的第二部《看钱奴》全译本可能是

[1] S. Julien. Hoeï-lan-ki [M].London: printed for the oriental translation fund of great Britain and Ireland, 1832: ix.

[2] Bazin aîné. Théâtre chinois, ou choix de pieces de théâtre composes sous les empereurs mongols [M]. Paris: À l'imprimerie royale, 1838.

[3] 62 AJ 13, "Chaire vacante de chinois " , Achive nationales.

[4] S. Julien. Langue et littérature chinoises [M]//Recueil de rapports sur les progrès des lettres et des sciences en France, Paris: Imprimerie nationale, 1867: 182.

[5] S. Julien, *Si-siang-ki, ou l'histoire du pavillon d'occident*, Extrait de l'Atsume Gusa, Genève, H. Georg.-Th. Mueller, Paris: Ernest Leroux et London: Trubner and Co, 1872: 80.

1870—1871年的译作了。

为什么儒莲的《看钱奴》全译本最终仍未出版，至今是一个谜。据笔者了解，这或许与儒莲当时并未找到合适的出版商有关。[1]

首先，从儒莲已出版的著述中可发现，大部分同类型的译著由固定出版商出版。例如，汉语语言类译著由巴黎的本雅明·杜波拉书店出版，小说译著由图书研究院迪迪埃出版商出版。但是，儒莲戏曲类译著的出版商并不固定，《灰阑记》是当时儒莲获得英国东方翻译基金资助出版；《赵氏孤儿》由巴黎蒙塔迪书店出版。另外，儒莲在出版业界的作风多少有些霸道。儒莲在一封寄给出版商卡西米尔·纪德的信中，诘问纪德关于他为地理学家洪堡翻译其地理著述中的相关问题，因为这部书涉及的中国部分是由儒莲提供的翻译。[2]

其次，巴赞也曾在《现代中国》中提到《看钱奴》出版一事，并且颇为谨慎地加注一条："儒莲先生的译本尚未出版，然而，这样一位杰出的东方学家的作品不会不受到欢迎。"[3]巴赞仿佛在为老师背书，向读者传达《看钱奴》具有出版的潜力。实际上，儒莲也有一部分译著是由他自费出版，例如1864年出版的《千字文》。[4]但儒莲自费出版的译著较少，且集中在汉语学习类书籍。相较而言，戏曲译作的出版则更审慎，马若瑟的《赵氏孤儿》所引起的轰动，让法国读者对中国戏曲译作怀有更大的期待。儒莲或许更为谨慎地选择戏曲译本的出版商。

再者，《西厢记》译本的出版编辑也是儒莲的学生——弗朗索瓦。他提

---

[1] 在《中国文学与语言研究报告》中提及出版《看钱奴》《西厢记》与《汉宫秋》三部戏曲计划后，儒莲兴奋地表示即将由拉克鲁瓦书店出版与科学家保罗合作的关于中国科学方面的著作。此书两年后正式出版。可以看出，儒莲清晰地表明了所合作的出版商，这和之前提到《看钱奴》出版时模棱两可的话语截然不同。见 S. Julien. Langue et littérature chinoises [M]//Recueil de rapports sur les progrès des lettres et des sciences en France, Paris: Imprimerie nationale, 1867: 182.

[2] Letter "Stanislas Julien to a publisher" , 1842. 现载西泠印社拍卖网站：http://121.40.230.137/english/auction5_det.php?ccid=716&id=102519

[3] Bazin aîné. Chine moderne, seconde partie [M]. Paris: Firmin Didot frères, 1853: 434.

[4] 提及自费出版一事是儒莲写给法国皇家学院负责人信中，为了助力学习汉语的学生，承诺自费出版包括《千字文》在内的四部初学汉语译著。*Lettre de Stanislas Julien au ministre de l'instruction puplique*, 8 novembre 1863.

到老师儒莲在1871年将该剧手稿交给自己，以支持他当年创办新杂志《集之草》。实际上，儒莲在1860年《平山冷燕》的序言中就表示要出版《西厢记》。因此，从《西厢记》的出版情况也可表明，儒莲会提前规划自己出版书目计划，但并不意味着最终能出版。

三、法国文学的吝啬鬼传统与《看钱奴》的法译

（一）东方吝啬鬼的塑造

儒莲第一部手稿有五段宾白译文。[1] 这五段译文均以贾仁为中心展开，着力突出贾仁吝啬的性格。宾白翻译篇幅最多的情节出现在原剧第三折贾仁临死前与儿子贾长寿的对话。该对话展现了以下四个剧情：贾仁抹烤鸭的油指头被狗舔而气急重病；为省棺材钱嘱托儿子将自己劈两半放马槽；他不愿给儿子祈福烧香钱；贾仁死前叮嘱儿子别忘了讨要豆腐店所欠的五文钱。在保留原剧情节的基础上，儒莲运用夸张的翻译手法，以突出贾仁吝啬之极的行为。

原剧此节：

> （小末同兴儿扶贾仁上，云：）哎呀！害杀我也！（做叹科，云：）过日月好疾也，自从买了这个小的。可早二十年光景，我便一文不使，半文不用。[2]

儒莲将这段情节重新安排和构思，单独为其分设一场，试以此节首段举例：

> 第二场　贾长寿和家奴搀扶着贾仁

[1] manuscrit I, pp.20–21, 24–25, 26–27, 29, 31–38.

[2] 臧晋叔，编．元曲选：第四册［M］. 北京：中华书局，1958：1598.

贾仁：哎呀！我承受了多少痛苦啊！（他长长地叹一口气）唉！对于一个受苦的人来说，日和月是如此漫长。我已经买下这个年轻人快二十年了。至于我自己，我既不花一分钱，也不花半文钱。[1]

比较原剧宾白与儒莲的译文，可以发现儒莲增加了感叹词的使用。原文只是“做叹科”式的简单叹气，而他将动作更为夸张化，仿佛贾仁在舞台上大声向观众哀叹。人物在戏剧中的“动作性”得以加强。

相比之下，第二部手稿中的译文更注重原文本，儒莲不再单独为其分场：

唉！病痛难以让我忍受。（他叹了口气）我度过了许多日与月，一直处于病痛的折磨之中。自从我二十年前买下这个年轻人以来，我从不为自己花一分钱，甚至半分钱也不花。[2]

通过儒莲前后两部译文的对比，能看出第二部译文避免使用过多的修饰语，而此时的贾仁像临死前躺在病床上轻声哀叹的老人。[3]

儒莲将原剧没有贾仁的第四折情节简单概括，弱化了原剧劝善禁恶的宗教思想。《看钱奴》充满了佛教法理，宣扬因果律的普遍性：周荣祖之所以被借财，乃是父亲毁庙不尊佛所致；贾仁之所以暴富，是他百般哀求神灵，增福神将周家财产借给他二十年。因此，贾仁最终吝啬而死是命运的必然结果。原剧中贾仁只是神灵劝惩世人的工具。儒莲通过一系列宾白的塑造，反而强化了贾仁吝啬的性格。让贾仁与莫里哀笔下阿巴贡“绝对吝啬”的性格相近。

莫里哀的《吝啬鬼》被视为“性格喜剧”的开创剧作之一，[4] 性格喜剧强

[1] manuscrit I, p.31.

[2] manuscrit II，p. 34.

[3] “过日月好疾也”是表达时间转瞬即逝，两部译稿都将其译为贾仁因身体病痛而感到日子漫长，是儒莲误译所致。

[4] Luigi Riccoboni. Observations sur la comédie et sur le génie de Molière [M]. Veuve Pissot, 1736: 255.

调的是对人物的描绘，情节处于次要地位。儒莲虽未自行定义《看钱奴》的类型，但通过他的译本，巴赞在《元朝》中，将《看钱奴》归为“性格喜剧”，即“主要人物的每个动作都能够引起观众的兴趣和注意力”。[1] 儒莲的译法将贾仁塑造成《看钱奴》的主要角色，并且强化他绝对吝啬的行为，使贾仁的吝啬与其他人物形成对立，令他变得滑稽可笑，从而让《看钱奴》被归纳为西方戏剧分类中的“性格喜剧”。

然而，若一出佛教剧丧失了核心思想，留下的情节就会让剧中人物行为的动因不足。对于一出完整的元杂剧而言，它本身的风格和思想的复杂性就会被削弱。对此，巴赞曾直言：“《看钱奴》与我们文学著作莫里哀的《吝啬鬼》不能相媲美。”[2]19 世纪法国文学评论家泰奥多尔·劳翰同样发表过类似观点。在《莫里哀〈吝啬鬼〉评注》一书中，劳翰对《看钱奴》的评价不高，认为其与莫里哀的《吝啬鬼》结尾相比还有较大差距。[3]

（二）中西戏曲元素的流变

1. 角色信息的修订与呈现

第一部手稿中，儒莲将“周荣祖”音译成“Tcheou-yong”。第二部手稿中，楔子部分仍与之相同，其余部分重新译为“Tcheou-yong-tsou”。周荣祖上场的唱词“姓周名荣祖，字伯成”[4]。直到第二部全译稿中，儒莲才将上述唱词完整翻译。[5] 此句翻译后，儒莲应该已经发现了前面的误译。但由于诺代的文章参考的是第一部手稿。因此，《看钱奴》的“周荣祖”一直以“Tcheou-yong”流传，直到李治华译本出版后才得以修正。

两部手稿中的其他角色名也存在翻译上的差异。例如，“增福神”第一部译稿音译“Tseng-fou-chin”，而在第二部译稿中意译为“增加幸福的神”。

---

[1] Bazin aîné. Le Siècle des Youên [M]. Paris: Imprimerie nationale, MDCCCL, 1850: 204–205.

[2] Bazin aîné. Le Siècle des Youên [M]. Paris: Imprimerie nationale, MDCCCL,1850: 204–205.

[3] Théodore Lorin. Remarques sur l’avare de Molière [M]. Soissons, Typographie et Lithographie de A. Decamp, 1856: 6. 劳翰误把《看钱奴》译本当成是儒莲和巴赞所译，他参考的应该是巴赞在《现代中国》书中收录的诺代的文章。

[4] 臧晋叔，编 . 元曲选：第四册［M］. 北京：中华书局，1958：1584.

[5] manuscrit II, p. 1.

陈德甫音译“Tchin-te fou”，店小二意译“卖酒的商人”等。两部手稿对主要人物都以音译为主，部分次要人物以职业功能翻译外化。

作为一部全译本，第二部译本也经过了儒莲的改动。其中，他对脚色行当进行了较大的变动。元杂剧分为五门（正）脚色：生、旦、净、末、丑，分别对应不同的性格色彩和表演程序。贾仁扮演的是原剧中的反面人物“净”，他在第一次上场时“净扮贾仁上，诗云”。正末是脚色体制中的男正脚，由周荣祖扮演，儒莲则省略了脚色行当的标识，都以音译替代。关于这一点也有迹可循，儒莲在他已出版的戏曲译本《灰阑记》《赵氏孤儿》与《西厢记》中都采取了删去行当的译法。

可是行当不仅涉及元杂剧的表演程序，更重要的是对元杂剧的核心“一人主唱”产生了影响。元杂剧的一项显著特征是“每折唱者，止限一人，若末，若旦”[1]。《看钱奴》属于末本，所有曲词皆由周荣祖一人所唱。原剧的第一折有些特殊，正末没有剧情，但改扮增福神唱。“改扮”则是元杂剧的表演体制之一，主唱人改扮成剧中的参与者来配合剧情叙事，其主要是为了调和“一人主唱”的规定。

原剧第一折增福神首次上场时注明了【正末扮增福神上，云】，而儒莲只标注增福神的译名。尤其在原剧第一折中后部分，以“正末”替代“增福神”的人物名，儒莲将“正末唱”改成“增福神，他唱”。这种“略去宫调名，以他唱代替”的译法，让“改扮”这一元杂剧特有的元素不再存在，直接导致“一人主唱”的铁则也被打破。另一方面，儒莲试图将元杂剧的“脚色行当”的分类改为西方戏剧常用的方式，并在剧中人物第一次上场时在他们的名字后面加上社会身部。如“灵派侯，泰山东狱庙神灵”等。[2] 在西方戏剧中，角色人物一般都具有明确的社会身份，因此，将“灵派侯”“增福神”这种鬼神名称翻译为具体的社会身份，不仅符合西方戏剧特征，同时有助于目标语言受众更好地理解角色在剧中的定位，从而更好地融入西方戏剧的文化体系。

---

[1] 王国维 . 宋元戏曲史［M］. 北京：中国书籍出版社，2016：113.

[2] manuscrit II, p. 4, 6, 12.

2. 曲词重内容，轻韵脚

第二部译本的唱词方面，儒莲通常采取意译与直译相结合的方式，在正文中主要采用意译，同时结合注释进行直译，以更好地传达曲词的内容和情感。以第二折周荣祖写下卖儿契约为例：

【滚绣球】今日将俺这子父情可都撇在九霄云外，则俺这三口儿生扢扎两处分开。（正末哭唱）做娘的伤心惨惨刀剜腹，做爹的滴血簌簌泪满腮，恰便似郭巨般活把儿埋。[1]

（他唱）今天，我将打破了儿子和父亲之间的亲情纽带，这样，我们三人都将被分开。周荣祖（他唱）：母亲心已碎裂，就像一把锋利的刀子正在割裂了她的内脏。父亲的眼泪变成了血液，涌上了他的面庞。他的痛苦与郭巨般残酷，就像他曾试图活埋他儿子那样。[2]

“将父子情抛到九霄云外”儒莲在原文中将该句意译为父子之间的关系破裂。“九霄云外”未在正文中体现，儒莲在注释中予以释义“直译：把儿子与父亲之间的感情抛到九云之外去”[3]。这样理解为，儒莲以“字面译”来解读原文中的俗语，而让正文译文不被直译中断，二者相互补充。曲末“郭巨埋儿”的典故也在注释得到详尽的考证。采用意译和直译结合的方式翻译曲词，通常能够更准确地传达愿意，并且在一定程度上保留曲词的风格和语感。利用注释的方式提供直译，可以完整地保留原文的词汇，以便读者能够理解原文的细节和语义。

与曲词内容相比，曲韵呈现较弱。【滚绣球】曲牌要求的是九、十两句须对仗。原文中“伤心”对“滴血”、“刀剜腹”对“泪满腮”。又用“惨惨”和“簌簌”两组双声词相对。儒莲译文中只有“brisé”和“acéré”尾音节勉

[1] 臧晋叔，编 . 元曲选：第四册［M］. 北京：中华书局，1958：1594.

[2] manuscrit II, pp. 25–26.

[3] manuscrit II, pp. 25–26.

强押了 /e/ 韵，“entrailles”和“visage”没有任何明显的相似之处。原作中的韵律无法通过翻译传达出来。所以儒莲删去宫调名，并以“他唱”替代。这也是一种折中的翻译策略，因为无法传达原文中的韵脚，从而将规定韵脚的曲牌名删去，避免造成音韵上的偏差。

在这段唱词上，俞第德的译文可作比照：

> 啊！我的儿！我的儿！他的母亲怀孕九个月，哺育了他三年，养大他是多么辛苦的一件事啊！他不是那些在路边上的野孩子，对我们来说，他就像一颗宝贵的珍珠。[1]

俞第德直接将这段唱词改作人物的对白，她把握住周荣祖与儿子分离时伤心欲绝，将其抒发成更为口语化的语句。她的译文反而与儒莲的第一部译稿有着异曲同工之妙。

元杂剧作为一种特殊的文体形式，既有文学性也兼具了表演性。[2] 儒莲在第二部译本中删除了“行当”这种居于文本和演出之间的表演中介，并且也删去了同样具有音乐性指义的宫调名与唱段的韵律，这都是弱化译本“可表演性”的翻译策略。将《看钱奴》搬上舞台的俞第德采用了与儒莲相反的翻译策略。俞第德更偏向展现《看钱奴》剧本中的“表演性”，她在译本《中国守财奴》中将部分宫调名译成了法语，例如【仙吕·点绛唇】译为“音乐曲调:《神仙赏花》”[3] 虽然与原文相比不够准确，但可以想象舞台演出时的场景。

综上，第一部译稿的特殊性，使得《看钱奴》在法国以“性格喜剧”的类型与莫里哀的《吝啬鬼》进行对接。儒莲基于全译理念下的第二部译稿贴

---

[1] Judith Gautier. Le Parfums de la pagoda [M]. Paris: Charpentier et Fasquelle, 1919: 286.

[2] Susan Bassnett. Constructing Cultures –Essays on Literary Translation [M].Shanghai: Shanghai Foreign Language Education press, 2001: 90–109.

[3] Judith Gautier. Le Parfums de la pagoda [M]. Paris: Charpentier et Fasquelle, 1919: 249.

近原文，尽可能地采用正文意译和副文本直译的两种方式保留中国文学戏曲的意象。儒莲的两部译本呈现出中西文学“吝啬鬼”的不同文化特质。如若儒莲的《看钱奴》译本能在当时出版，或许能让《看钱奴》在法国焕发更多的新貌。

诺斯替主义皈依下的诗学启程

——哈罗德·布鲁姆中年危机探赜[1]

杨 龙[2]

［摘要］ 美国当代文学批评理论家哈罗德·布鲁姆屡次自述的中年危机，发生于他人生岁月的中途，也正值他学术事业的中途，这既是一场个体心理上的精神危机，更是一场作为深层困境的学术危机。正是在精神突围与学术突围双重意义上，他选择了皈依诺斯替主义。他延续了其浪漫主义诗歌批评中已有的诗歌与宗教的视域融合，又进而不遗余力地深入汲取诺斯替主义精神资源，主要对浪漫派诺斯替主义、犹太诺斯替主义和美国式诺斯替主义三种观念话语展开高度个人化的占用性诠释和转换，开辟了自己独特的诗学之路。总之，对诺斯替主义的精神皈依，是布鲁姆真正走出中年危机而缔造学术契机的转捩点，他的诗学创造由此启程。

［关键词］ 哈罗德·布鲁姆　中年危机　诺斯替主义　诗学

一

2004年，时已年逾七旬的美国文学批评理论家哈罗德·布鲁姆（Harold Bloom，1930—2019）曾深挚地告白："我生动地回想起我度过绝望的个人危

---

[1] 本文系江西省高校人文社科项目"犹太卡巴拉影响下的布鲁姆文学批评理论建构研究"（项目编号：WGW1504）成果。

[2] 杨龙，文学博士，华东交通大学人文学院中文系讲师，研究方向为外国文论与比较诗学研究。

机，那开始于我三十五岁的时候，正处在人生旅程的中途。”[1] 显而易见，他对自己中年危机的这种表述刻意蹈袭了但丁《神曲》开篇的措辞。对于谙熟西方文学经典、特别崇仰但丁的布鲁姆而言，这是一种别具深意的占用，包含着他雄心勃勃、自比但丁的深层隐喻，同时也意在表明，他的这场中年危机具有极其重要的价值和影响作用，足以与但丁式危机等量齐观。但丁式危机乃是西方文学史上的经典场景，而布鲁姆对他的这场危机始终感念在心、津津乐道，尤其在晚年著述中颇具人生总结意味地屡次忆及，笔触或粗或细，记叙或详或略——经历了这样的反复刻画，布鲁姆的中年危机实际也构成了他人生履历上的一个经典场景。

然而，布鲁姆在此对但丁所做的绝非只是一般意义上的模仿，他的中年危机确属非同寻常，它不是一个社会学概念，甚至也不是一个单纯的心理学概念，而是更应当归属于精神信仰范畴。布鲁姆以人生中途遇险的但丁自况，貌似妄言，其用心实出于此。在《神曲》中，但丁的人生中途危机迎来了他游历三界的朝圣之旅，不仅纾解了危机，而且得以脱胎换骨，达到自我精神境界的升华。布鲁姆的中年危机，迸发于 1965 年，持续了大约一年，同样是一场刻骨铭心的精神突围。他后来在一部关于诺斯（gnosis，一译灵知）的布道著作中披露了过程细节：

> 在人生旅程的中途，在 35 岁，我变得非常悲惨，大约一年都沉浸在严重的忧郁中。色彩消褪了，我不能阅读，几乎不能仰望天空。教书这个我最具特色的活动，变得不可能施行。无论我抑郁的直接原因是什么，那都不久消逝于不相干的事物中了，我醒觉到我的危机是精神上的。巨大的 vastation（18 世纪瑞典思想家 Emanuel Swedenborg 斯威登堡所创立的通灵术概念，曾用以自述所经历过的精神危机——引者）已删除了自我，而此前，自我在我身上似乎仍一直强有力。在我的耶鲁心理医生的建议下，我去了国外，但在伦敦发现我自己如此抑郁，以致我

[1] Harold Bloom.Where Shall Wisdom Be Found? [M]. New York：Riverhead Books, 2004: 120.

在我的耶鲁医生的推荐下去看一位杰出的巴基斯坦精神分析师。一种瞬间的憎恶在伦敦分析师和我之间涌现，于是在访问了三次后我又拒绝去看他，但对我的暴怒是有疗效的，部分地将我逐出了我的灵魂的暗夜。我讲这个故事，只是因为这种逐出首先是如此非常局部的。回到 1965 年，援救我的是一个过程，开始于阅读，然后变成一种“宗教”皈依，这一皈依也是一次进入个人文学理论的远行。当汉斯·约纳斯（Hans Jonas）的《诺斯替宗教》（*The Gnostic Religion*）在 1963 年以平装本出版，我买了它，那时初次读它，将它同化于威廉·布莱克（William Blake），对后者我当时正在写评论，并同化于革舜·肖勒姆（Gershom Scholem）的卡巴拉（Kabbalah）研究。但约纳斯的书对我产生一个延迟的冲击，它直到我从 1965 年至 1966 年开始无休止地沉浸于阅读爱默生（Ralph Waldo Emerson）全部著作才大放光明。[1]

依照这段颇具个人经典性的自述所言，布鲁姆的中年危机缘起于自己身上曾经一直强有力的自我的失落，他醒觉到他的这一危机是精神危机，甚而有意地抵制了心理治疗——他所需要的是精神上的拯救。在对其危机表征的寥寥数语描述中，他鲜明地提及自己“不能阅读，几乎不能仰望天空”，而他赖以获得拯救的过程却是始于阅读，终于宗教皈依。这样一个阅读与信仰失而复得的危机化解过程，与其说实现了一种自我的恢复，不如说更促进了一种自我的创造。在危机中，他所展开的阅读旨在寻求精神拯救，亦即寻求信仰皈依，毫无疑问，他的阅读和信仰是一致的，因而彼此又具有连续性。正是在这种具有一致性和连续性的寻求过程中，布鲁姆通过对诺斯替主义（Gnosticism，一译灵知主义）的阅读而最终选择了对诺斯替主义的皈依。更重要的是，“这一皈依也是一次进入个人文学理论的远行”，为他开辟了学术发展的新境界。

粗看起来，布鲁姆的中年危机固然出现在他的人生的中途，但对于学

[1] Harold Bloom. Omens of Millennium: The Gnosis of Angels, Dreams, and Resurrection [M]. New York: Riverhead Books, 1996: 24–25.

者布鲁姆而言，更令人印象深刻地出现在他的学术事业的中途。自 20 世纪 50 年代出道至 1965 年，在学术界闯荡了多年、已小露锋芒的布鲁姆却依然是无足轻重的后辈小生，强烈的身份焦虑与创造渴望在他身上郁积。他的学术起点在于浪漫主义英语诗歌批评，这是一个他甚至毕生保持着学术热情的领域，浪漫人文主义也一直是他的学术与批评的一个重要特征。怀着蓬勃的热情和旺盛的精力，他频试牛刀，不断发力，推出一部又一部关于浪漫派诗人和诗歌的批评论著，无不充满精妙分析和非凡学识，在学术界不能说没有收获好评，但未尝激起多大波澜，也是不争之实。时值 20 世纪五六十年代，西方学术界盛行各种批评理论，潮起潮落，洪波迭涌，形形色色的话语体系竞相逐鹿，各领风骚，洋洋大观，占据着学术舞台。布鲁姆向来自视甚高，争强好胜，直至年岁老迈尚且不改本色，何况年轻气盛之时。他具有异常强烈的自我价值意识，深感自己的浪漫主义诗歌批评之不足，迫不及待地意图迈向理论概括，立志开创独属自我的诗歌理论或诗学。于是，布鲁姆的早期学术生涯很快迫近了一个至关重要的危机时刻，这既是作为他中年危机之更深层困境的学术危机，但“十年面壁图破壁”，也更是他急切寻求精神后援、努力“成一家之言”的学术契机。在此意义上，他对诺斯替主义的皈依，也不仅仅是对他精神危机的拯救，而且是对他学术危机的拯救。此后，诺斯替主义与他如影随形，为他的诗学创造和发展提供了赖以支撑、享之不尽的精神资源。

无论精神危机抑或学术危机，二者在布鲁姆那里完全是重合的，而且具有相得相济的观念脉理和始末由来。至少对他因何陷入危机，以及如何凭借诺斯替主义信靠而摆脱危机这两点的发问，会让我们不约而同地一齐转向他早期的浪漫主义英语诗歌研究。在他看来，英国浪漫派诗歌是一种宗教诗歌，他的批评视域始终聚焦于诗人的宗教轨迹。他将他的第一本书《雪莱的神话创造》（*Shelley's Mythmaking*，1959）建立在雪莱诗歌的神话品质的基础之上，受诺思罗普·弗莱（Northrope Frye）的原型批评影响，他赞同将文学的起源追溯至神话转变，神话与诗歌在发展结构上的类似，大大显示了诗的知识的传播；在后一点上，他后来又热衷于援引维柯（Giambattista Vico）。

在维柯和赫尔德（Johann Gottfried Herder）之后，浪漫派运动承认了神话的宗教意义。布鲁姆早期对英国浪漫主义的解读也都围绕“神话创造的幻象的想象”（mythmaking visionary imagination）这一特征，他将浪漫派诗歌定义为一种人的意志的操练，寻求将自然世界转变成纯粹幻象的启示王国。而在解释浪漫派幻象在历史上的创生时，布鲁姆遵从了乃师艾布拉姆斯（M. H. Abrams）的观点。作为对这一问题的回答，艾布拉姆斯论述了多个传统，一是圣经和圣经神学，二是奥古斯丁式的“危机—自传”模式，三是新柏拉图主义，四是神秘主义传统。艾布拉姆斯的创新在于对神秘主义的凸显，他相当详细地讨论了卡巴拉和赫尔墨斯教（Hermeticism）传统的贡献。就浪漫主义的本质和定义而言，神秘主义不是一个偶然的，而是一个本质的、构成性的因素。想象乃构成神圣者。浪漫主义的伟大目标是克服心灵与自然之间的疏离（alienation），促成这种统一则通过主体想象，后者正是在感知行动中从事创造。浪漫主义的想象，关系到这个现实被感知运用的认识方式。正是通过想象，现实既被感知，又被构成为一个心灵与自然的活的整体。以这种或那种方式，想象总是与居于精神和物质之间的某事物有关。质言之，它的功能不是超越二元论。然而，布鲁姆对浪漫主义的心灵与自然之间的辩证法做了一个有别于此的重估，他指出，浪漫派诗人的想象以其激进幻象与包括自然在内的所有外部语境相对抗，因此浪漫派是反自然的，同时它坚持诗歌幻象的自治，防御心灵与自然、诗人与社会的二元论，而在每一位有抱负的诗人的个体意识内部展开争斗，布鲁姆谓之“追寻—罗曼司的内在化”（the internalization of quest-romance）。

在布鲁姆看来，“追寻—罗曼司的内在化”并不会使“诗人—英雄”（poet-hero）成为自然的追求者，而是会使他成为他自己的成熟力量的追求者，因此浪漫派诗人不是由社会转向自然，而是由自然转向其自身内比自然更完整的东西。据此，反自然和内在化造就了浪漫派所想象的尘世救赎，他们宣称在我们的艺术中、在我们的爱情中、在我们的自我中获得我们的拯救恩典。而但凡只要我们为其可能产生的尘世救赎而认真用心审查我们的自我和我们的关系之时，我们就都在一定程度上继承了浪漫派的追求。同样，浪漫派研究者布鲁姆亦如此继承了浪漫派的追求，他所遭遇的中年危机也在这里找到了根源。对于他而言，他的这场精神危机更深层意义上是他的自我的精神的觉醒。并且，在此他已显露他特有的关涉诗歌与宗教二者的观念视域。浪漫派诗歌在宗教上与神秘主义传统的深刻联系，作为布鲁姆早期批评解读的重心，其实也深深地浸染着他自身。他的思想意识中所隐含的这一精神影响，绵绵不绝，直至1965年个人危机迸发，他力图寻求一种足以滋养其心灵和促进其理论创造的精神资源，以便重新建立人生与学术的坐标系，在这一情形下，他皈依了诺斯替主义，于此追想，这应当与他长期强烈关注浪漫派神秘主义有莫大关系。

当然，我们在此讨论布鲁姆对浪漫派神秘主义的强烈关注和他对诺斯替主义的热切皈依，主要着眼于二者在学术取向上的一致。在布鲁姆看来，诺斯替主义是诗的宗教，浪漫派诗歌是宗教的诗。诗与宗教的交融，构成布鲁姆学术运思的一贯路向，这一点甚至不曾被他的学术危机隔断。从浪漫主义英语诗歌批评到中年危机以及诺斯替主义皈依，终至诗学创造，布鲁姆的学术历程尽管坎壈多艰，却总体上不失行云流水，称得起俊逸洒脱，这恐怕大抵就归因于他在对诗与宗教的糅合中所始终坚持的高蹈的精神追求。特别是当他从中年危机中破壁而出，所倚仗的正是他的这种一以贯之的精神追求。所以，即便仅仅作为一种学术危机来看，布鲁姆也并非单纯只是由于受到理论雄心的刺激，他立意更高远，企求借重一种深闳博大的精神传统来夯实他的理论创造。正是在精神突围与学术突围双重意义上，以及诗与宗教双重维度上，他选择了皈依诺斯替主义。由此，俟其刻意独创的诗歌理论横空出世，则昭然可见他的诗学原创性在于，他既延续了他在浪漫主义诗歌批评中已然具有的诗与宗教的视域融合，进而又不遗余力地深入汲取诺斯替主义精神资源，以诗人的精神传记形式看待诗史与诗歌创造，别开生面，构筑新说，踏上自己独特的诗学设计之途。故而，简言之，对诺斯替主义的精神皈依，是布鲁姆真正走出中年危机而缔造学术契机的转捩点，从此开启了布鲁姆的诗学创造，并最终作为重要思想源泉而促成了这一创造。

二

诺斯替主义不仅在地理和语言范围上流布极其广泛，派别林立，而且作为一种精神文化传统，在西方两千余年的观念史沿革中一直延续、嬗变，影响深远，逶迤至今。布鲁姆接触并开始接受诺斯替主义的影响，恰逢身处个人危机时刻，对诺斯替主义产生了高度的认同。诺斯替主义之所以引人入胜，一个重要原因就在于它本身也诞生于宗教和社会剧变的危机时刻，“与那些规定文化的主要思潮相比，诺斯替派显然是一种反文化的现象”[1]。尽管诺斯替主义的自我表达形式种类繁多，吸收了各种各样的不同思想与信仰资源的观念、态度和符号，可是它最关键的反应是对充斥着苦恼与动荡的时代以及流恶无穷的世界，表达极端蔑视和激进抗议。布鲁姆的个人危机，同样源自一个更宏大的时代语境，他亲历了二战后西方在历史和文化上的创伤记忆与反思，而且也濡染了20世纪五六十年代弥漫于西方社会的浓厚的“反文化”气息。在临近世纪末的一个精神自传片段中，布鲁姆强调了回到个人历史来解释他如何理解诺斯替主义，他沉重地回顾和评论了犹太人在二战时所惨遭的大屠杀经历：

> 那给人一个容忍大屠杀的上帝，这样一个上帝简直是不可容忍的，因为如果他仁慈的无所不在与死亡集中营相容，那他必定要么疯了，要么不负责任。这样一个淫猥的宇宙，一个包含着精神分裂症的自然，对一神教正统而言可接受为“信仰的神秘”的一部分。就我所能猜想，历史诺斯替主义由公元1世纪的犹太人所发明，用以抗议这样一种信仰的神秘……就我们所能确定，在古代世界存在很少、可能没有诺斯替派教堂或殿宇。然而诺斯替主义不止是一种倾向，甚至不止是一个派别或一个运动：我想最好称它为一种灵修（spirituality），它曾是且正是对犹太教和基督教以及后来的伊斯兰教的一种有意的强力修正。关于诺斯替主

[1]［美］约安·P.库里亚诺.西方二元灵知论——历史与神话［M］.张湛，王伟，译.莫伟民，校.上海：上海人民出版社，2009：6.

义，存在一种空前性，存在一种原创氛围，使任何信仰正统仓皇失措。创造性和想象，对教义宗教而言并不相干甚至危险，对诺斯替主义却是本质性的。当我遇见这一品质，我立刻认出它，一种应答的认知音乐在我身上回应。[1]

此处布鲁姆所论，注重的是诺斯替主义的非体制化和非正统性，以及创造性和想象本质。诺斯替主义抗议一神教正统的上帝，具有反宇宙、反自然倾向，它更恰切地说是一种灵修，是对犹太教、基督教和伊斯兰教等体制宗教或教义宗教的有意的强力修正，具有空前的原创性。基于上述理解，布鲁姆在诺斯替主义的影响下进而形成自己对诺斯替主义的“占用的诠释学”（hermeneutics of appropriation）模式，这一模式经由犹太传统、美国传统和文学批评理论三个层面介入而达成。事实上，在其中年危机自述中，布鲁姆对此早已有坦承。他的诺斯替主义皈依起于阅读，继而进入个人文学理论的远行。他所阅读到的正是当时风行于世的汉斯·约纳斯的《诺斯替宗教》，但他的阅读基于他自己的个人知识谱系，不能避免理解的前视域，如他所言，他将约纳斯的这部书同化于威廉·布莱克、同化于革舜·肖勒姆的卡巴拉研究，但这部书对他的冲击一直延迟至他沉溺于爱默生才得以完全显明。对布鲁姆而言，围绕着约纳斯，布莱克、肖勒姆和爱默生三者为他理解和占用诺斯替主义提供了三种不可或缺的诠释学视域。这三者分别代表着浪漫主义诗歌传统、犹太宗教传统和美国精神传统，布鲁姆将这三个传统相融合，借以开辟了自己独特的诺斯替主义观念进路或个人化占用模式。

就布鲁姆对诺斯替主义的接受过程而言，诺斯替主义对他的影响总是通过他对诺斯替主义的极具强力意志的个人化占用才得以显现出来。布鲁姆是当代关于浪漫派诺斯替主义的最重要的评论者之一。他强调诺斯替派本体论的心理学杠杆，后者将宇宙的魂（psyche）从非宇宙的自我中分离出来，将荣耀赋予内部的神圣火花。他醉心于昭示人们，诺斯替派和浪漫派一

[1] Harold Bloom. Omens of Millennium: The Gnosis of Angels, Dreams, and Resurrection [M]. New York: Riverhead Books, 1996: 23–24.

致崇尚神圣火花，一致认同自治、个人主义、异端和人格宗教，这是一个令人信服的对浪漫主义的看法。他追随浪漫主义的极端主体性假定，即每一位诗人（或在布鲁姆看来，至少每位“强力诗人”）坚持要求神性。既然神圣者是绝对的，那么神性的诗人没有谁能容忍另一位神的竞争，他的创造必须是独一无二的、完全的。在这一点上，浪漫派很大程度上响应了诺斯替派对物质创造的诋毁或误释：既然世界是不完美的、恶的，诗人就不是在模仿上帝的创造，而是代之以他自己的。质言之，出于对创造力量的绝对崇拜，浪漫派用自我或心灵代替了上帝，于是，有关“上帝的自我疏离”和“人疏离于上帝”的历史叙事或创世故事如今被用“人疏离于自然”这一话语所重新构架，转换成自我心灵展开和实现的故事，即布鲁姆所谓“追寻—罗曼司的内在化”。他的浪漫主义诗歌批评最重要、最富创新性的阐释观念亦即，浪漫派诗人不是回归自然，而是反抗或超越自然，浪漫主义诗歌乃是反自然的诗，是宗教的诗，是诗人内心之光的投射。因此，凭借对浪漫主义诗歌内在性的极度关注和深刻把握，布鲁姆洞察到浪漫派最切近于诺斯替主义的唯我论和唯灵论特征，浪漫主义进而成为他最终跃向诺斯替主义的首要的精神跳板。并且，尽管诺斯替主义对布鲁姆发生影响的最初确证是他对约纳斯著作的阅读，可是，正如前文已有论述，浪漫主义尤其是浪漫派神秘主义本身隐含或渗透着诺斯替主义的观念变体，所以，诺斯替主义对他的影响早在他的浪漫主义诗歌批评中就已潜行匿迹地存在。透过浪漫主义（尤其是浪漫派神秘主义），布鲁姆潜移默化地被诺斯替主义玷染，继而在他学术生涯的此后各阶段都怀着愈益强烈的兴趣乐此不疲地沉思着浪漫派诗人的诺斯替主义精神气质，并有意识地将诺斯替主义观念和话语广泛灌注于浪漫主义诗歌解读中。也正是通过在这种诗歌批评实践中揭示和占用诺斯替主义，布鲁姆日益凸显了诗歌与诺斯替主义的联姻，直接启迪了他的诗学创造。

布鲁姆通过占用性诠释而建构的个人化的诺斯替主义观念，不仅印证于他特有的浪漫主义诗歌批评建树中，而且更深远地根源于他作为文化身份认同的犹太宗教传统。在诺斯替主义的精神皈依道路上，布鲁姆不断上下求索，疏经理脉，穷根究源，努力为自己在浩大的诺斯替观念谱系中寻求一个恰当定位。结末，他堂而皇之地以犹太诺斯替派自居。尽管人们多半会想当然地认为此乃他的民族身份使然，可是他却别有深意，绝不仅仅出于此。在他看来，犹太诺斯替派是在年代上发源最古老的诺斯替派，与之相认同，更足以使他对诺斯替主义的理解和占用获得一个至为深邃的诠释视域。

布鲁姆承认诺斯替主义总是反犹太的，却又富于吊诡地指出，恰恰由于对正统犹太教（normative Judaism）的反叛，诺斯替主义在起源上是犹太的。他确信，诺斯替主义始于一个犹太异端而非基督教异端，诺斯替主义首先兴起于埃及的亚历山大里亚和叙利亚—巴勒斯坦的希腊化犹太人中间，大约在基督之前足足一个世纪，并且，犹太诺斯替主义甚至比柏拉图化的正统犹太教更古老，失败了的预言变成启示盼望，产生了《但以理书》和《以诺书》，显然，失败了的犹太启示论者变成了诺斯替派。不仅如此，布鲁姆循着犹太历史和传统，上溯到更远，断言犹太诺斯替主义本身的表现其实回归到了古代神智学，两约之际（旧约与新约之间）的犹太人在寻求复兴一种被圣殿崇拜弄模糊了的更古老的犹太宗教，在这种宗教中上帝与人类之间的界限不是一个固定的藩篱。古代犹太神话和神智学已对诺斯替主义期盼了很久，这些思考在犹太诺斯替主义形成的第一个世纪期间复兴，乃至中世纪卡巴拉的犹太诺斯替主义，本质上也是对古代犹太神智学的更新。在此，布鲁姆暗中呼应了约纳斯关于诺斯替主义的东方起源论，却又不满于约纳斯对犹太诺斯替主义的极大忽视。他甚至怀疑说，诺斯替派基督教开始于耶稣，开始于他的兄弟詹姆斯在耶稣死后所领导的犹太基督徒们，而在犹太基督徒们存在之前，就有犹太传统将亚当崇奉为比天使们更高的存在，崇奉为真正的先知或基利斯督（Christos），即天使基督，这一崇奉似乎应当是一切诺斯之基础的一部分。这样，布鲁姆大有以犹太诺斯替主义的先在性名义收编基督教诺斯替派之势，也正是在这个意义上，例如，在他看来，他所深深服膺的、作为基督教诺斯替主义突出典范的人物瓦伦廷（Valentinus）与其说是一个基督教诺斯替派，不如说是诺斯替派基督徒，他来自亚历山大里亚的犹太人群体，事实上是早先犹太诺斯替派神学的基督教改革者。

布鲁姆对犹太诺斯替主义的笃信，也日益笃定成为他的习见或前理解，深刻地影响到他对诺斯替主义文献的阅读和接受。他曾坦言："长期作为一种犹太诺斯替派，我仍记得我初次阅读拿戈玛第文献（*Nag Hammadi Library*）的译本时不快乐的审美震惊。异端学家们所引用的诸片段，尤其是瓦伦廷派壮丽的诸片段，远远超过任何新发现的文献，唯一除了瓦伦廷派的《真理的福音》。古代诺斯替主义的悲哀在于，除了瓦伦廷，它没有产生配得上它的想象性能量的作者。"[1] 拿戈玛第文献作为 20 世纪最重要的诺斯替主义文献考古成果，非但没有让布鲁姆像一般学者那样因为能有幸一睹古代诺斯替主义真颜而激动不已，反而令他产生了不悦与哀伤。究其原因在于，拿戈玛第文献大多并无诗性光彩，这与布鲁姆视创造性和想象为诺斯替主义本质的阅读期待相违背。依据布鲁姆对犹太诺斯替主义的起源梳理，当预言失败，先知宗教成为启示性的，当启示失败，启示宗教成为诺斯替主义，故诺斯替主义超越失败的预言和启示，它不会失败，它以创造性和想象的神话方式突破一神论启示危机，重构人与陌生上帝的关系，以诺斯铺设拯救之路。缘此，布鲁姆特别倾心于犹太诺斯替主义和瓦伦廷派，二者都建构了宏伟的神谱神话，即关于创造和拯救的宇宙戏剧，充满神奇美妙的诺斯替想象和思辨。他尤其将卡巴拉当作犹太诺斯替主义的主要体系予以占用，他欣喜地发现卡巴拉恢复了对纯宇宙论或创造论思辨的兴趣，极其鲜明地展示出富于创造性和想象的诺斯替主义视野，给予他丰厚而直接的诗学与批评启迪。同时，如前所述，布鲁姆认为，瓦伦廷派诺斯替主义是对早先诺斯替派神话的改造，其实也就是犹太诺斯替主义的一个基督教变体，瓦伦廷派属于诺斯替主义中更倾向于以内在动机而不是以外在力量来解释前宇宙的历史的一个派别。布鲁姆将自己对文学作品的解释方式称为瓦伦廷式的进路，在瓦伦廷的宇宙论解释之中预示着布鲁姆后来以"影响的焦虑"所概括的诗史构图。

---

[1] Harold Bloom. Where Shall Wisdom Be Found? [M]. New York：Riverhead Books, 2004: 269.

三

布鲁姆对诺斯主义的个人化占用，还建基于他强烈的美国精神传统认同，而这种认同集中体现在他对于爱默生主义的认同。在布鲁姆看来，爱默生一直是美国文化的中心人物，他建立了美国宗教，即自助（self-reliance）的宗教。在 1965 年的个人危机时刻，布鲁姆凭借阅读而得以突围，所阅读者乃是约纳斯和爱默生，而对前者的彻悟得益于对后者持续大约一年之久的阅读。他后来自忖道："整合约纳斯和爱默生，为我所做的是为我的虚无主义抑郁找到上下文。"[1] 依照约纳斯，诺斯替派觉悟到自我被抛入此在的处境，伴生着绝望、恐惧、怀乡、麻木等情绪，诺斯替派的超验的陌生上帝或异在上帝疏离于此在世界或者隐匿于自身，成为一个虚无主义概念而变得无力，而此在的上帝则只是一个拙劣拼凑出虚假创造的德穆革（Demiurge，创世者），那虚假创造乃是我们的堕落，我们是无助的。布鲁姆指出，爱默生和古代诺斯替主义都赞同说，我们每个人身上最好最古老的不是创世的一部分，不是自然或非我（the Not-Me）的一部分，真正看视着的灵魂是上帝的一部分或微粒。爱默生的强力在于他拒绝从任何可得的表达模式或信仰模式中间选择，宁可依靠他自己的先天的火花，即他自己的"自我"。对于布鲁姆而言，这样一种不做选择的选择，使爱默生成为西方诺斯替主义的正当继承人。而爱默生的"自助"的意思是通过雄辩和幻想而被赋予强力，布鲁姆称之为"纯粹诺斯替主义"，但非常有必要被区别于自我崇拜，自我崇拜终究不是一种宗教体验，而且是对诺斯替主义的贬低。

因此，诺斯替主义与爱默生主义在话语行动上是一致的，都将信靠的支点放置在自我的内心，都首先劝导和教育我们做实现我们全部潜能的事业。这样，似乎二者明显地流露出唯我论的腔调。在大众文化盛行的当下，就不乏有人将爱默生的自助作为"精英主义"加以抵制。但在布鲁姆看来，爱

[1] Harold Bloom. Omens of Millennium: The Gnosis of Angels, Dreams, and Resurrection [M]. New York: Riverhead Books, 1996: 26.

默生的自助可以被读作一个宗教术语，并与诺斯替主义合流，建立布鲁姆所谓美国宗教，这依赖于爱默生所发明的能被称为纯粹灵异的美国无意识。故此，在唯我论的表象下，爱默生主义与诺斯替主义的深层熔接点在于所共有的极端唯灵论。爱默生所带给美国的乃是一种与宗教热忱相混合的本土诺斯替主义。这样一种原创性混合赋予了 1800 年以来的美国灵性以强力。通过爱默生，“美国式崇高”“美国性”成为布鲁姆津津乐道的语词，他以此寄厚望于美国这一“晚陆”（evening land）担当起诺斯替主义精神拯救的挪亚方舟。他之所谓“晚陆”，指的是地中海文化的最后阶段，这其中暗示着古今变迁，依他之见，古代诺斯替主义产生和兴盛时期的地中海文化在欧洲已然凋零，这一精神遗产或文化传统已经转移到了美国，成为美国的精神传统。据布鲁姆看来，完成这样一种移花接木的是爱默生，他是美国的心灵，他所开创的后基督教或美国宗教，是美国式的或充满美国性的诺斯替主义。

事实上，如同爱默生一样，布鲁姆对美国式诺斯替主义的热情论述，不过也是饱含着一种深沉的唯灵论期许，他将自己所立足的美国别出心裁地定义为古典精神文化的“晚陆”，以此高张诺斯替主义精神大旗，然而却曲高和寡，被时代潮流放逐。对此，布鲁姆省识古今，得其圜中：“古代诺斯替主义像浪漫派及现代变体们一样，是一种只属精英的宗教，大约是一种文学宗教。一种被净化了的诺斯替主义在那时和现在都是真的只为了相对少数人，或许和它是一门精神学科一样差不多也是一门美学学科。”[1] 这恐怕堪称布鲁姆对诺斯替主义的最深切领悟。首先，诺斯替主义是只属精英的宗教、个人的宗教，是一门精神学科。他选择皈依诺斯替主义，便是根源于个人的精神危机和学术危机，并且他对诺斯替主义的理解和占用也是高度个人化的。其次，正是认识到诺斯替主义是一种文学宗教，是一门美学学科，他最集中、最主要、最鲜明地将诺斯替主义运用于他的诗学创造。一方面，诺斯替主义对其诗学的影响更多地通过他对诺斯替主义的个人化占用而反映出

[1] Harold Bloom.Omens of Millennium: The Gnosis of Angels, Dreams, and Resurrection [M]. New York: Riverhead Books, 1996: 33.

来；另一方面，他对诺斯替主义的个人化占用，主要融合了浪漫派诺斯替主义、犹太诺斯替主义和美国式诺斯替主义三种资源、三种视域，表现在诗学中，则是对诺斯替主义的诸多观念做出独特的诗学诠释和转换。“九万里风鹏正举”，他所谓的“进入个人文学理论的远行”便由此启程。

不在场事物的在场表象

——对保罗·利科记忆现象学视域下的“再现”问题探究

张　娜[1]

[摘要] 记忆现象学首先要解决的是忠实地表象不在场事物的在场问题，这是一个介于认识论与本体论之间的疑难问题。自柏拉图以来，对过去的表象同时指向非现实事物的在场和作为曾经存在事物的在场，记忆与想象的混淆使得对过去表象的忠实性遭到质疑；从“蜡块隐喻”到“仓库隐喻”甚至到托马斯·德·昆西的“复写羊皮纸”的发展过程体现了记忆表象实体化、空间化、符号化倾向，这种局限于过去的过去性的记忆表象源自一种完结的、死亡的、本质主义的视角，必然会导致对于不在场事物的在场的表象走进记忆符合论的困境中。20世纪以来的法国差异哲学试图颠倒柏拉图主义，在消解记忆符合论的框架的同时为记忆现象学提供了新的视角；在此基础上，保罗·利科主张将记忆表象放到对未来的期望和当下的在场的交互运动中，以建构主义的视角实现对过去的表象、理解和诠释。

[关键词] 记忆　过去　表象　隐喻　保罗·利科

保罗·利科（Paul Ricœur）在他的一篇题为《过去的标记》（La marque du passé）的文章中指出，由“过去性之谜”（énigme de la passéité）所引发

[1] 张娜，法国里昂高等师范学院（École Normale Supérieure de Lyon）和华东师范大学联合培养双学位博士，研究方向为法国文学理论、记忆理论。

的记忆忠实性（fidélité）问题是一个介于认识论与本体论之间的疑难[1]。记忆的多义性及对不在场事物的在场表象使得过去对于现在及将来所具有的无法探其究竟的优先性被放大，记忆表象是否能够忠实地再现过去发生的事件成为记忆现象学和历史学共同关注的重要话题。

一、从"图像之谜"到"相似性之谜"：记忆与想象的纠缠

利科曾指出，"记忆的现象学首先遭遇的可怕疑难体现在对过去发生事件的在场表象与图像二者之间源远流长的混淆"[2]。自古希腊以来，个体对过去已发生事件的回溯与返观似乎是获得一系列或是拟视觉的，或是拟听觉的图像——对过去事件的思考与表象不可避免地要经历"图像生成"（devenir-image）的过程。因此，图像占据了一个优先于记忆的地位，它不仅在时间上优先于实在，甚至在本体论意义上也占据优先位置。

"图像之谜"[3]（énigme de l'eikôn）可以追溯到《智者篇》和《泰阿泰德篇》。从词源学的角度而言，"eikôn"（希腊文 εἰκών）一词包含"图像""形象""相似性""画像"等多重意义，"哲学家、神学家和修辞学家在很多地方都试图从理论上定义 eikôn 的概念，然后根据它在其思想体系中所能发挥的作用来划定它的范围，最常见的是其与存在的关系。在这种本体论的关系中，eikôn 扮演的是影子的角色"[4]。它在古典拉丁文中最常被翻译为"simulacrum"而非"imago"[5]，因此 eikôn 并非是"图像"（image）的精准对

---

[1] Paul Ricœur. La marque du passé [J]. Revue de Métaphysique et de Morale, 1998(1).

[2] Paul Ricœur. La mémoire, l' histoire, l' oubli [M]. Paris: Seuil, 2000: 5. 本文译文参照保罗・利科．记忆，历史，遗忘［M］．李彦岑，陈颖，译．上海：华东师范大学出版社，2018.

[3] 此处借保罗・利科在《过去的标志》（*La marque du passé*）一文中提出的"图像之谜"与"过去之谜"的概念重新梳理图像与存在、记忆与想象的关系问题。Paul Ricœur. La marque du passé [J]. Revue de Métaphysique et de Morale, 1998(1).

[4] Anca Vasiliu, Eikôn. L'image dans le discours des trois Cappadociens [M]. Paris: PUF, 2010: 20.

[5] Image 对应的是 eidôlon.

应物，而是源初地指向一种“内在的相似性”[1]。在这个意义上，eikôn 可以被译为“复本”（copie），它展现了多元的、复数的表象和具有普遍性、整一性的原型之间的模仿关系，eikôn 因其与理念在本体论上的相似性具有指涉其原型的特征。“复本总是预设了一个参照物，但参照物在复本中仍然是不确定的，因为它从没有做到与其原型完全相同……概言之，一个作为可理解的形式的感性存在的他者，或者作为父亲的儿子的他者。”[2]

在柏拉图的模仿理论中，世界被分为可知领域与可感领域，前者高于后者并具有绝对的优先性。“理念论”将存在与现象、灵魂与肉体、知识和意见相对立，并断言每组关系中前者优于后者。柏拉图在《理想国》中以“床”为喻阐明这一分类，并在《智者篇》中进一步区分了两种模仿艺术：其一，“包含在模仿中的一种技艺是制造相同的东西，这方面最完善的例子是制造一个与原物长、宽、高完全相同的东西，并且给它的每个部分都着上恰当的颜色……第一种像与原物一模一样，可以公正地被称作相同（copie-eikôn）”[3]。而“有一类像造出来与精美的原物只是显得相似，或者不能从一个令人满意的角度观看，或者观看者无法用眼睛看到如此巨大的据说与原物相同的对象，由于它只是显得相同，而实际上并不相同，我们称之为相似（phantasme）”[4]。利科指出，柏拉图区分了“复本的艺术”和“幻相”的艺术，复本（eikôn）对立于幻相（phantasme），“复本的（eikastique）艺术”对立于“幻相的（phantastique）艺术”。[5]

---

[1] Anca Vasiliu, Eikôn. L'image dans le discours des trois Cappadociens [M]. Paris: PUF, 2010: 170. 本文为了论述的统一，在柏拉图《智者篇》的意义层面将 eikôn 译为“复本”。本文中的“图像”（image）概念包括“复本”（eikôn-copie）和“幻相”（phantasme）两者。

[2] Anca Vasiliu, Eikôn. L'image dans le discours des trois Cappadociens [M]. Paris: PUF, 2010: 171.

[3]［古希腊］柏拉图．智者篇［M］// 柏拉图全集（第 3 卷）．王晓朝，译．北京：人民出版社，2003：29.

[4]［古希腊］柏拉图．智者篇［M］// 柏拉图全集（第 3 卷）．王晓朝，译．北京：人民出版社，2003：30.

[5] Paul Ricœur. La mémoire, l'histoire, l'oubli [M].Paris: Seuil, 2000: 13. 此处对中译本的翻译进行了调整，中译本的“仿像—幻相”在此处分别对应为“复本—幻相”。

与之相似，德勒兹也在《柏拉图与幻相》(*Platon et le simulacre*)[1]一文中揭露了柏拉图的“策略”:“区分法转移到两种图像之间进行：复本(copies)是第二位的拥有者，是有根据的伪装者，它的地位通过相似性得到保证；幻相(simulacres)[2]是虚假的伪装者，它建立在某种不相似性上，涉及一种堕落的、根本性的侵占。在这个意义上，柏拉图区分了图像的两个领域：一方面，是‘复本’，另一方面，是‘幻相’。”[3]

概括而言，柏拉图在其构建的等级秩序中将复本视为对最高原型的一次模仿，它相较于理念而言是第二位的拥有者，在相对较低一级层面指涉着一种与其原型的相似性，“这种相似性是内在的、精神性的，唯有在复本相似于事物的理念的意义上，复本才谈得上与某物相似”[4]。换言之，复本通过其与理念的内在的相似性确保其追随者的地位；与之相反，“幻相是对模仿的模仿，是一种无限后退的肖像，它拥有无限松弛的相似性”[5]。这是一种外在的、整体的相似性的效果，它源初建立在某种不相似性上。在德勒兹看来，相较于复本的内在的相似性，幻相是不具备相似性的图像，因此不能通过其与原型的关系来对其进行定义。“如果幻相也有一个摹本，那将是另一种类型的摹本，从某种‘他者的’的摹本生成一种内在化的差异性。”[6]

图像既存在于认识论维度，又存在于本体论维度，同时占据了符号和客体的位置，构成了一种表象的同一性。一方面，图像同时涵盖了在场的两种方式——作为非现实的不在场的在场和作为曾经存在事物的在场，[7]现在存在于不在场者之在场的悖论之中——此悖论是对不真实的想象和此前的记忆所

[1] 德勒兹于1967年发表论文《颠倒柏拉图主义》(*Renverser la platonisme*)，该文后被完善放入《差异与重复》第1、2章结尾部分；此后该文被改名为《柏拉图与幻相》(*Platon et le simulacre*)作为附录收入《意义的逻辑》一书。本文参照Gilles Deleuze, “Platon et le simulacre”, in Logique du sens [M]. Paris: Minuit, 1982。

[2] “simulacre”一词学界多译作“拟像”，但此处为了与柏拉图的图像等级系统作对照，故仍取其“幻相”之意。

[3] Gilles Deleuze. Logique du sens [M]. Paris: Minuit, 1982: 295–296.

[4] Gilles Deleuze. Logique du sens [M]. Paris: Minuit, 1982: 296.

[5] Gilles Deleuze. Logique du sens [M]. Paris: Minuit, 1982: 297.

[6] Gilles Deleuze. Logique du sens [M]. Paris: Minuit, 1982: 297.

[7] Paul Ricœur. La marque du passé [J]. Revue de Métaphysique et de Morale, 1998(1).

共有的，[1] 回忆的双重指涉造成了记忆和想象的紊乱，构成了记忆的表象混乱；另一方面，图像并非纯粹的视觉性的产物。无论是复本抑或是幻相，它们从一开始就涉及这样一种可能性—— 一种联系的可能性，它呈现了自身与其原型的相似性，这种相似性将丰富的、多样的表象与存在的统一性以及特定的秩序联系起来。[2] 在这个意义上，"理念—复本—幻相"的逐层降级模式是传统在场形而上学的产物，在以柏拉图、莱布尼茨和黑格尔为代表的西方哲学传统中，"幻相"处于长时间被压抑和被贬斥的状态。柏拉图理念论造成的是"理念—表象—再表象"的无限下沉的等级秩序，这种无限延伸的等级秩序和射线一样只有两个方向，即无限上溯与无限下行，其代价是以同一来统领差异牺牲了表象世界里丰富的差异性。

在记忆现象学层面，作为差异和他者的幻相在现实世界的"弥漫"使得对记忆忠实于过去的追求陷入了僵局，这似乎也在提醒我们——所谓的"事实"也许只是一种模仿层面的相似与相关，它驱动我们不断叩问——对过去的表象只是一种模仿吗？回忆是寻找同已发生事件相类似的一种图像吗？保罗·利科同样意识到了这一问题的严重性，他质问道："相似性的问题域是否构成了一个阻碍我们认出将记忆和想象区分开来的差异特征的障碍。和过去的关系只能是种种模仿而已？"[3] 在他看来，这个记忆符合论的问题将一直伴随着我们："贯穿我们研究始终的，有一个麻烦的问题，即记忆—图像和原始印象之间的关系是否只是相似性关系，甚至摹本关系。"[4]

二、记忆表象的实体化倾向：去时间的空间隐喻

柏拉图在《费德罗篇》中以古埃及文字源起的神话为支点，以"药"为喻论及"好的记忆"与"坏的记忆"，这一区别在认识论中就是"作为

---

[1] Paul Ricœur. La marque du passé [J]. Revue de Métaphysique et de Morale, 1998(1).

[2] Anca Vasiliu, Eikôn. L'image dans le discours des trois Cappadociens [M]. Paris: PUF, 2010: 22.

[3] Paul Ricœur. La mémoire, l'histoire, l'oubli [M]. Paris: Seuil, 2000: 15.

[4] Paul Ricœur. La mémoire, l'histoire, l'oubli [M]. Paris: Seuil, 2000: 24.

记忆的知识”与“作为再认识的非知识”的区别，柏拉图开启了对“回忆”（anamnèse）与“忆技”（hypomnésie）[1] 的区分传统。“回忆”的希腊文 anamnésis 可拆分为 ána（追溯）和 mnémè（回忆），它被视为形而上学和知识哲学中的重要概念，源初地指向一种灵魂通过回忆获取知识的能力；源于雄辩术的“忆技”指的是所有帮助记忆的技术、能力和物质材料，它外化于灵魂，是被动的、机械的、重复的，指向一种以实用为目的储存和提取记忆的能力。

阿莱达·阿斯曼（Aleida Assmann）在她的《回忆空间：文化记忆的形式和变迁》（*Erinnerungsräume: Formen und Wandlungen des kulturellen Gedächtnisses*）一书中指出：“如果我们停留在日常语言使用的层面，忆技显示的是一种技巧并具有物质性基础，而回忆是特定内容在记住和唤回时的实时的过程。”[2] 忆技的物质性维度被视为回忆的持存并在回忆的召唤过程中发挥辅助作用，因此记忆的两个维度相互关联且互为补充。不论是在记忆的哪个维度，隐喻作为一种重要的表象方式都充溢其中。魏因里希（Harald Weinrich）在一篇题为《记忆隐喻的类型》（*Typen der gedächtnismetaphorik*）的论文中指出隐喻成为思考记忆的唯一路径：“记忆的思考不过是一场与隐喻的游戏……如果没有隐喻，我们无法思考像记忆这样的对象。”[3] 值得注意的是，此处的隐喻并非是广义上的能指与所指滑动的游戏，而是在记忆领域具有源初性建构地位的语言系统。

魏因里希将西方传统的文本中出现的大量的关于回忆的隐喻主要概括为“蜡块隐喻”和“仓库隐喻”这两类，他认为，我们在文本中遇到的隐喻以一种惊人的同质性聚集在这两个中心隐喻中的其中一个：“仓库隐喻聚集在记忆（mémoire）的一极，尤其参照忆技（mnémotechnique）；蜡块隐喻聚

[1] Hypomnésie 和 mnémotechnique 也可以译为“助忆”“记忆术”，本文统一译为“忆技”，它指的是回顾经验内容的手段和方式，是外在于回忆的物质性手段和载体。

[2]［德］阿莱达·阿斯曼 . 回忆空间：文化记忆的形式和变迁［M］. 潘璐，译 . 北京：北京大学出版社，2016：165.

[3] Harald Weinrich. Typen der gedächtnismetaphorik [J]. Archiv für Begriffsgeschichte, 1964(9).

集在回忆（souvenir）的一极，参照柏拉图哲学中回忆的重要性。”[1]更进一步而言，蜡块隐喻和仓库隐喻分属不同的来源，属于各自特定的传统，它们对应的是自柏拉图以来对“回忆”和“忆技”的区分；此外，在隐喻发展的过程中，“过去”一词经历了从形容词性的全盛时期逐步向名词性过渡的历程，这一语言学趋向也对应了记忆的空间隐喻的过渡和发展，即由内在于灵魂、指涉时间的“蜡块隐喻”逐步向更加侧重物质层面的记录、指涉空间的“仓库隐喻”的过渡。

就“过去”（passé）而言，一方面，passé 是动词 passer（发生，经过）的形容词形式，它指的是“已经过去的”“曾经的”；另一方面，passé 通过被定冠词 le 限定而被视为一个被名词化的形容词，在这个层面，它的名词性被更多地强调，意为“过去”“曾经”。值得注意的是，在后者层面，passé 是源于维特根斯坦所谓的语法错误而生发出来的一个被实体化的形容词（adjectif substantivé）[2]，自它被实体化、名词化之日起，“过去”以及指向过去的“记忆”都被视为曾经鲜活的经验被贮存的场所（lieu），它指向沉积和被固定的状态，而空间隐喻的风靡更使得 passé 的名词性占据了优先性。扬·阿斯曼（Jan Assmann）曾指出时空关系与记忆两个层面的联系：“空间之于忆技正如时间之于回忆”[3]，而从蜡块隐喻逐步到仓库隐喻的过渡也暗示着对于记忆表象的时空转换——从内在的时间性向外在的空间性的转换，这一转换也意味着对于回忆的表象要经历的从内到外、逐步实体化的必然历程。

相较于图像之谜，“图像和印记之间的结合相较于模仿的相似关系而言更加源初”[4]，蜡块上的图像 / 印记可以被视为一种具有相对确定性的、受激于外部、作用于灵魂内部的、具有一定回忆表象功能的空间“痕迹”，它可以发挥对于“曾在”（ce qui a été）事物的唤醒和召回的功能，而这一讨论一

[1] Harald Weinrich. Typen der gedächtnismetaphorik [J]. Archiv für Begriffsgeschichte, 1964(9).

[2] Paul Ricœur. La marque du passé [J]. Revue de Métaphysique et de Morale, 1998(1).

[3] Jan Assmann. La mémoire culturelle：Écriture, souvenir et imaginaire politique dans les civilisations antiques [M]. Diane Meur, trans. Paris: Flammarion, 2010: 29.

[4] Paul Ricœur. La mémoire, l’histoire, l’oubli [M]. Paris: Seuil, 2000: 15.

定程度上支持了为回忆确定空间处所的观点。蜡块隐喻和仓库隐喻在此产生了关联，对 passé 的讨论也从“曾经的”“已经发生的”的形容词性层面转向了具有空间性和实体性的名词层面。

奥古斯丁将“仓库隐喻”[1] 推上了顶峰，他通过隐喻将天地海洋和宇宙中的一切存放到宫殿和宝库中；图像、声音和气味通过感官进入其中被分门别类地储存，回忆的时候再按类再现表象。这一隐喻后来演变为洛克的“记忆仓库”，直到现代心理学中出现“长时储存”以及当代计算机的“数据存储”和“读取”。以此脉络而言，仓库隐喻似乎自成一派，与蜡块隐喻关联不大。但实际上，“仓库隐喻的几种变体反倒证明了书写隐喻的存在。不仅储存空间中经常放置书写的文本（例如，书架上的手卷，囊袋中的抄本），记忆术的想象空间中也净是书写的影子”[2]。在历史的发展中，曾经外在的、属于附庸地位的“忆技”伴随着 passé 名词化的趋势反倒占据了主流地位。

但是，“空间的概念抹去了自亚里士多德《论记忆与回忆》一文以来所强调的先前的时间标记。回忆不再是去唤起过去，而是将学会的内容在一个心理的空间中排列整齐”[3]。“但是记忆和回忆从根本上来讲是包含时间的现象，没有时间这第四个维度是很难适当地去思考它们的。比如，回忆的暂时的不可支配性和它的建构性的事后性用纯空间性的比喻是很难表达的。”[4] 隐喻抹去的时间性 / 过去性是区分记忆和想象的重要维度——“记忆和想象以不在场者之在场为共同的特征，但是作为区别，想象悬搁了实在的全部设定并带有非实在的看法，记忆则带有一个先前实在的设定”[5]。

另一方面，“这些空间性的比喻暗示了持久的在场和可通达性，而这用

[1] ［古罗马］奥古斯丁．忏悔录［M］．周士良，译．北京：商务印书馆，2009：205-206.

[2] ［荷兰］德拉埃斯马．记忆的隐喻：心灵的观念史［M］．乔修峰，译．广州：花城出版社，2009：48.

[3] Paul Ricœur. La mémoire, l’histoire, l’oubli [M]. Paris: Seuil, 2000: 75.

[4] ［德］阿莱达・阿斯曼．回忆空间：文化记忆的形式和变迁［M］．潘璐，译．北京：北京大学出版社，2016：165.

[5] Paul Ricœur. La mémoire, l’histoire, l’oubli [M]. Paris: Seuil, 2000: 53-54.

在回忆上面恰恰是很成问题的"[1]。首先，语言自身的名词化趋势使得"过去"逐渐成为一个"实际的""物质性的"存在，而这一趋势正是利科所反对的。因为对记忆过去性的强调意外触发了对记忆空间化的表象，而这种空间化的表象——"痕迹""处所"等概念——将会把记忆限定在它要指涉的那个过去的过去性之中，这种不考虑过去与现在、将来之间的关联试图直接抽象把握记忆的过去性的方式，"注定是一场信任与怀疑之间无止境的摇摆"[2]。

实际上，"回忆的先决条件既不是持续在场也不是持续缺席，而是多次在场和多次缺席的一种变换关系"[3]。阿莱达·阿斯曼指出："想要更贴切地表达这种情况（即回忆的先决条件是多次在场和多次缺席的一种变换关系），就必须发明一种文字的图像，这种文字一经写下不会马上可供阅读，而只有在特殊的情况下才能再次读懂"[4]，换言之，阿斯曼认为需要一种文字的图像可以展现回忆这种时而缺席、时而在场的特质。复写羊皮纸（palimpseste）因此进入我们的研究视野。

三、复写羊皮纸——在回忆的缺席和在场之间游戏

托马斯·德·昆西（Thomas De Quincey）于《人脑的复写羊皮纸》（*The Palimpsest of the Human Brain*）一文中提出了复写羊皮纸[5]的概念。羊皮纸（palimpsest）源于希腊文的 παλίμψηστος，由 παλίν（再次）和 ψαω（刮擦）组成。由于它一般是用小羊、小牛或者山羊皮制成，书写材料的稀缺性和其昂贵的价格导致它通常会被回收使用。在回收的过程中通过人为的物理手段

[1]［德］阿莱达·阿斯曼．回忆空间：文化记忆的形式和变迁［M］．潘璐，译．北京：北京大学出版社，2016：165.

[2] Paul Ricœur. La marque du passé [J]. Revue de Métaphysique et de Morale, 1998(1).

[3]［德］阿莱达·阿斯曼．回忆空间：文化记忆的形式和变迁［M］．潘璐，译．北京：北京大学出版社，2016：168–169.

[4]［德］阿莱达·阿斯曼．回忆空间：文化记忆的形式和变迁［M］．潘璐，译．北京：北京大学出版社，2016：169.

[5] Thomas De Quincey. Suspiria de Profundis: Being a sequel to the confessions of an English opium-eater [M]. Edinburgh: FB&c Ltd. 2016: 18.

或者化学制剂消除既有的文本，紧接着将新的文字书写覆盖在旧的文本之上，复写羊皮纸通过“再次刮擦”产生一个个分层的过程，随着时间的推移和化学试剂的失效，旧有的书写痕迹会重新出现，而这种幽灵般的再现是偶然的、无规律的。复写羊皮纸并非尘封的古籍，它是前世被谋杀的文本的当下在场。在这个意义上，过去的记忆的痕迹实现了一种偶然性的、幽灵般的在场，“内卷”（involuted）现象开始浮现：“原本毫不相干的文本之间的相互纠缠、相互干扰、共同栖息在同一个空间。”[1]

麦克唐纳（Josephine McDonagh）认为复写羊皮纸建立在一个悖论的基础上——一方面，复写羊皮纸作为新文本书写的场所必然要求一个干净的表面以备新文本的铭刻；但另一方面，它同时要利于保留先前的文本。[2] 复写羊皮纸从其诞生之日起就包含了一种生产性的暴力，因而它同时兼具“创新”与“破坏”、“在场”与“缺席”、“复活”与“死亡”的二元性。不可否认的是，德·昆西一方面承认复写羊皮纸的擦除、毁坏等暴力行为对过去的消极瓦解，但另一方面，在他看来，羊皮纸所具有的“创新”“在场”“复活”的这一维度是积极的且更为重要的。

> 即使是凤凰的寓言，那只世俗的鸟，通过葬礼迷雾，沿着几个世纪的路线传播它的孤独的存在和它的孤独的诞生，这也不过是我们用复写羊皮纸所做的其中一项。我们在漫长的倒退过程中对每只凤凰进行扶持，迫使它暴露出它先前沉睡在灰烬之下的痕迹。[3]

德·昆西对复写羊皮纸所具有的“复活”（résurrection）的幻想，与他个人对于生命的体验密切相关。他在《童年的苦难》（*The Affliction of*

---

[1] Sarah Dillon. The Palimpsest: Literature, Criticism, Theory [M]. London: Bloomsbury Academic 2007: 4.

[2] Josephine McDonagh. Writing on the Mind: Thomas De Quincey and the Importance of the Palimpsest in Nineteenth Century Thought [J]. Prose Studies, 1987(2).

[3] Thomas De Quincey. Suspiria de Profundis: Being a sequel to the confessions of an English opium-eater [M]. Edinburgh: FB&c Ltd. 2016: 16–17.

Childhood）一文中以自传体的形式记录了他早期对“死亡”“逝去”等问题的思考历程——春天里红花的逝去、姐姐简（Jane）和伊丽莎白（Elizabeth）的早逝引起了他对死亡的关注，他对复写羊皮纸的期望让他坚信所有曾在心灵中留下的痕迹并非死去了，而只是沉睡着，因此在某个时刻能够被重新唤醒，实现由缺席到在场的状态的转变，完成对个体心灵的救赎。因此，德·昆西提供了一种记忆现象学层面的逆转性的思维，即过去的一切都没有逝去，关于过去的表象一直处于蛰伏状态，一经召唤便可重生。

然而，卡莱尔（Thomas Carlyle）认为：“复写羊皮本上曾存在的预言性的书写仍然模糊可辨，其中一些字母、一些单词也许可以被破译……但与此同时，被破译的只是很小的一部分，仍有大量的内容亟待解释。历史是一本真正的预言性手稿，没有人可以彻底将其解释清楚。”[1] 过去的不透明性、逝去事件的不在场的优先性被卡莱尔强调，他认为，过去与现在的并置只是一种美好的幻想，其现实性难以实现。毕竟在这场狼与鹿的追逐过程中，新的文本作为鹿成为猎物，它一旦被发现、被阅读，随即而来的就是再次被宰杀，新的生成不断成为旧的痕迹，而这种新旧的区分是难以被规避的。

德·昆西与卡莱尔的观点冲突根源在于对“复写羊皮纸”两个维度的侧重不同。具体而言，就“palimpsest”一词而言，它既可被视为一种隐喻性质的记忆的载体，又可以仅从其字面义进行理解，即仅仅将其视为一种物质存在：“前者通过隐喻运作从而形成整齐的时间序列；后者从物质性的文件材料角度出发，但只找到碎片。”[2] 德·昆西试图将短暂的记忆通过羊皮纸的隐喻转换为一种永恒的确定性；与之相反，卡莱尔强调羊皮纸的物质载体维度，他将对永恒的期望转变为对回忆短暂在场的承认。这两个维度的关系，“与其说它们是两极对立，不如说是一种非辩证法竞争的关系（non-dialectic

[1] Thomas Carlyle. C. Vanden Bossche, ed. On history [M]//The Historical Essays. Berkeley: University of California Press, 2002: 8.

[2] Brecht de Groote, KU Leuven. The Palimpsest as a Double Structure of Memory: the rhetoric of time, memory and origins in Thomas De Quincey and Thomas Carlyle [J]. Orbis Litterarum, 2004(2).

competition)” [1]。

一方面，复写羊皮纸作为对记忆的书写和阅读的承载物，提供了一种处理丰富的、无序的记忆材料的方式——将混乱的物质材料与时间紧密结合起来，从而将记录 / 书写视为一种时间上的等级承接。在这个意义上，复写羊皮纸倾向于一个绝对的起点，时间的倒转因此成为可能，回忆也得以合法进行。因此，复写本的历史实际上是一种福柯意义上的谱系学，它展现的是记忆和遗忘相互交织、在理想主义和物质主义之间循环的动态过程。在这双重含义的不断倒转中，回忆与记忆术、短暂与永恒、摧毁与新生得以循环和共存。

另一方面，“复写本建立在一个矛盾之上，一个既抹除过去又保留过去的模式，它总是破坏时间性；而它的保留功能所促成的那种历史既是具有侵犯性的，同时又是重建的”[2]。在这个意义上，复写本的破坏性导致了一个“无历史的现在”，羊皮纸一直在抛弃其预设的原点，每个新的文本也因此都被迫丢失了语境。[3] 复写羊皮纸所表象的现在是由过去的文本的偶然在场和未来文本的可能性共同建构而成，因此它包含了过去、现在和未来的所有要素。但这种异质的、无序的、流动的、非确定性的复写本最终都会为一个有序的结构让路，正如本雅明所认为的那样，现存历史的和谐氛围中隐藏着一种人为的强制性，杂乱无章的记忆碎片被抹去，取而代之的是更有序、更和谐的版本。

> 上一代人杀戮，这样下一代人才能唤回生机；前人将其埋葬，后人便可以命令其再次崛起。然而，这就是过去时代粗暴的化学与我们现在

[1] Brecht de Groote, KU Leuven. The Palimpsest as a Double Structure of Memory: the rhetoric of time, memory and origins in Thomas De Quincey and Thomas Carlyle [J]. Orbis Litterarum, 2004(2).

[2] Josephine McDonagh. Writings on the Mind: Thomas De Quincey and the importance of the palimpsest in nineteenth century thought [J]. Prose Studies, 1987(2).

[3] Josephine McDonagh. Writings on the Mind: Thomas De Quincey and the importance of the palimpsest in nineteenth century thought [J]. Prose Studies, 1987(2).

更精细的化学的反应相结合所产生的效果。[1]

隐喻维度和物质层面的复写羊皮纸相互竞争却始终无果，这种非辩证的二元关系像一场有趣的游戏一般始终保持开放。在这个意义上，对于过去记忆的真实表象永远无法实现；另一方面，德·昆西对大脑复写本的设想暗含了自我的非同一性："它不仅不可避免地导致了一个关于镜像或双重自我的浪漫主义概念，而且导致了一个关于幽灵化主体的后浪漫主义概念。"[2] 德里达在其《马克思的幽灵》(*Spectres de Marx*) 一书中将这种幽灵化的主体进一步理论，这种幽灵化的主体又将引发新的记忆符合论的问题。因此，令人绝望的是，记忆的表象疑难从"图像之谜"引发的记忆符合论难题出发经由一系列的隐喻及其扩展，又重新回到了原点。

小　结

在审视不在场事物的存在表象历程时，对过去的表象经历了一个由内到外的发展过程，即从内在、灵魂的、动态的"回忆"层面向外在、空间的、具体的、符号化的"忆技"层面过渡。随着"过去"名词化和实体化的趋势日益增强，对于记忆的空间表象逐渐占据了记忆现象学的主导地位。然而，将"过去"视为一种实体的倾向必然导致一种符合论困境：

一方面，该困境体现在从本质主义的视角出发，将对不在场事物的在场表象局限在过去的过去性质之中，从而使得"过去"成为一个空间化、实体化的存在。对此，利科认为应该警惕一种把"过去当作一个实体 (entité)、一个场所 (localité)"[3] 的趋势。利科提议："将记忆重新放到对未来的期望和当下的在场的交互运动中，进而关注我们的记忆能够为当下和未来做些

[1] Thomas De Quincey. Suspiria de Profundis: Being a sequel to the confessions of an English opium-eater [J]. Edinburgh: FB & c Ltd, 2016: 14.

[2] Sarah Dillon. Reinscribing De Quincey's Palimpsest: The Significance of The Palimpsest in Contemporary Literary and Cultural Studies [J]. Textual Practice, 2005(3).

[3] Paul Ricœur. La marque du passé [J].Revue de Métaphysique et de Morale, 1998(1).

什么。”[1]

另一方面，记忆现象学的符合论困境其根源在于柏拉图理念论的二元划分，由于缺少除了直观经验之外的第三参照物，对于不在场事物之在场表象注定陷入一场真与假、信任与怀疑的无果的循环之中。20 世纪以来，法国当代哲学展开了一场声势浩大的“弑父”行动，他们以“颠倒柏拉图主义”[2]为己任。法国思想家如德勒兹、福柯、鲍德里亚、德里达等人先后以此为据对柏拉图主义发起了围剿，努力取消本质世界和表象世界的二元划分，为走进死胡同的记忆表象提供了新的视角——否定理念之于“复本”和“幻相”的优先地位，承认“复本”和“幻相”的自身价值，跳出古老的身心二元论的框架，对过去的符号化表象——图像、隐喻、文字书写、雕塑、建筑、数字化表象（计算机）等逃离本质主义的符合论视角，从当下对过去的理解出发，对过去的时光进行建构性的表象、编码、诠释和对话。

[1] Paul Ricœur. La marque du passé [J]. Revue de Métaphysique et de Morale, 1998(1).

[2] Gilles Deleuze. Logique du sens [M]. Paris: Minuit, 1982: 292.

“审美教育”如何融入“社会批判”

——以对伊格尔顿的接受为线索谈中国马克思主义文论的嬗变[1]

王　健[2]

［摘要］ 本文以1980年以后国内对伊格尔顿理论接受为线索，来梳理马克思主义文论的理论目标从“审美教育”走向“社会批判”的历程。但“走向”并非“成为”，以“审美教育”为志业的审美研究和以“社会批判”为志业的文化研究二者之间呈现出相互冲突的状态，究其原因：第一是两种理论目标背后蕴含的是彼此不同的理论实践体系；第二是两种理论目标背后也折射出了知识分子身份的转变。只有梳理出两种理论目标的构建动因和内在问题，才能更有效地将之转化为未来马克思主义文论的构建资源。

［关键词］ 知识分子　思想先锋队　审美教育　社会批判

在当代中国马克思主义文学理论的构建工作中，审美研究和文化研究是两项平行甚至对立的资源，二者认识文学的路径截然不同：审美研究会将文学作为终点，借助其超越性来推进社会的审美教育；而文化研究则将文学视为中介，通过批判蕴含在文学中的意识形态来推进读者对产生文学的社会基础的认识。这两种资源之间巨大的差异会让我们对马克思主义文学理论的建构陷入困顿，对其发展有所制约。本文将尝试以国内对伊格尔顿理论的接受史作为线索来阐释两种研究体系形成及对立的原因，揭示这两种体系之间差异的形成与我国不同历史时段的思想诉求相关。

---

[1] 本文系教育部人文社会科学重点研究基地重大项目“中国现实主义的当代探索形态与话语分析研究”（项目编号：22JJD750012）的阶段性成果。

[2] 王健，湖南师范大学文学院副教授，研究方向为文艺理论、马列文论等。

之所以选择伊格尔顿的接受作为线索，原因首先是其理论在国内文论建构公众中的深度参与。伊格尔顿因马克思主义的理论背景被国内学界较早注意，早在1980年，其作品《马克思主义与文学批评》就被译介进来，国内对伊格尔顿的接受也贯穿了审美研究与文化研究形成及冲突的整个历史进程；其次伊格尔顿的理论也具有代表性。伊格尔顿激进的社会批判理论使其无论在西方还是中国，都处于审美研究和文化研究相冲突的前沿位置，更多的冲突才能蕴含更丰富的问题。

一、“文学”中的人文内蕴

从1980年国内翻译伊格尔顿的第一本作品开始，直到世纪之交的这大约二十年时间，中国文论界对伊格尔顿的接受出现了一个奇特的现象，即它在文学的领域内兴起，却没有被文学研究接纳。在文学领域内兴起的现象比较容易理解，因为伊格尔顿本就是文学研究出身，国内对他的接受自然也是集中在此领域。而之所以说没有接纳，是因为这一时段国内对伊格尔顿理论多以介绍为主，极少能够成为我们构建新的文艺理论体系的一部分。直到2000年之后，伊格尔顿的理论随着国内文化研究的兴起越来越受重视，但依然和传统的文学研究龃龉颇深。

在20世纪80年代到90年代，伊格尔顿和国内理论界都在致力于意识形态问题的研究，但他们对相似的话题却有不同的分析路径。我们不妨将意识形态问题迂回到马克思的理论体系当中：以《德意志意识形态》为中心，马克思明显将意识形态视为人在生产关系的条件下对自身所处社会位置的理解形态，这种认识虽基于个体，却能在其理解中呈现出整体的社会结构。国内对意识形态问题一般有两种解读途径：第一种是阶级式的。这种认识将意识形态问题理解为阶级统治下带贬义色彩的欺骗行为，是资产阶级借助对社会结构的虚假叙述来掩盖现实中阶级压迫行为的形式；第二种解读立足于马克思主义整个的理论体系。意识形态在这种解读中呈中性色彩，它隶属与经济基础相对的上层建筑，是上层建筑的一部分。

中国是在革命进程中接受马克思主义的，文学作为意识形态之一种，往往被视为阶级冲突的集中体现：以意识形态的视域审视文学，后者通常被认为隐藏着带有欺骗性的阶级统治术，需要在经济基础的背景下重新认识。在近现代的革命进程中，以政党为核心的革命形式也让中国普遍接受了列宁“无产阶级革命先锋队”的理论，很多文学从业者本身也是政党先锋队中一员，他们要通过普及革命认识的工作深度参与到重组社会秩序的政治工作中去。到了20世纪80年代，文学研究开始强调从僵化的政治阶级论中脱困，意识形态问题也得以重新讨论，其认识背景从政治经济学转换到了哲学的层面，它也得以去掉统治术的贬义色彩而变得中性化。学界论及意识形态问题也逐渐从批判阶级欺骗，转向对经济基础和上层建筑之间的非直接对等关系、上层建筑中不同意识形态的不同特征等问题的讨论。[1]最早提出“文艺是一种具有审美特征的意识形态”[2]观点的学者是钱中文，虽在当时伴有争议，但审美作为文学意识形态独立特征的说法却被学界广泛接受。自90年代以来，国内学者对这个观点进行了不断的修订与发展，其中童庆炳的影响较大，他认为审美的独特性是立足于人的感性的，这是与其他意识形态的区别之处。童庆炳在1999年发表了《“审美意识形态论”作为文艺学的第一原理》一文，除了确认将“审美”作为文学意识形态的第一原理之外，他还确认了“意识形态具体形态”的说法：“意识形态只存在于它的具体的形态中，如上面所说的哲学意识形态、政治意识形态、法意识形态、道德意识形态、审美意识形态，就是这些具体的形态。没有一种超越于这些具体形态的所谓一般的意识形态。”[3]具体意识形态说法的提出，除了将文学凸显为能够与其他能够用数据表达出的社会科学相区别、特殊的人文学科之外，还得以让文学变成能够调整僵化的马克思主义阶级理论的资源。学者们试图将文学摆脱阶级论中所形成单一的经济基础决定论，将研究重心从特定的阶级转变为均

---

[1] 20世纪70年代末到80年代初，文学界曾爆发了“文学是否属于上层建筑”的争论，朱光潜、张薪泽等学者认为文学并不属于上层建筑，这引起了较大争议。但讨论的结果，却将文学是一种特殊意识形态的观点确定了下来。

[2] 钱中文. 论人性共同形态描写及其评价问题［J］. 文学评论，1982（6）.

[3] 童庆炳. “审美意识形态论”作为文艺学的第一原理［J］. 文学前沿，1999（1）.

质而普遍的“人”。这种理论与20世纪70年代兴起的马克思主义理论“人道主义”大讨论相通，80年代“反封建”的思想任务让“无产阶级革命先锋队”中部分人的工作重心出现了变化，他们将“封建”视为思想的问题，试图通过反思浩劫时期种种不人道的后果来破除等级观念的封建残余。童庆炳文论的立论基础就是这种均质而普遍的“人”：“作家也是人，必然也会有人与人之间相通的人性，必然会有人人都有的生命意识，必然会关注人类共同的生存问题。”[1] 文学的超越性源自它对现实中阶级区隔的超越，因为人道主义强调的是去除阶级区隔后平等的人，所以这类对人的理解更具普遍性，而文学的意识形态的特殊性就在于他以研究普遍的人作为基础。在那个提倡人文的时代，我们对文学的思考方式被改写，且文学也因为其要书写“人”而被视为人文学科的翘楚，在时代中受到了额外的重视，我们对文学的认识也在“人学”新的语境下重新被阐释。

在重构“人文”认识、批判“封建”思想的要求下，政党先锋队当中的部分知识分子群体开始探索从思想革命的层面出发，形成由新思想经由新实践去革新社会结构的思路。这时政党先锋队当中就会形成以思想批判为政治指明方向的“思想先锋队”，如此先锋队中的先锋队肩负着批判“封建”思想、构建新文化的职责。所谓“人文”，在中国既是思想的特征，也是其目的。有学者对“人文学科”做出的解释是：“强调社会科学研究的规范性自然有其学科的意义。而对于诸如哲学、伦理学、宗教学、历史学和文学这样的人文学科来说，情形就有所不同。它们所面对的问题并非如社会科学那样是实然世界的经验性问题，而是应然世界的形而上问题，比如正义、幸福、善、美等等。显然，人文学科是无法用社会科学的认识论方法来解决意义问题的，意义的问题只有通过阐释学的方式才能得到解决。”[2] 这种回顾性的总结，阐述的是关怀“人”需要回应“人”的理想与价值问题，因此这群知识分子的“思想先锋队”会普遍将对“正义、幸福、善、美”的追求作为塑造主体性的基本要求。而且，知识分子在时代中所确认思想先锋队的主体身

---

[1] 童庆炳．“审美意识形态论”作为文艺学的第一原理［J］．文学前沿，1999（1）．

[2] 罗岗，倪文尖．90年代思想文选：第一卷［M］．南宁：广西人民出版社，2000：37.

份，也在不断强化着他们在人类理想和社会现实中自己引路人的价值。90年代那场著名的“人文精神大讨论”，使一些知识分子对他们所需面对的商品化问题非常警觉，他们不断对现实社会进行控诉和揭示，并尝试在控诉中形成对知识分子工作的反思及形成面对问题的责任，使之肩负起改变社会不良状况的任务：“所以，人文精神能否恢复，或者说能否弘扬，在我看来归根结底是知识分子能否对自己有一个起码的要求。这正是我们祖先一再强调的个人修身方面的问题。”[1] 在类似的叙述中，我们一来能够看到知识分子试图明确自身职责的努力；二来也需要注意，这些知识分子都身处学院，他们负责着文化教育的工作，对于他们，个体修身能够通过教育变成受教育者面向未来塑造自身主体性的手段。

二、“审美”的两种政治实践路径

伊格尔顿和国内理论界虽然都在讨论意识形态问题，但切入这个问题的途径却不相同，伊格尔顿并没有呈现出对“人文”问题的偏爱，在其作品《审美意识形态》中，伊格尔顿认为审美本身就是意识形态一种，它既是认识体系的表现，又包含了阶级的欺骗：“在历史发展的过程中，新兴的中产阶级再度把自己定义为普遍的主体。但是，对一个把粗俗的个人主义与具体和特殊相结合的阶级而言，这个过程所产生的抽象性却正是焦虑的源泉。如果此时审美介入的话，审美便成为和解之梦——梦想个体能在无损于个性的前提下紧密联系起来，梦想抽象的总体性能充溢着个体生命的真切的实在性。”[2] 在伊格尔顿以往的作品《批评与意识形态》《权力的神话》中，他非常侧重于社会批判的工作，他认为资本主义秩序已经内在地构成了我们生活的方方面面，甚至成为我们日用而不知的思想前提，他认为欧洲的社会需要一种借助文化批判改变认识，继而在社会层面通过社区—政党的政治形式建

[1] 王晓明，编．人文精神寻思录［M］．上海：文汇出版社，1996：161.

[2]［英］伊格尔顿．审美意识形态［M］．王杰，傅德根，麦永雄，译．柏敬泽，校．桂林：广西师范大学出版社，2001：14.

立革命实践。对社会革命的坚持使得伊格尔顿在意识形态的研究中更重视批判其社会欺骗的一面，这也使得他在中国思想界开始“反封建”的时候依然停留在批判“资本主义”意识形态的工作中。伊格尔顿尝试的是将文学批评直接落实在社会实践当中，他并不想去构建特殊的文学意识形态，而是要借助批评通过文学的通道去抵达对具体社会存在的认识。因此在国内对伊格尔顿的研究及对其作品的译介中，我们随处可见他和国内文学研究的隔阂，文宝在《马克思主义与文学批评》的译者序中说：“文学是社会上层建筑中意识形态的一部分，而意识形态是一种复杂现象，其中掺杂着矛盾冲突的世界观。因此，文学作品不可能是占统治地位的意识形态的简单反映。”[1] 用这种中性的马克思主义知识体系来阐述伊格尔顿的文学批评工作显然并不适合，这会造成国内对伊格尔顿的接受只是停留在批判苏联马克思主义僵化的阶级认识层面，其资本批判的印记反而被淡去，致使其理论在国内只在“破”的一面起作用，其“立”的一面却因与审美教育的路径不相容而被忽略。

在中国，文学理论是一项阐述文学意义的工作，因此在“人文”领域内，它同样肩负着培养“人”的任务。童庆炳等学者对文学阐释的基础在于，文学的核心是审美，审美具有超越性的特点：“审美是一种精神的家园。审美的最高级形态是文学艺术的创造和欣赏。因此文学艺术作为一种审美的活动，是人的精神家园重要的组成部分（当然哲学和科学也是人的精神家园，详后）。文学艺术为什么也可以成为人的一个家园呢？因为在文学艺术的审美活动过程中，人进入了一个与现实世界完全不同的审美世界，可以使人忘却尘世的一切，包括那无尽的痛苦，使人的心灵在瞬间进入一种无障碍的、自由和谐的境界。”[2] 审美即精神自由创造所带来的愉悦感，这种感觉可以超越阶级或物质社会带来的种种困顿，让思维不再受困于现实的窠臼。因为提倡审美的学者基本都有高校教师的身份，他们构建的审美教育也就成了文学学科的基础，这也是童庆炳等人坚持将审美视为文学意识形态第一要务的原因。在社会中，这些在审美中建构起理想化的主体便能够超越社会中因

[1]［英］伊格尔顿．马克思主义与文学批评［M］．文宝，译．北京：人民文学出版社，1980：2.

[2] 童庆炳．文学活动的美学阐释［M］．北京：北京师范大学出版社，2016：76.

阶级、商品化所造成的束缚，在审美中保持面向未来的创造性，并通过超越性将社会中混乱的认识统一到更高层次的认识当中。由审美认识带动社会实践，也形成构建适宜“人”生存社会秩序的路径——这也是坚持审美教育的学者不断强调对文学“划域求本”的根由[1]。

伊格尔顿此时虽也在高校工作，但他走的却不是审美教育的路径。伊格尔顿在访谈中不断回顾自己在牛津大学瓦德汉学院任教时被其他学者敌视的往事，他感慨道：“我出版的书越多，来自牛津里的敌意似乎也就越多。”[2] 在他眼里英国高校那些坚持文学超越性、强调细读方法的学者都是精英主义的遗老遗少，他们借助文学所建立的思想 / 社会秩序是缺乏底层参与的。伊格尔顿虽然也重视文学教育，但其目光却是朝向社会的。除了和雷蒙·威廉斯一样从事成人教育的工作，伊格尔顿还写过“没能流行起来的流行歌曲和剧本”、参加过很多的社会组织：“当时我参加了‘国际社会主义者’组织，常在汽车厂周围活动，因此能了解到一些情况。我生活的两个圈子有所重叠，那些参加瓦德汉学院的研讨班的人也经常来参加音乐会。对我而言这是段黄金时期，尤其是在政治环境允许的时候。我的研究生和我，还有其他一些人，会定期去国王盾形徽章（the King’s Arms）酒吧，我们每次都坐在同一张桌子上，之后那里便以‘托派角落’而著称。”[3] 通过回忆我们能够看到，伊格尔顿所强调的社会实践并非借审美以修身，而是直接参与到社会运动当中去的。在 1984 年英国的矿工罢工事件中，伊格尔顿与学生提供了莫大支持，很多学生直接加入罢工行列，社会才是他们最直接的战场。

相比社会实践，文学研究对于伊格尔顿的意义并不特殊，他的研究思路和国内的审美教育是相悖的。文学只是伊格尔顿认识社会的途径，是一条打开社会历史的通道：“我也想尽量在此强调，知识分子的角色在历史上一

---

[1] 高楠，肇钒伊 . 文学的划域求本——重读钱中文、童庆炳“审美意识形态论”［J］. 中国文学研究，2023（3）.

[2]［英］特里·伊格尔顿，［英］马修·博蒙特 . 批评家的任务：与特里·伊格尔顿的对话［M］. 王杰，贾洁，译 . 北京：北京大学出版社，2014：99.

[3]［英］特里·伊格尔顿，［英］马修·博蒙特 . 批评家的任务：与特里·伊格尔顿的对话［M］. 王杰，贾洁，译 . 北京：北京大学出版社，2014：98.

直发生着转变，从中世纪的神学家到启蒙运动中的大人物，再到19世纪的自然科学家，或许直到20世纪早期，知识分子的责任才止于文学类的知识分子。这是由一定的原因造成的，比如日益重要的文化、文化产业、民族认同等。之前躲在自己的小角落里草草写着无伤大雅之作的文学批评家，忽然露出了锋芒，从奥尔巴赫、巴赫金，到燕卜荪、瑞恰慈，再到萨义德。在这个语境下，文学成了必须承担更为普遍性意义的领域，一定程度上因为像哲学、政治理论或社会学这些文学的邻近领域，变得或是经验主义的，或是实证主义的，或是行为主义的，从而突显出了文学的作用。”[1] 伊格尔顿研究文学是为了将日常生活变成历史中的资本主义社会，在其中打开社会秩序当中可参与的空间。知识分子需要在历史变化中了解自身所处的社会构成，形成对社会秩序的想象并参与到社会秩序的建构之中。借此，伊格尔顿觉得审美不应是依据而是认识的战场，精英主义者所重视的超越性会因为远离社会反倒掩盖了社会存在具体的人的阶级差异，他需要文学研究不是上升而是下沉到社会中去：“文学会变得重要，一定程度上由于它借助现代性的差异和碎片，允许我们经由共鸣性的文本走进他者的人生，而无须顾及现实性。通过阅读某些小说，你可以了解到成为阿根廷人是什么感觉，因为你可能没有足够的钱或闲暇亲自去那里感受一下。”[2] 伊格尔顿一直更愿意让自己的作品大众化，他认为面向大众进行说服的“修辞”才是真正文化意义上的民主实践。

国内文学理论和伊格尔顿理论之间的内容互不兼容，他们对文学和意识形态问题的冲突来自彼此社会实践方式的差异，这是在不同语境中产生出的两种不同的思考方式。国内对伊格尔顿理论的接受所触碰到的认知壁垒，实际上是一种实践体系对另一种的排斥。对于想把伊格尔顿的资源带入国内文学研究的学者而言，他们面对的是“文学”背后知识分子的审美教育构想，

---

[1] ［英］特里·伊格尔顿，［英］马修·博蒙特．批评家的任务：与特里·伊格尔顿的对话［M］．王杰，贾洁，译．北京：北京大学出版社，2014：165-166.

[2] ［英］特里·伊格尔顿，［英］马修·博蒙特．批评家的任务：与特里·伊格尔顿的对话［M］．王杰，贾洁，译．北京：北京大学出版社，2014：110.

即知识分子借助文学教育回应社会问题、形成文本—超越性—精神—社会的思想逻辑的尝试。在探索二者区隔问题形成的成因时，我们也能剖析出国内社会秩序的变化情况，发现我国知识分子主体性身份的确立及其“审美教育”构想形成的历史语境。中国在20世纪90年代加速了市场经济的改革，2001年加入世界贸易组织又加速了改革的力度，急剧的社会变革让人文研究中“反封建”的声音减弱，资本社会中的异化现象反倒逐步成为思想界所需面对的首要问题。

三、“文化研究”的问题与路径

文化研究从20世纪90年代开始兴起，到了21世纪已经成为文学理论研究中不可忽视的力量了。文化研究同样形成于思想先锋队的群体当中，和审美教育一样，都是知识分子所探索的社会实践内容。只是相比审美教育所提出的社会超越性，文化研究则是更加侧重探索人与社会的关联性，后者也就因此远离了审美理论的文学中介，而将研究的面向直接切入变化着的社会当中。21世纪的第一个十年是张旭所说“重新政治化的时期”[1]，这倒不是说之前的审美教育就不是政治，而是基于时代变化，学界理解政治的视角转变了：之前所讲的政治指向的是显性的政治实体，比如政府及其颁发的政治政策，这也是党派的政治先锋队发挥效力所具体显示的地方。但自从80年代知识分子为主的思想先锋队形成后，逐渐与主导经济改革的政治政策相脱离，思想界开启了缓慢的审美教化而不是参与制定政治政策的工作。只是21世纪以来，我国社会波谲云诡的变化已经等不及审美教育工作的缓慢开展了，理论界需要构建新的认识，在此背景下，业内对政治概念的解读出现了虚化的趋势：福柯在“权力”层面的使用重构了我们对这一概念的认识，它不再仅仅指向实存的政府与政治政策，而是指向更加围观和具体的隐含在社会关系当中的强制力，这使得其面对由资本权力运行起的社会更具阐释力。

[1] 张旭．福柯在中国：1989—2019［J］．跨文化研究，2020（1）．

在文学理论层面，文化研究的作用在于转变了审美教育层面文学和社会的重要性次序。这里所讲的社会，指向的并不仅是阶级社会，还有以资本流通为主的商品社会，文学也不再是审美层面的教育意义，而被认定为资本社会中商品生产，或社会精英层面的意识形态，从而将其阐释背景从审美教育的层面转换到马克思主义的社会意识形态批判层面。伊格尔顿批判文学商品化的观点也在新的脉络中逐渐被接受："文学商品化产生于 18 世纪，它的增长带来了什么？现在看来，是一种认识，即原则上人人皆可获得文学，而不管社会的实际限制。但文学的商品化还是使得文学产品从各种限制它流向市场的相关机构中解脱了出来。随即产生的一个颇具讽刺意味的矛盾是，无利害性作为一个批评概念的可能性、一种思想姿态的可能性，取决于文学商品的泛滥程度。谁都有能力评价这些商品，也就是说，所有'有教养的人'都能评价。"[1] 对于伊格尔顿，附着在商品背后的是资本社会体系的运行，他需要通过批判将这些隐蔽的运行方式呈现出来，因此伊格尔顿没有将意识形态冲突的问题摆放在政治结构的构建层面去谈，而是在社会认识中重新解读：阶级成了资本社会所呈现出的症候，它不是先入为主的政治概念，而是需要通过社会批判才能看得到的、蕴含在关系中的微观强制力，知识分子需要通过批判将它们展示出来。基于这种新的社会起点，文化研究中对知识分子主体责任的理解就重新落实到了对大众在社会中形成虚假认识的批判上，他们要让社会认知从马克思所提到、资本社会给出的文化补偿中跃出，以阐释贫穷是一种阶级意识形态，是用是否勤劳节俭的个体道德问题掩盖了阶级剥削的社会问题。国内对伊格尔顿的这种认识接受度较广，只是接受这种类似经典马克思主义理论阐释的已经不是政党先锋队了，而是其中的思想先锋队，即以高校教师为主的知识分子，因此其实践目标并不是为了直接颁布公有制相关的政治政策，而是要形成更有效的社会新认知，并在社会批判中完善知识分子的社会责任，这也是他们形成个体能动性并从中思考更好未来问题的基础。

---

[1]［英］特里·伊格尔顿，［英］马修·博蒙特.批评家的任务：与特里·伊格尔顿的对话［M］.王杰，贾洁，译.北京：北京大学出版社，2014：181.

对于伊格尔顿而言，个体是在社会批判的维度中恢复其能动性的，而不是依靠审美教育的超越性，他继承了雷蒙·威廉斯“文化是整体性的生活方式”的判断，呼唤文化研究需要始终面向社会产生意义。基于这样的认识，国内外理论家所倡导的文化研究都没有像文学研究那样有强烈的学科意识，跨学科也成了文化研究的重要特点。在当下教育制度所规定的学科体系中，确实存在着学科固化的问题，文化研究的合理性也生长在这个问题当中。但文学的学科却附着了以超越性为核心的审美教育理念，这也导致了接受文化研究理念的国内研究者，在面对跨学科问题时遇到的问题更加复杂。国内学者借助伊格尔顿理论将这个目的带向文学研究时就不得不面对审美超越性的问题：审美教育同样提倡个体的能动性，这是它和文化研究得以相通的地方，但也恰恰因为这种相通，才会让审美教育和社会批判这两种原本不相交的思路直接地碰撞在一起，成了思想先锋队的成员想要获得能动性需做的选择题。文化研究批判文学研究的重要理由是，在当下，文学和审美都变成了资本制度运作下带有欺骗性的意识形态，成了社会治理术的一部分，我们必须要对之进行分析与批判——这似乎又回到了阶级论的马克思主义理论那里。伊格尔顿研究的主题基本集中在文学和美学的领域内，且又是鲜明的社会批判拥趸，常会在论述中对文艺作品做出激进的社会化批判：“在现代，随着艺术产品与其他社会产品的逐步分离，内涵相应地变得狭窄。在 20 世纪现代主义之后，它不再是一个政治意义上的概念。事实上，现代主义是政治美学最后的一段时光，虽然主要是以一种否定的模式。此后，美学话语落入了学者和专家的手中，它的历史就此改变。”[1] 因此伊格尔顿的研究，以及关于其理论的研究总是处在文化研究和审美教育冲突的第一线。在国内理论界，相比审美教育已经形成的完备体系，文化研究则像是一场游击战，它只是形成了社会批判的起点，亟须大量资料以形成其完备体系的视野和资源，伊格尔顿也是在这些新的认识范式中被接受为理论资源。

从国内的伊格尔顿理论研究中，我们也能看到学者对审美教育和文化

[1]［英］特里·伊格尔顿，［英］马修·博蒙特.批评家的任务：与特里·伊格尔顿的对话［M］.王杰，贾洁，译.北京：北京大学出版社，2014：208.

批评二者进行弥合的尝试，最明显的就是对伊格尔顿理论“身体”话题的重视。身体作为平台，最能够将审美的超越性和文化批判的现实性带回到马克思主义理论的未来实践层面来，王杰曾在研究中做过这样的尝试：“在《1844年经济学手稿》中的‘自然’概念与身体的概念并不是一个相等的概念，在马克思的理解中，充分的自然不仅包括身体性存在的规律和要求，而且还更进一步地包括身体状况符合于人性的目的和要求，在马克思的观念中，真正的‘自然’是这两个方面的统一。在社会生活中全面实现这种统一，就意味着共产主义的实现。”[1]借助于对“自然”的解读，王杰将文学的超越性转移成了身体感觉的超越性，由于身体与社会秩序构建的工作更加直接相关，他尝试以此为枢纽将审美教育的成果带到社会批判的维度中。从王杰开始直到现在，国内学者都在不断尝试将审美教育和文化批判融合在一起的工作，足见其难度之巨。究其原因，首先在于对现实的认识之难，无论是审美教育还是文化批判，都是要以认识现实为基础的，但现实的急遽变化以及学者们面对现实问题的争议，都为这项工作增大了难度；其次是思想先锋队能否在理解现实问题的基础上形成有效的社会实践。这是马克思所强调“改变世界”的要求，但此时审美教育所坚持的学校教育的渠道却开始失去效力：老一辈学者在文学研究中构建审美教育体系是为了让马克思主义理论在面对现实问题时恢复阐释的活力，但随着这套体系在高校教育中越来越被知识化，其活力也在慢慢流逝。兼之消费社会中资本通过消费重新将人区隔开，审美教育中所预设平等的人也逐渐失去现实依据。当审美教育的实践出现问题，而文化批判的工作又止于认识时，“改变世界”的实践工作当然就很难展开。

[1] 王杰.历史与价值的悖论——特里·伊格尔顿的美学理论［M］// 刘纲纪.马克思主义美学研究：第1辑.桂林：广西师范大学出版社，1998：387.

四、新挑战下的马克思主义文论构建

2011 年伊格尔顿的作品《马克思为什么是对的》(*Why Marx Was Right*) 英文本和中译本几乎同时出版，他的这本书将如何阐释马克思主义理论的话题重新带回到我们面前。学者的现实身份已然转变，思想先锋队对马克思主义理论的阐释工作无法直接与政治政策的制定相连，因此我们必须要更加谨慎和认真地对待社会认识的工作，在此领域中恢复马克思主义理论的活力，因此我们需要做文化研究当中社会批判的工作。但这项工作中，伊格尔顿也在《理论之后》中为所有理论工作者敲响了一个警钟："回忆一部震撼世界的政治史，至少对左派来说，很大程度上是回忆一部失败史。不管怎么说，一个新的吉凶未卜的世界历史阶段开始开启，甚至最与世隔绝的学究们也无法漠视它。" [1] 这本书于 2003 年出版，2009 年由商正翻译成中译本并在商务印书馆出版。伊格尔顿所讲的失败是文化研究在欧洲的失效，它被更激进的女权、后现代主义等理论取代，之于后者，社会批判的工作被局限成为特殊群体争取权力，而人们也不再有改变整个资本秩序的宏大目标。伊格尔顿的提醒迫使我们重新审视我们从欧美借鉴而来的文化研究资源，也迫使我们回顾以往我们对马克思主义理论的阐释之路，刺激仍然坚持社会主义的宏大目标、坚持思想先锋队责任的学者们需要正视的三个问题：

第一，我们如何面对审美教育。在中国，反思审美教育的资源不仅有继承实践渠道的需要，还有构建未来社会的宏大设想。审美教育所提倡的"人文"指向的是全体的人，所讲的社会也是宏大的社会结构，如何将这种整体性的思维安置到文化批判工作中去，也是我们挽回"失败"需要考虑的工作。第二，我们如何面对政治。当思想先锋队在建构文化的工作上越走越远时，就会和政治先锋队强调经济建设的工作形成疏离，但建构未来社会的工作是同时包含精神和物质的，两种先锋队的工作如何协调，面对共同的目标形成有效互动，这也是我们需要考虑的工作。第三，我们如何面对社会大

---

[1]［英］伊格尔顿．理论之后［M］．商正，译．北京：商务印书馆，2009：9.

众。所谓先锋队，其意义在于引领大众，这也是他们在革命的历史中发挥最大效力的地方。但现在思想先锋队往往只在学院内进行知识生产，其后果是用自身的现实感受取代对现实社会的认识，造成与社会的隔离。如何面向大众形成认识，如何有效与大众互动改变社会问题，这也是文学研究产生效力的深层次逻辑。

东方文化与近世美学

论儒门易学阐释的共同体

窦可阳[1]

[摘要] 在中国文学阐释的建构中，共同体作为一个中西学界皆普遍接受的范畴，具有非常现实的方法论意义。先秦易学阐释作为中国经典阐释史上非常典范的阐释现象，恰恰包含了三种理解—阐释的共同体，即“卜史的共同体”“士易学共同体”和“儒门易学共同体”，对它们的梳理和界定，不但可以为先秦易学阐释的分期断代提供新的参考，更可以反观阐释史上用以衡量阐释有效性的最核心尺度——阐释的“公共性”及其效应。本文以儒门易学阐释的共同体为研究对象，分别从“身份认同”“思想认同”和“地域认同”三方面入手，指出阐释史上的共同体必须以多维度参照系的互参互证来探讨，对阐释公共性的寻绎必须避免对单维度的“考据”和“先入为主”的思想史式的范式形成路径依赖。

[关键词] 儒门易学　阐释的共同体　阐释的公共性

一

与阐释学视域中常见的“前见”（Vorsicht）、“阐释的循环”（der hermeneutische Zirkel）等专有概念不同，“共同体”在中西学界都是一个被普遍接受和充分探讨的范畴。一般来说，“共同体”（community）这一定义源于拉丁文 communis，意为“共同的”。这一概念最早指“平民百姓、一个

---

[1] 窦可阳，吉林大学文学院副教授，研究方向为中西比较文论和易学阐释学。

政府或者有组织的社会”，直到18世纪以后才逐渐被突出其“共性”，并被应用在社会历史研究中。费迪南·滕尼斯（Ferdinand Tönnies）对共同体给出了这样的定义：“共同体是持久的、真实的共同生活，社会却只是一种短暂的、表面的共同生活。与此对应，共同体本身应当被理解成一个有生命的有机体，社会则应当被视为一个机械的集合体和人为的制品。”[1] 马克思也大量使用“共同体”来概括各种社会关系的整合，而在提出“全人类的共同体”时，他认为，只有在共同体中，人类才能由此获得自由。

值得注意的是，共同体这一概念虽然也在我国被广泛使用，围绕它展开的各种争议却并未在学界延续。这是因为，中西异质的文化土壤使得共同体理论在我国缺乏本体论意义上建构的土壤，而其功能性却被广泛注意。中国文论传统向来讲求重象、重直观、讲体验，对很多现象都是以“漫画式的语言”（牟宗三语）描绘其本质特征，像“共同体”这样的形而上的概念很少用以界定整体性的社会中人的本质存在或存在的本质。从域外诸家对共同体混乱的界定也可以看出，越是在本体论层面上纠缠，共同体这一概念就越难以界定，这使得马克思从未给共同体下定义，却使用了“虚幻的共同体”“抽象的共同体”“自然的共同体”等诸多描述性范畴来进行社会历史分析；米勒的共同体宇宙中，“土著共同体”“非功效的共同体”“复数的共同体”等都在他共同体建构进程中被反复提及。至于英国学者杰拉德·德兰提在2010年《共同体》（第二版）一书归结共同体的历史，竟从哲学社会科学和多种文化视角，评介了百余种共同体理念。[2] 可见，共同体的“共通性”及其对意义的理解与阐释，对于阐释学建构有着重要的参照意义，因为当代中国阐释学十分注重阐释的公共性，后者甚至成为阐释是否有效最重要的衡量标准。李春青先生曾指出，“对于文学阐释的有效性而言，‘理解的共同体’可以说是一个最基本的条件，一切的阐释规则与评价标准都只有在这个共同体中才能形成，而只有在共同的规则与标准下的阐释才可能获得公共性。另

[1]［德］费迪南·滕尼斯．共同体与社会［M］．张巍京，译．北京：商务印书馆，2022：71.

[2] 甘文平．西方“共同体”理论建构的世纪跨越——兼评杰拉德·德兰提的专著《共同体》［J］．当代外国文学，2020（2）.

外，也只有这个共同体能够提供一种对话关系，从而使阐释行为得以完成。换言之，有效的阐释有赖于能够理解这一阐释的接受者。他不一定同意阐释的结论，但必须能够理解它"[1]。在此，阐释进程中的共同体成为一个重要的理论参照系，它为文学意义的公共阐释提供了一个可寻绎的规则与标准，而对共同体的考据和梳理则可以再现一个时期最具公共性的阐释现象。以中国文学的阐释史来反观费史的"阐释的共同体"，则可看到他对意义的生成陷入了一种单维度思考的迷思，因为，阐释史的研究不能单纯依靠共同体的研究，而必须结合阐释文本和阐释范式等多个参照系，只有在这种多维度的互参互证之中，一个完整而鲜活的阐释现象才能得到很好的呈现。

以先秦易学阐释史为例，不同时期都有其最具公约力的阐释的共同体，群体内部对于易学的理解既有内涵与界限明晰的阐释公约度和接受共通性，并对该时期共同体内部阐释文本的形成与流衍有着较为一致的参与度，共同认可一个相对一致且稳定的阐释范式。依照这样的标准，如果我们把卦爻辞形成之前、多见各种散见于筮数和"数字卦"中的易筮和易说的时期看成易学的"前阐释"时期，则从殷末周初到春秋中期为止，先秦易学阐释显然以"卜史的共同体"为主导，这是卦爻辞和各种杂占辞形成与整理的时期，此时期的易学阐释在宗法体制和王官之学统照之下高度尊重筮仪和卜史的权威，其解卦多以"八卦解象"为规则。而春秋时期"士"的崛起终于促成了一个新的阐释的共同体的形成，这个"士易学"共同体多由脱离宗法体制、地位下降却出仕于各邦国的低级贵族——"士"组成，他们已经不能严格听命于卜史群体对卦象阐释的权威，在《左传》《国语》等文献中，已可多见他们对卜史的挑战，并已开始纳入德义观念来解卦。这种理念的出发点已经与王官之学的立场乖离甚远，可以看作第三个阶段——儒门易学时期的先声。在下文中，我们将会对这一阶段的易学阐释展开梳理，并重点阐发儒门易学共同体内部的三种认同：身份认同、思想认同和地域认同，以此来勾画从春秋——战国之际直到秦汉之间易学阐释的公共性。

[1] 李春青. 论中国古代文学共同体的形成机制及其阐释学意义［J］. 西北大学学报（哲学社会科学版），2018（1）.

二

滕尼斯曾经界定了共同体的三个“支柱”（pillar），即“血缘”（blood）、“地缘”（place）和“心缘”（mind）。从其功能来看，这三方面可以用来描述共同体的参照系。其中的“血缘共同体”意味着人们以血缘为纽带，基于相互的认可来共同参与事务。在中国的文化史中，亲—仁—礼是一个核心的逻辑链条，其中虽然也是以血亲关系为仁学的基础，但共同体之内的认可基础却大于血缘的关系。以儒门易学阐释的共同体为例，儒学推己及人的思维方式早已使血缘关系的范式进入社会关系，最终落脚在对“士”的身份和责任的体认：曾子的“士不可不弘毅，任重而道远”就是最典型的例子。他们之间相互认可的纽带更多来自一种身份的认同。

孔子传易，在《史记》中有如下记录：“孔子传易于瞿，瞿传楚人馯臂子弘，弘传江东人矫子庸疵，疵传燕人周子家竖，竖传淳于人光子乘羽，羽传齐人田子庄何，何传东武人王子中同，同传菑川人杨何。”[1]其中，馯臂子弘应为馯臂子弓，司马贞《索隐》和张守节《正义》皆引东汉应劭语：“子弓，子夏门人。”李学勤先生认为子弓易学可能传自商瞿和子夏。在这一关系中，我们可见一个清晰的师承链条，这便是史有明载的一个“易学共同体”。这种儒门内部的认可，与滕尼斯所说的“血缘共同体”一样非常紧密，但其社会关系则大大超越了血缘关系。除商瞿这一系，孔门弟子中还有多人得授易学，史料中多有记载。其中比较有代表性者，就包含了子贡、颜回、子夏、子张和曾子等人。子贡与孔子论易，在帛书《要》篇有大段记录；在《说苑·杂言》篇中，我们还可见孔子以《困》卦辞来勉励子贡，这也是孔子阐发人生哲理和政治哲学时常用的策略，子贡深受孔子赞易的影响，并无疑义。颜回受《易》于夫子的直接记录可见《法言·问神》李轨注：“颜回弱冠而与仲尼言《易》。”[2]《殷芸小说》中还有颜回及众弟子对孔子

---

[1]（汉）司马迁．史记［M］．北京：中华书局，1982：2211.

[2] 汪荣保．法言义疏［M］．北京：中华书局，1987：168.

占子贡“久而不返”而得《鼎》卦的不同阐释等记录。[1]类似事迹在《列子》等文献中也可多见。子夏与孔子谈论《易》之《损》《益》之事记录在《孔子家语・六本》篇和《说苑・敬慎》等篇中;《韩非子・外储说右上》篇记子夏云“《春秋》之记臣杀君，子杀父者，以十数矣。皆非一日之积也，有渐而以至矣”[2]，与《文言》传中的表述大体相同。传统易学曾提出子夏参与了《易传》的记录和整理，是十分有可能的，传说中的《子夏易传》便与此有关。至于子张,《孔子家语・好生》和《说苑・反质》都曾记子张问孔子为何卜得《贲》卦为吉却意不平一事。曾子学易的直接证据罕少，却也有“君子思不出其位”之言(《论语・宪问》)，与大《象》传论《艮》卦“兼山艮，君子以思不出其位”完全一致。有关曾子之学与孔门易学的关系，最重要的证据来自作为曾子后学的思孟学派。李学勤先生曾言:“《子思子》今存于《礼记》中的四篇，可认为子思传述孔子的著作，出于家学。”[3]而《礼记》中《坊记》《表记》《缁衣》三篇里，多有孔子引卦爻辞来阐发义理的例证，包括《蒙》卦卦辞、《既济》卦九五爻辞、《恒》卦九三爻辞等，都是孔子对卦爻辞的义理阐发。孟子是子思的后学，其思想与易学更多有契合，如《孟子・尽心》:“尽其心者，知其性也。知其性，则知天矣。存其心，养其性，所以事天也。殀寿不贰，修身以俟之，所以立命也。”[4]孟子所说的这些话也都是以《乾・彖传》“乾道变化，各正性命”的易学哲学思想为本，以此化用而来。因此，“曾子—子思—孟子”这一脉确于孔子易学有所传承。荀子作为馯臂子弓之后学，在《非相》《非十二子》等篇中多次以孔子和子弓并称。荀子认为“善为易者不占”(《荀子・大略》)，并以《坤》六四爻辞“括囊，无咎无誉”讽刺迂腐的儒生，以强调君子德行的重要性；在《大略》篇中，又引《小畜》初九爻辞“复自道，何其咎”赞许秦穆公，认为他能够改

[1]《殷芸小说补证》：孔子尝使子贡出，久而不返，占得《鼎》卦无足，弟子皆言无足不来；颜回掩口而笑。孔子曰:“回笑，是谓赐必来也。”因问回:“何以知赐来？”对曰:“无足者，盖乘舟而来，赐且至矣。”明旦，子贡乘潮至。殷芸 . 殷芸小说补证［M］. 济南：山东人民出版社，2018：88.

[2] 王先慎 . 韩非子集解［M］. 北京：中华书局，2006：314.

[3] 李学勤 . 周易溯源［M］. 成都：巴蜀书社，2006：105.

[4] 杨伯峻 . 孟子译注［M］. 北京：中华书局，1960：301.

正自己的过失、转变自己固有的思想。显然，荀子不仅易学态度与孔子一致，就连易学阐释理路也是如出一辙。“子弓—荀子”这一脉于孔子易学确实有所传承。

从上文中可知，孔门这种师承关系的纽带，对于儒门易学阐释面貌的严整有着重大的引导 / 制约的作用。春秋末年，在群雄并起、礼崩乐坏，周代的王官之学彻底失去影响力的背景之下，私学勃兴，诸子百家各自都形成了相对比较严密的师承纽带，儒门以师承关系的身份认同为基础，在易学阐释上表现出一以贯之的面貌，便使其鲜明呈现为一个儒门易学阐释的“共同体”之形态。不过，这种共同体还只是“狭义”的儒门易学共同体。从阐释的公共性而言，阐释的共同体不会只局限在一个狭义的群体之内，因为，一种理解 / 阐释之所以成为一个时期的主流，还在于它在更广泛的范围内获得了认同，而这种认同，则要从更广阔意义上的身份认同来看。不同于春秋时期的“士易学”共同体[1]，儒门易学的成员罕有贵族，多为从民间“秀拔”上升为“士”的。春秋时参与易学阐释的“士”群体，尤其在春秋中期以后、与卜史易学的阐释产生激烈冲突的士易学群体依然属于“有职之士”，尽管自身已经或多或少地脱离了宗法体制，成为出仕于各邦国、“降在皂隶”的贵族，已经不需要严格遵从王官之学和卜史的权威，但他们依然身处于卜史易学的余威之下，尚不能完全走出“卜史易学”。但儒门学子从社会地位、教育背景等与春秋时代的“士”已经有了巨大差别。如果说春秋时的“士”接受过完整“六艺”的培训的话，孔门的教育已经不同于王官之学，比如，孔子曾自言：“胡簋之事则尝学之矣；甲兵之事，未之闻也。”（《左传 · 哀公十一年》）可以说，儒门的“士”已经越来越多地转化为“文士”。而《管子 · 小匡》曾记“农人之秀出者为士”，也大体反映了战国时庶人地位的上升。到《庄子 · 天下》所言“邹鲁之士、搢绅先生”、《穀梁传》将“士”与“农、工、商”并列为“四民”，则儒门易学发展到后期，“士”的身份更杂，顾颉刚解释“士”为“低级之武士”，大抵在儒门易时期，带有卜史易学遗

[1] 窦可阳 . 论春秋“士易学”的阐释范式［J］. 社会科学战线，2021（10）.

存的“士易学”阐释便被新崛起的“儒门易学”取代。从这个角度来说，战国诸子虽然不统属于儒门，但相近的“秀出之士”身份认同，使得他们普遍接受了儒门易学阐释，在易学阐释的畛域之内，他们也构成了广义的“儒门易学共同体”。而这个“广义的共同体”，不单单由身份认同所制约，他们的易学阐释，更多体现出相近的“思想认同”。对此，我们将在下一节中详述。

三

滕尼斯在陈述“血缘共同体”时，将“威严”描述为它的制约力之一，共同体的成员出于对威严的敬畏而在家庭生活中构成了一个“本质的统一体”（Einheit des Wesens）。实际上，这种概括还是过于理想化，在先秦易学这种复杂的社会历史背景中，虽然聚族而居是一个普遍的现象，《大学》中所谓“修身齐家”的“家”确实类似于滕尼斯的“血缘共同体”，如晋国六卿都是以“家”的形式聚族而居，而大的家族内又有小的分支，如“晋阳赵家”和“邯郸赵家”等，但血缘关系却无助于阐释有效性的寻绎。在儒门易学时期，身份认同并不难考证，但考证所得的结果常常以清晰的血脉门墙为结论。然而，阐释的有效性却往往超越人际关系的狭义群体，在广泛的阐释群体中得到认同，这便是“思想认同”的作用。对于儒门易学阐释共同体来说，身份认同只是用以划定界限的一个维度，如果不考虑思想的认同，则阐释史的研究便容易陷入单维度考据的误区。

在儒门易学之前，卜史群体当是易学阐释史上最早具备思想认同的共同体。周在克商之后、制定周礼时，确定了严格的宗法体制，也建立了一套新的以“德”为核心的意识形态。在卜史易学占统治地位的西周和春秋早期，卜史们的解易思想和解卦范式高度一致并互相认同，构成了稳定的王官之学的重要组成部分。卜史解卦，依照《左》《国》等文献提供的各类卜筮的记录，往往高度重视“八卦取象比类”，并严格执行筮算的程仪，其解说具备难以质疑的权威性，他们也普遍将《易》看作卜筮专书。这种思想认同在后来的“士易学”期间遭遇挑战；而孔门易学的建立，才系统性地打破并重建了易学阐释的思想认同。实际上，孔子始终以王官之学的传承者和阐释者自认。他曾梦到过周公，并为此激动不已；他改定《诗》《书》《易》等“六艺”，并力图在礼崩乐坏的时代恢复西周时的秩序。但是，对于易学阐释，孔子却系统性地重建了新的意识形态。在马王堆帛书《要》中，孔子曾将《易》看作卜筮的工具，并未像他步入老年后那样喜爱到“韦编三绝”。频繁卜筮者，则是无德无智之人。他后来之所以深爱《周易》，是因为从中他可以“求其德义”，在后学辑纂的《易传》诸篇中，孔子善用卦爻辞来进行德行的说教，此观念也统照着整个儒门易学。在此，儒门易学与卜史易学进行了思想上的切割，因为后者“赞而不达于数，数而不达于德”，并未发挥《易》的德义思想。而孔门易学开启后，儒门几乎是诸子中唯一一个系统阐发易学、建构起一个真正走出了卜史易学的易学阐释意识形态的共同体。诚然，孔子之后，“儒分为八”，但从各类传世、出土文献的整体表现来看，儒门易学共同体真正做到了思想严整、范式一致，大体上克服了“道术为天下裂”的影响，这便是思想认同的力量。具体来说，儒门易学的思想认同，主要体现在如下三个方面：

首先，将易学从卜筮彻底地转向德义，并成为最主要的阐释范式。以德义解易，在春秋中晚期就已出现，如“鲁穆姜薨于东宫”（《左传・襄公九年》）、“南蒯将叛”（《左传・昭公五年》）等筮例。但儒门易学则从学理上系统建构了这一阐释范式，在各类文本，尤其在“十翼”中，我们可以清晰地梳理出这种德义范式。比如，在《彖》传中，《乾・彖》和《坤・彖》纲领性地贯通天人之道，“乾元合天而始发动，坤元合地而顺承以生；乾道变化有‘性命’，坤道变化而‘成物’。乾、坤二卦《彖传》这种系统的哲学思想，是孔子以上易学中所未有的，这是儒门易的新论”[1]。其他各卦的《彖》传中，“德义”“时义”“大义”等语更贯穿全篇。《象》传更是站在儒门的立场进行阐释，据统计，在大《象》传中，称大人者一，称先王者七，称君子者五十三；整篇《象》传，无不从进德修业、正室齐家、建国行师等角度论

---

[1] 高怀民．先秦易学史［M］．桂林：广西师范大学出版社，2007：158.

吉凶，《乾·象》之“自强不息”、《坤·象》之“厚德载物”，更成了《象》传德义观的总纲领。传世《系辞》与帛书《系辞》传思想一致，都从形而上的高度阐发了君子德义解卦的范式；《文言》传完全以仁、义、礼、知、德、业、忠、信等德义范畴论《易》；《序卦》《说卦》等篇虽多有卜筮易学的印记，却配合儒门易学的世界观，整合、建构了易学的德义体系。这种思想的认同对后世孟子的“浩然之气”和荀子的“圣人”观都产生了巨大的影响。

其次，儒门易学解卦重爻辞，更对爻位爻象高度重视，深刻影响了儒门易学的思想体系。重爻位，尤其小《象》传中反复演绎的“乘”“承”“比”“应”“中”“据”等原则，在战国之前的易学中是极为少见的。这种变化，深刻影响了不同时期的筮法：《左》《国》的筮例基本均以八卦来解象，往往本卦、之卦卦象都会分析，但几乎不谈爻象和爻数。王家台秦简所展示的疑似《归藏》文本，也是只有卦辞，不及爻辞。“十翼”则重点讨论六爻的辩证关系，相当于把一卦拆成六爻来解说，不似春秋时期完全将一卦的内卦、外卦三个爻看成一个整体来阐释。《系辞》传“二与四同功而异位，其善不同：二多誉，四多惧，近也。柔之为道，不利远者；其要无咎，其用柔中也。三与五同功而异位：三多凶，五多功，贵贱之等也”这样的解说，更成了后世解卦的一个纲领性的阐释。当然，从传世《易经》三百八十四爻辞的吉凶分布来看，二五两爻的吉辞确实最多，几乎达到一半，凶辞则不到15%，这必然与爻位有直接的关系，并不是“场外带入”的强制阐释。更值得一提的是，《系辞》传中阐发的“大衍之数”法，与出土的春秋之前筮数不甚对应。李学勤先生依照筮数记录分别总结出“揲蓍法甲”“揲蓍法乙”等古老筮法，与“大衍之数”的“六七八九”四个筮数的运算结果还有很大差距。但后世儒学治易，皆围绕大衍之数法来阐释揲蓍、变卦、定爻，这显然是在思想上彻底认同了《易传》的筮法。大概儒门易学共同体也并未将注意力集中在筮法的统一上，因为，思想的认同，早已超越了筮数。

最后，儒门易学将“阴阳”“乾坤”“刚柔”“元亨利贞”等范畴本体化，建构了一个天地生生、太极生两仪、四德周而复始的世界观，彻底走出了卜史易学那种绝地通天的神鬼世界。对此，传世《系辞》传所论最为系统，

“生生之谓易”“天尊地卑，乾坤定矣”“阴阳合德而刚柔有体，以体天地之撰，以通神明之德”……这种将一系列共时性范畴与天地合德的赞颂，是与伏羲“仰观天文、俯察地理”“圣人有忧患而作易”和“太极生两仪”的历时性生生哲学三五交织建构起来的，这是一个高度完整的形而上学体系，在此前的卜史易学中是未曾见的，在士易学中也只有草蛇灰线、雪泥鸿爪，难以构成一个多维度互参互证的意识形态体系。而《彖》传对乾元、坤元的高度赞誉、《象》传将阴阳之道贯穿在天地人三才之间、《序》卦传以乾坤为天地父母、《说卦》传从天地定位开篇，都相互印证了这个形上体系的思想认同。值得一提的是，马王堆帛书各篇虽然晚于孔子百多年，但《易之义》篇云“易之义唯阴与阳，六画而成章”，显然完全是在阴阳本体化之后形成的认知——在卜史易学看来，阴阳还尚未与六爻结合在一起。这一点，也可以从“初九”“六二”“上九”等“爻题”的晚出联系起来。我们知道，直到春秋“士易学”时期，易学阐释共同体还不会如《易传》那样以爻位和“九六”言爻题，而始终以“某之某”言之，如上引“南蒯将叛”筮例，筮得《坤·六五》,《左传》中却记为《坤》之《比》;《左传·昭公二十九年》言《乾》卦六爻，也都以《乾》之《姤》、(《乾》) 其《同人》、(《乾》) 其《大有》…… (《乾》) 其《坤》等论之，不一而足。但在传世《易传》和出土简帛各种卦爻辞中，已清晰可见后世熟知的爻题，这显然是阴阳范畴被本体化之后的结果。也难怪儒门易学共同体之外的《庄子》覃及《易》，都会说“《易》以道阴阳”了。

四

在上引滕尼斯论共同体的“三支柱”中，如果说“血缘”对应于“身份认同”、“心缘”对应于“思想认同”的话，则“地缘”可以“地域认同”论之。滕尼斯认为，共同的地域生活、共同居住和共同工作带来了“共同领会”，进而上升为理解的“默契”(Einverständnis)。诚然，作为外部环境的地缘确实会影响共同体的思想，如丹纳（Hyppolite Taine）在《英国文学史·序言》中所说：“人在世界上不是孤立的；自然界环绕着他，人类环绕着他；偶然性的和第二性的倾向掩盖了他的原始的倾向，并且物质环境或社会环境在影响事物的本质时，起了干扰或凝固的作用。”[1] 不过，与丹纳的外部环境决定论相比，滕尼斯更多关注环境与人的“本质意志”的关系，因为所谓地域认同，必然与身份和思想共同交织为一个多个维度互参、互证的认同体系，三者施于共同体的影响虽然此消彼长，却始终缺一不可。这也是阐释史研究区别于考据之学或思想史的特殊之处：考据之学关注的是单维度的因果关系，往往着力于钩沉人所未发，却不着眼于整体的参照系；思想史以梳理形而上的逻辑范式为准的，并用不同的思想范式来绳矩一个学派、一个时期，却时常忽略客观现实构成的体系。

对于儒门易学共同体而言，地域认同的梳理也难以离开身份认同和思想认同的参证。在上文中，我们已知孔子传易的清晰链条，但孔子之后，弟子各奔东西，在战国时期更“为天下裂”“儒分为八”。但是，儒门易学共同体一旦形成，其易学阐释依然能够做到“同归而殊途，一致而百虑”，我们从战国秦汉间各种文献即可大致勾画出几个主要的脉络。

首先，儒门易学共同体在孔子之后，主要活动在楚。在各种史料中，我们均可见孔子传《易》于馯臂子弓的记载，而子弓正是楚人。荀子易学可能得自子弓，前论已详。虽然荀子曾游学于齐国稷下，但据刘向考据，访齐时，荀子已以善《易》闻名；荀子晚年久居于楚地兰陵，其儒门易学思想自然于楚地有所影响。而传世《易传》各篇与荀子一派易学有莫大的关系。除“十翼”外，帛书《易》各篇也包含各类易传，其中有《缪和》《昭力》等篇；而缪（穆）姓曾见于战国时楚国金文，昭则是楚国三大姓“屈、景、昭”之一，再结合帛书《易》各篇出土于长沙马王堆——此地点是深入楚地的。所以，这批帛本都属楚国易学。除了帛书《易》之外，今日所见战国秦汉间出土《易》类文献，其地点似乎有很大共通性：

[1] 伍蠡甫，胡经之．西方文艺理论名著选编：中卷［M］．北京：北京大学出版社，2003：150.

战国简帛	出土地点	成书时期
望山简	湖北江陵望山	战国中晚期
马王堆帛书	湖南长沙马王堆	汉代初期
双古堆简	安徽阜阳双古堆	汉代初期
天星观简	湖北江陵天星观	战国中期
包山简	湖北荆门包山	战国中期
郭店简	湖北荆门战国楚墓	战国中晚期
王家台秦简	湖北江陵王家台	战国晚期
葛陵简	河南新蔡	战国中期

从上表可见，除了汲冢竹书出土于北方、清华简确切出土地点尚无定论之外，表中未列的上博简和其余主要出土文献皆出于楚地。这些文献虽不全是易类文献，但各种卦爻辞或《易传》却构成了上述出土文献的核心组成部分。因此，易学南传于楚，是不可否认的。当然，上博简、清华简等篇，与上表除马王堆帛书外的文献皆属筮书，多数文献中只有经文或占卜卦爻，并没有为经作传的篇章。而清华简《筮法》中的筮算方法与“大衍之数”法乖离甚远，很有可能是卜史易学转为筮术易，甚至可以归于长久散落民间的“杂占”群体；然而，我们在前文说过，儒门易学共同体大概是战国时期唯一一个建立完整的易学阐释理论体系的阐释群体，各种易类出土文献多见于楚地，必然与儒门易学共同体在楚国获得了更多的地域认同，进而带动、影响了民间易筮的记录和整理有关。值得一提的是，有学者统计了郭店楚简和上博楚简中不同学派文献的比例，郭店简中儒学文献多达 11 种，道家文献仅 2 种（《老子》和《太一生水》）；上博简儒家文献超过 20 种，道家文献则少得多。这不单与易学南传有关，更与澹台灭明、子张学派、子思学派等传入楚国有很大的关系。《史记 · 儒林列传》明确记载澹台灭明居楚，而郭店简《忠信之道》《鲁穆公问子思》等，以及上博简《从政》《昔者君老》诸篇，与子张儒学和子思儒学等也有密切的关系。

其次，儒门易学入楚，又存在更小的“西楚儒门易学共同体”，与《易传》所代表的儒门易共同体有一定差别，其依据主要在于帛书本《易》各篇。帛《易》有两卷，上卷包含经文、《二三子问》上下，下卷包含《系辞》《易之义》《要》《缪和》《昭力》等共6种7篇，如传世《易传》一样，是一套完整的易学文献，这种经传齐备、论辩俱全的文本辑纂，区别于其他所有出土同期《易》，很有代表性。虽然该文本抄写于秦末汉初，但它所代表的易学，显然本于先秦的儒门易。从《二三子问》到《要》均为孔子说《易》的内容，但各篇写法又有不同，如《二三子问》言及孔子时称之为“孔子”，但下篇《系辞》和《易之义》称“子”，《要》称之为“夫子”。而卦爻辞在各篇中通假情况也有不同。可见，这些篇不是一人所作，是一个易学共同体内部长期口传笔录的结果。其中最值得玩味的是帛本《系辞》，与传世《系辞》本于一系，却又多有不同。在帛《系辞》中，可见传世《系辞》上篇十二章中除第八章“大衍之数”那一段，和传世《系辞》下篇第一章到第四章前半、第七章一部分以及第九章。而传世《系辞》第五章到第七节前半，则出现在《易之义》中；传世《说卦》传前三章也在帛本《系辞》中。因此，说帛书《易》的抄写者及之前的传承者皆为儒门，是无疑义的。但帛本《系辞》又与传世《系辞》在用字、语句上有很大差别。据李学勤先生对比，帛书通假字较多，有很多古体字。各种错讹和脱衍等现象也很普遍。当然，传世《系辞》和《易传》各篇在秦汉隶定之后被汉代易学各共同体统一传抄和讲习，各种文字书写异于古本实属正常，但传世本《易》用字写成本义者较多，依然可见先秦儒门共同体的影子，只不过，这个共同体当不是马王堆所处的西部楚国那个易学共同体。依照后世的划分，长沙属于南楚。但从易学共同体的地域认同来看，帛书本很可能代表了荆襄湖广的易学，而荀子及其后学长期居住于楚国东部，将荀子一系易学概括为“东部楚国儒门易学共同体”也不为过，传世《易传》诸篇皆与东部儒门易学相关。对此，李学勤先生说：“楚地东部的荀子和淮南九师都通习十翼，帛书出自长沙，或许楚地西部的易学所传《易传》已不完全。这大约是由于秦昭王拔郢，占领了楚国西北部，而秦自商鞅以来都有排斥儒学的倾向，易学不能不受影响。”[1] 不过，我们之所以特别圈出一个以帛书《易》为代表的易学阐释的共同体，不在于考据各本异同，而是勾画这一地域认同的作用。在易学阐释进程中，一个共同体的建立和赓续，必然受到地域的制约。上述表中各出土易学文本，除了阜阳汉简，其余皆出自楚国西部，这不能不说明，儒门易学共同体在楚国西部具有相当的活跃程度。但从另一个角度来说，地域认同又不能单独决定一个共同体的全部面貌，因为，身份认同和思想认同一样以特有的张力牵系着共同体内部的成员，这也是为什么我们一再强调：对共同体的梳理，必须采用多维度、多参照系互参互证的方式来分析。

[1] 李学勤．周易溯源［M］．成都：巴蜀书社，2006：325.

“师训”与“文则”：宋濂的语录援用与文学传承[1]

崔振鹏[2]

［摘要］宋濂是元末明初文化史上的巨擘，他援用师者语录的内容涉及诗文之法，将师承源流与文章轨则融而为一。由宋濂追忆黄溍关于“学文之法”的语录，能够发现其对师说的重塑。语录之间的龃龉，亦折射出他中年以后独尊“六经”的思想转向，以及对早年学文事迹的有意隐去。对师者语录的改造或悬置，源于宋濂对于文学教育行为的反思，其中暗示着他在浙东文学传承中的转换位置，以及浙东派削弱辞章、偏重义理的思想位移。

［关键词］语录援用　宋濂　文学传承　文学教育　浙东派

在先秦典籍中，引述人物言论的现象已很常见，这些被援引的言论可以被视为语录，显示着语录极为漫长的历史。[3]在文本中援用语录既是一种言说策略，也构成一种特殊的文化心理，该现象广泛散布于各类文献之内。在古代士人的文学世界中，援用师者语录的案例屡见不鲜，语录既展示引述者的学缘源流，又言说其推崇的文章法式，遂使隐含着历时性的“师训”和超越时间性的“文则”融于其中，象征着文学教育代际传承中的某些菁华。“师”“语”“道”的意义叠合之处，使语录援用成为文学家表达文学思想的

---

[1] 本文系国家社会科学基金重大项目“语录类文献整理与儒家话语体系建构及传承的研究”（项目编号：20&ZD265）阶段性成果。

[2] 崔振鹏，北京师范大学哲学学院博士后，研究方向为中国古典文学。

[3] 夏德靠．论“语录”与“语录体”［J］．四川师范大学学报（社会科学版），2022（1）．

重要方式。在此意义上，研究该现象，不仅有助于洞察文学派别内部的知识授受，理解群体史；亦能够借由文学家对于自身接受教育经历的追忆与言说，从心灵史的维度上发掘个体文学思想的深层旨趣。

在元末明初的文化史中，宋濂具有不可或缺的特殊地位，其以在政教与文教方面的影响成为一代文人士夫之冠冕。他既是开风气的一代之师，作为“开国文臣之首”，“以盛名为当世师尊”[1]；同时，他也是浙东文人群体的后劲，接续起吕祖谦以来的金华学术，成为黄溍、柳贯、吴莱等元末硕儒最为挺出的弟子。身处易代之际的宋濂，其作为“前代之后学”与“新朝之先导”的身份，使他成为理解此时文学传承的关键人物。学界对宋濂的文学思想、文学创作已有许多有分量的研究成果[2]，但关于其接受文学教育、转变文学思想的诸多细节，犹可进一步发明。以宋濂援用师者语录的行为作为研究对象，利用语录文献的特殊性，以此探赜索隐，将丰富对于宋濂思想转折与易代文学之变的认识。

一、语录援用中的重塑：宋濂追忆的学文之法

宋濂早年有着漫长且艰苦的求学经历，他曾前后从游于闻人梦吉、吴莱、黄溍、柳贯等多位硕儒，其名篇《送东阳马生序》便是追忆早年求学经历的代表之作。然而，此文意在劝勉后学的求学之志，而非向后学传授为学之法，因此文中没有提及师生交接之际的言语对话。但对于理解宋濂的思想历程而言，师者究竟向宋濂传授了什么内容显然是更值得考察的，这些内容虽然没有被系统记述，却散见于宋濂对其师语录的援用之中，成为其早年成长史的吉光片羽。

宋濂援用其师语录的内容，涉及对诗文之法的见解。“语”作为先秦以

---

[1]（明）方孝孺．方孝孺集：中［M］．徐光大，点校．杭州：浙江古籍出版社，2013：858.

[2] 近年有关宋濂文学研究的代表性论著有：左东岭．《赠梁建中序》与宋濂元明之际文学观念的变迁［J］．求是学刊，2020（3）；周明初．文学史上被遮蔽了的诗人——宋濂的诗歌创作及其文学史意义［J］．社会科学战线，2019（9）；李春青．明初文人的认同危机及其诗学表征［J］．河北学刊，2018（4）等。

来非常重要的一类文献，往往表现出强烈的教化色彩[1]，文学教育中的语录援用，同样显示出某种教益性和权威性，传达了接闻于先达的为文轨范。然而，语录总是在被追忆和援引中浮现，它因此有被援用者缘饰、改窜的风险，而这些文本的异动之处，往往存在着某些有待揭示的心史。洪武初年，宋濂为朱右《白云稿》作序，序中追忆到从学黄溍的情形，并援引黄溍传授他的“作文之法”：

> 及游黄文献公门，公诲之曰：“学文以六经为根本，迁、固二史为波澜，二史姑迟迟，盍先从事于经乎？”濂取而温绎之，不知有寒暑昼夜，今已四十春秋矣。[2]

自弱龄之时，宋濂前后从游多位名儒，其中以黄溍、柳贯声望最隆，位列“儒林四杰”，尤为时人所重。因此时人论及宋濂师承时，也往往首先提及黄、柳。在《白云稿序》中，宋濂追忆黄溍指点的学文门径是“以六经为根本，迁、固二史为波澜”，并鼓励宋氏先从事于经学。在这段追忆中，黄溍的语录非常简洁，但却对宋氏影响至深：它使宋濂自己对于六经“取而温绎之，不知有寒暑昼夜”，至作序时已“四十春秋”。

黄溍的点拨真的发挥了如此大的作用吗？其中，“四十春秋”的时间标识，为检验其回忆的真实性提供了线索。这篇《白云稿序》作于洪武三年（1370）[3]，时宋濂 61 岁，若倒推“四十春秋”，则当其二十岁左右。但从宋濂其他有关自身学术思想经历的自白中看，他在二十来岁时远未能不知寒暑昼夜地用力于六经。如宋氏《赠梁建中序》文中回顾为学经历，其中说“余自十七八时，辄以古文辞为事，自以为有得也。至三十时，顿觉用心之殊微，悔之。及踰四十，辄大悔之……”[4]由此可见，二十来岁的宋濂实远未能

---

[1] 俞志慧．语：一种古老的文类——以言类之语为例［J］．文史哲，2007（1）．

[2]（明）宋濂．宋濂全集［M］．黄灵庚，编辑校点．北京：人民文学出版社，2014：471.

[3] 徐永明．宋濂年谱［M］．杭州：浙江大学出版社，2011：24.

[4]（明）宋濂．宋濂全集［M］．黄灵庚，编辑校点．北京：人民文学出版社，2014：492.

不知寒暑地攻读六经，这也使宋濂此处对黄溍语录的追忆颇可怀疑：黄溍真的有那样强调“学文以六经为根本”吗？

在黄溍今存的文集中，并没有关于学文之法的议论，但从宋濂的另一处语录援用中，却能够发现黄溍重视《史》《汉》的例证。明初，睢宁知县叶夷仲乞序于宋濂，至于六七请，宋濂于洪武九年（1376）所作的序文中说：

> 昔者先师黄文献公尝有言曰：“作文之法，以群经为本根，迁、固二史为波澜。本根不蕃，则无以造道之原；波澜不广，则无以尽事之变。舍此二者而为文，则槁木死灰而已。”予窃识之不敢忘。[1]

在《叶夷仲文集序》中，宋濂又引出了一条新的语录，构成了对于黄溍有关作文之法的新追忆。这次追忆与《白云稿序》中最为不同的，即在于他并未强调“二史姑迟迟，盍先从事于经乎”的“经学优先”，相反，却是承认“舍此二者（按：六经与迁、固）而为文，则槁木死灰而已”，将“二史”置于相当重要的位置。其实，“二史”正是讨论黄溍文章时不可回避的对象，宋濂在为乃师所作《金华先生黄文献公文集序》中也说：“先生之所学，推其本根则师群经，扬其波澜则友迁、固，沉浸之久，犁然有会于心。”[2] 重视“二史”制造“波澜”的功效，这是宋濂在追忆黄溍时多次提及的。

宋濂两次回忆黄溍的语录存在出入，其焦点便在于在“作文之法”的锻炼中，“六经”与“二史”的位置究竟如何，经的位置是否远远先于《史》《汉》。不同追忆的龃龉，显露出还原文学教育实际情形的难度。如果对读黄溍写给宋濂的书信，就会发现其与语录间的差距。《潜溪录》载录黄溍寄赠宋濂的书信三封，其中一篇曰：

> 辱下询作文专法《史》《汉》，溍何足以语此？然尝闻唐子西谓《六经》以后，便有司马迁；《六经》不可学，故作文当学司马迁。司马迁

[1]（明）宋濂．宋濂全集［M］．黄灵庚，编辑校点．北京：人民文学出版社，2014：581.
[2]（明）宋濂．宋濂全集［M］．黄灵庚，编辑校点．北京：人民文学出版社，2014：704.

敢乱道，却好；班固不敢乱道，却不好。愚窃以为学司马迁，当自班固始。盖能从容于法度之中，而不至于乱道，则一日疏宕于规矩之外，虽乱道亦好也。不审雅意以为何如？[1]

此信中透露出多个关键信息：其一，“作文专法《史》《汉》”是由宋濂向黄溍发问的，而并非黄溍对宋濂的直接指授。其二，黄溍说“尝闻唐子西”云云，可见黄溍引述了宋人唐庚的观点，认为六经不可学，作文当学司马迁。其三，黄溍对唐庚的说法既有继承，也有保留，其所保留之处，便在信中的“愚窃以为”之后，即认为“学司马迁，当自班固始”。黄氏认为要先从“不敢乱道”的班固入手，之后再学司马迁，便会“从心所欲而不逾矩”。

将两则语录与书信对比，便可知晓黄溍并不主张以六经为“作文之法”的先决，相反，黄氏其实更重视《史》《汉》的功效。同时，黄溍称引唐庚（唐子西），又为分析相关言说的深入提供了线索。唐庚之语，见诸宋徐度《却扫编》，因这段唐庚的议论关系到后文的讨论，姑将此段引述于下：

唐庚字子西，眉山人，善为文。常以为六经已后，便有司马迁，三百五篇之后，便有杜子美。六经不可学，亦不须学，故作文当学司马迁，作诗当学杜子美。二书亦须常读，所谓不可一日无此君也。尤不喜《新唐书》，云司马迁敢乱道却好，班固不敢乱道却不好。不乱道又好，是《左传》，乱道又不好，是《新唐书》。八识田中若有一毫《唐书》，亦为来生种矣。[2]

唐庚的这段文论影响颇大，不仅被后人托名编写《唐子西文录》时剽

[1]（明）宋濂．宋濂全集［M］．黄灵庚，编辑校点．北京：人民文学出版社，2014：2801.
[2]（宋）徐度．却扫编［M］// 景印文渊阁四库全书：第 863 册．台北：台湾商务印书馆，1986：797.

剟[1]，也被《竹庄诗话》《渔隐丛话》等书称引。在这段话中，唐庚指出了“六经不可学，亦不须学，故作文当学司马迁，作诗当学杜子美”，这成为黄潛立论的依据。同时，唐氏认为“司马迁敢乱道，却好；班固不敢乱道，却不好”的话，也被黄溍再书信中引述，但黄溍却认为班固更容易入门，这是二者观点的不同之处。

有趣的是，宋濂也曾在文中引述唐庚，但其中却存在误读。宋濂于明初所作的《吴潍州文集序》代表了其晚年倾向，在是文中，宋濂称许同门吴履善学《史》《汉》，并试图征引宋人唐庚的话作为导言：

> 唐子西云：“六经之后，便有司马迁、班固。六经不可学，学文者舍迁、固将奚取法？”呜呼！斯言至矣。[2]

值得留意的是，宋濂援引唐庚的话并说“斯言至矣”，在某种程度上是“欲抑先扬”，以此引出学司马迁仍不如学六经的观点。然而，由上文可知，唐庚却从没有说过“六经之后，便有司马迁、班固”的话，唐氏所首肯的，只有司马迁。在作文之法中重视班固的，实乃黄溍。

因此，宋濂引述的所谓唐庚的观点，与实际情况相比存在巨大谬误。其谬误所以出现的原因也不难推断：原来，宋濂本人从未读到过唐庚那段话的原文，而都是从黄溍的书信中了解到的。由于黄溍在信中既引述了“六经不可学，故作文当学司马迁”，也引述了“司马迁敢乱道，却好；班固不敢乱道，却不好”，并且劝其由班固入手，这就使得宋濂将两段话混为一谈，组合为：“六经之后，便有司马迁、班固，六经不可学，学文者舍迁、固，将奚取法？”从而比唐氏原文多出了班固的席位。

---

[1] 如四库馆臣即指出《文录》“其中记庚论《史记》《汉书》一条，与徐度《却扫编》所记庚语同，剽剟之迹显然”，故实出于徐度所记。参见纪昀，陆锡熊，孙士毅，等 . 钦定四库全书总目［M］. 四库全书研究所，整理 . 北京：中华书局，1997：2764.

[2]（明）宋濂 . 宋濂全集［M］. 黄灵庚，编辑校点 . 北京：人民文学出版社，2014：546–547.

二、语录龃龉间的心史与宋濂的思想变易

值得追问的是，宋濂在《吴潍州文集序》引述的唐庚之语，实际是黄溍的观点，那他为何不直接称引黄溍呢？其缘由在于，宋濂在标举唐庚的作文之法后，要对这一观点再加以批驳。在此文中，宋濂对吴履"善学迁、固"加以赞美之后，又说："虽然，立言如六经，此濂夙夜所不忘者。德基尚勖之，毋徒泥子西之言而自沮也。"[1]宋濂希望吴履能够在"二史"之外，更重视"六经"，并"毋徒泥子西之言而自沮也"。由前文的辨析可知，宋濂的所谓"毋徒泥子西之言而自沮也"，毋宁说是"勿徒泥于黄溍之言"。宋濂当然因为"为师者讳"而不会论及黄溍，于是将唐庚作为了虚设的靶子。但由于宋濂误将唐、黄二人的观点相混淆，于是出现了引用中的谬误。

由以上论证可知，在黄溍对于宋濂的作文教育中，更重视《史》《汉》的效用，并以班固为入门的起点。但是，晚期的宋濂更强调"六经"，于是在《白云稿序》《叶夷仲文集序》等文本中改造黄溍的语录，制造出"二史姑迟迟，盍先从事于经乎"的回忆，并引发出两则语录中的差异。从追忆的错位中，能够看到宋濂与乃师的文学教育观念已颇有隔阂。

尽管中年以后的宋濂有意淡化其师对于《史》《汉》的重视，但相关的文学教育早已发挥了作用。宋濂早年确曾对"二史"下过苦功，易代之际隐士陈樵给宋濂的书信中说："辱惠《家范》，阅《家传》，知景濂看《史记》《前汉》精熟。"[2]从宋濂本人的学养来看，也非"二史姑迟迟，盍先从事于经乎"的结果。

宋濂既要征引其师黄溍的语录，却又要在援用时加以改动，其间的复杂心态值得琢磨。其中的关键问题在于：对作文的学习究竟应该如何入手？而从语录的龃龉中也足以看出，浙东学人在传承的过程中，其教育思想并非一成不变。诸种迹象表明，宋濂至少在晚年时已推崇一种全以六经为法的教育思想。宋濂从游黄溍等人，目的本来就是"学文"，但他在回忆时有时却

---

[1]（明）宋濂．宋濂全集［M］．黄灵庚，编辑校点．北京：人民文学出版社，2014：547.

[2]（明）宋濂．宋濂全集［M］．黄灵庚，编辑校点．北京：人民文学出版社，2014：2802.

说“逮长，受经于黄文献公”[1]，这也是为了突出“经”的地位。宋濂为同门王袆作《华川书舍记》，文中提道：“士无志于古则已，有志于古，舍群圣人之文何以法焉？斯言也，侍讲先生尝言之，子充亦尝闻之。”[2] 侍讲先生即黄溍，可见黄溍也重视“群圣人之文”，但这也只能说是元代文人士大夫的常态；而将“经”作为学习作文的唯一重要文本，则更多是宋濂对乃师学说的修正。

易言之，被援用的语录未必是曾被真正言说过的内容，援用者因出于个人目的常会出现改动、制造语录的情况。宋濂援用语录称黄溍指示作文之法，应以“六经”为先的师训，便是一种后出的文本。宋氏所欲标榜的，是文法六经，而他意欲遮蔽的，却是自己早年长期浸淫《史》《汉》等文献的学文之路。

从各类文献可知，宋濂早年一度痴迷于古文辞之学。其《怀张山长》诗云：“忆在城南时，子与我同病。谈诗学韩翃，作赋追枚乘。自子别我去，不见今五十。”[3] 所谓“在城南时”，即“负笈婺城之南”，是受经说于闻人梦吉之时。彼时他已有“作赋追枚乘”之志，留意于兹。其后，他师从吴莱，其同门郑涛说“凡三代以来古今文章之洪纤高下，音节之缓促，气焰之长短，脉络之流通，首尾之开阖变化，吴公所受于前人者，景濂莫不悉闻之，于是其学大进”[4]，盖并非过誉之辞。尽管之后宋濂复就教于柳贯、黄溍之门，甚至时人因柳、黄位高名大而往往有意无意忽略作为宋濂早期老师的吴莱，但从宋濂的文学好尚和文集中现存的论学之语来看，宋濂的诗赋创作也受吴莱影响甚深[5]。而后，“及吴公既殁，先生复登柳、黄二公之门，二公之所传授，与吴公不异”[6]，这都勾勒出宋濂早年以古文辞为业的求学历程。

在二十余年之后，宋濂曾回顾吴莱关于作文之法、作赋之法的语录，本

---

[1]（明）宋濂 . 宋濂全集［M］. 黄灵庚，编辑校点 . 北京：人民文学出版社，2014：828.
[2]（明）宋濂 . 宋濂全集［M］. 黄灵庚，编辑校点 . 北京：人民文学出版社，2014：76.
[3]（明）宋濂 . 宋濂全集［M］. 黄灵庚，编辑校点 . 北京：人民文学出版社，2014：2436.
[4]（明）宋濂 . 宋濂全集［M］. 黄灵庚，编辑校点 . 北京：人民文学出版社，2014：2566.
[5] 左东岭 .《赠梁建中序》与宋濂元明之际文学观念的变迁［J］. 求是学刊，2020（3）.
[6]（明）宋濂 . 宋濂全集［M］. 黄灵庚，编辑校点 . 北京：人民文学出版社，2014：2319.

身即说明了古文辞在其早年求学经历的重要。此语录见于宋濂所编《浦阳人物记》的《文学篇》，在此篇中，宋濂不仅详述了其师柳贯、吴莱的行迹，亦在文后赞语中谈及私谊，并追忆吴莱的教导说：

> 濂尝受学于立夫，问其作文之法，则谓："有篇联，欲其脉络贯通；有段联，欲其奇耦迭生；有句联，欲其长短合节；有字联，欲其宾主对待。"又问其作赋之法，则谓："有音法，欲其倡和阖辟；有韵法，欲其清浊谐协；有辞法，欲其呼吸相应；有章法，欲其布置谨严。总而言之，皆不越生承还三者而已。然而辞有不齐，体亦不一，须必随其类而附之，不使玉瓒与瓦缶并陈，斯为得之。此又在乎三者之外，而非精择不能到也。"顾言犹在耳，而恨学之未能。因志诸传末，以谨其传焉。[1]

《浦阳人物记》作于元至正十年（1350）之后[2]，时宋濂已年逾四十，距其从游于吴莱相去已有二十年左右。然而，宋濂对于他向吴氏求教"作文之法""作赋之法"的对话依然念念不忘，其中存在诸多消息。其一，宋濂说"言犹在耳"，并要将其附录于此，"志诸传末，以谨其传"，说明了宋氏对该语录的重视与珍视。其二，宋濂说"恨学之未能"，虽为谦辞，却流露出了曾经有志于此的心迹。

在初学古文辞的阶段，宋濂将古文辞本身视作一种学术形态。放弃举子业而学习古文辞，这对宋濂来说是关乎人生路径的选择，而舍时文、攻古文辞，这其中也不无对辞章之学本身价值的体认和判断。在博取功名极难的元代，众多士人对时文之外的人生价值益加追寻，希望能在古文辞、理学、释道等学问中安身而寄命，抑或立名以不朽。如吴莱便"试礼部不第""身未试一官"，而"在元人中屹然负词宗之目"。[3] 宋濂早年对古文辞的热衷很纯

---

[1]（明）宋濂 . 宋濂全集［M］. 黄灵庚，编辑校点 . 北京：人民文学出版社，2014：2270.

[2] 任永安 .《评浦阳人物》与宋濂《浦阳人物记》关系考辨［J］. 信阳师范学院学报（哲学社会科学版），2018（4）.

[3]（清）纪昀，（清）陆锡熊，（清）孙士毅，等 . 钦定四库全书总目［M］. 四库全书研究所，整理 . 北京：中华书局，1997：2231.

粹，正如他后来说“攻为文章”的快乐真乃“一日不治，若芒刺肌，六气昏昏，精神不来”[1]，但这种体验在其后叙述求学经历时却被有意隐去了。

以语录援用为线索，能够牵连出宋濂对早年经历叙述的有意改造，这与语录文献作为一种高密度文本的属性有关。因为师生之间的绝大多数对话已经随风而逝，能被作为格言得到援引的言语少之又少，这使得被援用的语录具有稀缺性与珍贵性，凸显出它是被生徒珍视的文本。换言之，从援用语录的生成过程来看，语录被言说、记忆、凝定、援引的机制，意味着它是教育活动的某种珍惜遗存，与教育实际相比具有高度的浓缩性。在此意义上，宋濂援用其师语录的语例，可以作为揭示其如何看待早年接受文学教育经历的关键内容。

三、语录的“悬置”与宋濂对文学教育的反思

宋濂对师者文学教育语录的援用，意在展现某些文章的轨则，传达着援用者所认可和推崇的文学思想。同时，语录的援用行为是一种当下与过去的对话。援用者征引语录，目的在于表达此刻的文学思想，这使语录的援用史，也成为其文学思想的言说史。由于语录文献的特殊性，对语录援用现象的连缀与剖析，能够弥补某些正面言说文学思想不足的状况，从隐微中勾连出一些文学思想的细节。

前文的两个章节涉及宋濂学文的经历，而在他援用的师者语录中，也有涉及诗歌的内容，不过非常简略。如宋濂在《刘彦昺诗集序》中回忆自己的学诗经历时说：

> 呜呼，予昔学诗于长芗公，谓必历谙诸体，究其制作声辞之真，然后能自成一家。[2]

---

[1]（明）宋濂 . 宋濂全集［M］. 黄灵庚，编辑校点 . 北京：人民文学出版社，2014：73.
[2]（明）宋濂 . 宋濂全集［M］. 黄灵庚，编辑校点 . 北京：人民文学出版社，2014：513.

“长芗公”即吴莱，宋濂此处将吴莱的诗学指授归纳为“历谙诸体，究其制作声辞之真”，意在强调取法诸家的必要性。其实，这是一则被高度概括的语录。郑涛的《宋太史诗序》曾追述宋濂初见吴莱时的经过，并述及吴氏的指授为：“学诗当本于《三百篇》，夙夜优柔厌饫，分别六义，有以识其性情之真；而后沉酣《楚词》，潜泳汉、魏诸什，以察其变；参摩六朝、隋、唐，讫乎宋季，以审其别……”[1] 吴莱不仅强调要读历代之诗，而且还要注意体裁、音节、辞句、气象、奥致等各个方面，这代表了吴氏重视文学知识与积淀的诗学教育观。在宋濂的语录援用中，仅仅将其归结为“历谙诸体，究其制作声辞之真”，这固然是一种简洁性说法，但却使其说法极为笼统，让他得自师授的学诗方法并未得到传扬。

其实，不仅宋濂对于其师有关学诗的语录引用得很简略，如果考虑到宋濂在《浦阳人物记》中援用“作文之法”“作赋之法”的语录发生于元末，而宋濂在《白云稿序》《叶夷仲文集序》等文献中援用的黄溍语录又颇多改易，可以说，宋濂在中年以后对其早年师训是较少言及的。尤其是在入明以后，宋濂“以盛名为当世师尊”，但他却在各类文本中甚少提及师说。例如，宋氏最得意的弟子方孝孺回忆说：

> 金华刘养浩，与余俱学经于太史公。公教人为诗，必以三百篇为本。养浩之诗，公之所称而取者，其不失古之意可知也。[2]

对于诗学，宋濂教授学生“必以三百篇为本”，以《诗经》作为典范，这与吴莱为生徒历数古今佳作，要求穷其体裁的指教极为不同。更进一步说，宋濂与其师在诗学指授方面的不同，其实与他重塑黄溍传授学文之法的思路是一致的：皆是要以经书作为写作的圭臬。

师辈们关于诗文的指授，构成了宋濂早年学习经历中极为重要的内容，但他援用语录的案例不仅不多，且多有对其改易、简略之处，其中隐含着宋

[1]（明）宋濂．宋濂全集［M］．黄灵庚，编辑校点．北京：人民文学出版社，2014：2318.
[2]（明）方孝孺．方孝孺集［M］．徐光大，点校．杭州：浙江古籍出版社，2013：466.

濂文学思想的演变。无论黄溍还是吴莱，他们对宋濂的文学写作都有具体的指导，但宋濂在追忆时却有将其淡化的努力。而追忆与实际之间的缝隙，正是浙东文人文学传承中的嬗变之处，也是宋濂的反思意识发挥作用之所在。中年以后的宋濂与师辈之间教育思想的最大不同，即在于对“文学教育”的态度有所差异。在宋濂看来，以文学文本为途径的教育功效甚微，甚或有弊，而希望以经学教育等偏于义理范畴的教育笼罩一切。这成为他在语录援用时对实情进行改易的原因。

原道、宗经是古代文论中的重要理念，但历代文人在这堂皇的宗旨之下，对“文学教育”是否有必要开展、如何开展却有不同的看法。从黄溍、吴莱等元末浙东巨擘的言论来看，他们虽然尊经，但仍然讲求对诗古文辞的文法讲求。与此迥别，晚期宋濂教育主张的突出特征，便是对依托于文学文本的“文学教育”秉持怀疑、批判态度，他对“以文学文”的教习方式尤为排斥。“以文学文”的表述乃是宋濂的发明，他在《朱悦道文稿后题》中说道：

> 盖古人之于文，以躬行心得者著为言。言有醇疵，但系乎学之浅深尔。后世则不然，以文学文，皆億度想像而为之。[1]

宋濂将“文”的写作分为两种，一是古人的“以躬行心得著为言”，一是后人的“以文学文”。前者是文的自然流出，后者是对文的刻意攻习。宋濂拈出“以文学文”，便是有意取消文学教育的必要性。

与“以文学文”相对举的是学六经之文。经书向来被视作“至文”，宋濂也说“天地之间有全文焉，具之于五经，人能于此留神焉，不作则已，作则为天下之文，非一家之文也”[2]，而一旦成此“天下之文”，则“其视迁、固，几若大鹏之于鷦鷯耳”。这种态度，与其早年向黄溍请教“为文专法《史》《汉》”真不啻天壤之别了。在晚年为后学所作的《文原》中，宋濂又

[1]（明）宋濂．宋濂全集［M］．黄灵庚，编辑校点．北京：人民文学出版社，2014：826.
[2]（明）宋濂．宋濂全集［M］．黄灵庚，编辑校点．北京：人民文学出版社，2014：492.

增加了几部辅翼经书的典籍，他说：

> 六籍者，本与根也；迁、固者，枝与叶也，此固近代唐子西之论，而予之所见，则有异于是也。六籍之外，当以孟子为宗，韩子次之，欧阳子又次之。[1]

宋濂贬抑迁、固，却在六经、孟子之外又标举韩愈、欧阳修，同样是看重他们文章中的义理，认为它们是通向圣贤之道的达道。经书所以被看重，在于蕴藉文本之内的义理，而一旦掌握这些精义，便可发而为文。正如宋濂说："道充于中、事触于外而形乎言，不能不成文尔。"[2] 经书固然是文的典范，但后来者不应"摹效其语言"，而是明乎其道，从而像往圣那样自然成文。在《文原》中，宋濂说"予之所见"异于"近代唐子西之论"，仍可与前文中援用黄溍语录的案例相对读，从中体味宋氏逾越师说之外的独见。这些思想动向正是宋濂追忆教育经历时出现龃龉的深层原因，也消解了他再将师辈论文语录进行传承的动力，从而导致那些精彩的语录受到悬置。

宋濂自身长期接受文学教育，但后来却对以文学文本为介质的文学教育报以反思，这显示出其对理学的深度接受和向义理之学的转变。在后世有关浙东文人的评论中，清人全祖望的《宋文宪公画像记》特别知名。全氏议论婺中学术至许谦已经"渐流于章句训诂，未有深造自得之语"，是为婺中学统之"一变"；而黄溍、柳贯、吴莱等"遂成文章之士"，是婺中学统之"再变"；至宋濂"而渐流于佞佛者流，则三变也"；其后，"犹幸方文正公为公高弟，一振而有光于西河，几几乎可以复振徽公之绪，惜其以凶终未见其止，而并不得其传"，是为易代前后婺学之后继。[3] 全氏将宋濂视作"佞佛者流"、而与其师辈间存在变易，其实不完全公允。如其师黄溍、柳贯也与释家关系密切，像宋濂的《跋清凉国师所书栖霞碑》《体仁守正弘道法师金君

---

[1]（明）宋濂．宋濂全集［M］．黄灵庚，编辑校点．北京：人民文学出版社，2014：2004.

[2]（明）宋濂．宋濂全集［M］．黄灵庚，编辑校点．北京：人民文学出版社，2014：659.

[3]（清）全祖望．鲒埼亭文集选注［M］．黄云眉，选注．北京：商务印书馆，2018：315.

碑》等与佛教有关的文章便是代黄溍而作，与佛教的密切也是元代许多士人的共性。与其师辈真正有所不同的，实是宋濂在其师辈“遂成文章之士”与生徒辈“几几乎可以复振徽公之绪”之间的转折地位。从宋濂对前辈语录的悬置和对于文学教育的反思意识中，可以清晰地看到宋氏在浙东文学传承中居于转捩的特殊位置。在这个意义上，语录的援用情况有如一面镜鉴，能够显映出文学家思想转变的诸多内涵和文脉传承的走向。

高步瀛与近代国文转型

——透视清末学部编小学国文教科书

程　园[1]

［摘要］ 本文聚焦桐城派末代古文家高步瀛任职清末学部编译图书局期间参与编撰的第一套官定小学国文教科书及相关教授书，在考证高氏早年行述的基础上，钩沉以高氏为代表的直隶士人在“存续国粹”与“普教国民”的张力中定义“国文”学科意涵的过程，呈现近代蒙学—国文转型与文—语嬗变的内在逻辑。

［关键词］ 高步瀛　部编教科书　国文转型　文语嬗变　国粹　国民

进入20世纪，传统文章学激于时势应对，变化日剧。1905年科举遽废后，末代古文家选择的“现代志业”多在文教领域。他们在疾风暴雨的时代激变中奋力思索，一方面以自身为主体，对接西学新知，参与乃至主导新的文教制度塑造，另一方面在文运升降、文教转型的辗转腾挪中推动传统文脉本身的保存接续与现代转化。在这些因应时代的转型尝试中，高步瀛的文教思考与实践值得关注。

高步瀛（1873—1940），字阆仙，河北霸县人。其颖慧勤奋，少时即有神童之名。及稍长，先习经史，于清光绪二十年（1894）乡试中举，遂主讲定兴书院。后受到桐城派吴汝纶赏识，极赞其骈文，遂从吴受业，学识大

[1] 程园，北京师范大学文学博士，现供职于中国大百科全书出版社社科学术分社。

进。清末民初，高步瀛投身新式教育，先后任教于畿辅大学堂和保定优级师范学堂，并于1902年赴日留学，卒业于宏文学院速成师范科。回国后，他先任直隶省视学，后供职于学部编译图书局，辛亥后任职教育部，曾任社会教育司司长。1921年始，高步瀛至国立北京高等师范学校兼任教职，1926年后更辞去教育部公职，成为多所大学的专任或兼职教授。1940年11月因病逝世。

高步瀛的学问博通精深、著作等身。但与吴闿生、姚永朴、姚永概等同辈古文家相比，高氏的经历与思想有其特殊性。目前的研究多聚焦高氏编纂《先秦文举要》《两汉文举要》《魏晋文举要》《南北朝文举要》《唐宋文举要》等系列断代古文选注本的功力和影响力，但对其早年任职清末学部编译图书局、参与近代第一套官定小学国文教科书的编纂、致力于启蒙新知与融通雅俗的普及教育的这一段经历关注较少。清末“国文”一科最初设立于1878年上海正蒙书院。[1]1904年清政府颁布“癸卯学制”后，“中国文学”正式成为官定学科。而1905年学部成立后由下设编译图书局编纂的系列国文教科书则是具有“示范”意义的首部“国定本”国文教材，对现代语文科制及范式的奠基性不言而喻。

此套部编小学国文教科书包括《初等小学国文教科书》及其配套的《教授书》《初等小学堂四年完全科国文教科书》《初等小学堂五年完全科国文教科书》《高等小学国文教科书》，从《初等小学国文教科书》第一册出版（1906）到高等小学教科书逐次出齐（1910）花了四年时间，而在此期间及之前，学部同时在持续审定民间各版本国文教科书以敷用，并积极吸收民营书局的编撰经验，以求为废科举后的普及教育提供具有相当水准的国文课本。

但相比于对彪蒙书室、文明书局、商务印书馆、中华书局等民营书局和出版机构的重视，以及对倾向激烈文化改制的新知识人群体的聚焦，清末学部编系列国文教科书并不占据目前对清末民初教科书研究的主流，甚至国定

[1] 教育大辞典编纂委员会.教育大辞典（第1卷）教育学、课程和各科教学、中小学校［M］.上海：上海教育出版社，1990：310.

本教科书亦被疑抑，在当时甫一出版发行即被指摘："何为教育？何为教科书？皆非彼（学部编译图书局官员——笔者注）所注意也。……校勘者大概词林中人，不知教育为何物，持笔乱改……"[1] 这种论断实际并不公允。[2] 在晚清民初新旧对立的文化权力博弈中，持新驳旧乃易代之际激烈斗争的产物，却并不能从细处体察稳健的文化建制派隐微的深意蕴含。客观来说，部编本自上而下推及全国（除中部省份外，更远至陕西、新疆、甘肃、四川、广西、云南、贵州等），其市场占有率和影响力都很大。原在商务印书馆任国文部编辑，后创办中华书局的著名民间出版人陆费逵也不得不承认："在光复以前，最占势力者，为商务之最新教科书、学部之教科书两种。"[3] 这充分说明此套教科书具有再审之必要。本文拟以高步瀛为代表的直隶士人对此部国文教科书及相关教授书的编纂经历为切入点，透视古文脉络在近代国文观念生成与文教转型过程中的"显影"与"遮蔽"，以及作为一体之两面的传统文章散逝与现代学科更生。

一、部编国文教科书的直隶色彩

光绪二十九年（1903）[4]，高步瀛经保定学校司选送，赴日本宏文学院学

[1] 江梦梅 . 前清学部编书之状况［M］// 张静庐 . 中国近代出版史料 . 上海：上海书店出版社，2003：211. 原题为《现行教科书制度与前清之比较》。

[2] 今人王昌善已以翔实的史料证明当时在学部编译图书局就职诸员学养之深厚、教育经历之丰富（拥有进士传统功名的达 49%，有国外游学或考察或国内新式教育经历的达 47%，两者兼有的达 16%），编书程序之合理（研究—讨论—编译—校勘—试验—众议—修改），并非如江梦梅文中的揣测之论。见王昌善 . 我国近代中小学教科书编审制度研究［D］. 长沙：湖南师范大学，2011：117-122.

[3] 陆费逵 . 论中国教科书史书［M］// 张静庐 . 中国近代出版史料 . 上海：上海书店出版社，2003：213.

[4] 高步瀛赴日留学时间，据《严修东游日记》中的记录，推断为 1902 年。如其壬寅（1902）东游日记中于六月十六日（7 月 28 日）载："……张右卿、高阆仙、赵次原、胡玉孙、刘竹生、芸生、徐毓生、李芹香、华芷舲先后来谈，至夜十时乃散。"详参严修 . 严修东游日记［M］. 武安隆，刘玉敏，点注 . 天津：天津市人民出版社，1995：223. 但据陈宝泉日记及相关研究论著，则更可能为 1903 年。如陈宝泉曾记述："癸卯秋，随同人东渡（共二十人，王砚泉先生率之行）。"详参陈宝泉 . 五十自述［M］// 璩鑫圭，童富勇 . 中国近代教育史资料汇编 教育思想 . 上海：上海教育出版社，2007：780. 孙雪梅所著《清末民初中国人的日本观：以直隶省为中心》（天津人民出版社 2001 年版）亦持 1903 年说，见其整理的《清末民初直隶省官民东游者一览表》，氏著第 219 页。本文暂从后说，待另文详考。

习速成师范并考察日本教育管理。22 岁（1894）即考中顺天乡试举人，从吴汝纶受学后越发在经史文章间精进邃密的高步瀛，于光绪二十七年（1901）被聘为保定优级师范学堂教席，开始投身新式教育，同时在学问视域上兼及中西。1906 年之前，在羸弱的清王朝救亡图存的巨大焦虑与新教育蹒跚学步、各级学堂师资不足的现实应对中，留日“速成教育”成为应急之策，高步瀛赴日留学即属于此风潮中较早的一批。虽仅在日本学习 9 个月，但教育新知的获得与中西视野的建立为高氏之后的教育实践做了极为重要的理论准备。速成普及教育的启发，亦为其思考传统蒙学向现代启蒙教育的转型提供了比较的视域。

与高步瀛同期赴日者，还有日后与他同在清学部、民国教育界共事，相携半生的好友陈宝泉，其由天津选派赴日。在日期间，速成教育师范生亦与当时在直隶已很有影响的教育主政者严修颇有往来。其前一年，尚有以京师大学堂总教习身份赴日访问学制的乃师吴汝纶。虽层级不同，但前后相继、声气呼应间，已大体可见清末民初以直隶为中心的新兴文教氛围与格局。晚清教育改革以湖北和直隶两种地方样板最有成效，并形成统系、模式之争。湖北模式以张之洞为核心，其出身清流，后以督鄂疆臣主导文教新政，更通过“江楚会奏”促成江鄂同盟，形成与“北洋”的对峙。而同时期的直隶模式则以直隶总督袁世凯为核心，但其背后更牵涉清中期以来曾国藩—李鸿章—左宗棠所开辟的北洋军功统系，以及以莲池书院为中心的北方桐城文教传统。两种模式虽都借鉴近代日本教育经验，但“对西方、日本教育理论和实践的认识及运用却各有不同。具体表现为，湖北着重经世致用，在注重发展实业教育的同时，十分强调经学对统治基础的维护作用，故有存古学堂的设置及增加读经课时之举；而直隶的兴学观念与具体做法和西方、日本的经验更为接近，以开民智为主要目标，大力推广国民教育”[1]。两种模式都对当时中央层面文教制度的制定与落实施予了强烈影响，可以说，清末新政后次第更张的朝章国策，不仅是朝堂旧派与改革新臣之间相互牵制、协商的产

[1] 关晓红．晚清学部研究［M］．广州：广东教育出版社，2000：176.

物，同时也是不同新学背景的顶层设计者携属地兴学经验参酌合作、斗争妥协的结果。

1905 年科举既废，清政府旋即设立学部，成为近代第一个独立统筹管理全国教育事业的最高行政机关。学部附设编译图书局，其重要工作之一即为研究编写“统一国之用”的各级教科书。首任学部尚书是与袁世凯私交笃厚的荣庆，而在直隶教育兴革方面成绩斐然的严修经袁世凯保奏就任学部侍郎，成为学部创始期诸多决策、政策的实际制定者。因此可以说，学部建立伊始的直隶色彩对第一部国定本教科书的编纂更具决定性影响。前此颁布的《奏定学堂章程》（1904）虽系张之洞移植湖北学制而定，确定了清末最后几年的文教方向，但“不能大有更张，故多从实施入手”[1]的策略使得严修等直隶系主政者在实际贯彻落实中多能进行变通甚至更改，重视开启民智的普通教育理念更多蕴寓其中。高步瀛留日归国后，先任直隶省视学委员，协助当时正主持直隶省学务的严修工作。严氏进入学部后，高步瀛亦调入学部编译图书局，入职国文股，成为清政府主导出版的第一套新式教科书的实际编纂者之一。1907 年 9 月后，张之洞虽奉调入京出掌学部，并在高层人事上做了更动，但在具体学务教务的执行层面，直隶的影响仍然较大。比如，据学部 1909 年《编译已成书目表》和职员《履历表》显示，负责编纂各级国文教科书、教授书及简易识字课本的国文股职员包括刘焜（浙江兰豀）、杨兆麟（贵州遵义）、黎湛枝（广东南海）、陈云诰（直隶易州）、高步瀛（顺天霸州）、曹振勋（直隶安州）、王用舟（直隶定州）、张景山（直隶衡水）、章梫（浙江宁海）9 人，其中籍贯属直隶省的占多数。[2] 虽然学部出版的教科书在公开发行时皆不署具体的编纂者姓名，但从《学部官报》的记载来看，高步瀛实际参与编写的教材包括《初等小学国文教科书》《初等小学国文教授书》《高等小学国文教科书》《简易识字课本》多部，[3] 大体属于启蒙教育和

---

[1] 陈宝泉 . 退思斋诗文存［M］// 沈云龙，编 . 中国近代史料丛刊（566 辑）. 台北：文海出版社，1970. 转引自关晓红 . 晚清学部研究［M］. 广州：广东教育出版社，2000：168.

[2] 第二次学部编译图书局备览［J］. 学部官报，1909（99）；第二次学部编译图书局备览［J］. 学部官报，1909（97）

[3] 第二次学部编译图书局备览［J］. 学部官报，1909（99）.

初创的社会教育领域，亦大体延续了乃师吴汝纶《东游丛录》中经反复思索而认定的以普教国民为“存文”前提的文化思路。与湖北张之洞一系在新旧兼综中仍偏于旧，以经学为体实业为用的坚持相较，直隶兴学改革无疑对民族国家结构主导下教育的现代性有更多认同，对寓于国文教学之中的召唤国家意识、生成国民主体的意涵与功能也有更多措意。后世回望，这新旧兼综中偏于新的立场和态度，大体稳定地贯穿并主导了晚清民初政教更替期国文学科的现代生成。

首部国定版小学国文教科书在课文的题材设置上既“忠君、尊孔”，又“尚公、尚武、尚实”，强调“实行国民教育”，此中诸要点是严修在清末立宪政局中拟定的核心教育宗旨，其中可看出直隶系教育顶层设计者在不违背帝制要求下既“保存我数千年立国之精神，又期吻合近世教育国民之主义”[1]的兼顾折中之功。然而，教科书中，将《大清龙兴》(《初等小学国文教科书》第七册第一课)、《忠君爱国》(《高等小学国文教科书》第一册第十五课）与《周公》(《初等小学国文教科书》第四册第九课)、《君子行》(《初等小学国文教科书》第四册第十一课)，以及《避雷针》(《初等小学国文教科书》第四册第二十二课)、《地球五带》(《初等小学国文教科书》第四册第九十八课）等内容参差混杂编排，遂有当时所谓“学部教科书恶劣之声，不绝于教育社会。……分配之荒谬，程度之参差、大为教育界所诟病”等批评[2]，但考虑到批评的声音多来自民间出版人以新驳旧，甚至贬人扬己的逻

[1] 学部奏颁布初等小学教科书折［M］// 大清新法令 1901—1911 点校本 第 7 卷 . 上海商务印书馆编译所，编纂 . 北京：商务印书馆，2010：97.

[2] 江梦梅 . 前清学部编书之状况［M］// 张静庐 . 中国近代出版史料 . 上海：上海书店出版社，2003：210. 原题为《现行教科书制度与前清之比较》。另有出版人陆费逵所作《论学部编纂之教科书》一文，亦指出部编国文教科书“多不合儿童心理”“间有局于一隅之处，不合普及之意”“教授书失之高深，教员生徒皆受困苦”等八个问题，见《广益丛报》1907 年第 139 期。但若考虑到学部在审定民间教科书时亦批评坊间各书质量良莠不齐、出版机构唯利是图、西人以资本干预教育主导权等问题，当可将此种互相攻讦归于新旧立场之下的偏激之词，如前文所述。陆氏另有《论国定教科书》一文，亦疑“一部之资本几何，一部之人才几何，果能尽兼众人之长乎？宦海中人，从事著述……果能以一人手尽掩天下目乎？”但此文实作于学部诸教材尚未面世之时，主旨仅在说明论证“我国今日之教科书，决不可国定”，而“监督审定”可矣。可见民间出版人本即心存对所谓“国定”教科书制度的绝大偏见，而后续教材出版后之诸种指责亦多延此“异见”焉。见陆费逵 . 陆费逵自述［M］. 合肥：安徽文艺出版社，2013：203-207.

辑，因此可以说这类立场性争论仍然未能细致比对和体察部编国文教科书在具体编纂过程中的别有立意，对其中潜在的文化裂痕亦未准确认识。“部编”性质使其并不像当时在坊间盛行的民间教科书那样有更为自由的赋值空间，但细审民元后在教育部各司局任职、从而对20世纪“国文—国语”这一文教格局的嬗变更定发挥持续重要影响的决策者，其中不仅有蔡元培、蒋维乔、张元济等具丰富一线教育、出版经验的新知识人，更有从旧制度中顺承而出的诸多教育设计者。1912年4月24日，民国教育部第一任教育总长蔡元培发布《接收前清学部谕示》：“本部未成立以前，须先派员接收学部事务，以便重行组织”，所派出的18人，皆为原学部旧员，其中，派“高步瀛接收图书局事务”，并在《谕示》中特别规定，“该员等自接收之日起，即应按日到署，各司其责”[1]。高步瀛在教育部任职多年,1915年起更担任社会教育司司长，承续近代直隶模式之启发民智、普及教育的关注，致力于“改良旧剧，编写新戏，设历史博物馆，创通俗图书馆、模范讲演所、通俗教育研究会，编著通俗教育书籍等”[2]，其所著《侠义国魂》《立国根本谭》《国民须知》《国民常识》等通俗讲演读物，都与其在学部所进行的教育研究和教科书编纂经历一脉相承。因此，要深入理解传统蒙学到小学国文的观念重构机理，剖析20世纪初从国文到国语脉络转换的内在线索，当时发行量巨大的部编国文教科书无疑具有重审的价值，而除了以上清理此教科书产生的制度、地域、学脉等外部背景外，深入内部的考察应是更为重要的一环。

二、“如何识字”：蒙学转型中的文化裂变

与高等小学堂、中学堂、师范学堂等更高学程国文课程当中“文学专门”特性的强调以及或“宗经”或“重文”之类选文标准的进退争持不同，初等小学堂的国文教学首先要思考和重新安排“如何识字”这个重要问题。

---

[1] 高平叔，编．蔡元培全集 1910—1916：第2卷［M］．北京：中华书局，1984：155-156.

[2] 高步瀛．博大精深的训诂考据大师［M］// 王同策．同策丛稿——古籍和古籍整理．上海：上海古籍出版社，2016：133.

教儿童认字说来简单，然一旦被纳入现代国家教育的一体性规划，其便难以与整体文化的转轨纯然无涉。毋宁说正是在“如何识字”这一国家规划的临界时刻，整一化的教学行为才会成为形塑“儿童”这一现代准主体，并为之重设知识视域以及自身与知识、世界的位置与关系的断裂点。而学部编小学国文教科书正可看作这一“风景”初现的临界时刻，历史转轨的机制与古今透视的罅隙皆隐然其间。

在传统蒙学中，识字教育是语文教育的重点，其特点是先以集中识字的方式使儿童认识大约两千个汉字，以奠定阅读的基础。这一过程一方面“先取象形、指事之纯体教之”[1]，并逐渐以合乎汉字构造的规律授之，许慎《说文解字·叙》中有所谓“八岁入小学，保氏教国子，先以六书”，即是指此；另一方面以“三、百、千、千”(《三字经》《百家姓》《千字文》《千家诗》)作为儿童最初的识字教材，令其知日用、习见闻、识义理。当然，蒙学中关于社会生活的常理见闻与近代由西方传入的各科知识并不同质，其中除“多识草木鸟兽之名”的格致启蒙之外，多从扫洒应对、待人接物等人格与伦理教育入手，以作为之后经学研修和义理知行的基础。如《千字文》中“天地玄黄，宇宙洪荒。日月盈昃，辰宿列张。寒来暑往，秋收冬藏”等文化常识和《三字经》中“香九龄，能温席。孝于亲，所当执。融四岁，能让梨。弟于长，宜先知”等礼仪教诫，所用汉字虽首先依循常识和义理传递的目标而并没有选择结构笔画最简单的那些，但将生字最大限度地做了条贯合理的编排，使之通顺可读、意义彰显、学之有味，乃成为能够实现集中识字的关键。而从语言特点的教授和文化审美的濡染而言，此种识字教育还充分利用和展示了汉字单字单音、四声平仄的特点，读之整齐押韵、朗朗上口，使儿童感受到汉语文声音节奏的美感，虽内容通俗易懂，却也令学童初步体会到书面文字文章的雅顺畅达与气脉贯通。可以说，这种将构字原理、知识义理、语言特点、审美教育统摄于整体性人文训育的方式正是蒙学在长期实践中积累的优势，当然也是其与近代天演公理、分科意识和科学新知最不相协

[1] 王筠．教童子法［M］// 璩鑫圭等，编．中国近代教育史资料汇编 鸦片战争时期教育．上海：上海教育出版社，2007：397.

调而被诟病之处。

部编小学国文教科书问世前，中央层级只有《奏定学堂章程》下的《奏定小学堂章程》可作为各地教学的参考依据，主要是张之洞一系读经存古的意志体现，但其从颁布初始便遭到批评。由维新派士人主导的《时报》于1904年5月发表《奏定小学堂章程评议》，针对初等小学堂“读经讲经科十二时，中国文字四时”的规定而评论曰：

> 窃以为小学者，授人以浅近之普通知识与浅近之普通文字者。……初级小学经学多而文字少。……非毅然删去讲经读经一科，……则诸科之分配，必不能完备。[1]

近代日本国民启蒙、国族崛起的“示范”作用使明治日本的“普通学”观念引入国中后即迅疾占据小学阶段国文课程的学科定位，具有普及教育功能的国文应当为全体国民提供“浅近”的“普通知识与普通文字”，而不是“取难遗易”，阻碍民智之进步。因而依此逻辑，当时甚至颇有追求“速效”而以“官话字母”“简字”等方案造成“言文一致”之国语国文的思潮。部编国文教科书当然首先要依从读经讲经的意识形态要求，也因此被认为保守落后，逊色于当时的民间国文教材。但深入细析则又大不然。此套国定教科书一方面反对弃用汉字等文化极端举措，坚持民族文化本位，另一方面尽力在“经学”与“普通知识与普通文字”间折中调和，从深层机制上已经呈现出“在经学教诫的讲述中依义理识字”向“在普通知识的氛围中识普通汉字”的思路转移。而识字机理与取字原则的巨大变化背后，是公理知识论对天理世界观的置换，亦是对西文西语逻辑的意识内化，并成为文言（文）—白话（语）转型、言文一致得以发生的内在动因之一。对此国文教科书的考察，或许可为白话文运动之前的文语裂变史提供一条逻辑线索。以下分别言之。

---

[1] 朱有瓛 . 中国近代学制史料（第 2 辑上）［G］. 上海：华东师范大学出版社，1987：201–203.

（一）“识字”教学背后的知识背景转换反映了传统天理观到近代知识论的转变，而此种转变的原因之一，则是清末短暂政治均势造成的意识形态均势。具体而言，《奏定小学堂章程》后“读经讲经”“中国文字”“算数”“历史”“地理”“格致”等独立设科的实现，表面上似乎改变了传统蒙学将文字、知识、义理混同教授的负载，实际上不过是通过中西交汇的契机，使主导世界的新的知识感觉将“格式化”的步伐延伸至“落后”东土，来重新设定“如何启蒙”的结果。清末最后十年帝制与宪政处在微弱的政治均势之中，这使得部编国文教科书在满足“忠君”这一“符号性”要求的基础上，实际上是以去政治化的表象维持此种政治均势，为新的知识观念的进入提供了条件。“风景”的建立以新史的开启掩盖了旧史的断裂，因此，蒙学转轨的进步性中同时藏孕着文化裂变的潜在危机。

以部编《初等小学国文教科书》第一册为例，其大体可对应古代蒙学的识字阶段。教科书先以“人”（第一课）作为识字的起点，置换了从“天地”讲起的整个世界观，然后即以“山水”（第二课）、“日月”（第三课）、“花草竹木”（第七课）、“牛羊犬马”（第八课）、“鱼燕蜂蝶”（第二十四、三十、五十四课）等大量简单常识用字为儿童构建起一个看似十分纯净的“自然世界”。与当时号称赞誉最多且最为盛行的商务印书馆《最新国文教科书》仍然以“天地”二字作为识字起点相比，部编本反而显示出对天人易位、人文氛围的大胆援引。而根据配套的《教授法》，在讲授这些汉字时，教师要为儿童阐释每个字所对应的客观事物，并告之以其物理性质、现实功用。如在认识“水”时，教师讲授曰：“水流就下，流时有波纹；水本无色……人及动物一日不能不饮水，但人饮水时，须用已经烧沸之水，于卫生方有益……水可洗物，使洁衣服、器物……植物得水始能生长……水中生产之植物，如莲藕菱芡及水藻等，可供食用……”[1]，从而将“水”这个汉字置放于近代人文主义和知识论、工具论的背景中，以自然科学为主导的外在语境代替了汉字的内在构造原理，塑造了儿童接触文字世界的第一感觉。加之西学中“看

[1] 学部编译图书局，编纂．初等小学国文教授书：第一册［M］．上海：江南官书局，1907：9.

图识字”方式的普遍引入，学童得以方便地将文字符号与客观事物简单对应，而传统中不断回溯的“仰观俯察”“近取诸身、远取诸物”的文字文化的源头性叙事从根基处被摒弃。

汉字起源故事作为汉民族文化的元寓言，形象地呈现了一种文化生成原理，通过对远古祖先造字的不断模仿，重现了汉文化经由文字使“天地万物之情状……隐然括于其中”[1]的对自然万物的独特认知和把握方式。程颐《语录》云：“凡物之名字，自与音义气理相通。……如天之所以为天，天未名时，本亦无名，只是苍苍然也，何以便有此名？盖出自然之理，音声发于其气，遂有此名此字。”[2]作为一种“人为”，赋予万物以名字的前提是自然之气理在万物与人之间的叠印与沟通，因此，命名行为在根本上是对天地之气理的顺承，造字的原理亦是对万物的模仿和象征。在此种自然与人文的关系中，人是通灵的中介，亦与自然同构同根，这与西学中与人相对立的、作为观察物的客观“自然”截然不同。由此亦可推知，传统“左图右史”中牵系灌注的饱满的精神气韵与“看图识字”中名实二元的图文对照殊为不同。对处于教育起点的儿童而言，不同的启蒙方式从根本上塑造了不同的文化思维结构，传统蒙学教育中经由具体之字句而向上深契于诗文礼义甚至天地万物中微妙之气脉神韵和独特意义世界的文化属意，由此失落于现代教育。这也意味着近代公理不仅主导西学数理类学科，还越界至各民族人文领域，以达到统一规划世界范围内所有知识的目的。

（二）从构字取字的维度来看，识字的义理优先性已经转变为对儿童接受能力的想象性契合。清末教育者所认为的最初所识之字，当依据何种原则来选择划定？新知识人多年后都不断追溯同一个讨论场景：

> 采用之字，限定笔画。吾人回想启蒙时读书，遇笔画较多之字，较难记忆；故西人英文读本，其第一册必取拼音最少之字。然我国文字，则无拼音，因参酌此意，第一册采用之字，笔画宜少；且规定五课以

[1] 姚永朴．文学研究法［M］．南京：凤凰出版社，2009：5.

[2] 程颢，程颐．二程集：第1册［M］．北京：中华书局，1981：9.

前，限定六画；十课以前，限定九画；以后渐加至十五画为止。[1]

生字要依笔画数而循序增加，强调要“合儿童之心理”。从部编国文教科书的生字表来看，其选字原则亦是如此。这一识字原则模拟西方拼音文字由字母多少决定难易程度的心理多未被仔细审查。不仅如此，对“儿童—成人”的进化论式想象还使编纂者严格限定识字数量，造成小学国文识字总量太少，这与传统蒙学利用儿童记忆力最强的一两年中集中识字至少两千的规划大相径庭。同时，国文课堂所追求的读写同步置换了蒙学中识字、习字分离的传统，这亦是对西语西文读写一致认知方法的直接援用，但却使缓慢的书写练习进一步拉低了识字的进度。因此，清末“自强保种”背景下启蒙民众的教育目标虽已贯穿于国文初级阶段的课程意图，但仿照西学而采用的新式识字法却在实际效果上放慢了普及的速度，此中矛盾所体现的汉字繁难意识[2]实为一种意识构造，是包裹在进化论、文明等级论之中的西方中心主义将其历史逻辑与感知模式植入后发现代国家教育创制之中的结果。

部编《初等小学国文教授书》第一册还在“凡例”部分提及，教师要“提示详说实物之形状功用及文字之读法、写法，读法以发音明确为要，写法以起笔先后为要”。文字的读法要“发音明确”，这与《讲授法》各课示范讲义中一再强调的教师的字音“范读”“正读”相互配合；写法则只重视笔顺的正确与否，而非六书的渐次研习。由此，汉文字文章通过“吟、咏、读、歌、赋”等不同方式所呈现的独特文化意义[3]和在习字书法中体悟六书

[1] 蒋维乔．编辑小学教科书之回忆［M］// 宋原放，主编．中国出版史料．近代部分（第 3 卷）．武汉：湖北教育出版社，2004：63. 其他如张人凤亦有相似文章。

[2]“汉字繁难”观念的出现是 19 世纪 30 年代之后以西方中心主义为核心的历史哲学建构和意识形态叙事布局全球的结果，其逆转了 16 世纪以来首先接触汉文化的西方传教士和汉学家对汉文汉语的最初认知，即认为汉语是“未经历巴别塔语言淆乱过程的原初的语言”，且汉文汉语的“言文分离”是一种语言优势、因而“汉字及文言得以扩张到东亚不同的语言地区，成为其书面共同语”。1900 年左右中国识字率与西方国家持平，也说明汉字并不“繁难”。相关具体论证详参程巍．语言等级与清末民初的“汉字革命”［M］// 刘禾．世界秩序与文明等级：全球史研究的新路径．北京：生活·读书·新知三联书店，2016：347-404.

[3] 汉文汉语声音维度的独特性前人多有论及，如王佐良即提及：“一句话不只是其中单词的意义的简单综合，它的结构、语言、语调、节奏、速度也都产生意义。”详参王佐良《词义·文体·翻译》，转引自唐晓敏．中国传统语文教育智慧［M］．桂林：广西师范大学出版社，2017：135.

演变，并经由运笔临摹理解汉字之形（间架结构）、线条笔墨（意法韵趣）等文化意蕴层的精神维系几近断裂，强势西学西文重置“即视即言”的线性和工具思维、切割汉民族文化认同的政治性从而呈现出来。

（三）除以上从识字机理和取字原则两个方面细析蒙学—国文的结构演变外，文言—白话转型亦应从国文学科等文教维度给出相关阐释。前人多已厘清切音字、国语统一运动的相关线索，但较少从教授方式转型的角度给出白话文运动之前文语分裂与嬗变的内在理路梳理。本文前述高步瀛留日故事，似可为这一极为重大的古今文化内在转换机理提供另一条线索。

当年轻的高步瀛与同伴东渡扶桑，首先遇到的问题是语言。速成师范学生迫于时间，在听说读写诸能力中，更重视读写能力的获得，因此尤重阅读文法文典类教科书。中日虽同为汉字圈国家，但日文书面语在江户后裂分为“文语”和“口语”两种文体，至明治时二者仍长期并存，但其时所出数十种日语文典仅讲解文言，事实上仍是在文言语体之间保留着相当的价值倾向。高步瀛、陈宝泉等在日时，恰逢日本教育家松本龟次郎进入宏文学院任教，首次讲授日后依讲义整理为《言文对照汉译日本文典》的日语课程，此成文文典后来重印达 39 版，发行数十万册，对中国学生的日语教学影响甚大。作为第一批听此课程的留学生之一，高步瀛当对松本文典的形成与内容了解最深，特别是其还获松本邀请，“合作编辑了这本当时有代表性的日语教材”[1]。高步瀛自言：“余留学日本，受其国语言文字于松本先生，先生精汉文，著为《言文对照汉译日本文典》一书，使余等任校雠。”[2] 若将异文化者对别国文字的初涉与蒙童识字习文的过程做一相似性类比，那么对松本文典的深度学习，或可看作高步瀛等直隶士子数年后参编国定本小学国文教材的重要资源。

《言文对照汉译日本文典》最显著的特点即是全文以口语和文语相对照，

[1]［日］吉田薰．梁启超与中国留日学生［M］// 北京市档案馆．北京档案史料（2008. 4）．北京：新华出版社，2008：241.

[2]［日］松本龟次郎．《言文对照汉译日本文典》跋［M］．东京：日本堂书店，昭和十三年（1938）．转引自谢泳．宏文学院教科书在鲁迅研究中的意义［J］．当代文坛，2010（4）．

这是松本超越时人的独特创造。当时的宏文学院院长嘉纳治五郎在为文典所作的序言中称赞其“文语口语，对比说明，举例示证，附以汉译，丁宁亲切，曲得其要”[1]。提倡文与言并重，虽是对当时日本所倡“文言一致”的呼应，但此文典却开始以树立规范的方式切实落实于文法教学之中。而部编国文教材中，“或教员就课中之事举一俗语，使学生编为文言；或教员举文言，使学生以俗语解释之”[2] 的类似教授法要求，当有仿照松本文典之意。揆诸清末诸多教材的配套《教授法》，这种做法并不多见。部编教科书以郑重其事的国定形式将文语对译作为习练项目纳入国文教科书，使蒙童在尚未接受传统书面雅言、口头俗语的“固定性”时，即已在对译游戏中潜移默化地认同了文与语的平等无差，其实际效果即是从新式基础教育对幼儿思维的塑造中颠覆文言传统与雅俗等级。在当时的国中，言文一致思潮也逐渐激荡盛行，在其更偏重“用一种‘切音’的工具，来代替那繁琐难写之单个儿的汉字，却没有注意文体的改变”[3] 之时，这一在新生的普及教育中微萌的因子，却从文化的根基处凿开了文统圣坛陨落的裂缝，并在与国语统一运动的汇流中内在地改变了汉语文的认知方式和结构，为清末民初文言变为白话的进程提供了隐秘的深层转换机理。由此可见，言文一致最重要的结果之一——白话文的确立——与 20 世纪头二十年由传统蒙学向现代国文学科的内在转型关系极大。白话文的确立并非言从于文或文从于言的结果，毋宁说其以一种中间形态，标示着一种新的“文”的创生。但这种创造却并非“自然进化”的结果，在其赋予自身的“透明性”中，我们却处处可以发现在语音中心主义与现代民族国家的同构性叙事中民族书面文言的衰亡史。

---

[1]《言文对照汉译日本文典》(1908)(订正增补第二十三版)之嘉纳治五郎先生序文，第 1—2 页，转引自鲜明 . 清末中国人使用的日语教材——一项语言学史考察［M］. 北京：中央编译出版社，2011：111.

[2] 学部编译图书局，编纂 . 初等小学国文教授书：第一册［M］. 上海：江南官书局，1907：2.

[3] 黎锦熙 . 国语运动史纲［M］. 北京：商务印书馆，2011：91.

三、“存续国粹”还是“普教国民”？

如上所述，受直隶近代教育经验影响甚深的学部编小学国文教科书，非常重视开启民智、普及教育的维度，因而国文学科在初级阶段的识字教学中更多地引入了西文西学的认知结构，并模仿日本言文一致运动对西方文化的接转过程，潜在地形成了文—语转换的内在逻辑。由传统蒙学到现代初级国文课程，启蒙机理的内在重构与西文西语的意识内化通过最初几册国文教科书、教授书的编纂和全国范围内的使用，以官方范本的形式确定下来。这可以说是现代国文学科西化最剧烈的部分，后续影响也最为深远。但从更大的社会舆论层面和更高层级的国文教育来看，清末民初的“国文”意涵并未全面明晰。如在各方言论思潮的交响错杂中，1908 年《广益丛报》即有这样的教育评论：

> 教育者，国家之精神也；文字者，教育之精神也。……然则本国文字者，不特关于教育之存亡，实关于国家之存亡。经国者，宜若何郑重而保存之？……亦惟以小学注重国文为根本之解决而已。……向读日本维新学术史，明治初年欧化灌输、风靡上下，人心之变如饮狂泉。于是三宅雄次郎起倡国粹保存主义偏徇青年，而东方三岛遂独成一种风气。彼岂内顽固而外文明，故与喜新者树之敌哉？亦以国家自有独抱之精神，第能淬其锷、厉其锋，则本国千百年文字之真传自能放异样光彩。……夫政事之设施、风尚之转移、学术技能之推衍，何一非国文之效用？[1]

此类言论借日本其时亦在流行的“国粹主义”思潮界定国文的学科内涵，寄望于借由“国文”为已被迫一再退守、几无空间的传统中学创造延续的可能，这与张之洞一系试图存古宗经，约取传统中学内容置入国文教学，

[1] 论小学宜注重国文［J］. 广益丛报，1908（190）.

希冀从含纳经史、文物、制度的文化整体意义上来设定国文课程的思路若合符契。国文的"国粹"义在国定本教科书中亦有体现，学部编译图书局首任局长袁嘉谷为高步瀛诸人编就的《初等小学国文教科书》所作序言中亦称："国文之古，莫如《五经》。……《四书》与《五经》并行，为吾国道德之准，正风俗，范政治，立人道，巩国本，童蒙诵之，终身用之不尽。故《四书》《五经》之道，范天下而莫外，质百世而不惑，无庸疑问。今疑问者，训蒙之法而已。"[1] 这样的思路在当时颇为广泛，某种程度上也在部编国文教科书内部构成多元声部的角力。前述国文初级阶段的深度转型路径，虽然在一定程度上造成了现代文教机制对传统整体性文化结构的强行格制与不相协调，但其毕竟主导和顺应了近代以来的文化民主化进程，标示着 20 世纪多种歧路抉择所促成的民族共同体文化的自我选择方向。而在蒙学以上，国文学科依然是传统经史文章的实际护持力量，这难免使得"国文"内部上下层级之间形成观念的互斥与紧张。

概而言之，应激于既成世界格局，晚清学制规划的目标首先必须切合于"国家"与"国民"意识的建立，中国因而不得不进入民族国家内构的时期。但后发现代性国家的文化两歧必然会同时触发"存续国粹"与"普教国民"这两种颇为牵扯的"国文"意涵，使这个概念本身成为构建新的国家认同或文化身份的"战场"。"自强保种"的危机使得国中传统文化必然面临悖论：其一方面必须接受西学的文教范式，承认汉语文乃至汉文化的锢旧、繁难、落后，且已成为新民之障碍而须予以摒弃；另一方面却又必须以自身之独立独特性"和他文化（西方文化）区分……这是一个相互对立却又相互确认的过程"[2]。更深一层言之，晚清脆弱的老大帝国企图将传统经学伦理"自然"顺接为正在建立中的民族国家的正当性基础，张之洞们所谓经学"万世法"，其实是以古代中国惯有的文化认同（"国粹"）来"创造"帝国与民族

[1] 此篇序言因文中引陆世仪驳朱子《小学》之说而为部官议论，最终并未刊布于部编小学国文教科书中，今存于袁氏文集。详参袁嘉谷．学部编译图书局《初等小学国文教科书》序［M］// 袁丕厚，编．袁嘉谷文集：第 1 卷．昆明：云南人民出版社，2001：307–314.

[2] 何博超．"自然"与可能：对现代的潜在回应［M］// 陈雪虎，主编．国民艺术素养读本丛书・人与文化．北京：北京师范大学出版社，2012：258.

国家的连续性机理，但清末诸般变革、维新，实际上是新的阶级变化与其所主导的文化下移这一趋势的必然要求，其指向政治和文化主体的转移与塑造（“新民”）。因此，“国文”经略意涵的变动厘定，不仅体现了作为上层建筑的古今中西文化的碰撞与冲突，更重要的是，在“国粹”与“国民”之间展开了政治主体性以及文化领导权的争夺。这使得文化转型期中极为敏感的学人群体与个体，往往以充满矛盾性和张力感的文化实践左右互搏，希冀更好地兼顾共同体中的不同文化诉求。

作为清中期以来的北方文教中心，莲池书院亦属于近代直隶兴学模式的重要思想资源。桐城古文脉络在北方流播繁盛，至清末吴汝纶被管学大臣张百熙任命为京师大学堂总教习时，以辞章的讲习和文脉的传承为核心的教育方案得以有机会影响全国统一的学制规划，其所主导的“壬寅学制”与张之洞一系主导的“癸卯学制”在被西学极度挤压的中学范围内形成了经与文的进退争持。与“经史国粹”背后越发坚固的政教立场不同，古文脉络虽也从保存国粹的维度立意，但实际上是在新的时代条件下平视经史，力图以“文”统衡一切传统学术，并为之推出转型契机的一种承旧立新的努力。这大体可以解释直隶士子在普及新民与文脉持守的表面矛盾之下，实则有着以文脉为轴、重置原有文化结构的全局图景构想。但西来文学的强势与时代变迁的迅疾却容不得此种需要较长时间的从容试探与安排，桐城后期古文家们必须面对古文迅速被边缘化的现实。对于高步瀛来说尤其如此，其在亲身参与蒙学内在转型和现代学科创制的过程中无时不心系古文，力图寻求解文脉于倒悬的良方灵药。

作为吴汝纶的学生，高步瀛在20世纪上半叶影响颇大，他与吴闿生、姚永朴、姚永概、马其昶等末代古文家，对传统文脉与现代格制之间的不适不协皆有切身体会。因此，部编《初等小学国文教授书》“编纂大意”中“文字则有形声义之分，文章则有体裁义理之别”，“思想既进益，以探求文字之意蕴、领悟文章之神味，即以广智识、养德性”[1]等极为明显的学派痕迹

[1] 学部编译图书局，编纂.初等小学国文教授书：第一册［M］.上海：江南官书局，1907：1.

与表达，强调文章的体裁、意蕴、神味，沟通教育之智识与德性二义，当与其不无关联。虽然近代国家规划下的整套国文课本不再可能是体现文章轨范的精良选本，而不得不与各科知识（如《蜃楼》《玻璃》《普法之战》《亚洲诸国大势》）混杂编排，但《曾文正公》《曾文正修治金陵城垣缺口碑记》等文章的选编仍然独有深意，特别是《曾文正修治金陵城垣缺口碑记》一篇，以碑志中的典范之作使学生初涉文体传统：

> 道光三十年，广西贼首洪秀全等作乱。咸丰三年二月十日，陷我金陵，据为伪都。官军围攻，八年不克。十年闰三月，师溃。贼势益张，有众三百万，扰乱十有六省。同治元年五月，浙江巡抚臣曾国荃，率师进攻金陵。三年六月十六日，于钟山之麓，用地道克之。是岁十月，修治缺口工竣，谗石以识其处。铭曰：
>
> 穷天下力，复此金汤。苦哉将士！来者勿忘！[1]

全篇仅一百余字，却摹尽敌军之为害、克敌之艰难、湘军之劳苦、胜战之自豪，气势含藏于渐扬之文势之中，沉郁浑厚、字字千钧、音如金石，不愧为古文大家的雄奇瑰伟之作。学生反复读此，当可体会轻重缓急文势文气之中前人所寄之精神志趣。加之《教授法》要求教师在学生诵读时需为其“说明韵文与散文殊异之处，更发挥其中所含之文情，勿使学生滑口读过”[2]，这部分地保留了桐城古文诵读之法。大体而言，部编国文教科书在较高层级课本中对古文篇目的选择确实重视其雅、洁、情、趣，或可体现包括高步瀛在内的国文编选者将“初级文章选本”内含于现代国文教科书的深意与匠心。

编纂教材作为一种工作，是个人代表国家机构进行的“公共表达”，其贯彻和体现的是国家意志，与个体的观念和思想还有相当距离。因此值得关

[1] 学部编译图书局，编纂．初等小学堂五年完全科国文教科书：第八册［M］．北京：学部图书局，1909：13.

[2] 学部编译图书局，编纂．初等小学国文教授书：第一册［M］．上海：江南官书局，1907：3.

注的是，高步瀛尚有类似私人著述的相关国文著作。民国二年（1913），高步瀛参与创办的京师国群铸一社出版由吴闿生评解、高步瀛集笺的《国文教范》。该书虽径直以“国文”称之，但其实为相当纯粹的古文选本。继承清中期曾国藩扩大古文范围、由唐宋八大家上溯先秦两汉的思路，《国文教范》上下两编分别为“以庄生史公为主而汉以前诸家附之”“以韩公为主而自唐以来附之，多录荆公者入韩之梯径也”，共“七代二十七家为文六十有二篇”。[1] 当时在民国教育部任职、从事内在于国文—国语进程的普及教育工作的高步瀛当然明白古文不断被边缘化、私人化的现实处境，因而在书前序言中虽仍言《古文教范》“取古人擘精造极之作，录为一编，加以详说，使其故读者一览可知，则于兹术事半功倍”，但同时也慨叹：“世虽不暇是，垂一线之传于将绝亦今日之所宜”。[2] 其独自在室中展阅该书的画面几乎成为古文局于一隅、无奈于世运紧蹙而兀自孤芳自赏的写照：

> 是夕，阴霾翳天，狂风怒号，市声喧豗纷扰，室内牀几震震作响。荧然一灯，不绝如豆。案置巨盎一，中储宿酿，且酌且读。其评至快绝处，辄尽一卮，恍惚如侍先师几杖之侧，心神娱嘭，合造物者与游，不复知有人间世者。呜呼！安得造物常拔余于忧患之外，俾屏其闻见日手是编，以穷未竟之业而终其天年也哉！[3]

面对“一灯如豆”的古文脉络，却选择终其一生“垂一线之传于将绝”，此种悲怆而决然的姿态或许正是高步瀛在20世纪20年代之后选择到高校教书，探索将边缘化的古文传承体系以别样的方式纳入近现代形成中的高等学校中文课程体系的重要动因之一。高吴二人在《国文教范》当中分工集笺、评解的合作模式，也奠定了高步瀛努力将圈点、评论、考据、笺注等文章传承方式和汉学考据方式结合融汇并公共化、学科化的探索。也正是由此，原

[1] 国文教范录目［M］// 吴闿生，高步瀛．国文教范．京师国群铸一社，1913：1–5.
[2] 国文教范序［M］// 吴闿生，高步瀛．国文教范．京师国群铸一社，1913：2.
[3] 国文教范序［M］// 吴闿生，高步瀛．国文教范．京师国群铸一社，1913：2.

本在传统学术整体中与现代“文学”意涵略具相似性的古文统续，转而逐步发展成为现代古典文献学的学科基础和研习方式。以高步瀛在高校授课时所用诸多讲义为本编撰而成的《先秦文举要》《两汉文举要》《魏晋文举要》《南北朝文举要》《唐宋文举要》等一系列断代史文章选注本，以及《文选李注义疏》（八卷）与《古文辞类纂笺》这两部尤显其深厚功力的著作，从问世起便独步学林，成为迄今治文史古籍者无法绕过的著作。与姚永朴努力发掘桐城文脉强调文从字顺、辞句精练、条理清晰等为文基本面，将古文之义法（文章的外在法则和体要规制）总结条贯并上升为“文学理论”（《文学研究法》）的尝试思路不同，高步瀛的大量评点、笺注，事实上更为根本地承继了方苞《古文约选》、姚鼐《古文辞类纂》、曾国藩《经史百家杂钞》等以“选本”为核心的古文传承路径，但同时也透露出在新的文学观念和结构中，古文脉络的失落及传统学术必然性的退却。

由心入文：朱光潜美学思想发端中的心学隐线

——《无言之美》写作前史考察

冯浩然[1]

［摘要］ 2024 年是朱光潜美学处女作《无言之美》发表 100 周年，他在这篇文章中提出文艺具有“超现实”功用的现代美学观点，成为其“人生的艺术化”美学思想之发端。对该文写作前史考察可发现，朱光潜少时学习桐城派古文和阅读梁启超文章的经历首先培养了他对心灵作用的关注兴趣。而当他求学于香港大学，这种兴趣很快转化为对心理学的学习热情，促使其建立意志与本能相冲突的问题框架和以升华解决问题的方案，并将之向社会文化维度转化，形成意志与现实冲突的问题框架和“超现实”的解决方案。随着大学毕业后与朱自清、夏丏尊、丰子恺等人的交游和对厨川白村文艺论的了解，朱光潜最终把文艺问题作为其框架和方案的论说对象，实现了“由心入文”的转向，使具有强烈心（理）学色彩的文艺“超现实”观点成为其美学思想的发端。通过对《无言之美》写作前史的考察，显示出中国现代美学在自我话语体系建构进程中蕴含的心灵导向特性。

［关键词］ 朱光潜 《无言之美》 超现实 心灵导向

《无言之美》是朱光潜的美学处女作，最早发表于 1924 年 11 月浙江春晖中学校刊《春晖》第 35 期，2024 年是其发表的 100 周年。[2] 在这篇文章中，

---

[1] 冯浩然，北京师范大学文学院博士研究生。

[2] 刘欣．朱光潜与“审美主义文学思潮”［J］．美育学刊，2015（1）．

他提出文艺具有“超现实”功用的观点，成为其后来对现实作“无所为而为的玩赏”的“人生的艺术化”美学思想之发端。

在《无言之美》中，朱光潜认为，人的意志可以在现实和理想界两方面发展：“人力所能做到的时候，我们竭力征服现实。人力莫可奈何的时候，我们就要暂时超脱现实，储蓄精力待将来再向他方面征服现实。”而当“意志和现实发生冲突的时候”，文艺便成为超脱现实免于悲观烦闷的手段。虽然文艺“不是完全可以和现实界绝缘的”，但它却能“帮助我们超现实而求安慰于理想境界”，因此“美术作品的价值高低，就看它能否借极少量的现实界的帮助，创造极大量的理想世界出来。”于是，优秀的文艺作品应该具有含蓄蕴藉的“无言之美”：“说出来的越少，留着不说的越多，所引起的美感就越大越深越真切”。[1] 可以看到，朱光潜对文艺“超现实”功用的说解，成为其后续美学思想之滥觞。

值得注意的是，虽然朱光潜文艺超现实的观点与西方非功利（disinterested）美学有着相似性，但两者细考起来却有不小差别：非功利美学强调美独立自足与现实无涉，但朱光潜文艺超现实观却直接产生于意志和现实的冲突之中，并认为文艺本身不能和现实绝缘。这就说明朱光潜在写作《无言之美》时并未依从西方非功利美学成论，转而采用了另一套思想方式去讨论审美问题，关注文艺中包蕴着的意志超脱现实之属性。朱光潜的这种运思方式，依托于其过往的知识体系。因此，欲明了《无言之美》的立论精义，则要对其写作前史做一番考察。这种考察其实就是对朱光潜“由心入文”人生经历的梳理，由此可以窥见其美学思想发端中一条绵延不绝的心学隐线，并由此发掘出中国现代美学在自我话语体系建构的百年进程中的独特导向。

---

[1] 朱光潜．朱光潜全集：第1卷［M］．合肥：安徽教育出版社，1987：66-68.

一、关注心灵：桐城派和梁启超的陶染

1911年，朱光潜进入桐城中学学习。该校由桐城派后期名家方宗诚之子方守敦任校长，盛行古文风气。受风气影响，朱光潜专力于古文写作，以至让教员们对他产生了“可以接古文一线之传”的期待。[1] 在阅读与写作古文的过程中，桐城文法也陶染着朱光潜，催发着他进一步学习求索的兴趣。

桐城派主张义法说，讲求“言有物”和“言有序”。义法的标准则是“雅洁”，指的是文意之雅和文辞之洁。“义法”二字，原本关注的只是作文技术问题，但桐城宗师所具备的儒学修养功夫，又将以人论文的传统贯注到他们对义法的解释之中。在姚鼐看来：“文字者，犹人之言语也。有气以充之，则观其文也，虽百世之后，如立其人而与言于此，无气积字焉而已。”[2] 于是，作文好坏就不仅是一个技术问题，更与写作主体的内在人格修养相关，雅洁说便也增添了对内在修养的要求：“大抵作诗古文，皆急须先辨雅俗，俗气不除尽，则无由入门，况求妙绝之境乎？”[3] 因此，后期桐城派尤其强调主体的正心自修：姚莹以“绝嗜欲，淡荣利，荡涤其心志，无一世俗之见干乎其中”为立文根本，[4] 曾国藩标举修辞立诚对抗雕琢巧伪，[5] 方宗诚认为作文应“理明于心，事晓畅于心，情出于心之正，动于心之自然，而皆非有所穿凿而矫饰”[6]。桐城派对正心诚意的强调，为朱光潜埋下了关注心灵作用的种子。而雅洁说对凡俗的脱离欲求，更能启发他产生超现实是理想境界而现实界则非是的判断。

同一时期，在学作桐城古文之外，朱光潜也对观点相似的梁启超的文章产生了浓厚兴趣，自称梁氏“热烈的崇拜者”。[7] 回看《无言之美》就会发现，与其说朱光潜文艺超现实的观点是受西方非功利美学影响后的产物，不如说

---

[1] 朱光潜 . 朱光潜全集：第3卷［M］. 合肥：安徽教育出版社，1987：443.
[2]（清）姚鼐 . 答翁学士书［M］// 贾文昭 . 桐城派文论选 . 北京：中华书局，2008：99.
[3]（清）姚鼐 . 惜抱先生尺牍［M］// 贾文昭 . 桐城派文论选 . 北京：中华书局，2008：133.
[4]（清）姚莹 . 与陆次山论文书［M］// 贾文昭 . 桐城派文论选 . 北京：中华书局，2008：235.
[5]（清）曾国藩 . 求阙斋日记类钞・问学［M］// 贾文昭 . 桐城派文论选 . 北京：中华书局，2008：326.
[6]（清）方宗诚 . 古文简要序［M］// 贾文昭 . 桐城派文论选 . 北京：中华书局，2008：359.
[7] 朱光潜 . 朱光潜全集：第3卷［M］. 合肥：安徽教育出版社，1987：442.

他在梁启超提出的思路上继续前进。在《论小说与群治之关系》一文中，梁启超便以类似的方式解释小说成因，“凡人之性，常非能以现境界而自满足者也；而此蠢蠢躯壳，其所能触能受之境界，又顽狭短局而至有限也；故常欲于其直接以触以受之外，而间接有所触有所受，所谓身外之身、世界外之世界也”，并将这类小说称之为“理想派小说”。[1] 他对文艺的这种看法一直延续到 20 世纪 20 年代。1922 年，在《中国韵文里头所表现的情感》和《屈原研究》中他赞赏苏轼《水调歌头》“忽然得着一个‘超现世的’新生命，令我们读起来，不知不觉也跟着到他那新生命的领域去了”，认为屈原“纯是求真美于现实界以外，以为人类五官所能接触的境界都是污浊，要搬开它别寻心灵净土”，“所写的都是超现实的境界”。[2] 显然，无论是论说思路还是遣词用语，朱光潜的《无言之美》都可视为对梁启超相关思想的承继。

梁启超对文艺的这种看法，与他本人的心学背景密不可分。心学为王阳明所提倡，主张培养心性良知。在王阳明看来，为学首在立志：“学者一念为善之志，如树之种，但勿助勿忘，只管培植将去，自然日夜滋长，生气日完，枝叶日茂。”[3] 而在国势倾颓、民气萎靡的近代，为拯救危亡，梁启超也大力强调立志的重要性。在《万木草堂小学学记》中，他仿拟阳明口气，以为“学者苟无志乎此，则凡百学问，皆无着处。先立乎其大者，则其小者不能夺”[4]。而在《德育鉴》中，他更写道：“必立志然后能自拔于流俗。盖常抗心思为伟大人物，不屑屑与庸流伍。”[5] 不难发现，当梁启超转向文艺问题时，他所说的“大者”“伟大人物”和“小者”“庸流”就转化成“理想”“超现实”和“现实”之间的对举了。他的文艺论说，便不乏唯意志论色彩，而这也正与时代历史相呼应：面对积贫积弱的现实困境，不免强调心灵作用，以对意志力量的推崇寻求破局之道。作为崇拜者的朱光潜，自然也会吸纳梁启超的相关倾向，并以此形塑自身学思方式。

[1]（清）梁启超．梁启超全集：第 4 集［M］．北京：中国人民大学出版社，2018：49–50.
[2]（清）梁启超．梁启超全集：第 15 集［M］．北京：中国人民大学出版社，2018：286，325，474.
[3]（明）王守仁．传习录译注［M］．王晓昕，译注．北京：中华书局，2018：157.
[4]（清）梁启超．梁启超全集：第 1 集［M］．北京：中国人民大学出版社，2018：277.
[5]（清）梁启超．梁启超全集：第 5 集［M］．北京：中国人民大学出版社，2018：226.

二、意志与现实的冲突：源自本能论心理学的问题框架

虽然承继了梁启超相关思想，但朱光潜绝非梁氏亦步亦趋的模仿者。相比梁启超，朱光潜在《无言之美》中并未一味张扬理想的作用，将意志与现实的关系梳理得更加清晰。这种区别的出现，与朱光潜在香港大学的求学经历相关。

1918—1923 年，朱光潜在香港大学教育系接受了本科教育。在五年的学习经历中，朱光潜最倾心的学问当数心理学。在他本科阶段发表的 9 篇文章中，纯以心理学为主题的便有 4 篇，其他 5 篇文章也或多或少地提及了相关的心理学知识。朱光潜之所以倾心于心理学，其原因也不难理解，毕竟无论桐城派还是梁启超都注重心灵作用。出于桐城派的陶染和对梁启超的推崇，朱光潜自然也会在大学中亲近同样以心为研究对象的心理学学科。

当时香港大学没有专设心理学系，朱光潜先后通过教育学和心理学两门课程学习心理学知识。这两门课程分别以沛西·能的《教育原理》、斯托特的《心理学手册》、麦独孤的《社会心理学导论》《心理学大纲》和闵斯特伯格的《基础与应用心理学》作为教材。[1] 通过学习这些著作，朱光潜建立起了自己的心理学知识体系，而这套体系中的很多观点，也被他转换迁移为自己长期思考讨论的对象。

无论沛西·能、斯托特、麦独孤还是闵斯特伯格，他们都可归入心理学中的本能论阵营，与以冯特、铁钦纳等为代表的机械主义心理学相对垒。相比于后者认为心理活动是由不同元素构造而成的观点，前者普遍认为心理活动具有活力、发展性和整体性。在这四家中，麦独孤心理学系统最为完备，也给了朱光潜最多启发。

从斯托特的观点出发，麦独孤在《心理学大纲》中提出，一切生物在应对环境时都有趋向更高等级的完善倾向，由于这种倾向的驱动，生物最终

[1] 高觉敷 . 高觉敷心理学文选［M］. 南京：江苏教育出版社，1986：1.

得以实现从单细胞生物到人类的进化。麦独孤把这种倾向的趋向目标命名为“目的”，将这种向目的的趋向倾向称之为“策动”，他的心理学也因之得名为“目的心理学”或“策动心理学”，并对立于机械主义心理学。[1] 在麦独孤看来，生物之所以有策动，其根本不在于纯机械的刺激—反应，而缘于具有生机的本能。本能是“一种遗传的或先天的心理—物理意向，它影响主体感知、注意某类客体的过程，影响在感知时体验到的特定的情绪兴奋程度，以及对感知到的刺激作出的特定动作或者神经冲动”[2]。即在与环境的接触中，生物以本能为动力，对环境产生认知，伴随以相应的情绪（emotion），发之于动作，是以完成一次策动。在此基础上，随着策动印迹的积累，本能可以逐渐复杂深化为整体性的情操（sentiment）乃至统合性更强的意志（will）。意志虽由本能发展而来，却能逆低级的本能—欲望而动，由此使人类发展趋于自体理想（the idea of the self）。根据意志“逆欲望而动”的特点，[3] 麦独孤将意志作用图式表述为“I［理想冲动］本身比 P［先天倾向］弱，I+E［意志努力］比 P 强”[4]，以此描述人类心理不断进步提升的过程。

沛西·能基本接受了麦独孤心理学，以此建构自己的教育学学说。在《教育原理》中，通过对麦独孤心理学的忠实称引，他同样抛弃了“认为本能可以看做各自分离的一个个东西，它们合拢来就构成一个人的自我，很像一部机器由许多轮子所构成，或者一个轮子由许多分子所构成一样”这种“类似机械的理论”，[5] 而推崇在教育学中遵从本能—意志—性格的发展梯度，通过让受教育者自由发展本性的方式进行“意志的训练”[6]，让本能性的意动“上升到以一个遥远的或许是理想的目标为目的的意志阶段”[7]，实现“多样性

[1]［英］威廉·麦独孤．心理学大纲［M］．查抒佚，蒋柯，译．北京：商务印书馆，2020：33.
[2]［英］威廉·麦独孤．社会心理学导论［M］．俞国良，雷雳，张登印，译．北京：北京大学出版社，2010：15.
[3]［英］威廉·麦独孤．社会心理学导论［M］．俞国良，雷雳，张登印，译．北京：北京大学出版社，2010：90.
[4]［英］威廉·麦独孤．社会心理学导论［M］．俞国良，雷雳，张登印，译．北京：北京大学出版社，2010：113.
[5]［英］沛西·能．教育原理［M］．王承绪，赵端瑛，译．北京：人民教育出版社，2005：181.
[6]［英］沛西·能．教育原理［M］．王承绪，赵端瑛，译．北京：人民教育出版社，2005：220.
[7]［英］沛西·能．教育原理［M］．王承绪，赵端瑛，译．北京：人民教育出版社，2005：39.

中的统一性”[1]。

总的来看，在麦独孤和沛西·能处，心理活动的主体相对环境居于优势地位。这种优势，突出表现在具有高级目的、能够逆低级欲望而动的意志之中。意志发之于道德实践，则与梁启超所谓“立志”中“志”的作用有着异曲同工之妙。而对吸收了梁启超思想的朱光潜来说，他也会很自然地打通这两者间的关联。在后来的一篇文章中，朱光潜更明确认为“有志者事竟成”中的“志”兼具“意志”与“目的”二义，明白地将自己接受的心理学知识填充进传统对“志”的理解之中。[2]

但同样得之于心理学学习，朱光潜自然还会注意到意志并非凭空而生的事实。麦独孤认为，意志是由在与环境接触中表现出的本能逐步发展完善而来的，沛西·能则说“真正称为意志的行动，必须不是从我们一小部分天性中吸取力量，而是从某种大量的、根深蒂固的、内容广泛的印迹情结吸取它的力量”[3]。不错，意志能够超越现有环境，但它依然源自现实。在吸收这一心理学观点的情形下，相比梁启超，朱光潜对意志的看法更加平实，因此便有了属于自己的特色。1920 年到 1922 年，朱光潜和他的同学高觉敷分别以“怎样改造学术界？”和“思想方法的改造”为题发表了文章。这两篇文章主题相近，都带有麦氏心理学色彩。高觉敷认为，“旧习惯只有新习惯可以战得退，但是新习惯的养成都是运用心识的结果”，征引了麦独孤心理学中的“I+E>P”图式。[4] 但朱光潜对麦氏心理学理解更深，当论及“学殖荒落的原因”时，他不仅从精神角度立说，还谈到了“环境不顺利”这一因素，认为在改造学术界时“虽不妨信仰意志能力伟大”，但“只要我有志气，做什么事都能成功”却是不对的。因为人身上的本能和冲动不能一笔勾销，“因为本能和冲动存在，人究竟逃脱不了环境的驱遣”。于是在有勇于改造的志气外，还要改造学术界环境。[5] 在此，麦氏心理学中意志与本能的关系，

[1]［英］沛西·能．教育原理［M］．王承绪，赵端瑛，译．北京：人民教育出版社，2005：18.

[2] 朱光潜．朱光潜全集：第 8 卷［M］．合肥：安徽教育出版社，1987：430.

[3]［英］沛西·能．教育原理［M］．王承绪，赵端瑛，译．北京：人民教育出版社，2005：220.

[4] 高卓．思想方法的改造［J］．新学报，1920（2）.

[5] 朱光潜．朱光潜全集：第 8 卷［M］．合肥：安徽教育出版社，1987：30–31.

已被朱光潜转化成意志与现实冲突的命题。

三、超脱现实解决冲突：升华说的一种变体

既然意志的作用并不是绝对的，那么当其与现实发生冲突时，该如何解决呢？朱光潜对这一问题的回答，依然参照了自己熟悉的心理学知识。无论是麦独孤还是沛西·能，在面对意志与本能的冲突问题时，都给出了同样的解答——升华。

升华（sublimation）这个概念，出自另一位本能论心理学家弗洛伊德，指的是主体将对客体的本能冲动以社会可接受的创造性方式表达出来。在这个概念提出后，麦独孤将其挪用至自己的心理学学说之中。不过，虽然同属本能论者，但弗洛伊德和麦独孤对升华的看法却不尽相同。弗洛伊德认为，本能的低级属性在升华后依然或多或少地存在，升华并不能消除本能导致的神经错乱症状，反而与症状伴生。但麦独孤却反对弗洛伊德过分强调生物具有低级本能欲望，在他看来，升华是本能向具有理想目的的意志提升过程中的重要策动环节，随着升华过程结束，低级本能冲动已被净化、转变成了具有理想目的的意志。以性本能为例，麦独孤认为，如果人们在对性本能冲动的压抑中“得到道德训练及审美理想的强化，那么性倾向只会以升华的形式表现出来”，“这就是说，性冲动的能量从直接的性表现渠道转移（divert）了，继而在其‘长期巡回’的渠道中，支持和加强那种关注性冲动天然对象时表现出的理智而文雅的方式”。[1] 从精神分析学视角来看，麦独孤的升华概念更像是一种具有道德提升性质的、兼具升华和移置（displacement，指主体将本能冲动从危险的原初客体撤回，转而指向另一个更安全却也更少情绪投注的客体）特点的混合作用。而在《教育原理》中，沛西·能又对麦独孤的升华概念作了通俗表达，进一步加强了升华概念中的移置倾向。他认为，少年犯罪的原因在于“强烈冲动被指错了方向”，“心理学所许可的救治

---

[1]［英］威廉·麦独孤. 社会心理学导论［M］. 俞国良，雷霁，张登印，译. 北京：北京大学出版社，2010：200.

方……是‘升华’”，即让犯罪少年“从事激发首创精神并给充沛精力发展机会的工作”，促使其改邪归正。通过升华，沛西·能写道：“一个犯法的年轻人，被改造成他参加建设的社会秩序的信服的支持者。”[1]

朱光潜对升华概念的理解，无疑更偏向麦独孤与沛西·能。1921年，在《福鲁德的隐意识说与心理分析》中，朱光潜介绍了弗洛伊德的升华说。在他看来，升华指的是不能让隐意识（即本能性的无意识）“自然发泄”，而要“开导到一定的正当的方面”，使其“由有害变成有益”，“譬如残暴好杀的人可以训练成个勇敢有为的兵士，不一定要做强盗”，而带孩子气的文艺与宗教都可使人获得“较高尚的生活目的”，实现对“饮食男女”的升华。[2]不难看出，朱光潜所举从强盗变兵士的例子与沛西·能的论述存在相似性。也就是说，朱光潜虽号称介绍的是弗洛伊德升华说，但他对升华的认识其实是掺杂着移置属性的麦独孤式理解。从这种理解出发，当把本能性的无意识转义成现实，把升华的方向理解为意志具有的理想目的时，麦独孤式升华说就很自然地会被朱光潜转化为在意志与现实发生冲突时转而“超现实”的趋向。事实上，在写作《无言之美》的前一年，针对在“和环境奋斗”中因不如意产生烦闷的问题，朱光潜便在《消除烦闷与超脱现实》这篇文章中给出了“超脱现实”的解决方案。而超脱现实的具体方法，正是朱光潜曾在论述升华说时提出的宗教、文艺和孩子气三径。两相对照，则可认定朱光潜《无言之美》中的“超现实”思想正肇发于其对麦独孤、沛西·能升华理解的吸收。

四、跨界言说：文化心理学的应用实践

在检阅朱光潜早期文章时，很容易发现一个现象：他的写作范围相当驳杂，涉及对诸多学科问题的思考。除对介绍心理学家学派外，他还就进化论、智力测验法、教学法等写过多篇文章。此外，对学术界的改造、青年

[1]［英］沛西·能.教育原理［M］.王承绪，赵端瑛，译.北京：人民教育出版社，2005：106.

[2] 朱光潜.朱光潜全集：第8卷［M］.合肥：安徽教育出版社，1987：6–8.

烦闷等社会文化问题，他也提出了自己的看法。正因有着较为宽泛的写作范围，无言之美也成了他的讨论对象，成为其文艺思想的发端。而在驳杂的写作对象背后，还有一套相对共性的思考模式在起作用，即依靠心理学知识解决问题。其介绍心理学家学派的文章自不必多言，进化论、智力测验和教学法也与心理学有着剪不断的联系，但即使是在讨论学术界改造或青年烦闷这类社会文化问题时，朱光潜也有意识使用麦独孤、沛西·能等人观点立说，这就有几分耐人寻味之处了。为什么以心理学为主要兴趣的他要涉足社会文化问题的讨论并逐渐由此转向美学领域？他"由心入文"的动力何在？这些问题直接相关于《无言之美》的写作缘起，并关联着朱光潜美学思想的内在性质界定。

朱光潜的跨界之举，与他本科阶段接触到的另一位心理学家有关，他便是先于麦独孤担任哈佛大学心理学系主任的闵斯特贝尔格。如前所述，闵斯特贝尔格的《基础与应用心理学》同样是朱光潜的教科书，朱光潜也因之吸收了很多他的思想。作为冯特的学生，闵斯特贝尔格在自己的心理学中依然保留了一定机械主义心理学的观点，认为心理现象可通过元素构造分析的方式得到理解。在《基础与应用心理学》中，他首先介绍了这种观点，并将其命名为"因果心理学"。但在因果心理学之外，他还认为有"游离于因果心理学领域之外"的情感和内心活动等心理经验值得去研究，它们提示着心灵（soul）存在。[1] 心灵以"超越个人意义的真理"为追求目的，具有永恒的统一性和非因果、超时空的自由，与真、善、美发生价值关涉，这种对心灵的研究被他称为"目的心理学"。[2] 在闵斯特贝尔格看来，目的心理学和因果心理学都不是心理学发展的终极方向，它们最终要在应用心理学中紧密交织起来。在应用心理学中，前者提供与评估应用目标的价值，后者则去找寻达到目标的手段。据此立意，闵斯特贝尔格构想了多种应用心理学门类，其中

[1]［德］雨果·闵斯特贝尔格. 基础与应用心理学［M］. 邵志芳，译. 北京：北京大学出版社，2010：160.

[2]［德］雨果·闵斯特贝尔格. 基础与应用心理学［M］. 邵志芳，译. 北京：北京大学出版社，2010：188.

即包含文化心理学（cultural psychology）。他认为，文化心理学是心理技术学（psychotechnics）的延伸，可用于艺术目的的实现，乃至由此发展出实验美学心理学（esthetic psychology in the laboratory）。

对文化心理学的研究，闵斯特贝尔格早在1904年出版的《艺术教育原理》中便给出了实例。在这本书中，他从哲学、美学和心理学三方面对艺术教育进行讨论。在哲学和美学部分，他详细论证了艺术所具备的孤立（isolation）功能，“如果我们想要真正的对象，我们必须把它从所有的联系中隔离出来，必须完全孤立地把握它；艺术的功能即是带来这种孤立（isolation），并向我们展示对象的直接真相……以便我们的心灵（mind）在它们的呈现中得到休息”，艺术的孤立意味着它超脱于科学设定的因果世界，迈向真正的统一，“在这种所有意义的完美和谐中给予最高的宁静和满足”。[1]而在心理学部分，闵斯特贝尔格则认为，应当运用心理学知识去讨论“审美态度涉及哪些心理因素，审美需要哪些主观条件”，去询问艺术作品的特征是什么，描述和解释艺术生产和欣赏的心理过程。[2]

以此回看朱光潜对无言之美的讨论，闵氏实导夫先路。他对无言之美所包含静趣之关注和对文艺超现实慰安功能之理解，既与麦独孤派心理学中的升华说相呼应，又对接着闵斯特贝尔格有关艺术孤立性的理解。而在闵斯特贝尔格心理学视角的映照下，朱光潜早期文章进行的驳杂讨论和对心理学知识的征引也可被理解为他有意识进行的应用心理学实践。而《无言之美》便是朱光潜在“文化心理学”方面的研究成果。很明显，对这一研究路径，朱光潜本人是很满意的，美学成为他的终身志业。对他来说，美学其实就是文艺领域的应用心理学。在朱光潜的第一本美学著作《文艺心理学》中，他这样解释自己书名的来源：“本书所采的是另一种方法。它丢开一切哲学的成见，把文艺的创造和欣赏当作心理的事实去研究，从事实中归纳得一些可适

---

[1] Hugo Munsterberg. The Principles of Art Education: a Philosophical, Aesthetical and Psychology Discussion of Art Education [M]. New York: The Prang Educational Company, 1904: 34, 66.

[2] Hugo Munsterberg. The Principles of Art Education: a Philosophical, Aesthetical and Psychology Discussion of Art Education [M]. New York: The Prang Educational Company, 1904: 73–74.

用于文艺批评的原理。它的对象是文艺的创造和欣赏，它的观点大致是心理学的……'文艺心理学'是从心理学观点研究出来的'美学'。"[1] 将这段话与闵斯特贝尔格在《艺术教育原理》中的相关言论对读，就会发现两者采用了相同的写作方式和概念定义。如果说，麦独孤和沛西·能的心理学为朱光潜提供了一套本能与意志相冲突的分析框架及解决方案的话，那么对闵斯特贝尔格心理学的学习则给予了朱光潜将这套框架及解决方案加以迁移的能力。

五、转向文艺：白马湖畔的交游与厨川文艺论的导引

如前所述，在香港大学学习心理学的经历为朱光潜提供了解决问题的知识和迁移问题的能力。但直到其大学毕业，他都始终没有表现出专意于文艺问题的兴趣。闵斯特贝尔格的心理学观点可以帮助他从狭义的心理学学科出发，去思考更广阔领域中的问题，但他将这种思考着落于文艺之上，实现"由心入文"的转变，尚需一段因缘契遇。

1924 年 9 月，受夏丏尊邀约，朱光潜在毕业后来到浙江上虞白马湖畔春晖中学教英文。在朱光潜的回忆中，春晖中学的任教经历"对于我的影响很大……结识了一些文艺方面的朋友，像朱佩弦、丰子恺、叶圣陶几位都是丏尊先生的至好，也就变成了我的至好"[2]，"我们课余闲暇时经常在一起吃酒聊天"[3]。宴饮之际，众人切磋陈论，思想渐趋于近。夏朱丰等人雅好文艺，勤于作文，因文章中流露出的相似观点与风格，在中国现代文学史上被称为"白马湖派"。受其影响，朱光潜也生发了创作文艺的念头，"会谈时他（夏丏尊）尝谈到文艺的问题……我对于新文学的兴趣可以说是由他引起来的"[4]。在同人的鼓励之下，朱光潜以"无言之美"作为写作对象，把心理学知识糅合入文艺问题的讨论之中，最终完成了自己第一篇美学论文。

---

[1] 朱光潜．朱光潜全集：第 1 卷［M］．合肥：安徽教育出版社，1987：197.
[2] 宛小平．朱光潜年谱长编［M］．合肥：安徽大学出版社，2019：22.
[3] 朱光潜．朱光潜全集：第 10 卷［M］．合肥：安徽教育出版社，1993：475.
[4] 宛小平．朱光潜年谱长编［M］．合肥：安徽大学出版社，2019：22.

对夏朱丰该时期的文章进行检索就会发现，与朱光潜一样，他们都主张对现实的提升与超越：“提高的意思……便是以高等的趣味替代低等的趣味”[1]；“我们的烦闷不自由在此，我们的藐小无价值也在此。……与其畏缩烦闷的过日，何妨堂堂正正的奋斗……在绝望之中杀出一条希望的血路来”[2]；“我觉得无论什么改造，非先除去因袭的恶弊终归越弄越坏”[3]。其中，丰子恺尤其重视艺术在提升与超越过程中的作用，偏爱以美学方式回应该问题。他的文字与《无言之美》关系最密，“人生随处皆不满，欲图解脱，唯于艺术中求之”，具备最自觉的美学意识。[4] 这种自觉意识的获得，与其对厨川白村思想的吸收有关。

厨川白村也将心理学知识运用到自己对于文艺问题解说之中。在《苦闷的象征》中，厨川兼采弗洛伊德升华说、柏格森生命哲学和克罗齐的表现说，认为人无意识维度创造性的生命力与意识维度社会压制的反动力相冲突，是以生命力不能得到自由表现，产生苦闷情绪。这种苦闷可以通过文艺创作得到净化、宣泄，“从作家胸中的无意识心理底底奥里涌出来的某物，因想象作用而变成了一个心像（image），再经过了感觉和理知的构成作用，具备了象征的外形而表现出的，是文学作品”，因此文艺就是苦闷的象征。[5] 这种象征是表现性的创造，“不是自然底再现，也不是模写”，具有自由的生命力。[6] 而观者也可以通过对文艺的创造式欣赏发挥自己的生命力，“最初先因理知和感觉的作用而把作品中的人物事象化作了一个心像而收入于读者底胸中；这心像底刺戟的暗示性再深深地侵入读者底无意识心理底根柢里，然后把……思想情绪感情等无意识心理底根柢里的生命的火点着了”[7]，通过“在有限（finite）里看出无限（infinite），在‘物’里看出‘心’”，观者与作

[1] 朱自清 . 朱自清散文选集［M］. 天津：百花文艺出版社，1986：61.
[2] 夏丏尊 . 夏丏尊文集 平屋之辑［M］. 杭州：浙江人民出版社，1983：44.
[3] 丰子恺 . 丰子恺全集・文学卷四［M］. 北京：海豚出版社，2016：12.
[4] 丰子恺 . 丰子恺全集・文学卷四［M］. 北京：海豚出版社，2016：13.
[5]［日］厨川白村 . 苦闷的象征［M］. 丰子恺，译 . 上海：商务印书馆，1925：69.
[6]［日］厨川白村 . 苦闷的象征［M］. 丰子恺，译 . 上海：商务印书馆，1925：32.
[7]［日］厨川白村 . 苦闷的象征［M］. 丰子恺，译 . 上海：商务印书馆，1925：69–70.

者以文艺作品为节点，进而可以融入无意识的生命自由洪流中去。[1] 由于文艺本质是人自由生命力的表现，便有了对功利“无关心（disinterestedness）”的性质，可对“这混沌的，无秩序的，无统一的世界，要当它一个联贯的，有秩序的，统一的世界而观照”，实现人的生命提升。[2]

至迟到1923年，丰子恺即接触到厨川文艺论。在这一年的讲演《现代艺术潮流》中，他说道：“艺术科是情底方面的东西，是心底表露。……照相似的基本练习，断不是绘画底本身。……哪里能感动人心？…… 艺术另有独立的目的。这主张底极端，便是‘艺术与人生毫无关系’。……主张为艺术的技术的‘象牙塔’里的人们。……为人生的艺术……即所谓‘出象牙塔’。”[3] 此处无论是将艺术关联于人心情感，还是使用象牙塔和出象牙塔比喻去批评唯美主义者，都带有鲜明的厨川风格。翌年2月，日文本《苦闷的象征》出版。丰子恺很快购读该书，并在9月前开始在报刊上翻译连载。6月21日，为向春晖中学学生进行名为“五夜讲话”的讲演，丰子恺写作了讲稿《艺术底创作与鉴赏》。这篇讲稿的主要观点便来自《苦闷的象征》。[4]

回到《无言之美》，其中亦不难看出丰子恺—厨川的影子。厨川使用的升华说和无意识生命力和社会反动力相冲突的命题，可以与朱光潜的心理学知识会通，转化为意志和现实的冲突问题和“超现实”解决方案。而《无言之美》中比较“相片和图画所引起的美感那一个浓厚，所发生的印象那一个深刻”，认为“稍有美术口胃的人都觉得图画比相片美得多”的这段话，使用的也正是丰子恺曾举过的例子。[5] 这说明《无言之美》的写作，确实有得之于丰子恺—厨川之处。可以认为，对朱光潜来说最重要的是，白马湖诸友的鼓励催生了他对文艺的兴趣，厨川文艺论则提升了文艺问题在他思想关切中的重要性，让他实现了“由心入文”的转向，确定了一生的写作指向。

---

[1]［日］厨川白村．苦闷的象征［M］．丰子恺，译．上海：商务印书馆，1925：61.

[2]［日］厨川白村．苦闷的象征［M］．丰子恺，译．上海：商务印书馆，1925：91, 93.

[3] 丰子恺．现代艺术潮流［J］．艺术评论，1923（5）；丰子恺．现代艺术潮流（续）［J］．艺术评论，1923（6）.

[4] 有关丰子恺购译《苦闷的象征》的时间和对《艺术底创作与鉴赏》与《苦闷的象征》观点相似性的具体考证和讨论，参看余连祥．鲁迅·丰子恺·《苦闷的象征》［J］．鲁迅研究月刊，2005（4）.

[5] 朱光潜．朱光潜全集：第1卷［M］．合肥：安徽教育出版社，1987：63.

意志与现实的冲突，始终是萦绕在朱光潜心中的一个重要问题。针对这一问题的“超现实”解决方案，在写作《无言之美》前也已成形。但在《无言之美》前，朱光潜始终没把文艺当作超现实的最重要的一条路径加以思考。对他来说，非独文艺，宗教、教育等都可以作为超现实的门径。但在厨川处，他将文艺（art）视为人创造性生命力即人为的（artificial）表现，并认为唯有人的生命存在，方能实现对现实的提升与超越。将文艺与人的能动性明确关联起来，这大大提升了文艺的地位。朱光潜也正是在这一点上采纳了厨川的论说，从此，对于同样重视意志作用即人的能动性的他来说，文艺问题便被摆置在了关注的核心，成为“超现实”的首要途径。而他日后的写作，便主要围绕着文艺问题立意。

不过，虽然朱光潜实现了由心入文的转向，但从陶染古文、推崇梁启超到学习心理学知识的一系列经历依然影响着他对文艺的看法，这突出表现在他的文艺超现实观点与非功利主义美学的距离之上。在他看来，美永远无法与现实绝缘，“超现实”的美依然有着现实性的使人免于悲观烦闷的慰安作用。对这一点，他持论颇为坚定。在写作《无言之美》的同月同地，丰子恺也完成了一篇文章《由艺术到生活》。他将这篇文章第一部分的标题命名为艺术“是超现实的”，还把“超现实”艺术的功效阐释成“慰安”和“陶冶”[1]。丰子恺对艺术的这种看法，与其原本艺术无关心的观点存在差异，更接近朱光潜的论断，显出后者对前者的反向影响。文艺超现实而不离于现实的态度，始终蕴含在朱光潜美学思想之中，提示着在其美学思想发端处潜藏的关注心灵作用、强调心的力量的心（理）学隐线。

结　语

综而论之，朱光潜美学思想在发端处即存在着一条心（理）学隐线。这条线索开始于少年朱光潜对桐城派古文的学习和对梁启超论著的阅读，在此

[1] 丰子恺．丰子恺全集·艺术理论艺术杂著卷十二［M］．北京：海豚出版社，2016：191.

过程中，他培养起了对心灵作用的关注兴趣。即至其求学于香港大学，这种兴趣很快转化为对心理学的学习热情。通过对麦独孤、沛西·能等人著作的阅读，朱光潜建立起了一套意志与本能相冲突的问题框架和以升华解决问题的方案。而在吸收闵斯特贝尔格心理学的基础上，他产生了将该框架和方案向社会文化维度转化的意识，将其重新表述为意志与现实的冲突和“超现实”的解决思路。随着大学毕业后与白马湖同人的接触和对厨川文艺论的了解，朱光潜最终选择文艺问题作为其框架和方案的论说对象，实现了“由心入文”的转向，使带有应用心理学色彩的文艺“超现实”观点成为其美学思想的发端。

《无言之美》中潜藏的心（理）学隐线，既是朱光潜“由心入文”人生经历的积淀，更是其“以心论文”美论风格的发端。朱光潜以心理学背景思考文艺问题，显示出中国现代美学在自我话语体系建构进程中与中国心学传统割不断的牵连。通过以心论文的方式，朱光潜的论述显示出中国现代美学在百年话语体系构建进程中蕴藏的心灵导向性。所谓心灵导向性，指的是在对文艺问题的讨论中关注心灵作用、强调心的力量并将讨论落脚点放在主体心灵的重构之上，从而为社会变革狂潮中的现代中国人寻求安身立命之所，让心灵在艺境得到安歇。从这个角度来看，朱光潜的由心入文之路值得在当下收获更多关注。喧嚣浮华的物化年代，疲惫的心灵呼唤着何种文艺？波荡起伏的今天，怎样在古今中外间会通出属于自己的道路？知古可以鉴今，继往可以开来，以新的时代问题为背景，中国现代美学蕴含的这种心灵导向特性，值得进一步梳理和发掘。

木刻秩序中的连环图画

——谈 1930 年代木刻改造连环图画小说的经验[1]

石天强[2]

［摘要］1932 年起，鲁迅、茅盾等进步文艺人士积极倡导以木刻改造连环图画小说，最终以失败告终。木刻作为新文艺的象征符号，积极执行启蒙话语的叙述和塑造功能；连环图画则在现代世界的日常消费中，满足着普通民众的日常生活想象。新艺术秩序中，木刻和连环图画作为一体两面的艺术形式，在前者对后者重塑过程中产生的碰撞，映射着中国现代艺术结构的内在分裂，并以此提示后来者，艺术问题首先是社会问题。

［关键词］木刻　连环图画小说　艺术秩序

1932 年，以鲁迅、茅盾、赵家璧等为代表的进步文艺人士开始有意发掘木刻对于底层民众的启蒙价值，在推介比利时人麦绥莱勒木刻创作的同时，力倡以木刻改造连环图画小说。这两种艺术形式不仅在图像结构、语文特征上完全不同，在审美传播和接受机制上也完全并立，几年后，木刻对连环图画小说的改造最终宣告失败。前人研究多关注于木刻与连环图画小说这两种艺术形式的审美特征和演变历程，其在现代艺术史中的价值意义，而对以木刻改造连环图画小说失败这一事件所具有的价值意义，似有所忽略。本

---

[1] 本文系国家社科基金艺术学重大项目“中国式现代化背景下艺术理论发展研究”（项目编号：22ZD04）阶段性成果。

[2] 石天强，北京航空航天大学人文社会科学学院副教授，研究方向为文艺理论和中国现代文艺史。

文通过分析这两种艺术形式的不同传播和接受特征，切入此一问题，以探讨这一失败的艺术实践所蕴含的文化意义。

一、艺术秩序：并立的图像与语文

1932年，茅盾在《连环图画小说》一文中曾这样描写上海各地的租书摊："上海的街头巷尾像步哨似的密布着无数的小书摊。虽说是书摊，实在只是两块靠在墙上的特制木板，贴膏药似的密排着各种名目的板式一律的小书。这'书摊'——如果我们也叫它书摊，旁边还有一只木条凳。谁化了两个铜子，就可以坐在那条凳上租看那摊上的小书二十本或三十本；要是你是'老门槛'，或者可以租看到四十本五十本，都没一定。"[1] 茅盾所说的"老门槛"，上海话里是指滑头、精明的意思。在他撰写这篇介绍上海小书摊的文字之前，曾与瞿秋白就文艺大众化问题展开过讨论。争论中，瞿秋白的文字就涉及连环图画、江南小调、传统戏曲，还有在上海大行其道的"礼拜六"文艺。这场争论也让茅盾走出书房，走访上海街头的工人、小店员、职员、小老板……他的成果之一就是这篇名为《连环图画小说》的短文。在茅盾的调查中，这些小书摊上有各类故事，比如七十回本的《水浒传》，编成连环图画小说后，也是七十多本，每本包括二十到三十幅连续的图画，然后配上说明文字。这说明文字其实就是"一部旧小说的缩本，文字也就是旧小说的白话文。程度浅的读者，看不懂这'说明'，就可以看那些连环图画，反正图画上也有更简略的说明"[2]。由于有图画，说明文字的重要性就降低了。茅盾对此类图书持坚决的批判态度，他认为这类读物中充斥着武侠神怪、封建迷信的腐朽思想，但它们又满足了普通读者的心理期待。茅盾以为，这些图画读物是可以利用的，以宣传新的文化思想。

茅盾此文发表前不久，鲁迅曾发表一篇名为《"连环图画"辩护》的文章，讨论的就是图书中的插画、杂志上的版画等各类不登大雅之堂的图像制

[1] 茅盾 . 连环图画小说［J］. 文学月报，1932（5/6）.
[2] 茅盾 . 连环图画小说［J］. 文学月报，1932（5/6）.

品。文章的结尾，鲁迅这样写道："我并不劝青年的艺术学徒蔑弃大幅的油画或水彩画，但是希望一样看重并且努力于连环图画和书报的插图；自然应该研究欧洲大家的作品，但也更注意于中国旧书上的绣像和画本，以及新年的单张的花纸。"[1] 鲁迅相信，对这些作品的研究，自然不会受到所谓大艺术家的照顾和赞叹，但这是大众要看的，也是大众将要感激的。鲁迅写作此文是为了反驳苏汶在《现代》杂志上刊载的文章《第三种人的出路》中写的一段话："文学形式低级到某一程度，它必然是要减少文学性的；欧化文学无论如何总是比连环图画进步的形式。这个，我想左翼文坛应该承认吧，否则他们也用不到说什么'和群众一起提高文化水准'，因为连环图画就已经够高了。"[2] 随后苏汶接着说，左翼作者们可以举出德国也有连环图画的例子来说明连环图画的艺术性，但这种德国的连环图画放到中国来，未必会被大众接受。苏汶这段话无意中指出了彼时文化语境中，中国新文艺精英面对欧美文化时所面临的困境：翻译介绍欧美艺术作品的目标是为了新文艺的普及以改造民众；实际操作过程中则产生了欧美艺术作品泛经典化的现象，而不论其作品的实际水准如何。这在艺术实践上一方面不断确立了新的艺术标准和语文秩序，另一方面又产生了背离大众艺术接受能力的现实效果。

这种悖谬感也反映在了鲁迅对苏汶的反驳中。鲁迅此文用以证明中国连环图画价值的例子，有法国著名版画家陀莱的图书插画作品，还有德国的珂勒惠支、比利时的麦绥莱勒、美国的希该尔和格罗沛尔等人的木刻作品。在特定文化语境中，这些作者及其作品经由鲁迅的介绍，很快就会被经典化，成为艺术学徒效仿的对象了。它还在逻辑上暗示了两种图像制品内在的等级关系——中国连环图画以无意识的方式被置于欧美艺术与语文秩序中，由此获得了其自我肯定的艺术性。阿英就此评论说："麦绥莱勒的木刻连环图画，良友翻印了四本，这对于中国的木刻运动，在意义上是很重大的。四本之中，我最爱的，是《一个人的受难》，读的时候，我想起了安特列夫的戏剧《人之一生》。"这木刻"画面的线条很有力，很动情感，这'一个人'的思

[1] 鲁迅．"连环图画"辩护［J］．文学月报（上海），1932（4）．
[2] 苏汶．第三种人的出路［J］．现代（上海 1932），1932，1（6）．

想情绪，在画面上我们都能看到”。[1] 阿英逐本讨论了良友翻印的麦绥莱勒的四本木刻书，其他三本是《光明的追求》《我的忏悔》和《没有字的故事》。阿英承认，麦绥莱勒的木刻并不通俗，就连他自己读了介绍后再看全书，也依然会感到些许困难，更遑论一般的读者大众呢？四本之中《没有字的故事》是最无意义的一部，它不过是两性恋爱追求方式的汇集。阿英认为，麦绥莱勒“依然是一位旧写实主义的作者，无论从那一册看去，这位作家都不免是社会浮面现象的猎取者，很难看到他对社会的从本质上的批判”[2]。但这并不影响麦绥莱勒的木刻作为一种艺术秩序的标准，以衡量中国传统图画故事书的价值，因为这作品“不仅使我们能多多的认识世界，看到世界的发展，也是要让它来影响国内的木刻家，来促进中国木刻的发展”[3]。麦绥莱勒由此成为一个艺术秩序的符号，可以衡量中国木刻艺术水准了，但这的确背离了鲁迅和苏汶论辩这一问题时的最初目标，即通过介绍欧美插画和木刻家的艺术作品，以发展中国的连环图画书，在大众中普及艺术。

显然，麦绥莱勒的木刻并不同于茅盾在《连环图画小说》中所说的连环图画小说，它们流行于街头巷尾，是传统石版或雕版印刷下的粗制滥造，所以当鲁迅说明大众会喜欢这类作品的时候，其潜在的艺术接受对象与茅盾所说的并不一致。鲁迅的行文风格，作为当时在知识界十分有影响的艺术样式和语文标准，也在潜意识中规范了其读者的接受能力。这反倒印证了苏汶所说的问题，即这类欧美连环图画作品能否为中国大众接受的问题。在逻辑上，鲁迅将中国传统连环图画书置于欧美木刻、图书插画等艺术类型构成的艺术秩序中，自然是提高了前者在现实语境中的文化地位，但这一方式也的确制造出了明显的艺术标准混乱。鲁迅的叙述，恰说明木刻和连环图画是两种完全不同的图像世界，它们面对公众时所提供的语文秩序和艺术想象也界限鲜明。

早在 1929 年，鲁迅就曾连续刊文介绍木刻这一艺术形式，并认为它是

[1] 阿英．木刻四话［J］．文饭小品，1935（6）．
[2] 阿英．木刻四话［J］．文饭小品，1935（6）．
[3] 阿英．木刻四话［J］．文饭小品，1935（6）．

自华土流出又返回华土的。这首先是出自鲁迅个人的艺术趣味，其次是要极力倡导一种“精力弥满”的“‘力’的艺术”。[1] 但彼时鲁迅并没有将木刻和连环图画联系起来。因此，1932 年鲁迅在为连环图画辩护文中表达的观点，其实是一个新发现——木刻是一种可以实现艺术大众化并改造普通民众的进步艺术形式。在艺术实践中，鲁迅往往将此类图像饰以现代白话文字说明，这图像与文字就组成了一种白话版图文形式。白话文在彼时知识精英阶层的主导性地位，还有这类图像的精致性、典雅性和艺术深度，就传达了一种特定的价值趣味、艺术风范和语文标准——它们构成了一种在知识阶层通行的艺术秩序。与之相对的，是茅盾在《连环图画小说》文中所说的另一种图文形式，它的图像质量低劣，在选材上多是传统的武侠神怪；所配饰的说明文字直接源自古白话；它配以较为规范的石版或雕版印刷装帧形制以利于大规模生产复制传播，由此构成了另一种标准化图像格式，并被冠以大众的或通俗的，成为新艺术秩序之外的异类。

二、起源的错位：谁是他者？

鲁迅《“连环图画”辩护》文刊载后不久，茅盾即在《文学》上发表了一篇未署名文章《“木刻连环图画故事”》。文章开篇茅盾就交代道：“良友图书印刷公司最近选印了比国木刻名家麦绥莱勒所作的‘木刻连环图画故事’《一个人的受难》等四种。麦绥莱勒用图画代替文字来‘写’故事，他的作品都没有附加文字说明，此次良友公司翻印的四种，为便中国读者容易了解计，特地都请人作序，略述每书的内容；但也有例外，如《光明的追求》序文只讲了些西洋木刻的源流。”[2]《光明的追求》一书序言是叶灵凤所作。在茅盾介绍的麦绥莱勒木刻作品集中，鲁迅为其中的一本《一个人的受难》写了序言。鲁迅于其中介绍了麦绥莱勒的生平，还有《一个人的受难》25 幅木刻的内容，并从历史的角度，说明连环图画是古已有之的，“埃及石壁所雕

[1] 鲁迅.《近代木刻选集》(2) 小引［J］. 朝花，1929 (12).
[2] 茅盾.“木刻连环图画故事”［J］. 文学，1933，1 (6).

名王的功绩，‘死书’所画冥中的情形，已就是连环图画”[1]。鲁迅以为连续的图画故事于读者是有益的，因为无需文字的钳制，一看就懂。茅盾在他的文字中，针对此套丛书的总编辑赵家璧将麦绥莱勒木刻视为中国文艺大众化的未来提出了反对意见。他还对麦绥莱勒的木刻提出了批评，认为这木刻书的缺陷就是在图画旁边缺少翔实的说明文字。茅盾的意思是，这木刻图画不像流行于上海普通民众中的连环图画小说一样，每一幅图画上都有一段文字，形成简单的白话小说故事那样的形制；连环图画小说甚至是在图画中间，都有从人物口中引出对白，以满足初识字的普通民众的阅读需求。茅盾以为，连环图画小说的问题也在这个地方，一是“文字说明部分往往不能与图画吻合”，二是“图画本身不能抓住了连续发展的动作的中心，往往前一幅与后一幅的差异只在一个人物的正面立或侧面立，因而费图虽多而感动力则甚弱”[2]。

茅盾因此以为，连环图画及其说明文字之间的这种共构关系，形成了上海普通民众对图像和语文的接受形式。并不精致的图画和简单的文字，尽管在文本中存在着彼此脱离的情况，但它提供的图像世界可以满足普通民众的日常生活想象，它粗劣的文字也构成了一种语文叙述秩序，塑造着符合普通民众价值趣味的审美空间。二者缺少任何一个，都无法满足民众的审美心理期待。因此在艺术形制上，麦绥莱勒连环木刻作品（鲁迅以为应该更名叫“连续图画”[3]）并不能适应现实中国的社会需求，但与阿英一样，茅盾承认麦绥莱勒的木刻创作可以帮助左翼作者们思考如何改进并提高连环图画小说的艺术水准。

中国现代意义的连环图画小说发端于19世纪后期，兴盛于20世纪30年代初期，尤其是现代印刷技术的进步，为这种图文作品的生产传播提供了极大的便利，形成了比较标准化的图像结构和语文秩序。一般这类图画小说都有二十到三十幅图画，取上文下图形式，图像一般占纸页三分之二空间，

[1] 鲁迅 .《一个人的受难》序［M］// 麦绥莱勒 . 一个人的受难 . 上海：上海良友图书公司，1933：1.
[2] 茅盾 . “木刻连环图画故事”［J］. 文学，1933，1（6）.
[3] 鲁迅 .《一个人的受难》序［M］// 麦绥莱勒 . 一个人的受难 . 上海：上海良友图书公司，1933：1.

剩下的则是文字说明。说明文字从右向左展开，有时会在最右端配有一个4字标题，起到概括图像的作用；说明文字一般是竖排，每列少则4字，多则6字；可以有少到12列，多到21列，每页的说明字数也从48字到126字上下。一般一本书的文字排列形制会保持前后一致。这实际就规范了连环图画小说中语文的基本样态：它必须是一种标准化的语文格式。这种语文形制对降低印刷成本是极有利的，它带来的问题则是说明文字往往受限于字数，会要么过于烦琐，要么过于粗略，图像与文字匹配不严格等诸多问题。同时，在连环图画小说的制作程序中，绘图人往往兼任说明文字的作者，他们的文字水平往往只是初具读写能力，又不得不承受着帮派行规的压榨；再加上后期制版印刷人员的文字能力，连环图画小说的图像和文字不可能保持很高的水准。茅盾在《连环图画小说》文中所指摘的此类图书的缺点，不仅与图书编制者的水平有关，与这种标准化的图像和语文格式有关，还与印刷人员的教育素质有关。而图书制作水准低劣的背后，隐藏的更为深刻而悖谬的社会现实就是：一个被压迫的社会阶级，不得不在一种反审美的图像制品中，发现并寄托自己的审美想象和情感愿望；普通民众在不得不忍受一种低劣艺术制品的同时，还要忍受来自另一个阶层的精神指摘和价值批判。

因此，连环图画小说是现代印刷出版技术与现代都市消费文化相媾和的产物，其起源和形制都有着明确的现代身份，但却被新文艺阶层直接判定为一种旧的文化形式、旧的观念体系的产物。而被鲁迅视为从华土流出、又返回华土的木刻，在经历欧陆的文化洗礼之后，摇身而变为一种先进的艺术形式。这种悖论般的艺术判断，恰说明在中国艺术现代性进程中，一些所谓落后的文化形式不过是先进文化的背面，一个已经成形的艺术秩序在塑造二者的落后或先进的文化地位，并将一体两面的文化本身，设定为两个高度矛盾的、难以相容的、差异明显的艺术形式。而落后的艺术形式，就在现代性对先进艺术的生产中，同时被塑造了出来，并以他者的姿态被呈现了出来。

所谓以木刻的形式和水准，去提高连环图画小说，无疑就是这种精神指导下的结果。对于木刻的价值，赵家璧如是说道："用木刻的艺术方法去替代旧有连环图画里那种低级趣味的人物描画，我们可以预料他所能收得的良果的。因为木刻是艺术表现中最直接最单纯最有力的方法，而一把刀，一块木，连带纸张和墨，就可以完成一切。”[1] 赵家璧所说的木刻的制作方式及其生产工具，与中国传统雕版印刷的制版技术几乎是一致的，但这种在中国唐代就出现的技术生产方式，因其制作的是木刻，就获得了一种先进性，而成为“最直接最单纯最有力的方法”。而以雕版印刷方式制作的传统线装图书的图像插页，还有以从欧美引进的石印技术制作的连环图画小说，却是“旧有”的，必须要经过欧美木刻艺术的重构与精神洗礼，才有可能获得与其一致的先进性。即如木刻图像文本本身，如阿英所说的《没有字的故事》是最无意义的一部，就意味着并不是所有的欧美木刻制品都具有很高的艺术和审美价值。而赵家璧还以为这一艺术形式，代表着中国未来大众艺术的方向，指示着中国连环图画小说的将来。[2] 这一在逻辑上极为混乱的论述之出现，恰是艺术现代性的生产制度使然。即如茅盾对赵家璧的批评，也只是认为木刻在艺术形式上与连环图画小说并不一致，并不见得会获得普通民众的认可，而没有指出赵家璧观点的逻辑混乱。

以木刻去改造连环图画小说为己任的新文艺知识分子们，对连环图画小说的语文形制同样产生了错位的认知。如瞿秋白就以为只要以普通民众的语言去写作，形成一种基于口语的新的语文形式，将现代进步知识阶层的价值理想和普通民众的审美趣味相结合，就可以生产出一种为普通民众所能接受的新语文。这一新的语文，瞿秋白概括为“白话本位的原则”[3]。他在和鲁迅讨论翻译问题时，十分清楚地传达了“白话本位的原则”所具有的价值意义——它是口语和书面语的统一，是知识阶层精神理想和普通民众生活现实的统一，是新的共同语得以产生的现实根据。瞿秋白的这一观点部分地得到了鲁迅的认同。但无论是瞿秋白还是鲁迅，似乎都在无意中忽略了一点，连环图画小说的语文形制偏偏是基于古白话写就的；此一白话也并非来自普通

---

[1] 赵家璧.《没有字的故事》序［M］//［比利时］麦绥莱勒.没有字的故事.上海：上海良友图书公司，1933：3.

[2] 赵家璧.《没有字的故事》序［M］//［比利时］麦绥莱勒.没有字的故事.上海：上海良友图书公司，1933：2.

[3] 瞿秋白（署名“J.K.”）.再论翻译答鲁迅［J］.文学月报（上海），1932，1（2）.

民众的口语，而是与自19世纪末期就开始在上海天津等现代都市中风行的武侠神怪、情场风月类作品的语文形制高度一致，它甚至在艺术价值上都与之高度同源。瞿秋白所谓基于普通民众口语而创造的新语文，恰恰与普通民众中风行的语文完全错位。在这个问题上，倒是茅盾的判断比较清醒。茅盾不仅不同意这种基于“白话本位的原则”而形成的民众语文的创制，还否定了这种语文传播的可能性。茅盾更看重方言，以为基于方言的文艺会在普通民众中更有市场。[1] 也是在这个地方，茅盾的判断恰恰是比较贴近于连环图画小说中的语文特征的。为了更好地在民众中获利，许多连环图画小说都会在说明文字中大量使用地方方言，从而带来了连环图画小说古白话书面语和地方化口语相混合的现象，它与瞿秋白的语言想象确是大相径庭。

三、改造的乌托邦：木刻何为？

值得注意的是，在这场关于以木刻革新连环图画小说的讨论中，体现出来的由艺术价值、审美规范和语文标准等因素构成的文化等级制度，还有站在这一等级制度内部，视此一切的发生为自然而然的批评话语逻辑。令人惊讶的是，就连对麦绥莱勒持批评态度的人，都自然而然地承认，麦绥莱勒的积极意义是不能低估的，木刻这种黑白艺术形式恰可以重新衡量连环图画小说的艺术、审美还有语文特征，而完全没有看到这一艺术、审美还有语文差异背后的经济差异和阶层差异等社会问题。作为一种传播和接受的对象，连环图画小说的形制、内容还有它的趣味、取向，都首先是那个阶层的经济能力所决定的，甚至价格低廉都是所有生产连环图画小说的书商所刻意追求的目标。在这一目标之下，图像的艺术问题和审美问题，还有语文上的诸多问题都是次要的，而且它正是那个阶层具有初级读写能力和艺术能力的人，所能写出的语文，所能绘出的图像。在对商业利益的追逐中，这一语文和图像被形式化、标准化了，由此生产出了属于那个阶层的语文想象和图像模型。

---

[1] 茅盾（署名“止敬”）. 问题中的大众文艺［J］. 文学月报，1932，1（2）.

抗战全面爆发之前，一些连环图画小说的生产规模达到了上百万册，远高于任何一部通行于知识阶层的期刊与图书，它的语文形制和图像样态，也构成了一种叙述规范、艺术和审美标准，形成了强大的抗拒力，抵抗着新思潮新文艺对它的介入。

赵家璧在后来的回忆中，曾说明受鲁迅的鼓励，他曾亲自走访出版连环图画小说的出版人，试图直接接触那些语文和图画的生产者。鲁迅的目的是由具有进步观念的作者创作出连环图画小说的文字脚本，再由那些普通艺术家将其绘出，以符合普通民众审美需求的形式，在市场上销售，以改变普通民众的审美意识和价值观念。鲁迅的这一构想无疑具有进步的意义，文字脚本和图画绘制，是现代出版流水线中两个彼此独立又相互依存的程序，它的专业化是现代出版的要求，也是现代社会生产分工的趋势使然。鲁迅这一建议中另一个值得注意的地方是，它是具有现代进步意识的作者与普通市井艺术的生产者，进行跨阶层合作的一种尝试。这对于两个阶层的人的价值观念审美趣味的重塑无疑也是一种积极的探索。但当赵家璧带着这一目的去接触那些连环图画书的出版人时，却遭到了强烈的抵制和敌视。也是在这个过程中，赵家璧发现那些连环图画书的生产者们，是生存于极为贫乏和严苛的物质环境和精神氛围中的，很多人甚至根本不住在上海市内，而是在城市周边的某个村落的棚户区中，受着等级森严的帮会行会的控制，遭受着经济和精神的双重压榨。连环图画小说就是在这样一种语境中，被生产出来的。[1] 连环图画小说的图像绘制者同时也是语文生产者，这些生产者往往只是接受了初级的语文教育，在传统的师徒秩序中，又接受了基本的图画训练，随后就转身为这一艺术生产秩序中的一员。即使在语文图像内部的生产秩序中也存在着严格的等级关系，处于最底层的徒弟只有图像背景的绘制权，师父则牢牢控制着图像人物绘制和故事叙述的主导权，徒弟对师父在艺术创作、经济关系上都存在着严重的人身依附关系。这些文艺制品的生产者，无论是从价值观念上还是从经济利益上，都不敢不愿也不可能接受鲁迅这样的建议，

---

[1] 赵家璧．鲁迅与连环图画［M］// 编辑生涯忆鲁迅．北京：人民文学出版社，1981：39–40.

“我记得同他们在一家茶楼谈话的结果，他们因为怕得罪店主，婉言谢绝”[1]。这一严峻的现实，恰恰说明连环图画小说的传播和接受表面上看，是一种审美价值和艺术品位的问题，实际上首先是一个严肃的社会问题。这一严峻的现实，也让以欧美木刻重塑连环图画小说的讨论具有了乌托邦的色彩。

因为有鲁迅这样的精神领袖的倡导和引导，木刻在1932年后发展成为一个重要的艺术运动，很多青年投身于这一艺术形式的创作中来。即如鲁迅所言，那些追逐木刻的青年确是多有些激进的意识在，并使得“木刻”二字沾染上了明显的革命色彩，遭到了某些人的疑惧，但在总体上，其创作的艺术水准并不高，且在时局的变迁中，人员也多星散了。木刻的发展也没有像鲁迅所期望的那样，对连环图画小说产生什么影响。至迟在1935年，鲁迅就曾这样说道：“‘连环木刻’也并不一定能负普及的使命，现在所出的几种，大众是看不懂的。”[2] 木刻和连环图画小说不仅在价值理想上存在着根本的对立，它的传播和接受群体也与后者根本不同。从鲁迅、茅盾、赵家璧还有阿英诸人的论述中可以看到，不论他们怎么评价麦绥莱勒等人的木刻艺术，改造民众的价值理想被自然而然地植入了这一艺术形式中，并让它先验性地获得了价值正当性和艺术合法性。这一价值理想直接遮蔽了木刻这一艺术形式生发的本源——自1926年前后被引入华土并被力倡以来，木刻就与知识精英阶层存在着密不可分的关系，但它与普通民众并无任何直接的瓜葛。木刻被想当然地认为是来自普通民众的，自认为以服务于普通民众为己任。而实际上这一艺术形式始终是在知识分子、艺术家和具有中等以上教育程度的学生群体中传播、接受的，也是在这一艺术流通过程中，木刻被赋予了重构普通民众价值趣味的乌托邦性。

即如图像形式层面，木刻那种明暗表现技法，和连环图画小说那种以线

---

[1] 赵家璧．鲁迅与连环图画［M］// 编辑生涯忆鲁迅．北京：人民文学出版社，1981：40. 从一些早期从事连环图画创作的作者及其子女的回忆看，如朱光玉回忆其父亲朱润斋连环图画的从业经历［朱光玉．回忆我的父亲朱润斋［M］// 王悟生，整理．连环画论丛（第一辑）．北京：人民美术出版社，1980］，赵宏本的回忆［赵宏本．从事连环画创作四十七年［M］// 连环画论丛（第三辑）．北京：人民美术出版社，1982］，都可以见到早期连环图画的从业者所受到的严苛的人身管制和精神压榨。

[2] 鲁迅．论中国的木刻［J］．文艺新潮，1938，1（1）．

构图的技法是格格不入的两种风格。鲁迅即以为，“木刻究以黑白为正宗”，并明确表达了他对木刻套色的反对。[1]赵家璧后来回忆说，很多普通人其实根本无法接受这一艺术形式，他还反思自己早期以木刻改造连环图画小说的观点是“幼稚和不切实际的”[2]。连环图画小说却并不避讳红绿彩色，并由此形成了一种标志性的图书封面形式及构图方式。其次如茅盾所指出的，绝大多数木刻是没有说明文字的，如赵家璧引入的麦绥莱勒的四种木刻作品即如此，而这完全违背了普通民众接受连环图画小说时的心理期待。鲁迅正是出于担心这一艺术形式会产生接受上的问题，才在和赵家璧的沟通中，要求介绍者应当为每部作品的每一幅图片写上一段文字说明，鲁迅并身体力行，他的文字介绍也成为一种语文行文的典范，确立了一种语文标准。但这一木刻接受的问题在阅读连环图画小说时是根本不存在的，如茅盾所说的，连环图画小说的文字和图像是共构的整体，读者不仅看图，还要看字，并通过语文说明去发现那粗劣图像中的隐秘之处。也因此，茅盾在其介绍文字中就提出了建议，和鲁迅一样，他以为木刻要中国化，要符合其服务对象的接受习惯和心理。但显然，木刻的发展并没有遵循这些要求，它进一步突出了图像的造型能力——写实的和抽象的，不同技法的和风格的，还有不同审美价值和风范的木刻作品，以不以其倡导者意志为转移的形式被创造了出来，并与连环图画小说的艺术风范渐行渐远。

在木刻艺术起伏沉落的过程中，连环图画小说依然以旧有的形式在普通民众中不动声色地流传着。1932 年，在鲁迅诸人开始讨论木刻对连环图画小说的积极意义时，在赵家璧开始翻印麦绥莱勒的木刻作品四种时，国民党行政当局已经开始在全国各大主要城市对包括连环图画小说在内的市井印刷品予以清缴了，尤其是其中宣扬诲淫诲盗、神魔鬼怪的各类读物，典型的如对《火烧红莲寺》从电影到小说再到连环图画小说的全面取缔。但这并没有改变连环图画小说的传播和接受样态，这一艺术制品更为顽强地以各种形制在普通民众中，以极为廉价的方式流通着。

---

[1] 鲁迅．论中国的木刻［J］．文艺新潮，1938，1（1）．

[2] 赵家璧．鲁迅与连环图画［M］// 编辑生涯忆鲁迅．北京：人民文学出版社，1981：31.

木刻和连环图画小说的分立，是包括鲁迅在内的倡导者们始料未及，但又不得不接受的一个事实。这既可以归因于艺术形式独立发展的内在规律使然，也可以归因为这两类艺术形式甫一开始就不具备彼此影响的基础。更主要的是，连环图画小说的接受者，作为一个无形的群体，支撑着这一为进步知识群体反复抨击，并力图改造的语文标准和图像形式，在抵制木刻这一知识阶层的艺术趣味和语文权威。木刻和连环图画小说这两种曾试图融合却最终彼此分立的艺术形式，也在提示后来者，普通民众的艺术传播与接受，首先就不是一个艺术问题。如果不切入艺术生产流通的各个环节，从对人的物质存在和精神世界重构的角度，即马克思所说的人的主观世界的角度，重新审视这些艺术类型，包括连环图画小说在内的艺术形式，就永远只能存在于现代知识阶层的意识空白处。

人机协同想象中的生命叙事与东方心境

——以日本科幻动画为例 [1]

温志宏 [2]

［摘要］ 当互联网和人工智能技术在大众流行文化中演化成一种“结构性权力”，日本科幻动画构成了想象与建构人机协同场景的珍贵视角与方法。它们关切人—技术—世界关系的不确定性与多种可能性，以具有超越性特质和力量的东方精神作为思想根基，重新设想了人的经验形式与信息技术的关系，在身心一体、人神共建和万物平等三个维度营造出独特的东方心境。其思想意义一方面在于这些作品作为一种对抗“东方的丧失”（dis-orient-ation）的心媒实践，跳脱出了以“技术东方主义”重申自身文化优势的西方科幻叙事脉络，进而提供了有关技术思想及其文化表达的多样性实践形式；另一方面，也提示出面对生成式大模型等技术极速变革所带来的诸多生存新场景，基于“智性直观”的东方文化或可作为一种超越技术现代性的思想起点，在宇宙和人类精神之间重新搭建感觉联结。

［关键词］ AI 叙事　生命取向　东方心境　日本科幻动画

媒介加速进化过程中，心智空间构成了未来媒介的终极形态。[3] 数字创

[1] 本文系 2024 年北京市社会科学基金一般项目“日本科幻动画中的 AI 叙事研究”（项目编号：24WXB004）阶段性成果。

[2] 温志宏，北京第二外国语学院文化与传播学院副教授，研究方向为媒介与社会变迁、国际传播和跨文化研究。

[3] 喻国明 . AIGC 传播时代［M］. 北京：中译出版社，2024：254.

生深度介入人类情感共同体，作为权力与能力，审美与共情不仅日益凸显出其作为人类社群发展重要动因的本质性力量，[1] 更在人机共生带来的社会关系重构中扮演着关键角色。[2] 在此意义上，叙事研究构成了解码人机协同系统复杂性及情感互动模式的关键路径。

近年从欧洲兴起的 AI 叙事研究就是将作为技术话语的人工智能与叙事学相结合，关注叙事原则下所有对于广义 AI——即任何被想象为具有智能的机器[3]——的想象、报道、评议和研究。叙事是人类存在的基本状态，叙事世界中历史性地存在着认知与情感经历，其参与个体行为“经验情境”[4] 的构成、表达与传播，具有鲜明的个体情感基础。尤其是小说、电影、动漫等多媒介形态的虚构类叙事，一方面，文艺作品本身构成了社会历史的重要组成部分，在历史语境和集体记忆中参与塑造着个体对技术的理解以及有关技术的整体性社会观念；另一方面，公共话语和文化环境塑造了社会对科技的反应，开创技术世界的行为主体正是在复杂而多元的叙事语境中展开实践。

在此意义上，20 世纪中期以来风靡全球的日本科幻动画构成了一个聚集着丰富 AI 叙事研究资源的“开放系统”[5]，多维度人机关系视觉探索及思想批判在其中不断展开。从阿童木、铁人 28 号、高达系列和机器猫等诸多经典机器人形象，到《阿基拉》(1988)、《攻壳机动队》(1995) 和《新世纪福音战士》(1995) 等享誉世界的未来叙事作品，与机器人和人工智能相关的叙事世界塑造出“日本动漫”(Anime)[6] 这种特有类型的发展，其所象征的

[1] 师曾志．数智时代虚实共生中的模仿、真实与创造——以生命传播为视域［J］．学术论坛，2023(4).

[2] 闫桥，陈昌凤．传播生态变革与人机传播的未来［J］．青年记者，2023（2）.

[3] Stephen Cave, Kanta Dihal, Sarah Dillon. AI NATTATIVES: A History of Imaginative Thinking about Intelligent Machines [M]. Oxford University Press, 2020: 4.

[4]［英］怀特海．思维方式［M］．刘放桐，译．北京：商务印书馆，2010：138.

[5]［德］吉尔・德勒兹．在哲学与艺术之间：德勒兹访谈录［M］．刘汉全，译．上海：上海人民出版社，2020：42.

[6] 据考证，“Anime”一词于 1962 年在日本电影杂志《映画评论》上首次被正式使用。其后一段时间里，“Anime”在海外曾被认为代表着“廉价、用之即弃”的日本动画作品。但 20 世纪 80 年代后期开始，随着日本动画的海外影响渐起，“Anime”逐渐取代“Japanimation”，被广泛用来标识与众不同的“日本动画”，由此定义和创造了一种新的流行文化类型。参见英国著名电影杂志《视与听》(Sight & Sound) 于 2020 年夏季刊第 30 卷第 6 期专题《日本动画特辑：50 部精选动画电影》的前言。https://www.bilibili.com/read/cv9597065/.

风格和品味具有广泛连接性，指向一个科幻文化范畴内的新亚类型，即以后现代特征、赛博朋克、后人类及其主体性、虚拟现实和超现实主义等为关键词，一种日本气质和赛博朋克的类型结合体。

正如学者许煜在重建中国技术问题上对海德格尔的批评所言，技术问题并不能与其文化源泉相分离。[1] 如果以上述有关“技术世界和人机关系”的庞杂媒介经验文本集群作为研究对象，一个显而易见的问题就是，日本动漫中与赛博朋克结合在一起的日本气质究竟是什么？从文化多样性的视角来看，这种日本气质与西方语境所设想的东方技术未来有何不同？

通观20世纪60年代以来的数十部日本科幻动画，人类与技术产品在“自我”（人工增强）和“他者”（机器人）等多重关系背景中彼此结合，众多AI角色被赋予人类特有的直觉和情感，以能行动、能反思、兼具创造力和破坏性的、在个人历史性之中创造着历史的、有意识的社会行动者身份展开主体性命运。与“技术东方主义”所热衷描绘的高技术背景下空无实体、非人性化、在超现实世界中自我分裂的存在状态相对照，日本科幻AI叙事文本将倾向于功能性的技术“个体”转化为更强调人性和生存状态的生命“个人”。这就将“生命叙事”，也即人作为存在个体的具身、情感、感觉和知觉等认知维度，引入技术观念建构以及人机关系变迁的讨论之中。

“生命叙事”建立在西方和东方的生命哲学基础之上，虽然很难用某个具体化的观点来概括其间复杂幽微的思想差异，但从分析文本的理论需要出发，这里借用许煜对于东西方技术思想的对比，将东方理解生命的一般原则描述为：基于人与天的共鸣与合一，“道”构成了不同于西方实体主义思想的宇宙道德原则，人与包括技术物的一切存在者基于智性直观的感应（而非战争和争执）共在（being together）共处（being with），有机和谐交流。[2] 虽

[1]［德］许煜．论中国的技术问题——宇宙技术初论［M］．卢睿洋，苏子滢，译．杭州：中国美术学院出版社，2021：3–5.

[2]［德］许煜．论中国的技术问题——宇宙技术初论［M］．卢睿洋，苏子滢，译．杭州：中国美术学院出版社，2021：43，57，68，85.

然如许煜所说，现代技术状况已经在亚洲造成了传统丧失的普遍感受，[1] 上述具有超越性特质和力量的东方精神却构成了日本科幻动画中人机协同想象的思想根基，从守护身心一体的人类生命到构建宇宙整全性意义上的多元团结情感共同体，“生命叙事”话语倾向不断凸显，在“成为人”和承担人的有限命运这两个意义维度上得到深度推进。由此可见，东方心境并未在技术东方世界的建构中消失，反而构成了对抗“东方的丧失”（dis-orient-ation）[2] 的心媒实践 [3]。

本文围绕上述 AI 叙事文本展开人机协同想象的东方视角研究，其意义一方面在于通过创造性的角色和场景去挖掘有关人工智能等技术实践的想象、认知与情感经验，呈现技术整体性社会观念得以建构的过程，更重要的是，捕捉那些渗入社会话语网络与技术发展现实的无形的人类体验与情感能量，从维柯“感觉即是认识与能力”[4] 的意义上，洞察东方特质的人心道心如何左右技术世界中的事务机缘，[5] 以及具备情感能力的生命个体如何以自觉自为的行动者身份参与到无可躲避的技术命运之中。[6]

一、身心一体：技术崇高中的生命自然

20 世纪 80 年代中期，随着日本的全球经济影响力达到顶峰，以高科技为特征的东方城市图景在西方经典赛博朋克作品中既无处不在又耐人寻味。

---

[1]［德］许煜 . 论中国的技术问题——宇宙技术初论［M］. 卢睿洋，苏子滢，译 . 杭州：中国美术学院出版社，2021：252.

[2]［德］许煜 . 论中国的技术问题——宇宙技术初论［M］. 卢睿洋，苏子滢，译 . 杭州：中国美术学院出版社，2021：257.

[3] 根据哈佛大学中国艺术实验室（Harvard FAS CAMLab）的界定，“心媒”关乎艺术、思想和人类意识的视觉表现，是呈现审美心境的技术性行动，意在实现包括感知、观念、思想、表达、体验和行动的审美全体性与整一性。Dorinda (Dinda) Elliott. Experiencing Buddhist Transcendence Through Technology. March 21, 2023.https://fairbank.fas.harvard.edu/research/blog/experiencing-buddhist-transcendence-through-technology/。

[4]［意］维柯 . 论意大利最古老的智慧——从拉丁语源发掘而来［M］. 张小勇，译 . 上海：上海人民出版社，2019：69.

[5] 师曾志 . 数智时代虚实共生中的模仿、真实与创造［J］. 学术论坛，2023（4）.

[6]［德］海德格尔 . 技术的追问［M］// 海德格尔选集（第五编）. 上海：三联书店，1996：942–943.

以威廉·吉布森的《神经漫游者》为代表，故事发生在日本千叶城，“港口上空的天色犹如空白电视屏幕”[1]，霓虹彻夜流动，高科技公司的全息标志无处不在。日本以一种超现代隐喻的角色成为西方视野中“全球对未来想象的默认设置”[2]。莫利和罗宾斯用“技术东方主义”来描述这些图景，认为这是特定历史阶段中西方恐惧日本崛起的某种象征，[3] 它既意味着荧屏、网络、机器人、人工智能和仿真等高技术与日本性的结合，同时也具有这样一些特征，比如“遗忘文化、着迷于感情疏远、在一系列的情形中消除自我”[4]，在西方的想象中，“一个文化群落冷漠、非人性、机器般的”[5] 技术东方形象不断被强化。

但澳大利亚学者查尔斯·保罗克（Paulk Charles）认为，这些具有威胁性的技术东方主义景观并不足以解释吉布森作品中复杂的日本意象。[6] 他将吉布森的作品与詹姆逊所讲的后现代性特征联系起来，认为其笔下的日本实际上标记出了一种后现代空间中已然消失的“历史性”和“有机性”。如美国东亚学者玛丽莲·艾维（Marilyn Ivy）曾指出日本社会的某种特性：“那里依旧回响着传统和过去。”[7] 在充斥着“跨国资本、再生技术、情感消亡和城市景观巨变”[8] 的超现实未来面前，遍地都是人造景观，人们再也无法回到尚未被“再现化”的世界（the non-mediated world）。但吉布森用一个文化与历史混杂且充满拼贴体验的日本——不论是女杀手莫莉的街头武士形象（《神经漫游者》），千叶城的街头暗巷（《神经漫游者》），还是由地震垃圾填充而

---

[1]［美］威廉·吉布森．神经漫游者［M］.Denovo，译．南京：江苏文艺出版社，2013：3.

[2] 2024年年初，大模型Sora生成的以东京为背景的赛博朋克风格短视频更凸显出这种想象在西方文化中的持久影响力。Paulk Charles. Post-National Cool: William Gibson's Japan [J]. Science Fiction Studies, 2011(48).

[3] Paulk Charles. Post-National Cool: William Gibson's Japan [J].Science Fiction Studies, 2011(48).

[4]［英］戴维·莫利，［英］凯文·罗宾斯．认同的空间：全球媒介、电子世界景观与文化边界［M］．司艳，译．南京：南京大学出版社，2001：231.

[5]［英］戴维·莫利，［英］凯文·罗宾斯．认同的空间：全球媒介、电子世界景观与文化边界［M］．司艳，译．南京：南京大学出版社，2001：231.

[6] Paulk Charles. Post-National Cool: William Gibson's Japan [J]. Science Fiction Studies, 2011(48).

[7] Susan J. Napier. When the Machines Stop: Fantasy, Reality, and Terminal Identity in Neon Genesis Evangelion and Serial Experiments Lain [J]. Science Fiction Studies, 2002(11).

[8] Paulk Charles. Post-National Cool: William Gibson's Japan [J].Science Fiction Studies, 2011(48).

来的新岛屿（*Burning Chrome*）——以其无序和有机的特性，为对抗无处不在的虚拟空间和被“再现化”的人类未来命运提示出一种可能性，那就是在时空和身体边界不断消失的后现代叙事中，隐隐流淌着的“自然、真实、稀有、异国情调”[1]的东方气质。

对于赛博朋克类型中常见的东西方文化杂糅场景，这无疑是一种颇为深刻的解读，它指向了科幻技术叙事中对东方文化中内在超越性的借用。20 世纪中期以来，深受欧美潮流影响的日本本土科幻作品积极拥抱了赛博朋克类型，[2]但与吉布森相比，这些作品同时也更为独特地传递出基于东方文化主体存有观念的这种超越性，其首要体现即是以“身体”为核心的生命问题。这里的“生命”既指向人的现实存在和实体意义，同时也以一种非西方的“关系性的视角”[3]，将技术与人性紧密联系在一起，身与心、人与自然贯通为共生共鸣的生活的整体，如庄子所言“物物者与物无际”，有限的存在物（包括生命与技术物）之中刻写着无限的“道”，技术崇高中的生命自然不仅不可被替代，而且与技术共同构成存在整体。

1998 年的深夜动画《玲音》就鲜明地传递出视“身心一体”为根本价值的生命叙事特征。主角玲音既是一个掌控着网络系统和人类集体意识的电脑后门程序，同时也是拥有现实物质性身体的人造人。在 INFORNOGRAPHY 一话中，已经知晓自己只是一个电脑程序而并无人类有机身体的玲音直接把仿生身体接驳到电脑上，想要通过寻找自己生命的本质与来源，而建构起自我身份。在动画画面中，各种电线、电极贴片和电极夹缠绕贴合在一个女孩几近赤裸的幼小身体之上，随着自己从“诞生”以来的现实世界记忆被一帧帧回放，玲音对于“人”的命运的觉知也越来越清晰：人的身体不只是一个用来储存记忆的媒介物，身体是朋友爱丽丝胸口的心跳，是太郎凑上来亲吻时触碰到的嘴唇，是一直暗中保护玲音的保镖摘下眼镜后给她的回眸一笑，

[1] Paulk Charles. Post-National Cool: William Gibson's Japan [J]. Science Fiction Studies, 2011(48).

[2] 全球第一本赛博朋克专刊（1986.11）就出自早川出版社的 SF Magazine。Bruce Sterling. Preface to Mirrorshades. http://project.cyberpunk.ru/idb/mirrorshades_preface.html.

[3]［德］许煜 . 论中国的技术问题——宇宙技术初论［M］. 卢睿洋，苏子滢，译 . 杭州：中国美术学院出版社，2021：257.

是程序员“爸爸”最后和她告别时诚恳的眼神，是正因为害怕失去而恰恰应该认真守护的自己。人需要身体，人的生命在生活过程中而存在，并具有了不可替代的根本价值。

在诸多技术崇高与身体并置的场景中，机器和技术进化给物质世界和真实人体带来根本性改变，甚至“允诺了死亡惯例的超越”[1]。这意味着强大有力的后人类主体与身体脱节，人成为一个“摆脱了与历史、社会秩序、甚至物质世界间的恼人接触”的、自主而无畏的“终端身份”（terminal identity）存在。[2] 对照之下，玲音这样的生命叙事主体却是弱小易逝的，反应迟钝，有所恐惧，并不完美。她本可以作为俯视万物、无所不能的技术之“神”留在网络空间，最后却而选择回到现实世界，成为一个孤独的仿生女孩。

在拥有一个“终端身份”还是拥有物质性身体的选择中，玲音选择了后者。这也暗示出生命叙事的一种本质特征：是玲音自我的意志与行为，而非力量强弱本身，决定了她的命运。日本科幻动画中经常可见后人类身体带着复杂纠结的心理与身份问题，比如早年的《银河铁道 999》《新世纪福音战士》《玲音》，或 2007 年播出的《电脑线圈》，等等，叙事主体最终放弃了超越时空的完美性（躯体、永生等），觉知并接受了身体与情感一体化且具有有限性的“人”的普遍性命运，“当与机器联系在一起时，人类的身体和意志最终被重新定义为最有希望的、唯一真正有效的抵抗力量”[3]。通过接纳人类作为有限生命体的全部意义，“身心一体”的人的存在在一种非系统和无秩序的意义特征之上对抗机械性的技术社会秩序。一方面，实现对技术危险的救渡与超越；另一方面，也将人的存在放置于独特的东方时间观念之下，跳出现代个体被全球性技术系统带来的时间节奏性所填充和规制的机械状态，转而回归日常经验性的时间观，传递出“现时当下生成不断”的东方超

---

[1]［美］小伊斯特瓦・希克斯勒 – 罗尼 . 后人类的崇高［M］// 曹荣湘，选编 . 后人类文化，张立英，译 . 上海：上海三联书店 , 2004：96.

[2] Susan J. Napier. When the Machines Stop: Fantasy, Reality, and Terminal Identity in Neon Genesis Evangelion and Serial Experiments Lain [J]. Science Fiction Studies, 2002(11).

[3] Sharalyn Orbaugh. Sex and the Single Cyborg: Japanese Popular Culture Experiments in Subjectivity [J]. Science Fiction Studies, 2022(11).

越性智慧，实现了佛教所言个体生命的向上转化。

二、人“神”共建：微尘的自我与自我的崇高

体现东方文化内在超越性的另一个重要维度在于人与超越者的关系。不论是中国儒家心性论中所强调的“人心即道心”（孟子）或“吾性自足”（王阳明），道家思想中“物各自生而无所出焉，此天道也”（庄子），或是日本禅宗思想中的“即心是佛”（道元），一种贯通的思想意涵或许可以理解为天地之间并无高高在上的主使者，万物自然自成，[1]人通过自然达到天人合一、道物合一和理事合一。[2]在日本传统文化中，“神”也并不是一个抽象玄妙的抽象概念，而是指“具有超人能力的实在”[3]。与此同时，东方文化也强调需要修习努力才能到达这样的自然境界，“高高山顶立，深深海底行”[4]，才能“出入自如”[5]，“生成不断”[6]，日本更强调“道”为“艺之道”，将躬行实践视为“道”之本身。[7]在此意义上，著名心理学家荣格对于东方心灵观念的观察就颇具深意：“在我们（西方）这里，人无比的渺小，上帝的恩宠则布满一切；可是在东方，人即为上帝，人靠自力救赎。”[8]在这里，展开“自力救赎”的“我”具有了自觉自为的行动意义，我就是“超越者”本身，通过“有意识地建立和扩展每个人各自的人性，以便使作为一个整体的人性得以充实丰富”[9]，人也由此不再为个体生命所局限，而与人群乃至宇宙成为共

[1] 王中江 . 宇宙、天下和自我：早期中国的世界观［M］. 北京：中国人民大学出版社，2023：82.

[2] 王中江 . 宇宙、天下和自我：早期中国的世界观［M］. 北京：中国人民大学出版社，2023：90–91.

[3] 王向远 . 中日“美辞”关联考论——比较语义学试案［M］. 北京：光明日报出版社，2019：38.

[4] 傅伟勋 . 从西方哲学到禅佛教［M］. 北京：生活·读书·新知三联书店，1996：341.

[5] 王中江 . 宇宙、天下和自我：早期中国的世界观［M］. 北京：中国人民大学出版社，2023：93.

[6] 傅伟勋 . 从西方哲学到禅佛教［M］. 北京：生活·读书·新知三联书店，1996：337.

[7] 王向远 . 中日“美辞”关联考论——比较语义学试案［M］. 北京：光明日报出版社，2019：42–43.

[8] 荣格 . 东洋冥想的心理学：从易经到禅［M］. 杨儒宾，译 . 北京：社会科学文献出版社，2000：99.

[9] 杜维明 .《中庸》洞见［M］. 段德智，译 . 林同奇，校 . 北京：人民出版社，2008：133.

同的创造者。[1]

在日本科幻动画中，时常可见的“人神共建”叙事一定程度就体现了上述理念。以最为常见的巨大人形战斗兵器类动画片为例，从《铁臂阿童木》（1963）、《铁人28号》（1963）到《魔神Z》（1972）和《机动战士高达》（1979）乃至20世纪90年代中期最为瞩目的EVA系列等，无敌的巨大机器人的流行和风靡表征出一种深层的日本文化信仰。在解释这一文化现象时，著名动画导演押井守认为一方面战后日本的科学技术万能论带来机器人崇拜思想，更深层的原因在于一种“日本式的原始感性情结”，也即认为只有某种“单一而又巨大强悍的物事”才是日本民族的希望和救星，神话般的巨型机器人或类似物实际上填补了救世主的空缺。[2]不过他没有提到的重要一点是，虽然巨大机器人在日本动漫中被不断神话，其意识内核却往往来源于“人”，来源于藏身于巨型机甲之中的人类驾驶员。不同于世界流行文化中的经典机器人形象，比如美日合作的变形金刚，或者皮克斯电影《机器人总动员》中的小瓦力，这些全能机器人的意识来源于自身程序或人工智能，日本超级无敌的巨型机甲则由“人”驾驶，其全能与神圣的本质并非全然超越于人世，而在于“神”与“人”共同的建构。

在《新世纪福音战士》中，这一方面体现在EVA由人类驾驶，每个EVA都要与指定驾驶员达到高度的生物—电同步才可启动；另一方面，EVA依靠人类灵魂的注入而启动自身神力，例如初号机的灵魂来自其驾驶者碇真嗣的母亲。阿西莫夫在其作品中提出“机器人学三定律”来设定人机关系，其伦理学基础在于一定程度承认机器人具有某种“主体性”，而对于日本动漫中的巨型机甲及其驾驶员来说，机器人的“主体性”经常与人的主体性缠绕甚至融合在一起，人机伦理和主体性危机因此也变得更加复杂难解。以《新世纪福音战士》为例，一个关键问题就是，当“人”（驾驶员）置身于

[1] 杜维明.《中庸》洞见［M］.段德智，译.林同奇，校.北京：人民出版社，2008：137.

[2] 押井守在月刊「サイゾー」1999年12月号上刊载谈话，从一些代表性作品的共通点入手，对日本动漫产品中的巨大人形战斗兵器现象进行简短剖析.参见 https://site.douban.com/108088/widget/notes/178912/note/107510846/。

“神性”的机器之中，我是我，我还是 EVA?EVA 的强大是否属于我？ EVA 的过错是否要我来承担？

《福音战士新剧场版：破》中，明日香驾驶的三号 EVA 机体被第九使徒侵染而变为使徒，主人公碇真嗣驾驶 EVA 初号机迎战之时，因不忍伤害明日香而迟迟不肯还击。于是 NERV 总部强行切断碇真嗣对初号机的控制，启动傀儡系统。随后当 EVA 初号机全力进攻三号机体并非常残忍地将其肢解，而且咬碎明日香所在的插入栓导致其重伤之时，碇真嗣就坐在驾驶室中，目睹了这一惨烈经过而无力阻止。“机器人学三定律”在很多科幻作品中都被作为行为准则，其中第一条即是“机器人不得伤害人类个体”。很显然，EVA 不属于这类机器人，EVA 身为巨型机甲，却与“人”的心智紧密结合，机器构件不再局限于模仿有机的肢体，而是直接连接到人类的神经系统，形成完整的控制论线路。[1] 有机体和机甲之间存在清晰边界，这无疑正是哈拉维所说的“赛博格”存在，在人机协同的动画想象中，这个身体的界线不仅是可供争夺的，而且多元权力主体都参与着争夺，进而引发强烈情感能量的唤醒。碇真嗣因此需要直面“我”与“EVA”（机甲）之间的主体性冲突：作为 EVA 的“意识主体”，他却无法掌控 EVA 的暴虐行为，人与机器之间借助技术实现的界限融合在这里出现了明显的冲突与断裂。如果说以哈拉维为代表的后人类身体观呈现出一种解构主体的“无我”的特性，那么在碇真嗣和 EVA 的关系中，赛博身体恰恰在其中重置了人的“主体”地位。

在学者莎拉琳·奥博（Sharalyn Orbaugh）看来，这种冲突与断裂体现出碇真嗣作为一个自主、统一、有界和自我控制的现代性主体的角色受到挑战。[2] 但也可以说，与上述现代性特征相对应的失控与混乱的状态，实际指向了一种人机共生的“有机的或综合的生活形式”[3]。这种人机关系的有机性

---

[1]［美］凯瑟琳·海勒．我们何以成为后人类：文学、信息科学和控制论中的虚拟身体［M］．刘宇清，译．北京：北京大学出版社，2017：158.

[2] Sharalyn Orbaugh. Sex and the Single Cyborg: Japanese Popular Culture Experiments in Subjectivity [J]. Science Fiction Studies, 2022(11).

[3]［德］许煜．论中国的技术问题——宇宙技术初论［M］．卢睿洋，苏子滢，译．杭州：中国美术学院出版社，2021：53.

在两个维度体现出一种超越性：一方面，剧中的碇真嗣与EVA的同步率曾达到400%，在濒临失控的极端状态下，人与机器实际上却展开了无限亲密的关系发展，[1] 人与“超越者”相互融合渗透，人成为崇高的超越者本身；另一方面，人与机器或技术的极端结合也构成了东方禅宗思想中的“机缘”，碇真嗣并没有借助EVA成为无所不能的神，而是以神一般的EVA为契机，他以找到真实面对自我的“诚意”而实现超越，微尘的自我走向自我的崇高。在叙事进程最后，机器和技术的世界终止了，主角以自我人性缺陷为核心展开精神性省思，[2] 当他超越旧有身心对于生死分离的恐惧，认同了生命的无常与有时，也就变成了另一个“新人”，生成新的心智与认知，禅宗顿悟意义上的“绝对主体性”就此苏醒，“生命历程的每一秒钟都是‘有时之而今’”[3]。就“他所实现的不仅代表他个人作为人具有的性质，而且也代表着人性本身和人性整体”[4] 而言，这种个体性的探索、觉醒与“重生”也隐喻出人类面对人机协同新挑战的可能路径。

三、万物悉备中的“与天地同参”

就人机协同想象中的东方心境而言，“天人关系”也构成了人与机器共生共处的重要表现维度。这里的“天”既指向“天地”“万物”“万有”等实体概念，[5] 同时更为重要的是人与宇宙的关系。当人“从某种特定的宇宙秩序中浮现”[6]，有机性就意味着人的生活与宇宙互为因果，至诚之人也因此能够与自然的深邃之力结合一体，参与天地化育过程，进而重构世界。

---

[1] Sharalyn Orbaugh. Sex and the Single Cyborg: Japanese Popular Culture Experiments in Subjectivity [J]. Science Fiction Studies, 2022(11).

[2] Susan J. Napier. When the Machines Stop: Fantasy, Reality, and Terminal Identity in Neon Genesis Evangelion and Serial Experiments Lain [J]. Science Fiction Studies, 2002(11).

[3] 傅伟勋 . 从西方哲学到禅佛教［M］. 北京：生活 · 读书 · 新知三联书店，1996：345.

[4] 杜维明 .《中庸》洞见［M］. 段德智，译 . 林同奇，校 . 北京：人民出版社，2008：99.

[5] 王中江 . 宇宙、天下和自我：早期中国的世界观［M］. 北京：中国人民大学出版社，2023：46.

[6]［德］许煜 . 论中国的技术问题——宇宙技术初论［M］. 卢睿洋，苏子滢，译 . 杭州：中国美术学院出版社，2021：65.

与中国传统思想中“形而上者谓之道”（《易经》）不同，日本思想中的“道”始终没有成为宇宙本体的最高抽象，“天”神秘而不可知，人与天不同伦，反而是中国儒学的“人道”和“圣人之道”产生了决定性的影响，[1] 因此在日本的“天人关系”中，“人”的角色更为突出，“天人关系”呈现出独特的思想面相。如果概括其中大的思想脉络，可以说“无常”与“平等”这两个维度“从古代开始就几乎不见改变的被传承下来，成为其民族的精神结构”[2]。

以“物哀”思想为例，强调以“物之心”把天地自然之物看作与人一样有心有情的存在，又以“事之心”强调通达人性与人情，去感知“物心人情”，对万事万物皆包容、理解、同情与共鸣，天意与人心相通的关键在于“人”；[3] 再以“侘寂”为例，“侘”意为“人在屋中”，被理解为一个空间美学范畴，[4] 寄寓了“人独处或与人杂处时的空间存在感”[5]，一定意义上，也可以指向天地变幻中人如无根浮草的状态。通过道德修养与审美修炼，“侘”意味着在接受并珍视宇宙秩序和他人在场的状态中，实现和谐相处与诗意栖居，这便是由“侘”而达于“寂”，一种时刻处于变与不变之中的、“动静不二”的天人关系的本质。[6]

体现“天人关系”的日本思想还包括深厚的森林哲学。日本当代哲学大师梅原猛把绳文文化看作日本的根基性文化，这是一种森林文明，先民们以巨大的落叶乔木果实为生，树叶落地积成腐殖土，优质的土壤最宜用来制作土器，伴随着土器又兴起渔捞采集文化。其特征首先就在于平等观，这种平等观不仅存在于人与人之间，也存在于人与动植物乃至万物之间，而其思想根基又离不开生命循环观，认为生命体的本质就是死亡与再生的循环，人并

---

[1] 王向远 . 中日“美辞”关联考论——比较语义学试案［M］. 北京：光明日报出版社，2019：38–39.

[2] 村上春树于 2011 年在加泰罗尼亚国际奖颁奖仪式上讲话时提到这个观点，参见 http://www.cunshang.net/index.php/2013/06/07/1133.html。

[3] 王向远 . 中日“美辞”关联考论——比较语义学试案［M］. 北京：光明日报出版社，2019：179.

[4] 王向远 . 中日“美辞”关联考论——比较语义学试案［M］. 北京：光明日报出版社，2019：248.

[5] 王向远 . 中日“美辞”关联考论——比较语义学试案［M］. 北京：光明日报出版社，2019：243.

[6] 王向远 . 中日“美辞”关联考论——比较语义学试案［M］. 北京：光明日报出版社，2019：238.

具有高于万物的权力，而是身处其间，循环不断。[1]

上述朝向生命的哲学与美学主张不仅作为文化根性渗透到日常生活的方方面面，也长久地滋养着日本文化艺术的生发。综观日本科幻动画，会发现很多 AI 叙事都触及上述“天人关系”的思想底蕴。天地之大，“万物并育而不相害”[2],AI 角色朝向“人”的追索发生并成就于宇宙天地之间，身心合一、诚者自成的主体在最普通的日常存在中与人类的生命和生命体验产生了不可分割的深刻联系。由人而到万物，生命既有限而短暂，又因其顽强和坚韧而具有了超越性与无限性，“生命叙事”的思想张力也在此得以体现：苍寂之宇宙因了生命而生机盎然。《银河铁道 999》(1979) 中，宇宙深邃而无尽，是隐藏着永恒生命的浩瀚所在;《天空之城》(1986) 拥有超凡的科技力量，却因为远离了土地和人类而失去生机，永远浮云般浮于天地之间；等等。就很多日本科幻类动画片所体现的宇宙观念而言，可见在与 20 世纪中后期全球主导性的工业化秩序及美感的并置中，寄托了有关生命本质和生活力量的一种普遍化的哲学理想。

宫崎骏著名的动画作品《风之谷》(1984) 更是颇为深刻地体现出上述天人观念。在被千年前人类战争摧毁后的地球，河流湖泊污浊不堪，腐海就此形成，不断蔓延并吞噬人类生存的土地。那里长满了散播有毒孢子的巨型植物，风化的旧城邦和古代兵器散落各处，仿佛一处失落的远古文明之地，早已不见人烟。但通过主人公娜乌西卡潜入探险的视角，可以看到腐海内部其实生机勃勃。浅蓝色的画面色调之下，各类植物交错遍布，包括巨大虫族在内的多种生物遨游其间，像是孕育了地球生命的远古海洋。娜乌西卡后来无意中还发现了另一个秘密：腐海之所以不断蔓延，是为了把大地的毒素吸入体内并化为干净的结晶，结晶枯死后变成流沙，千年之中不断落下，在腐海底部形成了一个巨大的洁净空洞，以待草木新生。

腐海有着摧毁和护育的两面，表面看来是与人类对立的毒气森林，其

[1]［日］梅原猛 . 日本的森林哲学、宗教与文化［M］. 徐雪蓉，译 . 台北：立绪文化事业有限公司，2016：227.

[2] 杜维明 .《中庸》洞见［M］. 段德智，译 . 林同奇，校 . 北京：人民出版社，2008：109.

实质面貌却是为了净化地球而存在，吞噬与生长并存，摧毁与护育共显。这种净化和孕育能力建立在极其多样的生物基质之上，流动在“异教的、游戏的、无序的”社会基制之中，指向一种有机性的、关系性的世界存在。动画作品中，人类行为带来巨大的生态灾难，与其相对抗的力量却来自不同物种的空前团结。尤其在主人公娜乌西卡与巨大虫族之间，虫族守护腐海，娜乌西卡守护虫族，地球多物种的命运和情感相互关联、集结在一起，构成了一个“事件性”的生命叙事，其中所指涉的社会势力和命运共同体已然超越了人类社会本身，生命与自然在技术过程中不断融合，超越性的团结力量让“人”契合于“天”，在差异化生命的共存和共生之中，构成一个连续的、持久的、不可分割的有机连续统一体。

宫崎骏多部作品中都表达出类似的深层思想，在具有超越性的团结力量之中，“人”的角色尤为深刻。娜乌西卡被塑造成多元力量的团结纽带，她热爱植物，能与虫说话，御风而行，构成了生态危机中人类的理想角色，是复杂人类与失落大地的联结者和引领者。就此而言，正是“人”构成了天下之“大本”与“达道”的最深刻的显现。生命的本质体现为万物悉备而与天地同参，这样的精神特质不仅在享誉世界的动画作品《龙猫》《千与千寻》《幽灵公主》中得到了最为直观的体现，一定意义上也可以用来解释，为什么从日本的文化土壤中诞生出如此大量的人机协同的动画作品，包括机器人在内的后人类主体广泛存在于日本的社会现实与话语之中。在这里，叙事、生命和技术相互呼应，共同指向了人性充分参与到宇宙创制过程的生成性特征以及不断融入未来的更多可能性。

结语：重建宇宙和人类的感觉联结

当互联网和人工智能技术在大众流行文化中构成“结构性权力”，其所推动的媒介化新景观构成世界范围内社会存在的普遍模式时，如上文所述，诸多日本科幻动画构成了人类想象与建构人机协同场景的珍贵视角与方法。它们重新设想了人的经验形式与信息技术的关系，信息技术被想象为全然的社会行动主体，诸多叙事进程都指向了对内生性和流动性的个体认知和情感体验及其所带来的社会与生命整体性力量的观察。借用日本禅宗大师道元所言，“学佛道者，学自己也；学自己者，忘自己也；忘自己者，万法所证也”[1]，上述身心一体、人神共建和万物平等的观念恰恰可以对应这三个阶段，从珍视个体生命、超越个体自我到不忘众生而结成多元团结共同体。面对人类的基本经验情境，即技术发展的总体性特征构成了不可逆转的命运性的存在，日本科幻动画通过关切人—技术—世界关系的不确定性与多种可能性，不仅在全球诸多以“人、科技、世界、神”为叙事原点的科幻作品中营造出独特的东方气质，进而对人工智能社会中的后人类范式所引发的各种问题展开了比世界上其他任何地方都要彻底的艺术探索[2]，更提示我们需要在宇宙和人类精神之间重新搭建感觉联结，以面对生成式大模型等技术极速变革所带来的不确定前景。

[1] 傅伟勋 . 从西方哲学到禅佛教［M］. 北京：生活 · 读书 · 新知三联书店，1996：334-335.

[2] Sharalyn Orbaugh. Sex and the Single Cyborg: Japanese Popular Culture Experiments in Subjectivity [J]. Science Fiction Studies, 2022(11).

笔谈："整本书"的读法与教法

主持人语

李煜晖[1]

百余年来，语文教材都是“文选式”的。学生读的要么是短文，要么是节选，完完整整的读书经验，只能靠“课外”、靠“自主”。语文界很多前辈为此担忧，大力倡导多读书、读好书、读整本的书，但直到这次课标修订，“整本书阅读”才正式列为课程内容。课标不用经典、名著（作）等提法，主要是为凸显“书”与“文”的区别，通本读完、感知全貌和整体理解，因之成为整本书的阅读目标。

随之而来的是如何落实，这一话题近来引起广泛讨论。不少人打着“减负”的旗号，主张淡化教师指导，降低质量要求，把书目推荐给学生，随便读读就算了。这种看法，至少在中学阶段，是不负责任的。与其费尽心思教一些平庸、寡淡的课文，不如花大力气指导学生读懂、读透一本真正的经典。毕竟，令人震撼的、深刻而难忘的阅读体验，年少时有过那么几次，将会受益终身。

当然，这给教师提出了更高的要求。第一，要懂读法。不是什么精读、泛读、批读、跳读、朗读、默读等一般方法，而是深入名著内核的具体方法。正如金圣叹等评点家对待明清小说那样，一边深挖思想内涵和艺术特点，一边把“掘藏”的门路概括出来。第二，要懂教法。根据书的特点和认知规律，把学生自读时那种朦胧、紊乱、浅表的理解，不断引向明确、系统和深入，最终使其如专业读者一样，可与闪耀星空的伟大心灵“对话”与“沟通”。所谓“语文素养”，不正是在这种持久且深入的“对话”与“沟通”

[1] 李煜晖，北京师范大学文学院教授，研究方向为语文课程与教学论。

中发展起来的吗？

这组笔谈虽然涉及“文化与诗学”，但主要还是服务于语文教育。我们认为，读法来自对书的研究，靠语言学、文学和文艺理论的支撑；教法源于对教学规律的认识，既要有教育理论，也离不开教学经验。学者或教师最好能够兼顾两个方面，并以学生素养发展为鹄，把二者结合起来。为此，我们分别选择《论语》《红楼梦》《朝花夕拾》《乡土中国》等课标或统编教材推荐的重点书目，从不同视角分享我们的思考。

感谢与谈的李小龙教授、詹丹教授和彭薇博士，希望这组文章能与泛泛而谈的论文有所区别。同时，尽管我们深信上述理念，但也深感水平有限，恳切期待读者的指教。

《论语》整本书阅读中的古注、参证与阐释

——以《论语》中的朋友观为例[1]

李小龙[2]

［**摘要**］《论语》既是整本书阅读的重点，也是难点。从“阅读”与“整本书”两个角度切入，以《论语》对“朋友”的论述为中心，本文试图建构起《论语》整本书阅读的框架。经典的阐释不可师心自用，必有传承，所以要真正读懂，一定要参考古注，不过，《论语》的古注又极为纷繁，所以也要选择与辨析。然而，无论是《论语》正文还是古注，都并非孤立存在，在微观的阅读与宏观的把握上，都需要互相参证。若将历代的训释与不同条目下的训释放在一直，其实也有一个选择的问题，而这一选择的基本态度当是正向的，因为阐释的目的是为当下的文化建设服务。

［**关键词**］ 论语　整本书阅读　朋友观

《论语》是中华传统文化中最重要的经典，是热爱中华优秀传统文化者的必读书，那么，作为“整本书阅读”重点的《论语》，应该如何阅读呢？说来颇有难度，难度主要来自两个方面，一个来自“整本书”，一个来自“阅读”。

先看第一个方面。《论语》全书计四百八十余章，大都随机组织在一起，这与所谓的“整本书”似乎相去甚远——事实上，这种情况不仅存在于《论

[1] 本文系海南省哲学社会科学规划重大专项课题［项目编号：HNSK（ZDZX）22–07］阶段性成果。

[2] 李小龙，文学博士，北京师范大学文学院教授，研究领域为中国古典文献学。

语》之中，中华传统文化中的其他典籍相对来说都难从严格意义上被认定为“整本书”，经史子集四部中的文献，都是各种材料的集合，就连“有机性”最强的章回小说，事实上也可以分回分节地拆开。这与西方差别较大，西方文化传统特别强调一部书的“有机性”，也就是说，除了西方小说之外，很多学术著作也会尽量使之成为一个整体。所以，学习《论语》最大的问题就是如何将分散的珠玉整合起来。

第二个方面是“阅读”。仅从整体上把握《论语》是远远不够的，宏观的把握要靠细读来支撑。《论语》从表面上看很浅易，因为没有难的字词，也几乎没有什么特别复杂的句式。但这只是表象，实际上绝非如此。所以，根据个人阅读经验，以《论语》的朋友观为核心，试总结如下三个方面的方法，为《论语》整本书阅读提供一个可供参考的角度。

一、选择和辨析古注，读懂章句

无论整体如何重要，对《论语》的阅读还要从字句出发，所以，还是要先从阅读说起。

当下《论语》注本极多，当代读者多以新注本为阅读本。这么做也有道理，一个浅显的技术性原因是，当代人的注本用语为白话，读起来更易接受，这当然是对的；还有一个深层的学理性因素，即一般人都会在潜意识里认为“后出转精”，新本总会吸收旧本的长处，摒弃旧本的错误，这一看法却可能是不可靠的。

举一个最简单的例子，翻开《论语》第一篇的第一章，是“学而时习之，不亦说乎？有朋自远方来，不亦乐乎？人不知而不愠，不亦君子乎”，这或许是《论语》中最著名的一章了，也收在了初中《语文》教材之中。但教材对中间“有朋自远方来，不亦乐乎”句一条注解也没有[1]，似乎认为这句至为简单，不必加注，亦可理解，其他注本也大体如此。李泽厚先生《论语

[1] 教育部．义务教育教科书 语文 七年级 上册［M］．北京：人民教育出版社，2023：50.

今读》在此章下即先注云“作为论语首章，并不必具有深意”，所以他就直接译为“有朋友从远方来相聚，不是很快乐吗？”，这也是绝大多数人对这句话的理解，看上去似乎也可通。李泽厚先生还说：“旧注常说‘朋’是同学（‘同门曰朋’），因此是来研讨学问、切磋修养；在古希腊，‘朋友’也是关于哲学、智慧的讨论者。其实，何必拘泥于此？来相见面，来相饮酒、来相聊天，不也愉快？特别又从远方来，一定是很久没有见面了，在古代这就更不容易，当然更加快乐，这‘乐’完全是世间性的，却又是很精神性的，是……真正友谊情感的快乐。”[1]可见他也关注到所谓的“旧注”，但仍在一种“后出转精”的想象中忽略过去。事实上，仅从好朋友来相聚的角度解释是不圆融的，因为前一句说“学而时习之，不亦说乎”，说的是学习——儒家极重学习，不但《论语》的开篇即“学而”，再如《荀子》开篇也是语文教材常选的“劝学”，甚至《礼记》中专有《学记》一篇。那么接下来却说朋友相聚，实在有些跑题。所以，还是要回到旧注去，何晏《论语集解》引苞咸注说“同门曰朋”[2]，邢昺《论语注疏》引郑玄注《周礼·大司徒》说“同师曰朋，同志曰友”[3]，可知这里的“朋”不是泛化意义上的意思，而是身处同一学术体系的人，不是随随便便的酒肉朋友就可以称“朋”道“友”的。理解了这一点，就知道，这句话并不是说有好朋友来交流情感就很开心，而是因为有同学来才会很快乐。

为什么同学来的快乐与学习有关呢？这里便需要引入孔子的另一句话来参证，在《季氏篇》中，孔子说：“益者三友，损者三友。友直，友谅，友多闻，益矣。友便辟，友善柔，友便佞，损矣。”这里的“友”与此前辨析的意思是一样的。那为什么“友直，友谅，友多闻”是益友呢？参之以朱熹的旧注就较好理解，他说“友直，则闻其过。友谅，则进于诚。友多闻，则

---

[1] 李泽厚．论语今读［M］．合肥：安徽文艺出版社，1998：27–28.

[2]（三国）何晏．论语集解［M］//儒藏（精华编104）．孙钦善，校点．北京：北京大学出版社，2007：109.

[3]（宋）邢昺，疏．论语注疏［M］//十三经注疏．朱汉民，整理．张岂之，审定．北京：北京大学出版社，1999：3.

进于明”[1]，也就是说，一个人知识广博，才有可能让朋友“进于明”，但这种可能要实现还需要两个条件：一方面，在情感上要待友以诚，他才愿意指正朋友；另一方面，在相处模式上要直率，他才不会遮遮掩掩。事实上，这才是《学而》第一章第二句为何是“有朋自远方来，不亦乐乎”的核心逻辑——前一个逻辑是学习的第一个阶段，每个人的学习主旋律都是自己的战斗，所以要不断地“学”，同时还要不断地“习”，但每个人的学习总会有盲点，有误区，甚至会遇到天花板，这个时候，并非酒肉朋友，而只能是同门或同志的朋友，与学习者在同一个学术体系之内，才有可能看到他的错误，才有可能帮助自己的朋友突破天花板，上升到另一个学习境界之中。因此，这是学习的第二个境界，是在孔子学习观中非常重要的一个环节，并不是对人间朋友相聚交流情谊的泛写。这一逻辑在旧注中一直都有阐述，从何晏到皇侃、邢昺、戴望、刘宝楠及杨树达均对“朋”有解释，从而引向学习（旧注中唯有朱熹似未及此）[2]；但近来的新注却大多不提[3]，或者弱化了，比如杨伯峻先生也提到了旧注，但用“志同道合之人”来囊括旧注之意[4]，实际上是将旧注与当下人们的认识作了模糊处理。最后也就抹去了朋友与学习之间深隐的关系。

当然，让普通人直接阅读这些旧注亦有些强人所难，但至少，应该在阅读某一当代注本时，备一旧注本，有疑时经常查证，以便更好地阅读与理解。不过，《论语》诞生后，历史上出现过数千种注本，有的辗转抄袭，陈陈相因；有的此同彼异，燕石莫辨。总之，我们在参用旧注的时候，又不得不注意选择与辨析。

前文所引“益者三友”章的后半是“损者三友”。孔子说“友便辟，友善柔，友便佞，损也”，“便辟”“善柔”“便佞”这三个词肯定指各种负面的品质，但历来注者意见纷纭不一。何晏引马融注说：“便辟巧辟人所忌，以

[1]（宋）朱熹. 四书章句集注［M］. 北京：中华书局，2001：171.
[2] 黄怀信，主撰. 论语汇校集释［M］. 周海生，孔德立，参撰. 上海：上海古籍出版社，2008：23–25.
[3] 高尚榘，主编. 论语歧解辑录［M］. 北京：中华书局，2011：5.
[4] 杨伯峻. 论语译注［M］. 北京：中华书局，2014：1–2.

求容媚者。善柔，面柔也。”又引郑玄注云：“便，辩也，谓佞而辩也。”[1]颇为杂乱。至皇侃稍清楚一些：便辟“谓语巧能辟人所忌者”，善柔“谓面从而背毁者也”，便佞“辩而佞者也”。[2]但若细思，“便辟”与“便佞”似均为巧言而无甚区别，善柔的“背毁”似乎也没有着落。朱熹云：“便，习熟也。便辟，谓习于威仪而不直。善柔，谓工于媚悦而不谅。便佞，谓习于口语而无闻见之实。”[3]从意思上看三词的区分度提高不少，但这种提高是以前述之“直、谅、多闻”为对照而来的，即朱熹所说“三者损益正相反也”，也有牵强之处。综合各家之意，朱子以“便”为“习熟”是非常准确的，“辟”即“避”，《集解》所云“辟人之所忌”亦有道理，也即“习于威仪”之意；“佞”为口才亦为传统训释，如《尚书·吕刑》云“非佞折狱”，孔传云“非口才可以断狱”[4]；善柔，《集解》云“面柔”，邢昺疏云“和颜悦色以诱人者也”。也就是说，便辟者，以行媚人，善柔者，以色媚人，便佞者，以言媚人，这种解释应该更合于《论语》原意。此类朋友都是不好的，因为对你的学习没有什么帮助。不过，既然这一章把“益者三友”和“损者三友”并提，其中应该是存在一定的联系，所以朱熹的思路也有道理，只是他为了一一对应，有些地方过于生硬。其实，“直”是正直，不曲意逢迎，可以对应“便辟”，这一点朱熹对应的没错；“友谅”是诚信，不花言巧语，可以对应“便佞”，而朱熹将其对应“善柔”，就不妥；只有“多闻”无法与“善柔”或者另外二者对应，朱熹说“习于口语而无闻见之实”，把“佞”的“口才”之意道出，但此“口才”亦为“闻”，朱熹为了与“多闻”相对，在“闻”后又加了“见”字，其实“多闻”也并非“闻见”之意。

[1]（三国）何晏．论语集解［M］// 儒藏（精华编 104）．孙钦善，校点．北京：北京大学出版社，2007：174.

[2]（南朝）皇侃．论语义疏［M］．高尚榘，校点．北京：中华书局，2017：428–429.

[3]（宋）朱熹．四书章句集注［M］．北京：中华书局，2014：171.

[4] 顾颉刚，刘起釪．尚书校释译论［M］．北京：中华书局，2005：2042.

二、重视内外参证，建构系统理解

《论语》虽然是四百八十多章基本没有逻辑地并置在一起，但此处所谓“没有逻辑”指的是其空间组织形式，并非其内容的逻辑，从义理角度说，孔子的思想其实是一个严密的体系，但《论语》只是他与弟子交流时的对话辑录而已，所以他思想的体系就被不同的对话切割开来。而我们要想对《论语》形成更完整的阅读框架，就一定要让这四百八十多章能够互相参证。毕竟，孔子不可能在与某位弟子交流某事时，把毕生的所有思考都整合进来，他更多时候只是就事论事，为了更准确也更完整地把握孔子思想，就有必须让这些散乱的章节互相参证。

此点在上节的讨论中就已经使用了，解读“有朋自远方来”时，参用了“益者三友”来进一步梳理其内在意义。事实上，上节探讨“损者三友”，还可以再用《公冶长篇》第二十五章来作佐证，孔子说：“巧言、令色、足恭，左丘明耻之，丘亦耻之。匿怨而友其人，左丘明耻之，丘亦耻之。”这里是说“巧言、令色、足恭”这三种人，左丘明认为是可耻的，孔子也认为是可耻的；如果认为这三种人是可耻的，却隐藏这种判断而与这三种人交朋友，那左丘明会认为后边这样的人是可耻的，孔子也这样认为。所以，这还是一个交友的问题。但这里的关键在于“巧言、令色、足恭”是什么意思。其实，这三个词正是前述的“便辟、善柔、便佞”，即“以不正媚人”的损友，其“损”全在对朋友无切磋琢磨指正之益。

这里不仅在《论语》内部来参证，还可面向外部的其他文献进一步证实。《汉书·赵敬肃王刘彭祖传》云：“彭祖为人巧佞，卑谄足共。”颜师古注云：“‘共’读曰‘恭’。足恭，谓便辟也。”[1]（当代《汉书》之校点整理本皆标如上引，实当为“彭祖为人巧佞、卑谄、足共”。）颜师古注应该是从何晏《论语集解》来的，何晏引孔注云：“足恭，便辟貌。”[2]其实，此三词一起

[1]（东汉）班固．汉书［M］．北京：中华书局，1962：2419–2420.

[2]（三国）何晏．论语集解［M］// 儒藏（精华编 104）．孙钦善，校点．北京：北京大学出版社，2007：125.

出现可能还要更早，《尚书・冏命》即云："慎简乃僚，无以巧言令色，便辟侧媚，其惟吉士"，古人注疏与今人标点大概都是这样的，直接把"巧言令色"放在一起，或者把这八个字理解为四个并列的词，即"巧言、令色、便辟、侧媚"，如孔安国传云："无得用巧言无实、令色无质、便辟足恭、侧媚谄谀之人"，孔颖达《正义》云："'巧言'者，巧为言语以顺从上意，无情实也。'令色'者，善为颜色以媚悦人主，无本质也。'便僻'者，前却俯仰，以是为恭。'侧媚'者，为僻侧之事以求媚于君。此等皆是谄谀之人。"[1]其实并不妥当，"巧言、令色、便辟"就是《论语》本章的"巧言、令色、足恭"，"侧媚"则是对此三种表现的总体概括，即以言媚人、以色媚人、以行媚人，均为以不正媚人之意。其实，我们还可以用《礼记》所载孔子的话来作参证。《表记》载："子曰：'君子不失足于人，不失色于人，不失口于人。是故君子貌足畏也，色足惮也，言足信也。'"另外，《玉藻》也说："足容重，色容庄，口容止。"[2]据此，可知"足"就是"手足"之"足"，代表行为，"足恭"就是行为过分恭敬。

以上是从训释角度的参证，事实上，更重要同时也更隐秘的是逻辑上的互补，因为孔子的很多表述都是对某位弟子具体问题的回答，在阅读的时候，一定要注意具体的语境，不可抓住某句话将其泛化理解，这就需要与其他相类情境互相补充。

比如在《里仁篇》中，孔子说："见贤思齐焉，见不贤而内自省也。"从最简单的意思上看，是说看到贤于自己的人，要向他学习；见到不贤的人，要自己反省自己哪里也做的不贤。这句话分两个部分：一个部分是学习别人的好处，这是每个人都容易理解的；另一个部分，则是反省别人的坏处，这里的反省是指自己内省，而不是公然向别人指出。这其实也符合孔子的义理，在儒家看来，别人是"贤"还是"不贤"，是一个价值判断，并无绝对的判断标准，如果一个人判定别人"不贤"，他只是自省，那就不会造成不

[1]（唐）孔颖达．尚书正义［M］// 十三经注疏．廖名春，陈明，整理．吕绍纲，审定．北京：北京大学出版社，1992：532.

[2] 王文锦．礼记译解［M］．北京：中华书局，2016：826，447–448.

好的后果，但他如果直接去向别人指正，就有可能以己所是，非人所是。

不过，这句话若进一步延伸就可能对前述义理造成冲突，前所谓“益者三友”，为什么要“友直”，就是希望看到朋友有缺点就要指出来，而不是只自己私下反省，对朋友却不负指正之责。这里却又不让人“直”，岂非矛盾。事实上，如果深入思考，会发现这两处并不矛盾，因为前云“有朋自远方来”与“益者三友”的表述，均在“同门曰朋，同志曰友”这个大框架下，也就是说，对“朋友”来说，指正同门是职责所系，是益友的标准，不可推诿。但后云“见贤思齐焉，见不贤而内自省”却是泛指所有人，这两处表述看似矛盾，实际上指的是不同的对象。前文为何要强调“同门曰朋”的逻辑，就是因为只有在同一学术体系中时，指出别人的缺点才有可能深中肯綮，而不是隔靴搔痒甚至指鹿为马。这样也就知道，孔子主张朋友之间要做益友，而在普通的生活逻辑中，就只好内省了。所以，在《卫灵公篇》中，孔子也曾说：“可与言而不与之言，失人；不可与言而与之言，失言。知者不失人，亦不失言。”虽然此章有独立的阐释逻辑，但若作为上面问题的注脚也是贴切的，面对朋友，应该说的要说，如果不说，就是“失人”，那就是对不起朋友；而面对与自己不在同一学术体系中的人，却要发表评论，那就是“失言”。

因此，用参证的方式来读《论语》，既可以把每章都读懂，读透，也可以把《论语》读成一个整体。

三、作出正向积极的当代阐释，传承传统文化

《论语》中有很多章可作多种解释，作为对传统文化的继承甚至是对当下文化的塑造，还要从积极的角度来解读。归根结底，对《论语》的学习并不完全是纯知识性学习，而要为当下的文化建设服务。特意向消极角度解读其实是对文化塑造的不负责任。

比如关于交友，《学而篇》另有一则表述，孔子说：“君子不重，则不威；学则不固。主忠信。无友不如己者。过，则勿惮改。”此句中的“无

友不如己者”后世议论纷纭。依前文逻辑，先看旧注。皇侃先正面疏释云：“明凡结交取友，必令胜己，胜己，则己有日所益之义；不得友不如己，友不如己，则己有日损，故云‘无友不如己者’。”此解自然通达，也合于前述及孔子所云“益友”“损友”之义，但前云仅为描述，这里却成为一种判断，于是便会产生一种极端的推衍，皇侃就指出了这个矛盾，即“若人皆慕胜己为友，则胜己者岂友我耶”[1]，为解决这个逻辑矛盾，皇侃又引了数种解读，如说“择友必以忠信者为主，不取忠信不如己者耳，不论余才也”，联系前所云“主忠信”，则将“不如己”的重点落在“忠信”而非“才”上，由于忠信是无法量化的品质，故只有“是”或“否”之别，而无“多”与“少”之异，故此句是说不要与不忠信者为友。又引蔡谟说：“本言同志为友。此章所言，谓慕其志而思与之同，不谓自然同也。”将“友”的重点放在“同志”上，前已言儒家本即以“友”为“同志”，此处再反向解释，颇类循环论证。以上都不能完美解决此矛盾，但由于皇疏把此种歧解放在“或问”“或通”中，故历来接受的都是其正面的解释。元人陈天祥在《四书辨疑》中引苏轼之语，又把这一问题横亘于《论语》的解读史中，苏轼云：“世之陋者乐以不已若者为友，则自足而日损，故以此戒之。如必胜已而后友，则胜已者亦不与吾友矣。”陈氏所引，中间尚少关键一句，即“是谓不以文害辞，不以辞害意”[2]，也就是说，苏轼并不是要指责《论语》此句有矛盾，而是在解释这只是告诫世人交友要慎的意思。不过，陈氏节引后的疏解倒也很通晓明达，他说：“‘如’字不可作‘胜’字说。如，似也……如己者德同道合，自然相友。孟子曰：‘一乡之善士斯友一乡之善士，一国之善士斯友一国之善士，天下之善士斯友天下之善士。’此皆友其如己者也。如己者友之，胜于己者己当师之，何可望其为友邪？”[3]但苏轼从皇侃所列“或问”延伸出来的歧解，却成为后世对此句众说纷纭的源头。杨树达先生说：

---

[1]（南朝）皇侃．论语义疏［M］．高尚榘，校点．北京：中华书局，2017：13–14.

[2]（宋）朱熹．四书或问［M］// 朱子全书：第六册．黄珅，点校．上海：上海古籍出版社，合肥：安徽教育出版社，2002：625.

[3] 程树德．论语集释［M］．程俊英，蒋见元，点校．北京：中华书局，1990：35.

"友，谓求结纳交也。纳交于胜己者，则可以进德辅仁。不如己之人而求与之交，无谓也。至不如我者以我为胜彼而求与我为交，则义不得拒也。"[1] 杨伯峻先生也便继承其说，译为"不要［主动地］向不及自己的人去交朋友"，并解释说"古今人对这一句发生不少怀疑，因而有一些解释。译文加'主动地'三字来说明它"，但这是此书旧版表述，在后来的版本中已经把"主动地"三字删去了[2]，可能杨先生也觉得这种解释不妥。但李零先生还是引用杨氏旧版的牵强解释，以此彰显后人种种别解不过是在为孔子曲护罢了，李先生认为孔子的原话就是这个意思，他还引了鲁迅《杂忆》中的说法，"孔老先生说过：'毋友不如己者。'其实这样的势利眼睛，现在的世界上还多得很"[3]，但鲁迅并非古籍整理或传统文化研究，只是感慨国事的临时性借用而已。此外，李零先生又引了《吕氏春秋》《中论》《韩诗外传》等文献来佐证之，不过从刘宝楠《论语正义》中引来，却特意没有引刘氏先列《大戴礼记·曾子制言中》"吾不仁其人，虽独也，吾弗亲也。故周公曰：'不如我者，吾不与处，损我者也。'与吾等者吾不与处，无益我者也。吾所与处者，必贤于我"的话[4]，参刘氏所引，知其持皇侃所列之另说，将"如"与"不如"放在"仁德"上，故亦从"仁"的角度引此后数则材料佐证之。李零先生即将此节概括为"交友也讲经济学"[5]，即如其书名一样，不过是要把孔子凡俗化罢了。

李泽厚先生解释说："'无友不如己者'，作自己应看到朋友的长处解。即别人总有优于自己的地方，并非真正不去交结不如自己的朋友，或所交朋友都超过自己……所以这只是一种劝勉之词。"[6] 这是比较合理的。以《论语》稍加参证，即可看到更积极的阐释路径。《公冶长篇》说"不耻下问"，《泰伯篇》中曾子也说"以能问于不能，以多问于寡"，可见孔子绝不会在交友

---

[1] 杨树达．论语疏证［M］．上海：上海古籍出版社，2020：22.
[2] 杨伯峻．论语译注［M］．北京：中华书局，2014：6.
[3] 鲁迅．杂忆［M］// 鲁迅全集：第 1 册．北京：人民文学出版社，2005：237.
[4] 刘宝楠．论语正义［M］．高流水，点校．北京：中华书局，1990：22.
[5] 李零．丧家狗：我读《论语》［M］．太原：山西人民出版社，2007：60–62.
[6] 李泽厚．论语今读［M］．合肥：安徽文艺出版社，1998：37.

上势利。其实，这段话是用双重否定的句式来强调肯定的意思，类似的语例还有前文所引“人不知而不愠，不亦君子乎”的表述，用了三重否定，表达的却是一个正向的意思，即一个人的学习目标是为了自我的完善，是一种内生的动因，而不是为了别人的“知”那样的外在动力，因此，这句话在《学而篇》首章中就承担了描述学习终极目标的任务，与前两句一起，成为学习三阶段的论述。[1] 回到“无友不如己者”，在孔子看来，每个人身上都有胜于自己的优点，我们与其为友，就是要学习他的优点，从而让自己也得到提升。此点可以《述而篇》中孔子所说名言“三人行，必有我师焉”来参证；还可求之于《语文》教材所引之最佳佐证，即收入人教社高一上册《语文》教材中的韩愈《师说》，其文云：“圣人无常师。孔子师郯子、苌弘、师襄、老聃。郯子之徒，其贤不及孔子。孔子曰：三人行，则必有我师。是故弟子不必不如师，师不必贤于弟子，闻道有先后，术业有专攻，如是而已。”[2] 这实在是《论语》此节最精当的注解了。将中学课文前后勾连，也是一种有效的参证。

当然，积极与否仍是一种价值判断，无法完全定性，只能由当下来决定。因此，阅读《论语》，还要特别重视其不同时代阐释的历时性资源，并以当下为基点做出选择。前文举了众多与交友有关的章节，如果说朋友是同门或同志的话，那么应该如何对待不是朋友甚至完全是朋友对立面的“异端”呢？在《为政篇》中，孔子就有一个表述“攻乎异端，斯害也已”，这句话看上去比较简单，但历来的阐释却比较复杂，可以作为一个时代性的佳例。

在汉代经学家那里，对“攻乎异端，斯害也已”的解释与当代一般的认识都是不同的，何晏和皇侃都认为“攻”是“他山之石，可以攻玉”的“攻”，就是“治”的意思，皇侃直接说“此章禁人杂学诸子百家之书也……

[1] 李小龙．读懂《论语》的六堂课——李小龙讲《论语》［M］．北京：北京师范大学出版社，2022：120–121.

[2] 教育部．普通高中教科书 语文 必修 上册［M］．北京：人民教育出版社，2019：86.

言人若不学六籍正典，而杂学于诸子百家，此则为害之深”[1]。

此后，南宋人孙奕于其《履斋示儿编》中明确说“‘攻’如‘攻人之恶’之‘攻’”，再到程树德《论语集释》采用，方被后世广泛接受。不过，孙奕的理解与当下仍有不同，他认为“已”是“止”的意思，“‘已’如‘末之也已’之‘已’。已，止也。谓攻其异端，使吾道明，则异端之害人者自止。如孟子距杨墨，则欲杨墨之害止；韩子辟佛老，则欲佛老之害止者也”[2]。所以，整句话的意思就是，“只有攻击异端，异端的祸害才会停止”。

至当代，杨伯峻《论语译注》对“攻”字的解释与孙奕同，只是又有新的逻辑，在解释“异端”时说“孔子之时，自然还没有诸子百家，因之很难译为‘不同的学说’，但和孔子相异的主张、言论未必没有，所以译为‘不正确的议论’”，全句就译为“批判那些不正确的议论，祸害就可以消灭了”[3]。这大概就是毛主席说的，“扫帚不到，灰尘照例不会自己跑掉”，他在翻译时把“攻”意味深长地译为“批判”，可见与当时政治气候的某种呼应。

那么，以上解释中，哪种是孔子的原意呢？其实很难说能够找到一个所谓的“孔子的原意”，只能凭借历代的训释材料来解读，但历代训释又叠加了训释者的思想，这些思想还折射了不同时代的文化观念，那么也就不再是所谓“孔子的原意”了。而这，也正是我们阅读《论语》的重点之一，就是要与当下文化相结合，既可以对中华传统文化进行创造性转化，这恰恰内生于中华传统文化的元典之中，它们本来就有丰富的可阐释性。同时，也契合于我们对中华传统文化的创新性发展，这里所谓的“创造性发展”就是用传统文化的资源为当下文化的形塑起到作用——也就是说，对某一章节的阐释不只是对经典本身的解读，而应注目于当下文化建设的引领。

当然，从整本阅读的角度来看，本文仅以对“朋友”的理解为例，还无法建构出大的框架，所以还需在此例之外对《论语》作整体的建构，既便于记忆，也便于理解，既因为单句在整体中因位置的特点而有更多理解的

---

[1]（南朝）皇侃．论语义疏［M］．高尚榘，校点．北京：中华书局，2017：35–36.

[2] 孙奕．履斋示儿编［M］．侯体健，况正兵，点校．北京：中华书局，2014：71.

[3] 杨伯峻．论语译注［M］．北京：中华书局，2014：18.

维度，也因整体建构而对全书有更完整的把握。笔者曾将《论语》比作一棵树，将仁德比作根，学习比作主干，政治比作枝，孝弟比作叶，礼乐比作花，君子比作果实，这样就可以把全书分门别类组织进这互有区别但又可以共同组合为整体的六个大类之中，当然，每个大类也可以根据读者自己的阅读感受再分出小类来。这样的建构自然是外加给《论语》的框架，但也是重新理解孔子的方式，所以不同的人可以有不同的建构方式，并且也都自有其合理性。总之，只有这样，才会尽可能地理解完整的、积极的、当下的、可塑的至圣先师。

以写作实践促进《红楼梦》整本书阅读教学[1]

詹 丹[2]

[摘要] 根据普通高中语文课程标准有关长篇小说阅读与研讨的学习任务要求，概括出“整体把握”“具体深入”和“主体建构”的“三体”理念，落实为写作实践的六种方式，即体现“整体把握”的“内容提要与人物传记”，体现“具体深入”的“随文点评与共情构拟”以及体现“主体建构”的“文献综述与专题研究”。这六种写作方式不但显示了一般意义的读写结合策略，是感性思维与理性思维训练的有机整合，而且贴近《红楼梦》特点，为探讨如何进入语文必修课程的《红楼梦》整本书阅读教学，形成实践导向；既是以写作方式感受和理解《红楼梦》小说的特殊触角，且以文字的呈现，表征出《红楼梦》整本书阅读对于学生学识养成的达成度。

[关键词]《红楼梦》 整本书阅读教学 写作策略

引 言

2017年颁布的《普通高中语文课程标准》，在课程内容部分列出18个“学习任务群”，其中第一个学习任务群就是“整本书阅读与研讨”，并具体说明了学习目标是读一部长篇小说和一本学术著作。[3] 根据课标精神，2018

---

[1] 本文系国家语委“十四五”科研规划2023年度省部级一般项目“中小学语文学科文学作品教学的语言分析与学习设计”（项目编号：WT145-33）阶段性成果。

[2] 詹丹，文学博士，上海师范大学光启语文研究院教授，研究方向为古代小说、都市文化及语文教育研究。

[3] 中华人民共和国教育部．普通高中语文课程标准［M］．北京：人民教育出版社，2018：11.

年推出统编普通高中语文必修教科书，把长篇小说《红楼梦》列入教材的一个单元，进入课堂教学。

时至今日，虽然关于如何在语文课堂落实《红楼梦》整本书阅读教学出版了不少辅导性读物，既有研究著作，也有教学案例，笔者也曾指导研究生，对近年来相关教学设计和研究论著进行了梳理，撰写“发展报告”予以发表。[1]但也有一些人认为，专家学者和一线教师关于《红楼梦》整本书阅读教学的研究结论，对实际课堂教学的真正落实效果不明显，可资参考的操作性似乎也比较弱。有鉴于此，这里尝试提出一套写作实践策略以推进《红楼梦》整本书阅读教学的落实，希望能引发大家的讨论。

与习惯上倡导的读写结合或者说以写作带动阅读的教学主张不同，这里提出的写作实践，是根据课标精神进行的结构化层次设计，体现着笔者长期以来信守的关于整本书阅读的“整体把握”“具体深入”和“主体建构”的“三体”理念，[2]并在相当程度上，考虑了《红楼梦》整本书的特点。

课标在“整本书阅读与研讨”的任务群中，提出长篇小说阅读要求是这样的：

> 通读全书，整体把握其思想内容和艺术特点。从最使自己感动的故事、人物、场景、语言等方面入手，反复阅读品味，深入探究，欣赏语言表达的精彩之处。梳理小说的感人场景乃至整体的艺术框架，理清人物关系，感受、欣赏人物形象，体会小说的主旨，研究小说的艺术价值。[3]

在这段文字中，根据三个句号划出三层意思：第一层通过全书的“整体把握”，是原则性的总要求；第二层则是有关具体的切入点和展开路径；第

[1] 叶素华，詹丹．2018—2021年度《红楼梦》整本书阅读教学与研究发展报告［J］．红楼梦学刊，2022（6）．

[2] 詹丹．论整本书阅读理念的“整体”“具体”与“主体”［J］．语文学习，2022（9）．

[3] 中华人民共和国教育部．普通高中语文课程标准［M］．北京：人民教育出版社，2018：11-12.

三层属于操作性的实施行为。在此基础上，笔者提炼概括“整体”“具体”和“主体”的“三体”理念，既是在宏观上对应于课标三个层次，也是在微观上，对应于操作性的第三层的具体行为，由此形成写作实践的三个层级。

具体操作是，与“梳理”整体框架和“理清”人物相关联，第一层次的写作实践要求学生在阅读过程中，撰写《红楼梦》内容提要和人物小传。这在一定程度，是呼应“整体把握”的要求。第二层次的写作实践则是有关小说人物描写的随文点评与共情构拟，以对应课标中的“感受”与“欣赏”要求，同时也是落实笔者强调的“具体深入”的理念。而第三层次的写作，是文献综述与专题研究，以对应课标中的“体会”与“研究”的要求，在一定程度上，也同样可以落实笔者提出的“主体建构”问题。具体见表一：

表一　课标要求与阅读理念、写作实践分类对应表

课标		理念	六种写作实践
宏观理解分层	微观操作分层		
通读全书，整体把握其思想内容和艺术特点	梳理小说的感人场景乃至整体的艺术框架，理清人物关系	整体把握	内容提要、人物传记
从最使自己感动的故事、人物、场景、语言等方面入手，反复阅读品味，深入探究，欣赏语言表达的精彩之处	感受、欣赏人物形象	具体深入	随文点评，共情构拟
梳理小说的感人场景乃至整体的艺术框架，理清人物关系，感受、欣赏人物形象，体会小说的主旨，研究小说的艺术价值	体会小说的主旨，研究小说的艺术价值	主体建构	文献综述、专题研究

下面笔者结合《红楼梦》小说的特点，来具体说明分层写作的实施策略。

一、整体把握：内容提要与人物传记

我们固然可以对整体把握有不同的理解，但对一部长篇小说来说，把握情节框架和基本的人物命运，是不能回避要点。由此需要通过“内容提要”和“人物传记”两种写作方式，加以落实。这种落实对于《红楼梦》来说，还有其特定的要求。

（一）内容提要

《红楼梦》的提要怎么写？笔者这里提出自己曾经实践的一些做法。

依据小说章回内容的基本单位来进行提要书写是最常见的。可以分半回写，比如第三十六回的前半回“绣鸳鸯梦兆绛芸轩”，也可以写一回，或者采用每十回写一篇的做法。当然，用章回切割是一种方式，也可以根据相对独立的事件进行切割，比如刘姥姥二进荣国府，占三回左右的篇幅，香菱学诗，占一回半的篇幅，根据事件的起迄，写出一则内容提要，同样可以尝试。字数基本每篇一千五百字，但也可以在不同文字限制下写出两篇，比如同样是刘姥姥二进荣国府，一千五百字和八百字各写一篇，这对于训练学生的概括能力，有一定作用。小说的回目对内容提要的撰写可起一定的导向性，但概括章回内容，有时候让作者或者早期的抄写者都会感觉困难，这反映在不同版本的目录差异中。比如第七回的回目，就有差异很大的不同版本（参见《蔡义江新评红楼梦》第七回题解），[1] 详见表二：

表二　第七回回目对照表

回目	版本
送宫花贾琏戏熙凤，宴宁府宝玉会秦钟	己卯本、庚辰本、梦稿本、程乙本
送宫花周瑞叹英莲，谈肄业秦钟结宝玉	甲戌本
尢氏女独请王熙凤，贾宝玉初会秦琼卿	蒙府本、戚序本、列藏本等
送宫花贾琏戏熙凤，宁国府宝玉会秦钟	程甲本

前三种回目差异很大，主要是对前半回的内容，似乎难以概括。因为送宫花作为一个贯穿的线索，串联起许多人物和他们的琐事。但哪一件是重点而

[1]（清）曹雪芹，著．蔡义江，评著．蔡义江新评红楼梦［M］．北京：龙门书局，2010：81.

需要突出？贾瑞戏熙凤也好，周瑞家的叹英莲也好，似乎都不足以占主要位置，或者说，这前半回是没重点，所以不少版本干脆在回目中不提前半回内容，而把后半回拆解成两组人物形成对比关系。那么，如果我们布置学生写内容提要，是不是可以考虑倒过来处理，用不同回目作标题，然后进行对标题产生呼应的不同侧重点的提要撰写？这同样是以写作加深阅读理解的方式。

内容提要既然是为了整体把握情节框架，那么，撰写回目或者相对独立的事件提要，然后串联起来，固然可以形成对整体框架的把握，但如果从更宏观的时空构架着眼，或者叙事编年节奏，或者春夏秋冬的四季变化来撰写提要，比如清代二知道人（蔡家琬）提到的《红楼梦》整体意义的四季叙事，所谓“《红楼梦》有四时气象”，这同样可以让学生来尝试。[1]

（二）人物传记

情节框架的提要离不开人物的活动，之所以在内容提要外，还要提人物传记的撰写以组成整体把握的任务，不仅仅小说往往是把人物塑造作为重点来处理，而且在《红楼梦》中，其人物的呈现方式，有其特殊性，单单靠侧重于情节框架梳理的内容提要，无法把这种特点彰显出来。这种特点，就是《红楼梦》中的人物，往往有着结构化的组合方式。这种结构化与“课标”提及的“人物关系”，意思有重合，也有不同。吴小如在《闹红一舸录》中，曾提示了《红楼梦》中的“史笔”，有受纪传体的体例来塑造人物的特点。[2]这样，我们当然可以采用写人物独立小传的方式来进行内容概括，比如写一篇八百字的贾宝玉小传。但也可以采用历史传记的多元组合方式，大致有三种：其一是两两组合的合传，比如黛钗合传，二尤合传。用对比或者类比的关系，把人物在小说中的生平故事，概括出来。其二是附传，这是以一人为主，把相关的，但又是相对次要的人物附于正传之后，比如贾宝玉小传附甄宝玉传，黛玉小传附上跟她长相、性格相似的晴雯、龄官传。其三是类传，比如“元迎探惜”四姐妹传，或者十二戏官传等。

---

[1] 蔡家琬．二知道人集［M］．赵春晖，点校．北京：人民文学出版社，2016：562.

[2] 吴小如．古典小说漫稿［M］．上海：上海古籍出版社，1982：125.

整体把握的写作定位在情节框架方面的内容提要和人物传记，固然没错，但相比其他小说，《红楼梦》的特殊性，还在于其生活的百科全书性。事与人之外，物在小说世界里，也有着重要位置，尽管这些物，并不能独立于人与事而存在，但把其中的物集中起来，根据“以类相从”的组合方式，也是可以进行传记类的写作训练。比如，通灵宝玉记、镜子记、手帕记、花卉记，类似的题目，都值得尝试。

二、具体深入：随文点评与共情构拟

在整体把握的理念下实施的内容提要和人物传记的写作策略，有可能带来不足，是把整体抽象化了。所以还需要通过进入小说特定情境的具体感受，来使得整体跟具体结合起来，这种整体与具体的结合，有时候也表现为整体抽象与部分具体的理解循环。就像有学者说的，“理解的运动就这样不断从整体到部分又从部分到整体”[1]。这种在具体语境中的深入，就是随文点评和共情构拟两种写作实践。

（一）随文点评

点评，或者说评点，是一种古老的跟阅读结合的写作方式。阅读者随文写下心得体会，也把这种体会与原文一起呈现到读者面前，形成作者与读者，读者与读者的多层次的交流。“点评”往往有“点”有“评”。这里所谓的“点”是指圈点，就是把重要的文字用符号表示出来，跟表示删除的那种“点”，那种“文不加点”的“点”含义不同。我们要知道，即使没有文字的评，看到了别人的点，就可以让我们把阅读暂时停顿下来，思考一下自己忽视的文字，可能也有其特殊的意义。这里主要讨论评的问题，或者称“评批”。由此引出随文点评式写作的具体要求，其一，评批必然是在具体语境中产生的，尽可量避免笼统。其二，评批必然是瞻前顾后的，有着局部与局

[1]［德］伽达默尔．论理解的循环［M］// 真理与方法——补充和索引．洪汉鼎，译．北京：商务印书馆，2016：70.

部、局部与整体的联系。这里举脂砚斋点评为例。相对来说，他好像对整体的联系特别关注，这可能因为他确实知道曹雪芹创作的整体计划，所以能够对书中出现的一些伏笔会有敏锐的警觉，并作为阅读的知音，在点评中及时指出来。另外，他也知道小说外部的现实依据，是如何投射到了作者笔下，尽管确认这种投射有可能是点评者的自作聪明。但这种整体的视野，他的点评给他们有一定示范意义。而他那种从文本走向文本外部的瞻前顾后式点评，比如从谜语的“猴子身轻站树梢”联系到曹寅生前常说的一句话，“树倒猢狲散”，然后提示读者以打出的果品名“荔枝”谐音“离枝”，想到家族的崩溃。[1] 这样的点评提示，其他读者是不具备相应条件的，所以这里只从文本内部来举两个例子加以提示。先列脂评以作示范，后面则由笔者加以拟评供参考。点评的焦点，则集中于人物描写，以体现课标中“感受、欣赏人物形象”的基本要求。详见表三：

表三　脂砚斋点评示例及笔者仿拟表

原文	点评
周瑞家的不敢惊动，遂进里间来。只见薛宝钗穿着家常衣服，头上只散挽着鬌儿，坐在炕里边，伏在小炕几上，同丫鬟莺儿正描花样子呢。（第七回）	脂砚斋甲戌本侧批：自入梨香院，至此方写[2]
至掌灯时分，凤姐已卸了妆，来见王夫人回话：“今儿甄家送了来的东西，我已收了。咱们送他的，趁着他家有年下进鲜的船回去，一并都交给他们带去 了。”王夫人点头。凤姐又道：“临安伯老太太千秋的礼已经打点了，太太派谁送去？”王夫人道：“你瞧谁闲着，不管打发那两个女人去就完了，又来当什么正紧事问我。”凤姐又笑道：“今儿珍大嫂子来，请我明儿过去逛逛，明儿倒没有什么事。”王夫人道：“有事没事都害不着什么。每常他来请，有我们，你自然不便意，他既不请我们，单请你，可知是他诚心叫你散淡散淡，别辜负了他的心，便是有事，也该过去才是。”凤姐答应了。（第七回）	脂砚斋甲戌本夹批：虚描二事，真真千头万绪，纸上虽一回两回中或有不能写到阿凤之事，然亦有阿凤在彼处手忙心忙矣，观此回可知。[3] 笔者拟评：汇报三事，至此方笑

[1]（清）曹雪芹，原著 . 蔡义江，评著 . 蔡义江新评红楼梦［M］. 北京：龙门书局，2010：250.
[2]（清）曹雪芹 . 红楼梦脂评汇校本［M］. 吴铭恩，汇校 . 沈阳：万卷出版公司，2013：92.
[3]（清）曹雪芹 . 红楼梦脂评汇校本［M］. 吴铭恩，汇校 . 沈阳：万卷出版公司，2013：99.

续表

原文	点评
凤姐忙问王夫人早饭在那里摆。王夫人道："问老太太在那里，就在那里罢了。"贾母听说，便回头说："你三妹妹那里就好。你就带了人摆去，我们从这里坐了舡去。"（第四十回庚辰本）	笔者拟评：正往秋爽斋去，需有"就"字。诸本无此字，己卯本旁添

表三中示例的四处评点，需要加以简单说明。

第一处，脂评点出薛宝钗肖像描写的滞后问题，而且一开始不是由贾宝玉眼中看出，其实在一定程度暗示了贾宝玉与薛宝钗第一次互相见面的不重要或者说彼此的不重视，特别是没有像宝玉和黛玉初会那样，在彼此一见就引发内心的震荡。所以"至此"两字，评得极为简略，却又极耐人寻味。第二处，脂评认为王熙凤向王夫人的汇报，前两事都是虚晃一枪，理解很精准。因为关键在于王熙凤说第三事，是要探王夫人的口气。尤氏单独请王熙凤去玩，她去是否适合？因为内心忐忑，所以先以其他无关紧要的事来烘托，而说到最想说的事，却好像若无其事地笑了。这样，前面的不笑与后面的笑形成反差，正是第三处笔者拟评的重点。第四处，比较了版本文字的差异。从当时的情境看，大家正往探春住所跑，所以对于早饭摆放在哪里的问题，老太太说是"你三妹妹那里就好"，庚辰本比诸本多一个"就"字，这要比泛泛地说"你三妹妹那里好"显然更有针对性，这是顾及了当时语境的精准表达，也见出了老太太与人随机应答时拿捏词语的稳妥感。

清代无论是抄本还是刻印本，评点中较少有版本的比较，但现代学者的评点就多了起来，对于整本书阅读来说，不同版本的比较，也许对于提高学生的阅读趣味，对于细读文本以欣赏作品思想魅力，是一个很好的路径。但也需要量力而行，否则会增加学生不少负担，一般选几个片段让学生尝试一下，让他们稍有具体感觉，点到为止，也就可以。

（二）共情构拟

所谓共情构拟，其实是一种深入具体的体验性、想象性的写作。大家知道，《红楼梦》特色之一，就是描写过程中有大量留白，从而给我们读者留下了很大的想象空间。如果把我们各自的想象通过写作方式加以呈现，填补进小说中的留白空间，作为一种可能性而不是必然性来进行交流，不是绝对的“不落言筌”，而是对自身想象的局限性保持一定警觉，还是有一定价值。否则，让自己的文字草率进入留白空间，就成了展开想象的一种障碍，成了对曹雪芹想象世界的一种冒犯了。

以往的想象写作，大多是在揣摩曹雪芹的写作意图，或者这种写作意图在《红楼梦》中能被具体呈现到什么程度，一旦留下缺憾，就需要通过我们顺着作者思路而展开的想象写作来加以弥补，笔者把这种想象写作称为“共情构拟”。一般认为，由于八十回后书稿的散佚，或者并未全部完成，使得许多人尝试了这方面的写作，导致《红楼梦》的续作特别多。但对于学生而言，整体意义的续作不太现实，从个别人物角度切入则有可能。

这里提示的是，可以从小说发展过程入手，把作者有意回避或本来就不大会涉及的内容，通过共情构拟尝试写作，以达成对小说的体贴式理解，同时也是对写作技巧本身的训练。

以刘姥姥进大观园为例，可进行三种想象写作的设计。

其一是想象人物在特定场景中的增补。当刘姥姥被凤姐、鸳鸯安排搞笑时，小说呈现了在场众人欢笑到失态的场面，并加以总结说“独有凤姐鸳鸯二人撑着，还只管让刘姥姥”。据此，除开凤姐、鸳鸯两人，所有在场的人都笑了。问题是，宝钗跟湘云、黛玉、宝玉、老祖宗同桌，作者依次写到了湘云、黛玉、宝玉和老祖宗笑翻的状态，但略过宝钗。那么，宝钗到底笑了没有？有人以薛宝钗后来批评刘姥姥的笑话没味道，来说明其没有笑。[1] 其实宝钗后来批评那些笑话儿没味，未必能推出她当时没有笑的结论，或许这话也可以理解为她是在为自己的曾经笑、为自己的失态而后悔。这里有一个较为普遍性的认识误区没被学者们意识到：没写宝钗的笑，不等于她没笑，笑和不笑的可能性，都是存在的。从小说写只有凤姐和鸳鸯“撑着”这一句

---

[1]（清）曹雪芹 . 新批校注红楼梦［M］. 程伟元，高鹗，整理 . 张俊，沈治钧，评批 . 北京：商务印书馆，2017：722.

来判断，宝钗笑的可能性很大，没写到的还有李纨。那么，如何在笑的场面中，补上两个都比较矜持的人，究竟是写他们两人的笑态或者不笑，这是对共情构拟的一种挑战。

其二是想象人物在特定场景中的替换。比如刘姥姥醉卧在贾宝玉的床上，只有袭人发现了，虽然当时吃惊不小，但幸好没有旁人，所以这事被掩饰过去。那么，如果是贾宝玉发现了呢？在酒席中临时回自己的住处，这种可能性也存在。小说后来写贾府过元宵夜时，贾宝玉要小便，就临时退席回自己的住所，但发现袭人和鸳鸯在自己的房间里说悄悄话，就退出怡红院，在折回的半道上把小便解决了。这样，如果我们设想一下，刘姥姥在醉卧时，看到这一幕的是回屋的贾宝玉，是曾经对刘姥姥表现出很大善意而自身有点洁癖的人，看到刘姥姥那一幕，他会有怎样的状态？又会如何来应对？

其三是以虚拟的口吻来写内容提要。这是把内容提要的写作与共情构拟结合起来的尝试。比如，刘姥姥进大观园的过程，可以用客观笔调进行概述。但也可以虚拟，当刘姥姥回家后，向她同村的邻居显摆她的所见所闻，用刘姥姥的口吻一一道来，既是对刘姥姥心理的共情体验，也交代了她在大观园的经历。只是这样的交代，因为出自主观讲述，所以主观性和客观性就混杂在一起了。同样，林黛玉进贾府后，如果林黛玉写一封信给她父亲，告诉她在贾府的近况，以安慰父亲的挂念，这既合乎情理，也是可以把黛玉进贾府的所见所闻，得到一个简洁描述。诸如此类，都值得我们在教学中予以实践和探索。

三、主体建构：文献综述与专题研究

《红楼梦》整本书的阅读，归根到底是为自己的阅读，而不是为《红楼梦》、为曹雪芹的阅读，理解《红楼梦》当然重要，但在这阅读过程中，达成自身能力的训练、人格的发展，这就是阅读的“主体建构”意义。跟这一理念相对应，写作实践的侧重点，是文献综述与专题研究两种。

（一）文献综述

文献综述的写作训练方式，跟课标的“体会小说的主旨”有关，也跟列入教材中的《红楼梦》整本书阅读任务紧密相关。教材为安排《红楼梦》整本书阅读，设计了六个学习任务，其第六个关于“体会《红楼梦》的主题”，在要求学生对故事情节、人物命运有体验和感悟的基础上，提出了“查找关于《红楼梦》主题的研究论述，深入思考《红楼梦》的主题，写一篇综述”[1]。当然，不着眼于教材的任务设计，文献综述作为学术训练的基本功，也是必须做的。在接触一本书并开始研究的同时，了解别人已经做了哪些工作，免得自己重复劳动，并给自己的未来研究找到一个坐标，这就是文献综述最实际的价值。对中学生来说，很少以学术研究为目标，那么写文献综述，主要是为了加深对作品的理解，同时也把我们的理解对象化，形成二度化的进一步理解，这就需要我们把《红楼梦》放在整本书接受的语境中来理解。以往我们比较关注文本诞生的语境，这当然重要，但对于整本书接受的语境、理解的语境，注意得还不够。语境说到底，是一种关系（伽达默尔语），是文本诞生的关系，也是文本理解的关系。我们通过文献综述的写作，加深对这种关系的理解，通过这种理解，也为主体自身的建构性，获得初步的自觉意识。

就《红楼梦》主旨论，笔者想特别提出鲁迅的一段议论，也顺带纠正不少人的误读。我们经常引用他关于《红楼梦》命意的论述，以呼应“一千个读者就有一千个哈姆雷特”的说法，这段文字是：

> 单是命意，就因读者的眼光而有种种：经学家看见《易》，道学家看见淫，才子看见缠绵，革命家看见排满，流言家看见宫闱秘事……在我的眼下的宝玉，却看见他看见许多死亡；证成多所爱者，当大苦恼，因为世上，不幸人多。……现在，陈君梦韶以此书作社会家庭问题剧，

---

[1] 教育部组织 . 高中语文 必修 下［M］. 北京：人民教育出版社，2019：141.

自然也无所不可的。[1]

我们当然可以从这段论述中，从鲁迅举出的各种读者的“看见”中，看见《红楼梦》，也看见读者自己。但后面还有两层具体的意思，不应该忽视，一个是鲁迅谈自己的看法，“在我的眼下的宝玉，却看见他看见许多死亡；证成多所爱者，当大苦恼，因为世上，不幸人多。”也就是对不幸者的悲悯，这也是鲁迅对世人、对世界的理解立场。另一个是他解释了陈梦韶话剧的主题，是家庭问题剧。揭示这一点，其实揭示了他议论的语境。这样，他提出那么多立场，或多或少是为陈梦韶改编剧体现的主题，争取合法性，同时，也没有让自己变成一个彻底的相对论者，放弃了自身立场的无可无不可。就此而论，文献综述重点固然是在梳理别人的立场和观点，但自己的隐含立场，也应该有所保留、有所自觉。而立足于语境来梳理，理解不同观点产生的背景，理解一种观点是怎么建构起来的，这是一个重要原则。这也是笔者说的写文献综述具有主体建构的意义所在。

（二）专题研究

简单说来，就是围绕《红楼梦》某个问题写一篇研究性小论文。这是整本书阅读的高级阶段，也是学生综合素养的体现。专题写作以此前的各种写作实践为基础，从阅读中发现问题，并借助文献综述，为自己思考和解答问题，获得是否具有独特性的客观评判。课程标准对研究的要求指向“小说的艺术价值”，而研究需要的辩证思维、创新思维的运用，正是主体建构的必要路径。这样，对艺术的研究又不能仅局限于艺术手法的判断，也涉及对描写背后的意识形态的揭示和对研究者自身立场的反思。

比如有人从小说缺少晴雯的肖像描写来说明《红楼梦》的留白艺术，却没能揭示，这种留白，其实是基于主人视角而对奴才和丫鬟长相的基本无视。再比如对秦可卿这一人物形象，就有作者败笔和诗性创造的截然对立的

---

[1] 鲁迅.《绛洞花主》小引［M］// 鲁迅全集：第 8 卷 . 北京：人民文学出版社，1981：145.

评价。当年的王昆仑，后来的李希凡、李萌都否定了秦可卿的这一艺术形象的塑造，认为太朦胧暧昧，缺乏鲜明的艺术质感，是作者没有把心灵放在人物躯体内的苍白的形象塑造。[1]但有人认为梦中人的特点，恰恰是塑造形象诗意性的体现，能够“给人以朦胧神秘的美感”（吕启祥语）[2]。不过仔细梳理各家观点，一个耐人寻味的事实是，一些否定秦可卿形象塑造价值的人，几乎都是思想激进的革命者。他们坚定的革命立场，那种爱憎分明，也影响到他们对艺术形象的价值判断，认为不应该有朦胧的形象出现在小说中。虽然笔者这样说有简单之嫌，但其中的关联，确实值得研究，也值得研究者反思。

从学生实际认知水平考虑，引导他们从一个较小的视角切入专题，做到竭泽而渔，既能深入理解小说，又有可能获得辩证和创新思维训练。比如一般视林黛玉为流泪的同义词，相比之下，对薛宝钗的流泪则关注得不够。那么，梳理出薛宝钗的流泪状况，把它跟林黛玉的流泪加以比较分析，揭示其发生的不同情境，也许对小说描写艺术会有新的理解和发现。再比如，香菱的名字，曾被清代人解释为“香国飘零”，那么对英莲、香菱和秋菱三个名字，就完全可以作“应怜”的同质化理解。但后来蒋和森分析了香菱在大观园学诗的短暂幸福生活，提出了英莲等三个名字对应于不同生活质量的三阶段说，给理解人物带来了新意。有意思的是，最近笔者在开设《红楼梦》讲座时，有学生提出有关香菱的称呼问题，因为她发现，香菱在小说第八十回更名为秋菱后，此后的许多章回里，两个名字是交错使用的，这究竟是版本的不统一还是刻画人物的特殊需要？由此问题出发，我鼓励她进一步梳理《红楼梦》人物的更名以及旁人对此的反应，以这样较小切口分析人物关系，也许可以撰写一篇较具思维含量的专题研究。

不妨说，我们是在专题写作的训练中，从对具体问题的思考中，从对人物立场以及研究立场的反思中，逐渐摆脱教条主义的泥潭，以获得新的认知，

---

[1] 王昆仑.红楼梦人物论［M］.北京：生活·读书·新知三联书店，1983：46-53；李希凡，李萌.李希凡文集：第二卷——《红楼梦》人物论［M］.上海：东方出版中心，2014：336-347.

[2] 吕启祥.《红楼梦》校读文存［M］.北京：北京时代华文书局，2016：297.

使自己的思想意识趋于辩证。这才是阅读名著带来主体建构的真正意义。

小　结

最后对上述落实《红楼梦》整本书阅读的写作策略作简单小结。

在上述六种写作方式中，除开综合性的、发散性的随文点评外，还可以分为偏于叙事的内容提要、人物传记和共情构拟，偏于说理的文献综述、专题研究两大类，形成对学生形象思维和抽象思维能力等的培养，但其间的界限，并没有也没必要画得那么清晰。特别是随文点评，它可议论、可叙述，可感叹，它容纳了多种思维，比如评一个“好”字，可能提示的是一种直觉思维的素养。这种写作实践是阅读中常用的最基本的动笔方式，也是我们许多教师在日常教学中经常做的。

总之，梳理不同的写作方式，不仅仅意味着笔者想将一般意义的读写结合策略运用于《红楼梦》整本书阅读教学，而是希望针对《红楼梦》这一本独特的整本书，让一般意义的方法和策略获得了具体性和特殊性。最终需要达成的，是希望通过不同的写作实践，让我们对《红楼梦》整本书阅读得到落实，让我们在阅读中获得的实在收获，通过写作表征出来，要让大家也让自己明白，通过深入地、扎扎实实地阅读《红楼梦》整本书，我们自身的精神世界可以被滋养得多么丰富和博大。

《朝花夕拾》整本书阅读的育人立意[1]

李煜晖[2]

[摘要] 育人立意是对“为什么而教”这一问题的总的看法和根本观点，在整本书阅读中具有纲领性意义。从《朝花夕拾》整体特点出发，结合当代中学生发展需要，把握其育人立意可着眼于以下方面：第一，作为文学自传，“我”的存在与讲述方式，有利于学生熟悉、亲近和理解鲁迅，自觉继承鲁迅的精神遗产。第二，作为思想结晶，忆中所思的成分与养分极为丰饶，读懂鲁迅“所思”并叩问其“所以思”，能够提高学科认知水平，也可用于反省和改造当下的教育生活。第三，作为艺术典范，文集结构、文体创变上的“破格”与布局谋篇、语言运用上的“入格”交相辉映，从创造性和规范性的统一上整体考察文章作法及其背后的创作理念，有利于革新学生的散文创作观。

[关键词]《朝花夕拾》 鲁迅 整本书阅读 育人立意 语文教学

整本书阅读的课程化实施，离不开教师的引导。这种引导，不仅是激发阅读兴趣、规划阅读过程、设计读写任务、测评学习效果等教法问题，还应有更上位的育人之思：我们究竟要通过经典名著的完整阅读，把学生引向何方，导向何处？用教育界的说法，就是“育人立意”。作为一种内隐的教育目的，育人立意是对“为什么而教”这一问题的总的看法和根本观点。把握

---

[1] 本文系国家语委“十四五”科研规划 2023 年度省部级一般项目“中小学语文学科文学作品教学的语言分析与学习设计”（项目编号：WT145-33）阶段性成果。

[2] 李煜晖，教育学博士，北京师范大学文学院教授，研究方向为语文课程与教学论。

育人立意，有利于凝练教学目标、精选教学内容，化解名著意蕴无限丰富与课程空间有限性之间的矛盾，也有利于避免阅读指导的盲目和随意。

新版义务教育课程标准在整本书阅读学习任务群和《关于课内外读物的建议》中都以举例方式提到《朝花夕拾》[1]，推荐作为教学书目的用意是很明显的。然而，该书既有对故乡与童年的温情回忆，也有伤逝与离别引发的哀思，还有对传统文化的反省和对时人时事的议论，其事之杂、情之深、思之广，文体兼容性之高，风格独创性之强，远非一般意义上的回忆性散文可比。指导学生阅读这样一本“古今少有的书”[2]，应持有怎样的育人立意呢？以下结合该书整体特点和学生发展需要略做讨论。

一、“我”的存在与讲述：作为与鲁迅交友的媒介

《朝花夕拾》创作于鲁迅人生的重要转折期，人事扰攘与生活失序，使他陷入严峻的“中年危机”。1923 年前后新文化阵营分裂和兄弟失和，1924 年以来“女师大风潮”引发的连串事端，早已使鲁迅失去寓居绍兴会馆时的寂寞宁静和“呐喊”时期的意气风发。到创作本书期间，由于介入“三一八惨案”以及被学者们排挤，危机已加剧到他难以承受、无法直面的地步。《小引》开头便说：“前几天我离开中山大学的时候，便想起四个月以前的离开厦门大学；听到飞机在头上鸣叫，竟记得了一年前在北京城上日日旋绕的飞机。”对一年之内频繁去职迁居的回溯，意在要告诉读者此刻的窘迫处境，而“纷扰”“芜杂”“离奇”“无聊”“虽生之日，犹死之年”等消沉、愤懑之语，则是复杂心境的写照。作为主体意志极强的人物，鲁迅不能任由外部环境刺激而被动应对，他要静下心来沉思生命路向并重构生活秩序，“我常想从纷扰中寻出一点闲静来”，用意或在于此。

[1] 中华人民共和国教育部．义务教育语文课程标准：2022 年版［M］．北京：北京师范大学出版社，2022：33，64.

[2] 周作人．活无常与女吊［M］// 钟叔河，编．周作人散文全集：第十卷．桂林：广西师范大学出版社，2021：304.

站在“危机—应对”的心理机制审视创作动机，《朝花夕拾》与大致同期的《野草》都是鲁迅“对于自我生命的一次深刻反省和彻底清理”[1]。《野草》着力于现时当下的心灵剧烈挣扎的呈现与自剖，是一种“诗”的方式的“热”处理，而《朝花夕拾》则在历时脉络下对精神变迁进行梳理与建构，是一种“散文”方式的“冷”处理。二者都是鲁迅有意识地对心灵世界进行自我审视与体认，在重整灵魂以后再出发的重要作品。[2]这种对过往的再发现与再建构，可使生命焕发新的活力，恰如书桌上那盆“水横枝”，虽已是“一段树”，但“只要浸在水中”，“枝叶便青葱得可爱”。因此，作为整本书的《朝花夕拾》与单篇大不相同，单看《阿长与〈山海经〉》《父亲的病》《藤野先生》《范爱农》等文，读者的注意力常因题目和内容的缘故落在鲁迅的交往对象身上，而整本书中却始终有个鲜活的“我”在，“我”的经历、感受与个性共同构成了整体性意义理解的一条主线。

《朝花夕拾》讲述了“我”的童年、少年和青年故事，透过这份“行状”，读者可以渐次知晓“我”在成为鲁迅之前的主要经历和生活圈子。尽管某些细节存在记忆偏差或有意“诗化”，而“与实际容或有些不同”，如拇指大的隐鼠能否发出“数钱”声[3]、父亲咽气前让“我”叫魂的究竟是衍太太还是阿长[4]、“幻灯片事件”是否如其所述[5]等；尽管另有影响重大的要事，出于种种原因并没有作为“朝花”检视，如1906年归国与朱安成亲等——但观其大略，《朝花夕拾》的时空脉络与成长事件具有重要文献价值，可作为中学生了解鲁迅半生事迹的“信史”和较完整的“断代史”。

《朝花夕拾》袒露了“我”丰富的情感世界，是一部记录快乐痛苦、感激思念、迷茫忧惧、羞耻愤怒、挣扎无助等情绪体验的心灵史。这在鲁迅自己，或要反顾“旧来的意味”以暂得慰藉，又或重拾年轻的激情以摆脱中年

---

[1] 张洁宇 . 审视，并被审视——作为鲁迅“自画像”的《野草》[J]. 文艺研究，2011（12）.

[2] 刘彬 .“腊叶”的回眸——重读鲁迅《朝花夕拾》[J]. 文艺研究，2020（1）.

[3] 周作人 . 鼠数钱［M］// 钟叔河，编 . 周作人散文全集：第八卷 . 桂林：广西师范大学出版社，2021：274–275.

[4] 周作人 . 父亲的病［M］// 知堂回想录：上 . 止庵，校订 . 石家庄：河北教育出版社，2002：37.

[5]［日］渡边襄 . 幻灯片事件的事实依据与艺术加工［M］// 北京鲁迅博物馆鲁迅研究室 . 鲁迅研究资料 16. 天津：天津人民出版社，1987：186–200.

落寞，但给读者的印象却是，“民族魂”的严肃与崇高弱化了，有情有欲的普通人形象彰显出来。他与你我一样，童年时爱与小动物做伴，爱到园子里尽情玩耍，听大人讲故事会信以为真，得到心爱的“宝书”会激动到“全体震悚”，甚至也经历过父亲大煞风景的“拷问”，像深秋的蟋蟀一样悲鸣。他与你我一样，受冤枉时“便连自己也仿佛觉得真是犯了罪”，争吵后也有“中国不革命则已，要革命，首先必须将范爱农除去”的愤怒，而凡给予关爱或施以援手的，不论女佣阿长还是教授藤野，都会报以刻骨铭心的感念。凡此种种，都是中学生得以平视鲁迅并与之共情的文本资源。

《朝花夕拾》在回忆中审视并确认了“我”的个性。个性是区别于他人的相对稳定的思维方式和行为模式，它在一次次选择与行动中塑造，又深刻影响着每一次行为选择。人只有充分认识自我，知道自己是什么样的人，才能自我悦纳，坦然而坚定地前行。论者普遍认为《朝花夕拾》对记忆的选择具有典型化特征，这是无疑的，但说其选择标准只是往事本身的重要程度，却有失偏颇。从主体情愫上看，本身并不重要但对于自我发现至关重要的往事，同样纳入了选材视野。以《狗·猫·鼠》而论，痛失所爱的事情时有发生，但有几个孩子会因此从家养的花猫起手，逐渐把复仇推广到“凡所遇见的诸猫”呢？更有甚者，后来得知猫不是真凶，“但和猫的感情却终于没有融和”。凭借这件小事，鲁迅完成了对性格心理的追索：当我失掉了所爱的，心中有着空虚时，我要充填以报仇的恶念。这种近乎偏执的复仇过去施之于猫，作此文时便施于攻讦他的“名人或名教授”，甚而散见于后续多篇，一直写到《藤野先生》还不忘在结尾处敲打“正人君子之流”，这与当年对猫的态度何其相似。鲁迅写这些文字时并没有该不该仇猫、该不该穷追猛打的纠结，他只是欣喜于自己仍保有当年的脾气，字里行间充溢着“这就是我”的快意。这样一来，“朝花”中的每个“昨日之我”与“夕拾”的“今日之我”，便因个性的内在一致性合成一个本体意义上的“我”：“我”永远对未知世界充满好奇，小时候问寿先生“怪哉”时如此，而今“汗流浃背”剪切旧插图作《后记》时亦如此；“我”厌恶一切烦琐规矩，小时候与长妈妈交往时如此，去日本留学见人揖让不休时亦如此，而今别人因各种“礼式”而打扰“我”时还如此。鲁迅在记忆的海边拾贝，看见自己历尽艰苦却从未被社会改造或驯化的秉性，中学生亦可由此加深对鲁迅个性的理解，无论看到的是独立思考、行动果决，还是爱憎分明、愤世嫉俗，尝试理解的行为本身，都是走进这个“有趣的灵魂”的必由之路。

《朝花夕拾》超越了传统散文的“独语”形式，追求的是对话与沟通。而鲁迅为自己选择的“隐含读者”，是同他一样对于人生、生命有着真诚信念与态度但又多少还存在着某些疑虑的人。确切地说，则是当时那些愿意接近鲁迅、愿意与鲁迅交流的青年人。证据便是：第一，《朝花夕拾》的大部分篇章都充满亲切、和蔼的叙述态度，具有鲜明的“讲述性”。第二，鲁迅在亲切的叙述语气中还不时与读者交流、沟通，时刻注意读者的知识基础与即时的反应，以便适当予以补充、调整。[1] 可见，尽管鲁迅对“负有指导青年责任的前辈”嗤之以鼻，但仍然热切希望成为青年的朋友，而本书就是他抛出的一枚“橄榄枝”。

《朝花夕拾》诞生已近百年，作为“每一个民族都不多”的“具有原创性的，民族思想源泉性的思想家、文学家”[2]，鲁迅其人其文对于当代青年和中国社会的价值意义，早已无须赘言。但是，当代青年——特别是本文关注的中学生们，还有多少人愿意接近鲁迅、愿意与鲁迅交流呢？造成此种状况的原因极为复杂，仅从语文课程内部来说，不是鲁迅选文数量偏少——事实上，中华人民共和国成立以来教材中的鲁迅作品始终保持高位，而是我们在使用这些作品教学时，没有把引导学生真正成为鲁迅的“朋友”当成一个重要的教育目的。一方面，鲁迅的生平经历被压缩或肢解为讲解课文的背景材料，不但是残损的和碎片化的，而且像简历一样，是概括性和条目式的。另一方面，我们不断强调鲁迅思想家、革命家的身份，把教学重点放在鲁迅思想的深刻性和先进性上，更多从理性而非感性的角度、从仰望而非对话的角度解读，其结果必然导致鲁迅印象的刻板与僵化。试问哪位中学生会喜欢一个有履历却没故事、有思想却没感情、有成就却没个性的作家呢？

---

[1] 李怡.《朝花夕拾》：鲁迅的“休息”与“沟通”［J］. 首都师范大学学报（社会科学版），2009（1）.
[2] 钱理群 . 和中学老师谈鲁迅作品教学［J］. 鲁迅研究月刊，2012（1）.

《朝花夕拾》中的“我”的形象，让鲁迅从伟人面相中挣脱出来，由意义繁复的价值符号化作具体可感的真人，学生阅读此书可知其成长故事，感其喜怒哀乐，懂其脾气秉性。而“我”的讲述，比《〈呐喊〉自序》更详，对学生来说也比《野草》易懂、比通信和日记更生动。以《朝花夕拾》整本书阅读为媒介，引导学生熟悉鲁迅、亲近鲁迅、理解鲁迅并成为某种意义上的“忘年交”，不仅契合该书特点，对促进学生自觉继承鲁迅精神遗产而言，更是大有裨益。

二、对人生经验的超越：用鲁迅之“思”启智增慧

作家撰写回忆性散文，总是一边回顾人生，一边超越见闻经历的时空局限，借所历传达所思，而思想性越强的作家，忆中所思的成分和养分便愈丰饶。王瑶先生早就提出：为什么在斗争特殊困难的时候鲁迅要写这么一本以回忆往事为内容的散文集呢？除了反顾所走过的生活“道路”之外，更重要的原因是，鲁迅觉得把这些自己感受最深的经历写出来，不仅是个人的事情，而且对青年人有重大的现实意义……而且正因为是“重提”，说明经过时间的考验，作者对它的认识和理解也已经深化了，它就更应该引起人们的思索和重视。[1] 然而，学生理解书中思想难度很大，原因之一是“思”的载体形式复杂多样，这是由回忆性散文以叙事为主、综合运用多种表达方式的特点决定的，也深受鲁迅“杂文式”表达习惯的影响。对此，我们不妨基于所思与篇章整体的关系，将其分为“主旨之思”与“信笔之思”。

散文与其他门类的文学作品一样，都是“美学整体”[2]，故无论“散”到何种程度，作者总要表达某种相对集中的情思，只是有时概括出来，放在文中某处，有时刻意不讲，以求“言有尽而意无穷”。书中概括性主旨之思所在多有，像《藤野先生》末尾说到藤野为人为学的品质及其对“我”的激励，是容易发现的，有些置于叙述节点，则需留心注意。《二十四孝图》谈

---

[1] 王瑶．论鲁迅的《朝花夕拾》[J]．北京大学学报（哲学社会科学版），1984（1）．

[2] 童庆炳．文学语言论［J］．学习与探索，1999（3）．

及“老莱娱亲”时说：正如“将肉麻当作有趣一般”，以不情为伦纪，污蔑了古人，教坏了后人。“以不情为伦纪”，把前文“卧冰求鲤”中不近人情的自我牺牲和后文“郭巨埋儿”中更加不近人情的牺牲儿童，全都囊括进来，完全可以看作这本书的病根儿。纵观全文，鲁迅正是通过“常情”儿童在阅读“不情”之书时的反感与恐慌，来表现极端孝道之伪、之害及其必然无法令儿童诚服践履的命运的。抓住这句话，也就从正反两面把握了文章主旨。《琐记》拉拉杂杂从绍兴生活直写到日本留学前夕，主要讲青年时代在南京两所学堂求学的经历，而统摄这段经历的思考，是叙罢少年事后的那句“总得寻别一类人们去，去寻为S城人们所诟病的人们，无论其为畜牲或魔鬼”。决绝地“寻别一类人们去”，是青年鲁迅开辟新生活、拥抱新思想的宣言，后文凡对校风学风的回忆与评判，都是以“寻”的目光、以是否属于“别一类”为标准做出的，故《琐记》之“琐”只在所记之事，主旨则是一以贯之的。主旨之思隐而不显的情况也很常见，需要读者以更积极的心态参与意义建构。例如《五猖会》，写到“我至今一想起，还诧异我的父亲何以要在那时候叫我来背书”便戛然而止了，鲁迅并非真想不通，他只是寄望于读者的思考。我们可归因为代际隔阂造成的沟通困境，也可认为“父亲无非是要以‘背书’来压灭‘我’的‘笑着跳着’，因为这种活泼不合于传统教育观念对孩子应温文尔雅的要求”[1]，还可认为父亲的做法源于世代承袭的功利主义教育观，即把游戏、娱乐等满足儿童天性的东西作为学业达标的奖赏。

鲁迅之“思”也有旁逸斜出的一面，他不仅对作为主要回忆对象的“旧事”有所思，对后来发生的芜杂“近事”亦有所思，其间还夹杂大量关于中外历史、风俗、著作和人物言行的议论。《狗·猫·鼠》开篇的“仇猫”事件发生于1925年；《二十四孝图》对“反对白话，妨害白话者”的连番诅咒，是从文学革命之初便积累起来的义愤；《琐记》提到“螃蟹态度”时，不禁想到教育部任职期间的见闻；《范爱农》写到孙德清腿上的伤，顺手便把1926年孙传芳禁止美术学校采用裸体模特的事写了进来……鲁迅思维异

---

[1] 刘彬.“腊叶”的回眸——重读鲁迅《朝花夕拾》[J].文艺研究，2020（1）.

常活跃，由此及彼的联想往往能促成由表及里的洞见，也使文章有收放自如的风味。这些信笔之思结合背景材料不难读懂，但要注意与主旨之思的关系。有些看似无关，内涵却高度吻合，如诅咒“妨害白话者”，盖因其“能使全中国化成一个麻胡，凡有孩子都死在他的肚子里”，与对《二十四孝图》的批判一样，思想内核都是“救救孩子”。有些涉笔成趣，与主旨之思并无显著关联，如教育部职员的“螃蟹态度”“孙传芳大帅的禁令”等。

学生理解鲁迅之“思”的另一难点，是从内容层面对书中思想做整体性概括，这是由鲁迅之“思”维度多、范围广且附于具体事件之中等特点决定的。有学者认为该书“描写了一个典型的中国人的教育成长过程”，遂挖掘“教育成长主题”[1]；有学者根据不同篇章的内容，划分为“成长的困惑”“对人性的洞察”“存在之思”等[2]。类似研究对整体把握颇有启发，但这些框架性阐释，其框架本身往往带有学者主观倾向，对“散珠碎玉”般遍布全书的鲁迅思想而言也往往挂一漏万。所以，教师指导时不宜先用某种框架结论束缚学生，先逐篇读懂主旨之思和信笔之思，再总结各篇主旨及“思想碎片”间的共性，最后帮助学生建构分析框架并做出自洽阐释，是较为可取的做法。

在语文教学中，从文本意涵层面发现并整合作者所思，可以提高学生的学科认知水平；从终身发展来看，更重要的还是考察作者的思维特点与思想方法，用以启智增慧。以《朝花夕拾》而论，人人皆有回忆，何以鲁迅得出如此之多、如此之深的思考呢？

其一，从童年时代起，鲁迅对生活始终有一种“作家式”的观察。这种观察是主动和自觉的，也是细致入微和饱含感情的。从他对隐鼠、对百草园的细腻描写中，从他对儿时读书感受的清晰复现中，都可以得到确证。这样一来，“小鲁迅”就为中年鲁迅提供了思考的原材料。这些融入生命体验的

---

[1] 陈思和．作为“整本书”的《朝花夕拾》隐含的两个问题——关于教育成长主题和典型化［J］．杭州师范大学学报（社会科学版），2021，43（1）．

[2] 郑家建，赖建玲．若有所思——《朝花夕拾》的审智意义［J］．中国现代文学研究丛刊，2011（10）．

第一手资料，“有些尖刻的锐利的轮廓画在他心灵的幕上。”[1] 故对人的思想建设弥足珍贵。

其二，鲁迅从不默认自己所经历的一切都是正确的或应该的，即便“从来如此”的事情，他也要保持独立思考，特别是批判性的思考。这一点在他儿时对长妈妈、对庭训、对童蒙读物、对江湖医生的态度中已经显露出来，求学期间更是直接体现在对新式学校、中国留学生和“幻灯片事件”的看法上，归国后则表现为对辛亥革命的认识。拿童年故事来说，王瑶先生有精辟论述：“如果分析《朝花夕拾》的思想性，我以为首先它是以儿童的天然的、正常的兴趣和爱好作为对人和事的评价尺度的，它提供了一个关于风俗、琐事和人物的美丑的价值观念。”[2] 在处处扼杀儿童天性、扭曲人的正常的兴趣和爱好的环境下，能够坚持这样的“评价尺度”，不正说明其思维倾向具有独立性和批判性吗？

其三，鲁迅对往事的回眸带有强烈的国族意识，或者说国族意识一直是他成长的驱力，在回眸中被清晰显露出来。书中频繁出现“中国”二字是有力的证明：“中国的做文章有轨范，世事也仍然是螺旋”（《小引》）；“其实这方法，中国的官兵就常在实做的”（《狗猫鼠》）；“另想到别国的儿童用书的精美，自然要觉得中国儿童的可怜”（《二十四孝图》）；“凡是神，在中国仿佛都有些随意杀人的权柄似的”（《无常》）；“听说中国的孝子们，一到将要‘罪孽深重祸延父母’的时候，就买几斤人参，煎汤灌下去”（《父亲的病》）；“可见螃蟹态度，在中国也颇普遍”（《琐记》）；“中国是弱国，所以中国人当然是低能儿”（《藤野先生》）；“我们中国人即使对于‘百行之先’，我敢说，也未必就不想到男女上去的”（《后记》）……类似话语还有很多，至于未提“中国”而所论为中国历史、文化与国民性者就更多了。这些“中年语”，与立志学医及为改造国民精神弃医从文等“少年事”一样，都体现着鲁迅对“吾国与吾民”的关切。此外，鲁迅常把人我际遇放在国家民族的视域下写，《范爱农》在辛亥革命历史洪流中审视故友的人生浮沉，“范爱农的死，成了

[1] 李长之.《红楼梦》批判［M］// 李长之文集：第 7 卷. 石家庄：河北教育出版社，2006：144.

[2] 王瑶. 论鲁迅的《朝花夕拾》［J］. 北京大学学报（哲学社会科学版），1984（1）.

对一个时代、一种人生的哀切的祭奠”[1]。必须强调，鲁迅的国族意识建立在对本民族文化的反思与批判上，对外来文化则抱有“拿来主义”态度，他欣赏外国的童书，赞成西医的理念，对藤野先生感念至深，这些都与狭隘民族主义者大不相同。

鲁迅看事情、想问题的特质当然远不止此，以上之所以重要，与当代教育“禁锢”学生思想有关。当前，学生普遍生活在快节奏和高压力之下，尽管拥有同样“长度”的童年，但缺少灵魂在场的观察与体验，而原料的匮乏往往导致情思的枯竭。在家长和教师的观念里，“小鲁迅”这种爱思考甚至有点叛逆的孩子往往不受欢迎，我们不但很少鼓励学生像鲁迅那样独立思考、批判性地看待人生问题或社会现象，还想尽办法用师长的威权压服学生，使之惯于驯顺、盲从与歌颂。更重要的是，尽管“家国情怀”“心忧天下”等宣教之声不绝于耳，但培养“精致的利己主义者”，似乎已成为教育的实然选择。在这样匆促、压抑和功利的环境中成长，学生常常有人生而无经验，有经验而难超越，所谓“思想”者，尚未萌蘖便已消亡了。

比学习鲁迅思想更紧要的，是学会像鲁迅一样思考。钱理群说，鲁迅对我们的中学生和教师，最大的作用，就是他的作品使我们变得“大气”和“深刻”——这是人的精神上的大气和深刻，也是教学境界的大气与深刻。[2]在《朝花夕拾》整本书阅读中，读懂鲁迅“所思”并叩问其“所以思”，用于和学生一起反省和改造当下的教育生活，或是拥抱“大气”与“深刻”的方法。

三、胸中丘壑，笔底波澜：促进散文创作观的革新

和思想一同受限的，还有青少年的创作才华。在语文教学中，学生写文章有明确的体例要求，择要可分为记叙文、议论文与实用文等。这种文类划分并非完全依照文体学本身的逻辑，而是将文体学研究转化应用于学科

[1] 杨义.《朝花夕拾》的生命解读［J］. 海南师范大学学报（社会科学版），2014，27（1）.
[2] 钱理群. 和中学老师谈鲁迅作品教学［J］. 鲁迅研究月刊，2012（1）.

教学，并在现代语文课程百年演进中逐渐固化下来。作为约定俗成的教学知识，该分类自有其合理性与可行性，但随着文类的固化，文章做法逐渐被视为一种确定性知识与文类绑定在一起，则是需要警惕的。我们承认，教学生以某类文章的做法，可使其开笔阶段有法可依，但也要看到长期的格式化教学必将给创造力发展带来束缚。加之实践场域，教师总结应用的“文法”有时缺乏学理思考，如小学记叙文要求写“真人真事”，而对“真”的定义不是叙事学层面的“可信性”，而是对已发生事件的复刻，导致作文情感内核、意义内核大量流失或得不到充分表现。甚至为迎合应试之需，置文章学规律和写作能力培养规律于不顾，如为便于阅卷人打分，中学记叙文常要求“卒章显志”，这种写法在特定情形下偶尔用之并无不可，但篇篇如此，就让本该“作者自己不说话”[1]的文章索然无味。总之，我们教学生写文章，特别是写记叙文、议论文等可以归为传统意义上“散文”大类的文章时，过于强调“入格”却不重视“破格”，而所入之“格”，往往又是不够科学或短视的。想有所改善，教师对文章做法的总结与提炼，必须从语文教育界文类划分的“小圈子”里跳出来，从考场作文的“新八股”中跳出来，放眼中外伟大作家的典范作品，引导学生在阅读与鉴赏中革新散文创作观。

《朝花夕拾》是鲁迅自认的“五种创作”[2]之一，对写惯套版文章的中学生而言，在“破格”也就是独创性方面，是极具冲击力的。其一，《朝花夕拾》有“完整构思”和“通盘考虑”[3]，一改传统文集、文选的松散组合方式。这不仅表现在“旧事”本身的历时性脉延上，更表现在鲁迅刻意安排的内在联系上。长妈妈是《阿长与〈山海经〉》的“传主”，先于《狗·猫·鼠》文末伏下，又在《五猖会》中闪现，使前几篇在生活氛围上浑然一体。《从百草园到三味书屋》写于厦门大学，距《无常》的创作相隔三个月，鲁迅插叙长妈妈讲美女蛇故事，以此与前文勾连，亦借百草园生活隐括儿时童心童趣。这是以“人物”为纽带。《阿长与〈山海经〉》写到鲁迅童年爱书的

---

[1] 夏丏尊，叶绍钧 . 国文百八课：第一册［M］. 北京：人民教育出版社，1985：37.

[2] 鲁迅 .《自选集》自序［M］// 鲁迅全集：第 4 卷 . 北京：人民文学出版社，2005：469.

[3] 王瑶 . 论鲁迅的《朝花夕拾》［J］. 北京大学学报（哲学社会科学版），1984（1）.

特点，《二十四孝图》便说到其为他最早接触、为他专有之书；《五猖会》提到迎神赛会，笔墨却终结在观看之前，《无常》便专门写戏台演出的情形；在《父亲的病》中，找药引时特意写道“最平常的是‘蟋蟀一对’……但这差使在我并不为难，走进百草园，十对也容易得”，由此连接上篇百草园故事。这些是以“事件”为纽带。《二十四孝图》批判读书教育，《五猖会》沿着教育主题反思家庭生活。这是以“主题”为纽带。《藤野先生》开头一句是“东京也无非是这样”，何来“也”呢？就是针对《琐记》中的情况说的，也说明鲁迅把国内求学时那种“寻”的眼光带到日本了。这是篇章首尾的衔接。另外，《小引》和《后记》也是意趣盎然的散文，对全书起到画龙点睛的作用：《小引》用抒情性语言交代写作背景、动机、书名和内容；《后记》像学术散文，不但考辨讹误、寻找插图，也拓宽了思想范畴。有了这些系统性的思考和安排，整本书便如远山近水，勾连相属，又似鱼跃鸢飞，错落有致。其二，《朝花夕拾》在文体创变上展现出不拘一格、为我所用的魄力。《小引》自道“文体大概很杂乱”，此句可与《〈呐喊〉自序》中“每写些小说模样的文章”对看——貌似谦抑，实含创造文体范式的自觉，即根据“我”的性情、“我”选择的读者对象、“我”要表达的内容，建构适合“我”之所需的体例，以“将自己的个人底人格的色采，浓厚地表现出来”[1]。具体来说：1926年的鲁迅边回忆、边战斗，这些表达需要和“好斗”性格，使他把杂文笔法嫁接在散文上，要么“以论导叙”，要么“叙中夹议”；鲁迅的小说家气质，使他对“真实”的理解保持在艺术的、审美的高度，由是将小说笔法移用到散文之中，在人物刻画、场面描写和对话方式上力求传神写照。青年读者看《朝花夕拾》，尽可享受与这位爱发议论、会讲故事、博学幽默的朋友的交流，至于是何“文体”，大家满不在乎，这恰是鲁迅所要的效果。而学界对书中作品究竟是杂文还是散文、是散文还是小说的一些考辨，乃囿于文有定体、体有定法的成见，反而把鲁迅的胸襟看得小了。

体例的创新不等于行文运笔可以信马由缰，越是自成一家的体例，越需

[1]［日］厨川白村．苦闷的象征　出了象牙之塔［M］．鲁迅，译．北京：人民文学出版社，1988：113.

要在布局谋篇、语言运用上法度精严。唯其如此，献给读者的才是真正的艺术品，而非七拼八凑的糟粕。关于布局谋篇，鲁迅曾说：要锻炼着撒开手，只要抓紧辔头，就不必怕放野马，过于拘谨，要防止走上“小摆设”的绝路。[1]“辔头”就是文章“立意”，亦即写作目的，只要把这个问题想清、抓牢，内容上尽可自由一些。《朝花夕拾》每篇都有这样的“辔头”，而“抓法”各不相同——前面论及《二十四孝图》《琐记》时已有涉及，这里单说一旦抓住这个“辔头”，“野马”可以“放”到什么程度。《五猖会》先写家门口看赛会的情况，再写《陶庵梦忆》对赛会的记载，又写亲见的一次“较盛的赛会”，才终于写到“要到东关看五猖会了”，这时行文近半，读者的注意全在赛会上，哪知接下来写的全是行前“背书”，到东关看五猖会的感受，只用一句“对于我似乎都没有什么大意思”作结。这种写法乍看犯了“文不对题”的大忌，至少是主次不分、详略不当的，但当我们揭开谜底，找到反思家庭教育这个“辔头”以后，再回看前半部分，就可发现前文写作重点原非赛会，而在“我”对赛会的盼望：“孩子们所盼望的”“我常存着这样一个希望”“谁能不动一看的雅兴呢”“我那时觉得这些都是有光荣的事业，与闻其事的全是大有运气的人”……这些句子早已安插妥当，只待与“我”的失望形成对照，以凸显不合时宜的“背书”对“我”的伤害之深了。类似情况还有很多，我们从中能够找到“抓紧辔头”的方法，也可窥见鲁迅“放野马”的胆量。关于语言运用，《朝花夕拾》用词之精当、句群逻辑之严密、语言表现力之丰富，甚至连新式标点符号的使用，都是经得起逐字逐句的推敲的。但这并非《朝花夕拾》所独有，而是鲁迅作为文章山斗，在他全部作品中表现出的共同特点，这里也就无须列举了。总之，与文集架构和文体创新的“破格”相对的，是鲁迅在具体写作实践中的“入格”，而他所入之“格”，是纵横捭阖的文章高格，也是字斟句酌的语用品格。

经典的价值不在于供人膜拜或模仿，而在于为人类的精神和言语竖起标杆。用之于教育，首先是提高学生的审美的格调，其次是潜移默化地影响

[1] 李霁野.漫谈《朝华夕拾》[J].人民文学，1959（10）.

其创作观念。因此，《朝花夕拾》整本书阅读不能只在细碎处品鉴语言艺术，还要从创造性与规范性的统一上整体考察文章做法及其背后的创作理念，特别是那种“不拘于史法，不囿于字句，发于情，肆于心而为文”[1]的气魄，对革除写作教学积弊至为重要。

余　论

以上从《朝花夕拾》作为“文学自传”[2]、思想结晶和艺术典范等维度，谈了整本书阅读应有的育人立意。这些育人立意的实现，需要教师结合学生实际设计综合性学习任务，也需要在教学过程中耐心细致地指导。本文之所以不谈这些操作方法，是基于对语文教学的基本认识——当我们真正想清楚“为什么而教”时，“教什么”和“怎么教”都是不言自明的，这也是本文强调育人立意的重要性的原因所在。

推而广之，如何准确把握某本名著的育人立意呢？笔者认为：第一，梳理学界对该书整体特点的基本认识，作为明确育人立意的学理依据。这里的“学界”不是指教育学界，而是指语言学、文学、文艺学等关涉“语文”本身的学科。第二，面向未来，站在国家民族需要什么样的青年的立场，审视语文教育的应为与可为，特别是要关注当前还做得不够充分、不够合理的地方。第三，探寻两者的“交集”，即书中确实存在着某些独特的育人价值，语文教学应该利用也可以利用，而且用过以后会比过去一些普遍做法更有利于学生成长成才。搞清楚这些问题，育人立意也就明朗起来了。

[1] 鲁迅．汉文学史纲要・司马相如与司马迁［M］// 鲁迅全集：第 9 卷．北京：人民文学出版社，2005：435.

[2] 辜也平．论传记文学视野中的《朝花夕拾》［J］．鲁迅研究月刊，2009（11）．

基于核心概念的《乡土中国》整本书阅读[1]

彭 薇[2]

[**摘要**] 在费孝通所著的《乡土中国》一书中，“乡土中国”无疑是贯穿全书的核心概念，它既是该书的研究对象和主要内容，也是其研究路径，同时还隐含着研究的情感立场与价值取向。因此，本文认为，《乡土中国》的整本书阅读可通过勾连单篇与整本，理解作为研究内容的“乡土中国”；立足话语建构，理解作为研究路径的“乡土中国”；透视文本内外，理解作为价值取向的“乡土中国”。最终实现在学术思想的解读、传统文化的理解、学术素养的养成等方面收获借鉴与启示。

[**关键词**]《乡土中国》 整本书阅读 核心概念

引 言

《乡土中国》里的文章是费孝通根据其课堂讲义写成的，于1947年6月至1948年3月在上海的《世纪评论》上连载，1948年4月由上海观察社结集出版。据美国历史学家大卫·阿古什所著的《费孝通传》介绍，该书初版“发行了3000册，不到一个月即销售一空。以后在同年6月、7月、8月和11月以及1949年1月，平均每月发行2000册”。费孝通也因此而“‘收到了从高中生到工厂主等广大群众’的许多来信”。当时的美国《时代》周刊

---

[1] 本文为全国教育科学“十四五”规划2022年度教育部重点课题“以大概念为支点的语文单元教学内容重构与实施策略研究”（项目编号：DHA220397）的阶段性成果。

[2] 彭薇，文学博士，北京汇文中学高级教师，北京市骨干教师。

称其为“社会学教授和中国最深刻的政治评论家之一”[1]。

1985年6月，《乡土中国》由生活·读书·新知三联书店“重刊”。1992年，它被收入张静、霍桂桓主编的《中外社会科学名著千种评要》之《社会学》分册。该册的《编写说明》首条即声明：“本书共介绍了中外社会学学术名著95种，上起古希腊，下至当代。所选论著，基本上是根据著作的理论意义和影响以及作者的学术地位等方面的考虑确定的。”[2]《乡土中国》在中外社会学著作中的经典地位从此确立。

2019年，《乡土中国》被列入统编高中语文教材“整本书阅读”的指定书目，进入了基础语文教育的关注视野。这是其经典性得到进一步认可的标志，但同时也向我们提出了一个问题：如何基于基础语文教育的立场引导中学生解读这样一本社会学著作？《乡土中国》好读，又难读。好读，在于其例证翔实，语言平易，中学生能读得进去；难读，则在于其是一本具有学术深度的专业著作，需要带着一定的中国传统文化积淀才能读懂的书。

从该书的具体内容看，1985年版的《乡土中国·重刊序言》里，费孝通将自己写作此书的目的界定为“尝试回答我自己提出的‘作为中国基层社会的乡土社会究竟是个什么样的社会’这个问题”，进而又指出：“这里讲的乡土中国，并不是具体的中国社会的素描，而是包含在具体的中国基层传统社会里的一种特具的体系，支配着社会生活的各个方面。它并不排斥其他体系同样影响着中国的社会，那些影响同样可以在中国的基层社会里发生作用。”[3]同时，我们也注意到，1947年前后，“乡土”一词开始频繁出现于费孝通的著述中，与《乡土中国》同年出版的还有《乡土重建》，呈现的是费孝通关于“乡土”的一系列观察与思考。因此，我们认为，作为论著的书名与核心概念，“乡土中国”既是客观实在的研究对象，也是费孝通对于中国基层社会文化体系的主观建构，而这二者背后，是费孝通深入乡村实地考察研究的路径选择与推动当时中国现代转型的学术价值取向。

---

[1]［美］阿古什．费孝通传［M］．董天民，译．郑州：河南人民出版社，2006：108.

[2] 张静，霍桂桓，主编．中外社会科学名著千种评要 社会学［M］．北京：华夏出版社，1992：4.

[3] 费孝通．乡土中国·重刊序言［M］// 乡土中国．武汉：长江文艺出版社，2019：2.

《普通高中语文课程标准（2017年版2020年修订）》中关于“学术著作”的整本书阅读要求是：“在指定范围内选择阅读一部学术著作。通读全书，勾画圈点，争取读懂；梳理全书大纲小目及其关联，做出全书内容提要；把握书中的重要观点和作品的价值取向。阅读与本书相关的资料，了解本书的学术思想及学术价值。通过反复阅读和思考，探究本书的语言特点和论述逻辑。”[1] 高中语文教材中的具体要求则明确为：“阅读《乡土中国》，要注意理解书中的关键概念，把握全书的逻辑思路，了解这本书的学术价值；学会根据阅读目的选择阅读方法，积累阅读学术著作的经验。”[2] 可知，读懂著作关键内容与价值取向、把握行文思路和语言风格、积累能够举一反三的阅读经验，是基础语文教育视角下的《乡土中国》阅读目标。

基于上述认识，我们认为，中学语文教育视野中的《乡土中国》整本书阅读，既要关注其本体的概念、逻辑与话语建构，又要将其置于更大的历史语境中进行把握，从而在学术思想的解读、传统文化的理解、学术素养的养成等方面收获借鉴与启示。

一、勾连单篇与整本，
理解作为研究内容的“乡土中国”

“整本书阅读”，核心在于一个“整”字，阅读过程中不仅要将单篇置于整本的全景中进行观照，更要在整本的语境下反思单篇，最终在单篇与整本的互文见义中澄明篇章要义、把握整体逻辑。对于学术著作的整本书阅读而言，则是要在理解各篇的一般概念、专业术语等的基础上，把握全书核心概念，同时梳理各篇关系形成全书纲要，以此透视全书图景，最终把握该书的学术观点和论述逻辑。

《乡土中国》由《重刊序言》和《后记》以及《乡土本色》《文字下乡》

[1] 中华人民共和国教育部．普通高中语文课程标准（2017年版2020年修订）[M]．北京：人民教育出版社，2020：12.

[2] 教育部组织．普通高中教科书　语文　必修　上册 [M]．北京：人民教育出版社，2019：79.

《再论文字下乡》《差序格局》《维系着私人的道德》《家族》《男女有别》《礼治秩序》《无讼》《无为政治》《长老统治》《血缘和地缘》《名实的分离》《从欲望到需要》14个单篇文章组成。各单篇文章具有相对的独立性，同时又紧密关联，很多篇目的首尾处有语言上的照应和衔接。例如，在第三篇《再论文字下乡》中，开篇即道：

> 在上一篇“文字下乡”里，我说起了文字的发生是在人和人传情达意的过程中受到了空间和时间的阻隔的情境里。可是我在那一篇里只就空间阻隔的一点说了些话。乡土社会是个面对面的社会，有话可以当面说明白，不必求助于文字。这一层意思容易明白，但是关于时间阻隔上怎样说法呢？在本文中，我想申引这一层意思了。[1]

又如，第四篇《差序格局》末段写道：

> 在差序格局中，社会关系是逐渐从一个一个人推出去的，是私人联系的增加，社会范围是一根根私人联系所构成的网络，因之，我们传统社会里所有的社会道德也只在私人联系中发生意义。——这一点，我将留在下篇里再提出来讨论了。[2]

诸如此类还有不少。从这些文章首尾的相互照应和衔接中，我们可以看到全书的逻辑序列是如何生成、演进的。

此外，文中还有相互引证的语句。例如，第二篇《文字下乡》中谈到乡下的人际关系时，即提及前篇《乡土本色》：“我在上一篇里说明了乡土社会的一个特点就是这种社会的人是在熟人里长大的。”[3] 这些语句增进了篇章之间的交叉相融，进一步促成全书成为一个有机整体，同时也为读者提示了各

---

[1] 费孝通．再论文字下乡［M］// 乡土中国．武汉：长江文艺出版社，2019：17.

[2] 费孝通．差序格局［M］// 乡土中国．武汉：长江文艺出版社，2019：30.

[3] 费孝通．乡土本色［M］// 乡土中国．武汉：长江文艺出版社，2019：12.

篇之间的逻辑关联。

因此，阅读过程中，应先通读全书，逐篇把握。首先从《重刊序言》和《后记》中可以发现，此书的研究目的在于尝试提炼“作为中国基层社会的乡土社会”的结构，或者说文化模式。带着这样的基本认识，再逐篇细致梳理，我们可以体会到，第一篇为总论，讨论乡土社会的基本特点，提出观点：从基层上看去，中国社会是“乡土性”的。第二篇和第三篇则分别从空间、时间阻隔的角度阐述乡土社会与文字疏离的原因是“面对面社群”和“定型生活”。这两篇基本围绕乡下人的“愚”而展开。第四篇则将目光转向乡下人的另一大特征“私”，并在本篇后半部分重点提出传统社会中的差序格局，认为“差序格局”中的道德体系是“维系着私人的道德”。下一篇就接着写《维系着私人的道德》，认为差序格局和团体格局的差别带来了不同的道德观念。在区别这两种格局的基础上，第六篇《家族》顺势而出，专门讨论“我们乡土社会中的基本社群”——“家”。由于该篇后半部分谈到了纪律与私情的关系，下一篇《男女有别》就在此基础上“再引申发挥一下”，阐释了乡土社会中男女感情生活的问题。第六、七两篇分别从社群生活和男女相处两个方面阐释了乡土社会安稳的重要原因。但从更高的站位看，能维持社会秩序的则是政治秩序，因此，第八篇《礼治秩序》提出“礼是传统，是整个社会历史在维持这种秩序”，因此，“礼治社会……是乡土社会的特色”。因此，本篇尾段写道“法治和礼治是发生在两种不同的社会情态中”。因此，下一篇《无讼》就比较了乡土社会中的讼师与现代社会中律师的社会地位，认为现代司法在乡土社会推行困难的原因在于其“并不考虑道德问题、伦理观念”，因此，在推行法治之前应先在“社会结构和思想观念”上进行改革，以免“法治秩序的好处未得，而破坏礼治秩序的弊病却已先发生了”。第八、九两篇都是在谈社会秩序的问题，因此，接下来的几篇就自然而然地展开了对权力的探讨，提出了“横暴权力”“同意权力”“教化权力”“时势权力”“长老权力”等一系列不同的概念。

可见，每一篇都是在前一篇基础上的深入。如果进一步基于核心概念“乡土中国”进行整合划分的话，第一篇为一个独立板块，是总论“乡土中国”的基本社会特点，即黏着在土地上、不流动、熟人社会；第二、三篇为一个板块，是从时间和空间两个角度探讨“乡土中国”的社会文化经验积累和传承的方式；第四、五篇为一个板块，是从基层格局和道德层面分别分析“乡土中国”的社会结构；第六、七篇为一个板块，是从家族和男女两个层面讲“乡土中国”的传统情感；第八到十一篇讲的是“乡土中国”的社会治理问题；第十一到十四篇讲的则是“乡土中国”的社会变革问题。

以《差序格局》的单篇阅读与整本勾连为例。在单篇阅读中，我们可以按照“是什么—为什么—怎么样”的思维路径，对这一概念进行提炼、理解、阐释。关于其“是什么”，可以从文本中大致提炼如下：差序格局是中国基层的乡土社会中，以“己”为中心，以亲属关系为主轴，向外推出形成的亲疏有别、具有伸缩性的网络关系。至于“为什么”会出现“差序格局”这一社会结构呢？这就要将其置于整本书的语境中，勾连前面篇章里提出的观点，即“乡土中国”的基本特性是“乡土性”，中国农民与土地关系紧密，由此形成了相对封闭的性格，“各人自扫门前雪”即可，不需要向外探求更多交往。如此一来，就出现了“私德”，随之出现的是以“己”为中心向外拓展延伸、渐次疏远的人际关系，也就是“差序格局”。最后是“怎么样”：“差序格局”会带来怎样的社会效应呢？勾连后面的篇章，即可发现，费孝通认为，“私德”和对“血缘关系”的重视就是“差序格局”所导致的。

因此，阅读过程中，细读单篇、关注文本细节是理解概念的基础，然后将单篇放置于整本书的逻辑架构中，把作者的观点进行前后左右和上位下位的关联阅读、理解，有助于实现连点成线、织线成网的阅读建构，最终形成对全书思想内容的通盘把握和真正深入的理解。

二、立足话语建构，
理解作为研究路径的“乡土中国”

1997 年，在北大社会学人类学研究所开办的第二届社会文化人类学高级研讨班上，费孝通首次提出了“文化自觉”。事实上，早在 20 世纪 30 年代，费孝通就已经试图从中国本土文化的内在逻辑出发，探索一条适宜当时中国的现代化之路，并写下了社会学中国化的最早尝试之一——《江村经济》。这在当时中国知识分子多以西方的思维方式、价值标准、学术逻辑、理论框架等来分析中国问题的大背景下，显得格格不入，却也难能可贵。

那一时期，费孝通先后于广西大瑶山、江苏开弦弓和云南禄村、易村及玉村开展乡村社区调查。如果说《江村经济》是一部对于中国乡村的田野调查报告，那么，《乡土中国》则是一部尝试从经验中发现规律、提炼理论、解释中国文明发生的一种可能的逻辑和某些固有特色的学术著作，但其研究路径却是延续了《江村经济》的立足"中国"、立足"乡土"。

正如费孝通在与《乡土中国》同年出版的《乡土重建》中所说：

> 我企图从我们传统的小农经济中去指出各种文化要素怎样配合而发生作用的。这是一种想去了解我们传统文化的企图，这企图并不带着要保守它的意思。相反的，这是一切有效改革所必须根据的知识，文化的改革并不能一切从头做起，也不能在空地上造好了新型式，然后搬进来应用，文化改革是推陈出新。新的得在旧的上边改出来。[1]

可见，在费孝通的研究中，"乡土中国"是重要的路径，而这一研究路径也充分地体现在其《乡土中国》的话语建构中。

书中列举了大量自己进行田野调查时的所见来佐证自己的观点。例如，《乡土本色》中指出，一块土地上的人口经过几代繁衍而达到饱和之后，过剩的人口就得"负起锄头去另辟新地"，并列举了如下例证：

> 我在广西靠近瑶山的区域里还看见过这类从老树上吹出来的种子，拼命在垦地。在云南，我看见过这类种子所长成的小村落，还不过是两三代的事；我在那里也看见过找不着地的那些"孤魂"，以及死了给狗

[1] 费孝通．乡土重建［M］．长沙：岳麓书社，2012：130.

吃的路毙尸体。[1]

又如《礼治秩序》中，对于“礼”这样一个抽象的概念，费孝通列举了自己抗战时在昆明的亲身经历：

初生的孩子，整体啼哭不定，找不到医生，只有请教房东老太太。她一听哭声就知道牙根上生了“假牙”，是一种寄生菌，吃奶时就会发痛，不吃奶又饿。她不慌不忙地要我们用咸菜和蓝青布去擦孩子的嘴腔。一两天果然好了。这地方有这种病，每个孩子都发生，也因之每个母亲都知道怎样治，那是有效的经验。[2]

他由“这套不必讲学理的应付方法”引申到“仪式”，又进一步阐明“礼”即“按着仪式做的意思”。

当然，本文所认为的作为研究路径的“乡土中国”并不仅仅指作为基层的乡土社会，也指与之相关的中国人日常生活现象和传统文化典故。例如，在讲“差序格局”这一概念时，费孝通列举了“普通人家把垃圾往门口的街道上一倒，就完事了”“苏州人家后门常通一条河……什么东西都可以向这种出路本来不太畅通的小河沟里一倒”“合住的院子，公共走廊上照例是尘灰堆积，满院生了荒草，谁也不想去拔拔清楚”等诸多生活中常见的现象来印证“乡土中国”里“私”的毛病是常见的。又如，为了论述中国传统结构中的“差序格局”具有伸缩能力，书中列举了“一表三千里”的俗语，以及苏秦潦倒归来，“妻不以为夫，嫂不以为叔”的故事，更有《红楼梦》的例子：

贾家的大观园里，可以住着姑表林黛玉，姨表薛宝钗，后来更多了，什么宝琴、岫烟，凡是拉得上亲戚的，都包容得下。可是势力一

---

[1] 费孝通 . 乡土本色［M］// 乡土中国 . 武汉：长江文艺出版社，2019：6.
[2] 费孝通 . 礼治秩序［M］// 乡土中国 . 武汉：长江文艺出版社，2019：52.

变，树倒猢狲散，缩成一小团。[1]

需要指出的是，在费孝通笔下，以“乡土中国”为研究路径，并不意味着排斥西方文明，而是在对中西文明的客观比较中刻画中国传统文化的本来面貌，以期实现传统向现代的渐进转换。例如，把“乡土中国”的“差序格局”与西方的“团体格局”进行比较，把“乡土中国”的“男女有别”与西方的“两性恋爱”作对比，都具有这样的话语效果。

因此，在进行《乡土中国》的整本书阅读过程中，应引导中学生关注书中借助调查事实、生活现象、文化典故、中西比较等表达观点的学术话语建构方式。对于当下的中学生而言，通过《乡土中国》的话语建构来理解作为研究路径的“乡土中国”，有两点意义：其一，学会在学术研究中建立起强烈的问题意识和从事实中提炼观点的基本思路；其二，学会从中国文明的内在逻辑和中国文化的主体视角来观照和理解中国。也就是，以实践求真知，以思辨求真理。

三、透视文本内外，
理解作为价值取向的“乡土中国”

晚年费孝通曾经对自己的读者提出了这样的“希望”：“希望大家在读我的书的时候，看看我的思想有没有中国的特点，这些特点又是怎么表现出来的，以及找出我在书中所讲的根本东西是什么。”[2]

对“中国的特点”的关注与表达贯穿费孝通的学术生涯，《乡土中国》也不例外。大量的田野调查除了让费孝通获取到大量的一手材料，更让他对中国乡村与农民有了直接的接触和深切的理解。从他的笔下，我们经常能读到“了解之同情”与洞察之温情。

例如，在第一篇《乡土本色》中，费孝通是这样来阐释“土”在“乡土

[1] 费孝通．差序格局［M］// 乡土中国．武汉：长江文艺出版社，2019：26.

[2] 费孝通．师承·补课·治学：增订本［M］．北京：生活·读书·新知三联书店，2021：137.

中国”的重要性的：

> 靠种地谋生的人才明白泥土的可贵。城里人可以用土气来藐视乡下人，但是乡下，“土”是他们的命根。在数量上占着最高地位的神，无疑的是“土地”。“土地”这位最近于人性的神，老夫老妻白首偕老的一对，管着乡间一切的闲事。他们象征着可贵的泥土。我初次出国时，我的奶妈偷偷地把一包用红纸裹着的东西，塞在我箱子底下。后来，她又避了人和我说，假如水土不服，老是想家时，可以把红纸包裹的东西煮一点汤吃。这是一包灶上的泥土。——我在《一曲难忘》的电影里看到了东欧农业国家的波兰也有着类似的风俗，使我更领略了“土”在我们这种文化里所占和所应当占的地位了。[1]

这段文字饱含深情。“可贵”“命根”两词生动地写出了“土”在乡下的重要性。对“老夫老妻”的“土地”神的描绘和奶妈给“我”泥土包的叙述，充满温情。至于文中提到的电影《一曲难忘》，是当时青年学生都知晓的、以波兰钢琴家肖邦的故事为题材的电影。“类似的风俗”指的是肖邦被迫流亡巴黎时，他的音乐教师埃尔斯纳教授带着家乡的泥土去找到他的情节。当时，师生相见，相拥而泣。肖邦也由此抛弃了“艺术至上”的信仰，不顾自身严重的肺病而当即应允老师去欧洲各国进行钢琴独奏巡演，以此为波兰国内正在抗击沙俄残暴镇压的同胞募集资金。对这一电影情节的提及，又何尝不是费孝通自己的爱国情怀所致？

深入“乡土中国”，研究“乡土中国”，这是基于费孝通对“乡土中国”的热爱，更是源于其对“乡土中国”富强的期待。

他曾经说过这样一段话：

> 我一直认为，中国要富强，必须首先使占人口80%以上的农民富

---

[1] 费孝通 . 乡土本色［M］// 乡土中国 . 武汉：长江文艺出版社，2019：5.

裕起来，农民富了，中国的事情就好办了。要使农民富裕起来，就要切实地发展生产力，这个发展是不能离开农业本身已经积累了几千年的基础。我自己一生“行行重行行”，花了很多的时间和精力，就是试图了解和总结中国农民的社会经济生活的实际情况。为提高中国农村生产力摸索一些可行的办法。[1]

留学英国、考察美国的经历并没有令费孝通“全盘西化”，他始终坚信“乡土中国”具有特殊的智慧和创新的潜力。而要理解这一点，局限于《乡土中国》的文本是远远不够的。我们还应将眼光投射到历史的纵深处，投射到现实的空间里。

晚清的鸦片战争给中国带来的是“数千年来未有之变局”。当时震惊与迷茫的中国人，面对中西之间的巨大落差，陷入了文化上的自我怀疑：“从来如此，便对么？”改造文化、强国富民的愿望从未曾如此强烈。后来，1997 年在北京大学举办的第二届社会学人类学高级研讨班上，费孝通回忆说：

20 世纪前半叶中国思想的主流一直是围绕着民族认同和文化认同而发展的，以各种方式出现的有关中西文化的长期争论，归根结底只是一个问题，就是在西方文化的强烈冲击下，现代中国人究竟能不能继续保持原有的文化认同？还是必须向西方文化认同？[2]

显然，费孝通选择了前者。他坚信：“在这个村庄和其他许多村庄的废墟中，‘内部冲突和耗费巨大的斗争最后必将终止’，‘一个崭新的中国将出现在这个废墟之上’。”[3]“一个崭新的中国”，这就是费孝通终生为之奋斗的理想。如果中学生在阅读《乡土中国》的过程中，能将其与费孝通同一时期

[1] 费孝通．回家乡　谈发展［M］// 费孝通全集：第 15 卷．北京：群言出版社，2001：112.

[2] 费孝通．文化与文化自觉［M］// 北京：群言出版社，2016：539–540.

[3] 费孝通．江村经济［M］// 费孝通全集：第 2 卷．呼和浩特：内蒙古人民出版社，2009：283.

的其他著作，如《江村经济》《乡土重建》等的重点内容进行互文阅读，就能更好地体会到在1947年到1948年这段时间里，在新中国即将诞生的前夜，费孝通撰写《乡土中国》那些文章时，大约也是为一个新的中国的建设做着学理和心理上的准备吧。

当今的中国社会，与20世纪40年代相比，社会结构已经发生了巨大的变化，但费孝通笔下的“乡土中国”已经构成了中国人民族性格和民族心理的重要基石，或隐或显、或深或浅地存在于我们的生活里。当中学生把目光投向书本之外的当下中国乡村，去实地调查，去对比阅读《中国在梁庄》《一个村庄里的中国》《黄河边的中国》等近年来关于家庭、家族、农村文化及其嬗变的研究成果[1]，他们才能更好地理解作为价值取向的“乡土中国”，进而理解今天中国的“文化自信”。

结　语

费孝通先生的《乡土中国》一书初版距今已近八十年了，书中内容也都是基于20世纪40年代的现实和思考而展开的，但费孝通笔下的“乡土中国”依然深刻地影响着中国社会的方方面面。对于这样一本进入中学语文教育视野的学术著作，引导学生进行多维度的深入阅读，有助于其思考我们传统文化的“根”在何处，我们是从何处而来，我们应往何处而去。同时需要指出的是，作为人类学家，费孝通所坚守的“到实地去”的学问之道[2]，亦能给当下中学生以学术研究方法的启迪。

---

[1] 李卫东.《乡土中国》的课程价值与阅读策略［J］. 语文教学通讯，2022（28）.

[2] 费孝通. 伦市寄言·再论社会变迁［M］// 费孝通全集：第2卷. 呼和浩特：内蒙古人民出版社，2009：9.

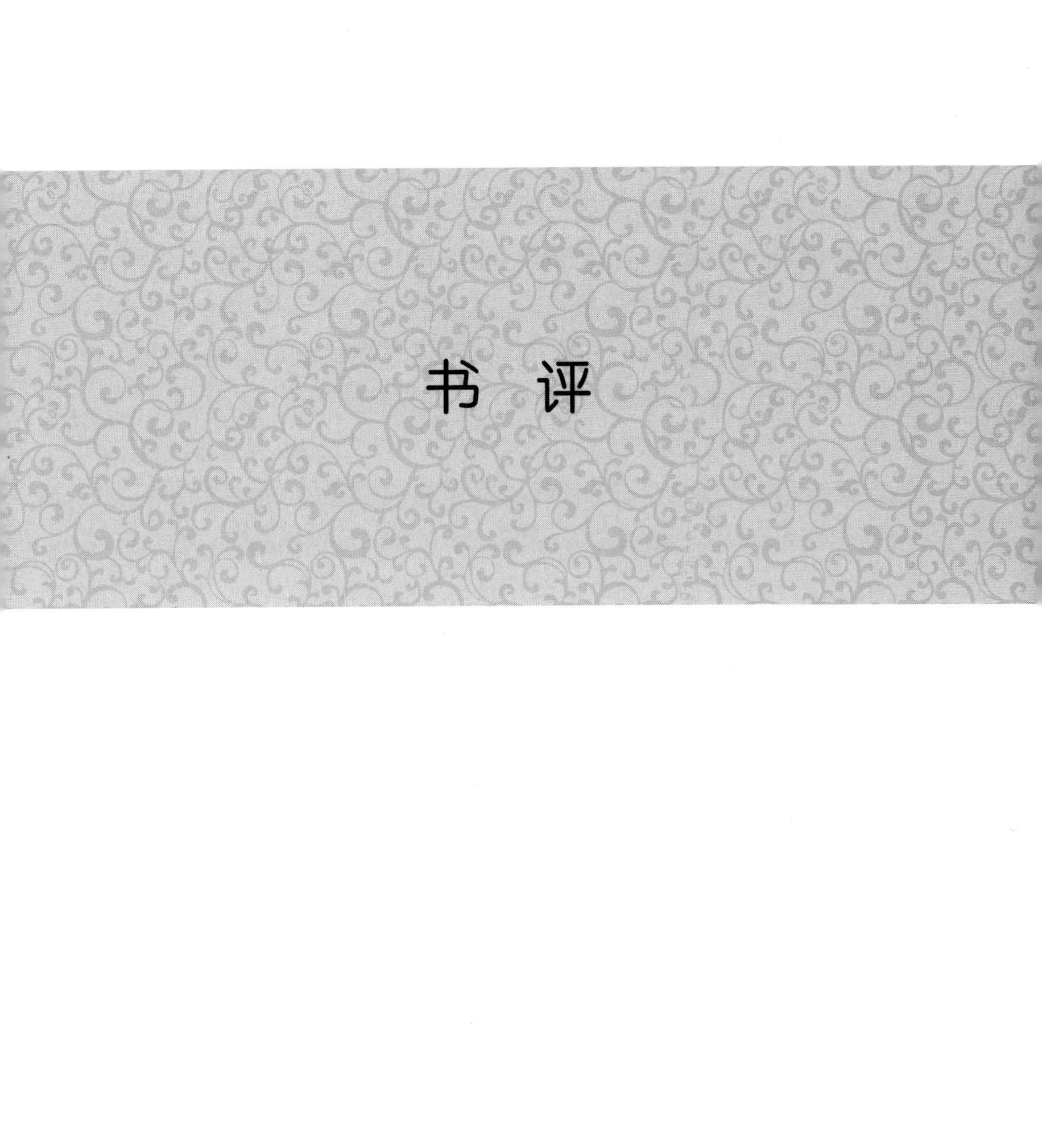

书 评

从艺术作品到艺术评论:“艺术力”的实践性探索

——评鲁明军《目光的诗学:感知—政治—时间》

王嫣慧[1]

[摘要] 作为一本艺术评论集,鲁明军《目光的诗学:感知—政治—时间》以充满实践性的理论言说提出了一系列与“艺术力”相关的问题。在“媒介学”视角下,鲁明军认为艺术作品的内在强度及其行动力量能够通过物质—形式的感知逻辑、空间的剧场政治以及“被解放的观众”得以彰显。“艺术力”不仅关涉着艺术作品自身,而且具有阐释的话语维度。艺术评论不仅意味着借由理论的视角激活艺术品的潜能、引爆作品的“艺术力”,而且意味着评论家同艺术家的交流与龃龉,在中国的语境下推动更为生气勃勃的作品景观的生成。就此而言,鲁明军的写作是一次不断卷入当下并积极介入现实的政治实践。

[关键词] 鲁明军 《目光的诗学》 艺术力 中国当代艺术 艺术评论

复旦大学哲学学院的鲁明军研究员是近年来在当代艺术领域十分活跃的学者和策展人。不同于一般的理论型学者,他在持续进行学术生产的同时,还以策展的方式积极地介入社会现场。在他看来,写作就是策展,策展就是写作,其目的旨在发扬理论和艺术的实践性品格,吸引更多的人参与其中。[2]

---

[1] 王嫣慧,北京师范大学文学院文艺学专业博士生。

[2] 专访鲁明军:重估中国美术史的“当代”概念[EB/OL].(2021-10-01)[2024-03-01]. https://www.thepaper.cn/newsDetail_forward_14736849.

作为一本艺术评论集，《目光的诗学：感知—政治—时间》[1]（以下简称《目光的诗学》）是鲁明军“策展式写作”的一次重要实践。面对当下的时代症候与社会境况，鲁明军凭借其评论家的敏锐与理论家的深刻将艺术品穿透，以一种介入的姿态抛出了一系列同艺术力（strength of art）[2] 相关的问题：艺术何以有力？艺术如何有力？中国当下需要具有怎样艺术力的作品？当然，鲁明军对于上述问题的兴趣并非是一场智力游戏，与其说是一种学术探讨，倒不如说是一次充满力度的政治实践。

一、“目光的诗学”：内容与方法

《目光的诗学》一书由代序、艺术评论和代跋共同构成。其中，通过三篇富有理论浓度的引论，鲁明军将十五篇针对当代艺术家个案实践的艺术评论进一步地细分为“物与感知”“正义剧场”和“世纪幻影”三个独立而又密切相关的当代议题，形成了一条以“感知”“政治”和“时间”为核心关键词的线索，涉及艺术史认知、日常生活的意识形态及其权力逻辑、全球地缘政治的变动及其暴力，以及关于技术物的平等想象和对于未来的焦虑等话题。[3]

作为整本书的标题，“目光的诗学”既是全书的主旨，同时也是作者理解艺术的一种方式，这主要得益于雷吉斯·德布雷（Régis Debray）的《图像的生与死：西方观图史》（*Vie et mort de l'image: Une histoire du regard en Occident*）一书。在鲁明军看来，德布雷为研究者们提供了一种与前人不同的、以技术史为取径切入艺术史研究的视角，即将图像看成是一种媒介，从宗教和技术的关联中，揭示图像的生成及其观看秩序的历史演变。[4] 如此一来，德布雷的图像媒介学可以被视为一种检视特定时代的观看或目光的诗

---

[1] 鲁明军．目光的诗学：感知—政治—时间［M］．郑州：河南大学出版社，2019.

[2]“艺术力”是鲁明军近年来非常关注的一个概念，指的是一种艺术内在的意志力和强度，具体内涵及其意义可详见下文的分析。

[3] 鲁明军．目光的诗学：感知—政治—时间［M］．郑州：河南大学出版社，2019：27.

[4] 鲁明军．目光的诗学：感知—政治—时间［M］．郑州：河南大学出版社，2019：2.

学："所谓'目光的诗学'所关注的正是，作为目光，其到底是如何被建构为一种认知或存在的类型的。"[1]

首先亟须指出的是，尽管"regard"一词在法语中可以作为一个普通术语来使用，意为"目光""目视""观看""注视"等，但是鉴于《图像的生与死》所携带的考古学色彩，将"regard"理解为当代视觉文化研究领域内的专门术语也许更为恰当——在英文里，它常常以"gaze"的面目出现，而在中文的语境中，学者们则普遍采用"凝视"这一译法。[2] 就此而言，《图像的生与死》一书的中文副标题，应当为"西方凝视史"，而非"西方观图史"。"凝视"一词也更能凸显德布雷所要强调的看的机制及其背后的隐含关系。

其次，当德布雷将图像看成一种媒介之时，其理论依据正是他所自创的"媒介学"（Médiologie）方法。具体而言，这是一种横跨且容纳历史和信息传播理论的跨学科方法，其目的旨在考察信息传递中高社会功能和技术结构的关系，在技术和文化的互动结构中思考媒介运载信息的方式。[3] 因此，当鲁明军受益于"媒介学"方法，并以"目光的诗学"为题统摄十五篇独立的艺术评论之时，他便是将艺术作品看成一种媒介，以此来考察作品同文化、社会、意识形态等之间的复杂关系。尽管这种理解艺术的方式突破了审美的藩篱，带有艺术社会学的色彩，但是这同传统的艺术社会学方法又有着明显的不同——这正是鲁明军选取"诗学"而非"美学"作为其标题中另一关键词的原因。

"诗学"在鲁明军这里，并不是指伦理学或政治哲学，也不是指悬置了意义的修辞技术，而是希腊人所谓的"创制"（poièsis），是海德格尔意义上

---

[1] 鲁明军．目光的诗学：感知—政治—时间［M］．郑州：河南大学出版社，2019：25.

[2] 在视觉文化研究中，"regard" / "gaze"之所以翻译为"凝视"，详见段炼的研究论文《误读福柯论〈宫娥〉》（http://wen.org.cn/modules/article/view.article.php/1993）。中文文献中对于"凝视"概念的考察，可参见吴琼．视觉性与视觉文化——视觉文化研究的谱系［M］// 克里斯蒂安・麦茨，吉尔・德勒兹，等．凝视的快感：电影文本的精神分析．北京：中国人民大学出版社，2005；汤拥华．福柯还是拉康：一个有关凝视的考察［J］．文艺研究，2020（12）；等等．

[3]［法］雷吉斯・德布雷．普通媒介学教程［M］．陈卫星，王杨，译．北京：清华大学出版社，2014：5，8–9.

的“去蔽”，抑或者说是格洛伊斯（Boris Groys）所倡导的“诗学”。[1] 格洛伊斯认为，研究者应当从生产者的角度对当代艺术进行考察，回避美学的态度及其变形，取而代之以诗学的态度。[2] 这种从美学到诗学的转变，是从美学到自主诗化（autopoetics）的转变，有助于唤起人们对艺术品在其原初何以存在（why it exists in the first place）[3] 的关注。

简而言之，鲁明军所说的“目光的诗学”，就理论方法层面而言，它意图超越仅仅受囿于“决定—被决定”/“压抑—被压抑”框架的宏大理论 / 元理论（利奥塔的意义上），致力于架构一种更为精微的、存在于艺术作品与艺术体制 / 社会 / 政治“之间”的“中层理论”[4]。而就艺术批评的实践而言，鲁明军更为关注艺术作品及其欣赏过程中的物质、技术、身体和感知等因素，在揭橥艺术作品同艺术体制 / 社会 / 政治之间复杂关系的同时，在二者并非严丝合缝的龃龉中，彰显艺术作品的内在强度及其行动力量。

二、“艺术力”的多维进路

当格洛伊斯在 2010 年写下上文有关“美学”与“诗学”的辨析文字时，他所要针对的是当代文明几乎完全被市场主宰的语境。对此，格洛伊斯并不赞同。[5] 事实上，对于“资本是否已经成为决定艺术的宰制性力量”的判断，归根到底，它维系于对“当代艺术在当前语境中是否仍旧具有批判性”的回答。

在中国的语境中，尽管何为“当代艺术”的看法言人人殊，但是大多认

[1] 鲁明军 . 目光的诗学：感知—政治—时间［M］. 郑州：河南大学出版社，2019：24–25.
[2]［德］鲍里斯 · 格洛伊斯 . 走向公众［M］. 苏伟，李同良，等译 . 北京：金城出版社，2012：1.
[3] Boris Groys. Going Public [M]. London: Sternberg Press, 2010: back cover.
[4]“中层理论”原是美国社会学家罗伯特 · K. 默顿（Robert K. Merton）在社会学研究领域所提出的一种理论，后经历史学家杨念群教授的引介，引起了其他学科的研究者尤其是历史学者的重视。近年来，不少从事视觉文化 / 图像 / 媒介研究的学者常常在研究中运用“中层理论”这一概念，参见鲁明军 . 视觉认知与艺术史：福柯、达弥施、克拉里［M］. 桂林：广西师范大学出版社，2014：自序；唐宏峰 . 视觉性、现代性与媒介考古——视觉文化研究的界别与逻辑［J］. 学术研究，2020（6）；等等 .
[5]［德］鲍里斯 · 格洛伊斯 . 走向公众［M］. 苏伟，李同良，等译 . 北京：金城出版社，2012：12.

为这是20世纪90年代中期以后受到西方“当代艺术观念”的影响，对80年代具有“先锋性”的“前卫艺术”（avant-garde）的一种改称。[1]然而，虽然名为“先锋”，但是实际上它时刻面临着沦为“后卫”的风险。关于这一点，格林伯格在《前卫与庸俗》（1939）一文中便指出了先锋艺术的媚俗化倾向，而比格尔则在《先锋派理论》（1972）一书中进一步地指出了新先锋对历史先锋的体制化，从而使历史先锋丧失先锋性的看法。[2]那么，当资本在当今世界无限地扩张着艺术体制的有效边界，在“后革命”时代以及中国全面汇入全球化大潮的背景之下，中国的当代艺术是否仍旧具有先锋性？如何才能继续保有批判性？尽管鲁明军并没有就这些问题做出正面回答，但是他以“艺术力”为支点的艺术评论，正是对这一困境与难题的深入思考。

毫无疑问，“艺术力”是鲁明军近年来研究中的高频词。[3]不同于格洛伊斯对“艺术力”（art power）的界定，鲁明军所说的“艺术力”并不是指艺术的权力，而是“一种意志的力量，一种生命的强度”[4]。在《目光的诗学》中，鲁明军揭示了引爆此种“艺术力”的多种可能性。

（一）物质—形式的感知逻辑

尽管20世纪60年代之后，以格林伯格为代表的“封闭”的形式主义话语受到艺术界的猛烈批评，但是在鲁明军看来，这并不意味着放弃形式和形式主义原本的理则及其前卫性，而是应当在基于形式又超越形式中，探寻一种新的艺术驱力。就此而言，何翔宇等艺术家在其创作中所曝露的形式——

[1] 王南溟．作为艺术史概念的“当代艺术”［J］．美术观察，2007（12）；鲁虹．对“当代艺术”一词的理解［J］．美术观察，2007（12）；沈伟．“当代艺术”在当代中国的含义［J］．美术观察，2007（12）；周计武．视觉文化视野中的当代先锋艺术［J］．文艺争鸣，2018（2）．

[2]［美］克莱门特·格林伯格．艺术与文化［M］．沈语冰，译．桂林：广西师范大学出版社，2015：3–29；［德］彼得·比格尔．先锋派理论［M］．高建平，译．北京：商务印书馆，2002.

[3] 在《艺术力——重识李格尔的“艺术意志”与瓦尔堡之“情念程式”》《〈梦幻〉中的“鲁迅”：艺术力的回溯与伸张——一个跨媒介的考察》《重申“艺术力”：超越图像与形式》等文中，鲁明军均使用了“艺术力”这一概念，并对其做了较为细致的分析与阐释。在《“为艺术战”“形式美”与“意派”——中国现代主义艺术的三个时刻及其关联》和《图像的能动性与野蛮的艺术史叙述——霍斯特·布雷德坎普“图像学”的启迪》中，鲁明军对艺术与图像的读解，同样可以纳入“艺术力”的意涵范畴。此外，鲁明军还曾策划展览《力的能见度》（2017），似乎也同“艺术力”密切相关。

[4] 鲁明军．重申“艺术力”：超越图像与形式［J］．美术观察，2022（3）．

媒介的感知逻辑，兴许可以成为唤醒观众的感官秩序、释放超日常经验认知的一个突破口。

鲁明军认为，何翔宇的《口腔计划》通过将丰富的体验、感知和理解尽可能多地压缩在一种媒介中的方式，在作品和观者的感知系统间建立了新的联结纽带，将观众引向一种新的感知秩序。[1] 在这里，鲁明军对“感知”的理解是梅洛－庞蒂式的：感觉就是不同身体之间相互交流、相互作用所产生的一种共振，它标志着身体属于一个相遇的世界，也标志着世界属于这些身体。[2] 艺术家正是借由这种独特的方式，让观者从可见物中感受不可见的力量，去探问一种未经分化的、没有秩序介入的原始知觉。《口腔计划》所致力的不同感知之间的转化，意图让观者在观看中进入感知的秩序。这一“感知的秩序”不再是作为观看的对象，而是世界向观者的敞开：“一个观者可以自由介入、自由触知的体验性场域或情境性装置。”[3]

不仅如此，鲁明军对于“感知”颠覆性力量的理解更带有德勒兹的“感觉”（sensation）逻辑。事实上，《口腔计划》正如德勒兹笔下的培根绘画一样，创造出的是一个触觉般的视觉空间（在何翔宇这里，还包括了味觉等其他感觉）。这种具有触摸能力的视觉是对绘画叙述和再现功能的摒弃，并将“无器官的身体”（corps sans organes）确立为纯粹的在场感。[4] 正是为此，《口腔计划》通过一种“用非相似性的手段制造出相似性”的方法，尽可能地去除作品背后的宏大叙事，将个体的经验保留下来。

当然，无论鲁明军以梅洛－庞蒂还是德勒兹的方式来理解艺术，其中至为重要的是艺术唤起人的感知的逻辑与方式——当梅洛－庞蒂推崇塞尚利用色彩表现知觉的方式，当德勒兹认为只有画面的“节奏”才能直接同生命的力量相挂钩，鲁明军对于这一问题的理解显然更为开放。只是这一艺术的感知逻辑并不只是艺术家生命力的横冲直撞，它必须沉降到作品的具体形式、

---

[1] 鲁明军 . 目光的诗学：感知—政治—时间［M］. 郑州：河南大学出版社，2019：108.

[2] 吴娱玉 . 从“知觉”到“感觉”——论德勒兹对梅洛－庞蒂的吸收和创化［J］. 美术研究，2022（4）.

[3] 鲁明军 . 目光的诗学：感知—政治—时间［M］. 郑州：河南大学出版社，2019：99.

[4]［法］吉尔·德勒兹 . 弗朗西斯·培根：感觉的逻辑［M］. 董强，译 . 桂林：广西师范大学出版社，2017：59–72.

媒介以及物性之中。

（二）空间的剧场政治

当鲁明军突出艺术作品中身体—感知的力量，这首先意味着他对于作品与观众二者联结关系的关注与认同。众所周知，迈克尔·弗雷德（Michael Fried）在《艺术与物性》（Art and Objecthood, 1967）这一名文中提出了“剧场性”（theatricality）的概念，借此批判了极简主义艺术对于新型剧场的追求。[1] 然而对于鲁明军而言，要使艺术真正具备介入现实的行动力，仅仅扶正弗雷德意义上的“剧场性”是并不足够的，亟待进一步指出的是：这应当是一个怎样的剧场？

杨振中的《栅栏》（2017）呈现出“凝视—被凝视”的多重复杂关系：在室内的是审讯监控者，而室外的则是被审讯监控者，这是对于惯常凝视关系的第一次颠倒；被监控者通过屏幕的录像看到自己，而原本作为监控者的监视器却沦为被观看的对象，这是对于已经被颠倒的凝视关系的再一次颠倒。[2] 尽管《栅栏》的内部复杂性已经足够富有张力，但是让鲁明军感兴趣的并不只是“凝视”行为中主客体的互动关系（萨特和拉康的路径），也不仅仅是“凝视”所包含的社会政治维度（德波和福柯的路径），而是主客二者间的互动关系是如何导向一种具有反思性的政治实践。对于这一问题，鲁明军认为，《栅栏》中部属的复杂视觉迷局类似于博瓦（Augusto Boal）的“被压迫者剧场”，这是破解既有剧场—政治关系的一种有效路径。[3] 质言之，《栅栏》既借由“监控”这一普遍经验揭示了渗透在日常生活中的视觉—政治机制，同时还通过对观众位置的两次颠倒，扰乱了内部的权力结构，将观众解放出来，使其获得了一种新的主体性。[4] 其间，“被压迫的人们解放了自

---

[1]［美］迈克尔·弗雷德．艺术与物性：论文与评论集［M］．张晓剑，沈语冰，译．南京：江苏美术出版社，2013：161.

[2] 鲁明军．目光的诗学：感知—政治—时间［M］．郑州：河南大学出版社，2019：164-166.

[3] 鲁明军．目光的诗学：感知—政治—时间［M］．郑州：河南大学出版社，2019：166.

[4] 鲁明军．目光的诗学：感知—政治—时间［M］．郑州：河南大学出版社，2019：173.

己，并重新创造了自己的剧场”[1]。更加耐人寻味的是，《栅栏》后来无意间卷入了北京的胡同整治行动，由此进入了一个更大的剧场。在这一有关剧场的层层嵌套中，《栅栏》被赋予了“元剧场”的色彩。

然而比起“被压迫者剧场”，鲁明军认为阿尔托（Antonin Artaud）的“残酷戏剧”更为激进。在艺术中重申“残酷戏剧”及其复象，其意义并不在于回到“政治艺术”，而是在于通过诉诸复象及其形而上和意志力的方式，开启一种新的“剧场政治”。[2] 这里所说的“剧场政治”并不仅仅指带有阿尔托色彩的艺术作品，同时它更指向早已被装置化的艺术展览空间。这也就意味着，展览的陈设需要悬搁知性逻辑的冲动，让作品在空间内自由地释放其生命的能量，抑或者在作品与空间的罅隙中，真正展现反理性的幽灵与依附于理性的现实展场秩序及艺术系统的表演者之间的角力。[3]

（三）“被解放的观众”

当鲁明军在艺术评论中探究剧场政治的问题，这使他的讨论不只停留在理论的思想层面，同时还带上了政治的伦理向度。与其说鲁明军所关心的是何种剧场最具革命性，倒不如说是革命性剧场最终将带领观众走向何处。实际上，正如《目光的诗学》的英文标题“Poetic Justice”所彰显的那样，归根到底，鲁明军的理论指归是艺术作品通向“诗性正义”的可能性及其方式。然而，不同于努斯鲍姆（Martha Nussbaum）在《诗性正义：文学想象与公共生活》（*Poetic Justice: The Literary Imagination and Public Life*）中意图通过小说来培养读者的畅想（fancy）能力及道德能力[4]，鲁明军对于努斯鲍姆方案中所触及的作者和文本对读者意图的“操控”显然表现得更为谨慎。就此而言，他的方案更近似于朗西埃。

---

[1]［巴西］奥古斯都·波瓦．被压迫者剧场［M］．赖淑雅，译．台湾：扬智文化事业股份有限公司，2000：161.

[2] 鲁明军．目光的诗学：感知—政治—时间［M］．郑州：河南大学出版社，2019：145.

[3] 鲁明军．目光的诗学：感知—政治—时间［M］．郑州：河南大学出版社，2019：146.

[4]［美］玛莎·努斯鲍姆．诗性正义：文学想象与公共生活［M］．丁晓东，译．北京：北京大学出版社，2010.

朗西埃在讲座《被解放的观众》中指出，所有对立要素（观看/认知，表象/真实，主动/被动）的确立实际上是“一种感性分配（un partage du sensible），一个位置的预先分配以及将有能和无能对应于这些位置的分配”[1]。因此，要真正实现剧场的变革，就必须基于平等的原则，建立一个异质性表演能够得到转译的平等剧场——它既是一个讲故事者和译者的共同体[2]，同时也是一个以“歧义”（la mésentente）为政治本质和政治主体性起点、并不致力于达成共识的“歧义的共同体”[3]。

在鲁明军看来，徐震《进化》《异形》《运气》等一系列的作品正是借由挪用、混合、并置等艺术手法，在“想象一个新的未来全球体系和共同体”[4]。尽管徐震并不讳言自己的作品所讨论的主题，但是“观者的阐释结果下的全新经验”[5]构成了徐震作品中最为重要的核心思想。“徐震®的世界”模糊又暧昧、悬置又复合，“正是这一未名的混合的异形和虚构的深渊，暗藏着变革的动力和孕育新的共同体的潜能”[6]。

当然，无论是对于徐震还是朗西埃，这一新的共同体并不是一套现成的方案，而是在“被解放的观众”那里逐渐生成的——被解放的观众扰乱了既有的感性分配的体制，让原本在感知坐标中没有参与之分的人得以介入，使不可见者得以出现，使无法被理解的无意义噪音成为有意义的话语。[7]这样一套兼具实践力量与伦理诉求的方案虽然无法完全颠覆既定的框架，但是只要为“歧义”保留一定的空间，就意味着被听到、被看到的可能性。与其说这是一种无力的妥协，倒不如说构成了一种行动的策略。

---

[1] Jacques Rancière. Le Spectateur Émancipé [M]. Paris: La Fabrique Éditions, 2008: 18.

[2] Jacques Rancière. Le Spectateur Émancipé [M]. Paris: La Fabrique Éditions, 2008: 29.

[3]［法］洪席耶. 歧义：政治与哲学［M］. 刘纪蕙，等译. 台湾：麦田出版 城邦文化事业股份有限公司，2011：240.

[4] 鲁明军. 目光的诗学：感知—政治—时间［M］. 郑州：河南大学出版社，2019：238.

[5] 徐震的“异形”到底告诉了我们什么？ http://art.ifeng.com/2018/0604/3424758.shtml.

[6] 鲁明军. 目光的诗学：感知—政治—时间［M］. 郑州：河南大学出版社，2019：239.

[7]［法］洪席耶. 歧义：政治与哲学［M］. 刘纪蕙，等译. 台湾：麦田出版 城邦文化事业股份有限公司，2011：240.

三、“后批评”背景下的中国当代艺术评论

无论是在物质—形式中探求一种感知的逻辑，还是在空间内开启一种新的剧场政治，抑或者是将观众解放出来，鲁明军所关心的固然是艺术作品中划破平滑的表面、让人感到刺痛的“刺点”（punctum），是无法被通约的“剩余物”（remains），但是更进一步地来说，他是想要借由一种更为精微的“中层理论”，激活艺术作品介入现实的“潜能”（potenza）。在这里，之所以用“激活”而非“揭示”之类的词语，是因为艺术作品的实践性并不仅仅取决于作品本身，它更是一个有关如何被言说的故事。也就是说，上文“‘艺术力’的多维进路”固然可以看成评论家服务于作品、对作品加以阐释的具体方式，但是它更意味着理论的深入与解读视角的更新，由此打开并丰富着作品的意涵空间，引爆了“艺术力”，使之呈现出刺破现实的可能性。从这一角度来说，艺术评论并不止于作品或理论本身，它更是一次不断卷入当下并积极介入现实的政治行动。

鲁明军曾坦言，他在进行艺术评论的写作前，并不会同艺术家进行深度的交流（事实上，许多艺术家也并不愿意同评论家做深度交流，唯恐泄露作品的“秘密”），只会了解一些基本的信息。[1] 也就是说，鲁明军倾向于“抛开”艺术家，从作品入手找到自己的关切，然后再为作品编织一个新的故事。然而问题的关键在于，理论固然可以有效地激活作品，但是在哈尔·福斯特（Hal Foster）所说的“后批评”（post-criticism）的背景下，理论的视角又何以保证艺术批评是一次有效的介入，而非受制于权力、资本，甚或是受到艺术家的影响？与此同时，当艺术评论被看成一次行动，那么评论家又立于何处？他同艺术家和作品之间保持着一种怎样的关系？

尽管在“作者之死”的转向下，评论家和策展人获得了独立讲述故事的合法性，但是在当前已然网络化的社会结构中，这种“独立”到底有多少的自主性可言仍旧是值得怀疑的。事实上，更优的提问方式也许并非“独立

[1] 摘自鲁明军在2022年复旦大学艺术哲学暑期研修班上的发言。

的艺术批评如何可能”，而是“艺术批评何以既处在‘关系’中，同时又具有批判性？”因此，评论家对作品的批评并不应当是作品的终点，而且也不应（而且无法）是一个自说自话的故事，它应当成为作品与故事的新起点与新开端。换而言之，评论家对作品的批评与阐释应当是评论家同艺术家的交流与对话，甚至是评论家向艺术家发出的诘难与挑战。当然，这并不意味着回到维护“作者意图”的传统路子上，而是希望在交流与对抗、碰撞与冲突中，形成一种更为繁盛且生气勃勃的作品景观。在这一层面上，艺术评论能够更好地介入“关系”并由此产生行动的力量。

事实上，无论是从问题的关切还是理论的偏好上看，鲁明军的艺术评论受到了美国《十月》（October）杂志不小的启发。[1] 尽管鲁明军对《十月》的评价同样适用于他自己的艺术评论，即这是“一种‘创新艺术内在品质’的艺术评论”[2]，但是，此处的重点并不在于《十月》的理论及其方法论是如何在空间上实现了平移，抑或者说，中国的当代艺术（评论）是如何印证了西方理论的有效性，而是在一种跨文化的语境下，当西方的理论遭遇了中国的本土语境，中国的当代艺术会呈现出一种怎样的异质性，以及中国当代艺术的在地化经验是如何丰富并拓展了全球当代艺术的逻辑。也就是说，中国当代艺术既不能被看成一种纯粹的国内现象，也不能被理解为全球化的直接衍生物，而是应当突破“全球 / 本土”的二元结构，将其置于国内艺术空间与全球艺术空间的“协商”（negotiation）关系中加以分析和考察，观察它在这种协商过程中转化自身以及对不同地点和观众的反应。[3] 因此，无论是杨振中的《栅栏》，还是“徐震 ® 的世界”，抑或是其他艺术家的作品，它们始终具有中国的质地与触感。福柯的理论与朗西埃的方案固然有用，但是倘若离开了北京箭厂胡同的“场域特定性”（site-specific），离开了中国作为非西方国家在全球化背景下的独特位置，那么，作品意涵的丰富性将会被极大

[1] 2018 年，鲁明军围绕着《十月》杂志在纽约开展了为期半年的系列访谈和调研，最终成果辑为《前卫的承诺:〈十月〉访谈录》一书，于 2023 年 3 月由东方出版中心出版。

[2] 鲁明军，编著 . 前卫的承诺:《十月》访谈录［M］. 上海：中国出版集团 东方出版中心，2023：36.

[3] 巫鸿 . 作品与展场：巫鸿论中国当代艺术［M］. 广州：岭南美术出版社，2005：24–25，34.

地削弱。同样的道理，中国当代艺术评论倘若不能深入中国的语境而成为西方理论的嵌套，那么这一评论的价值及其批判性则会大打折扣。

此外值得一提的是，虽然鲁明军的艺术评论以严谨深入的理论分析见长，但是在将各种西方理论楔入具体艺术作品的分析时，有时仍不免过于夸饰与繁复。尽管鲁明军在各种理论间的辗转给人以夸耀学识之嫌，但是实际上，这实在是出于伸张作品“艺术力”的必要——当中国当代艺术对原语境进行一番解构（decontextualization），然后基于自身的语境进行再构（recontextualization），作品常常会以其自身的方式提出问题、超克理论，进而显明经验。[1] 因此，与其说理论的旁征博引彰显了理论广阔的边界与效力，倒不如说这恰恰是理论无法穷尽作品的显影；绮丽的文本修辞中戛然而止的静默，则成为了作品“胀破”理论的“哑言”。然而，颇为耐人寻味之处在于，理论的这种“无能为力”，又恰恰构成了作品“艺术力”的重要表征。

作为一本艺术评论集，《目光的诗学》固然是鲁明军对十五位艺术家及其作品的分析与阐释，但是如何打开作品的文本空间则彰显着他的趣味与关切。事实上，无论理论以何种方式引爆“艺术力”，无论作品以何种方式来拓展 / 耗尽理论，在鲁明军这里，最为重要的问题始终是：我们应当如何行动？

[1] Wu Hung. A Case of Being Contemporary: Conditions, Spheres, And Narratives of Contemporary Chinese Art [M]//Terry Smith, Okwui Enwezor and Nancy Condee. Antinomies of Art and Culture: Modernity, Postmodernity, Contemporaneity. Durham & London: Duke University Press, 2008: 298.

诗教与人道：一种阐释学的尝试

——柯小刚《诗之为诗:〈诗经〉大义发微》意绪谈

薛　义[1]

[摘要]《诗之为诗:〈诗经〉大义发微》中，柯小刚援易学“观”法入诗教实践，在修辞层面将《诗经》“二南”篇章结构的推进整合为“一篇”内在连贯的可解读文本，赋予其本体层面独立的美学意义；以“兴”与“观”的循环，阐明其诗教挺立人道的意旨，并期待现实语境下涉及历史批判的阐释活动真正有力地参与今日文化、认知结构的解释与形塑。对柯小刚的“大义发微”，应了解其针对“疑古”学人的“释古”立场，于一般“客观”“真实”理念型分析概念的范式标准外，以历史表现及阐释学的视野，关注个性化、哲学化的风格呈现和主体创造，理解其借古典诗教培养当代文化新生力量的内在追求。在阐释经典的过程中，柯小刚展示了本乎文人诗心的审美注意，以物媒触发下的有情涵泳，产生令人感动的力量。

[关键词]　柯小刚　诗教　阐释学　范式　审美

《诗经》是西周礼乐文明的直接产物，与《周易》同为我国现存最早且无真伪纷争的两部经典，在民族精神凝聚及发展的历史上起着重要作用，是中华文明光辉灿烂的文化代表。春秋之时，天子采诗观风，诸侯聘盟会成，贵族赋诗言志，断章取义而心领神会，风雅存焉；礼崩乐坏后，经孔、孟传

[1] 薛义，北京师范大学文学院文艺学专业博士生。

扬，三百篇逐渐由诗向经，虽与乐分离，不复弦歌，意义的独立、完整却得彰显，在“知人论世”“以意逆志”等阐释原则下，成为儒门“六经”之一。汉代以来，又由儒家一派之经而立于官学，成为天下的经典。

大致而言，《诗》的解读先后产生了经学的理解、理学的理解，清代朴学的研读以及近代以来意在“文学性”“民间性”的阐发，今日更有中华文明、礼乐文化等视野下综合考量的呼吁。但是，从经本身到经学，再到经学史，再到现代学术格局中归于文学，看似清晰的思想史或学术史线条勾勒背后，存在无数阴影与遮蔽。尤其经西学范式扎根及体制化学科系统的再度分割、强化，对《诗经》的理解，难免有些支离片段。即便经学史研究的视域里，今日我们也应有知识与价值两个面向：知识面向强调对传统学术史的深入理解，站在古典知识谱系中理解古人，庶免诬古人、误今人；价值面向则应以人伦思考超越“保存国粹”的民族主义立场，思考有别两希或基督教之后的现代文明的意义世界，加深对自身民族文化传统的理解，本质可谓是后现代或超现代而非前现代的。然而，我们很多时候仍然更多强调前者，关注“清理遗产”式的知识积累与历史研究，对立足于阐释的当下认同和意义建构，措意及交流并不算多。

区别汉宋，分判古今的现代《诗经》研究中，我们得到的理解是摘编、分化后文化史的、思想史的、经学史的、文学史的，却不是《诗经》本身整体性的精神，历代注疏中积蕴无数阐释者独特生命体验的心志表达也未得以把握。客观性的对象化研究方式，所获得的史迹勾勒与陈述，仅能表现历史事件的轮廓。历史意义的显现，及当下共同意义的参与，却只能在主体性的理解与对话中建立。这里的理解，与其说是客观认识对象的方法，不如说是一种以逗留于传统进程之中为前提的活动。甚至面对同样的经典文本，时代风气不同，对其展开的阐释及所追寻的意义也将有所迁移。

如何在由人进行的研究中，不忘记人，或是柯小刚《诗之为诗：〈诗经〉大义发微》一书写作的初心与目标所在——在“中西古今”对话的复杂脉络中，结合当代问题，从《诗经》中抽绎可阐释的元素，绾结新的意义，朝向一种中国的阐释理论结构建构自身。在这一阐释视野下，诗之文本的确证不等于意义的确证，也无意简单地还原历史，或再确证所书写历史的可信，而是要在建基于文本传统的历史性之外，在具体的实践中，将不同的传统互相插入，且作为彼此插入的一帧，以此丰富理解的历史性内涵，并创造当代阐释的历史性。以柯小刚的语汇，即在诗心持物的修身工夫中，重光诗教，挺立人道，以经史和义理本自固有的相生承载经典斯文之命的无限创生。

下面从当代儒者、哲学教授及文人诗心三个角度讨论柯小刚《诗之为诗:〈诗经〉大义发微》一书的命意寄托。需要特别申明，此处为便行文，才不得不从整体的实践中强行割裂出这三个角度，三者之间的逻辑，也不是并列的，而近乎一种递进：意在“诗教”“大观”的当代儒者乃其面对《诗经》时的根底、立场，哲学教授的方法论自觉为其言说提供了新的资源借鉴与方式，最终的文人诗心，则是一种关切现实、有情而涵容的审美与呈现。三者关系更准确的描述，或如地壳运动一样，不同层次之间经常发生碰撞和相互的嵌入。运动的最终结果，是一部雄心勃勃而错综复杂的作品，试图创造新的地貌，为我们今日如何真正有力地解读经典以参与现实提供思考。

一

当代儒者柯小刚对话的一大主体是五四诸人，尤其《古史辨》第三册中顾颉刚、郑振铎等“疑毛诗”的现代学者。在柯看来，古人所谓“疑经”，无论宋人清人，都意在尊经，或立足诗旨教化义理的发明，或于考订名物、研讨古礼中维护诗经之教化尊严。而顾、郑疑古，“立足于现代意识形态教条”，“把诗经从先秦政治生活中剥离出来”，“还原”为情歌、民谣，实则“出于现代政治生活形式的偏见，为了论证现代政治生活和生活形态的正当性而曲解古人”，甚至虽理解古人尊经之意，也不惜“绑架古人，滥用疑经，其心何其毒也”。[1] 这样的指责，言辞或失于激切，但从范式转移的层面考虑，则似可领会柯氏棒喝中本乎经学立场的幽愤。

---

[1] 柯小刚．诗之为诗:《诗经》大义发微卷一［M］. 北京：华夏出版社有限公司，2020：27–29.

“范式”是某一团体围绕具体学科或专业的共识与信念。所谓科学革命，便如托马斯·库恩所指出的，不是后必胜今的线性前进，而是“旧范式全部或部分地为一个与其完全不能并立的崭新范式所取代”[1] 的过程。这一转换的历程中，技艺与经验等知识层面的内容或可继承、积累，但新旧范式之间的信念内核却无法通约，甚至格格不入。具体到人文现象中的精神科学领域，从传统经学研究转向现代历史考据，纵使二者在知识层面可以分享同样的证据和方法，甚至宋人、清人也有与现代人有类似的疑经立场，但就最核心的信仰而言，一者尊经，一者疑史：前者意在构建经学的整体性，措意于《诗经》之神圣权威与教化的温柔敦厚，指向对正统的分辨、发扬与维护；后者则将此经典拆分，降黜为历史的材料、文学的注脚，在新的拼装组合中，试图以客观中立的学术研究态度，显现当代的革命意义，并与国家意识的重建行动紧密联系。朱自清曾记录与浦江清的共识，“今日治中国学问皆用外国模型，此事无所谓优劣，惟如讲中国文学史，必须用中国间架，不然则古人苦心俱抹杀矣。即如比兴一端，无论合乎真实与否，其影响实大，许多诗人之作，皆着眼政治，此以西方间架论之，即当抹杀矣”[2]。新范式并不一定在本质上先进于被其替代了的旧范式。柯小刚就《诗》学古今之变的范式转移的内核而作惊人之语，抨击现代学术偏废，召唤对传统诗教的重新学习，强调的是诗心持物中兼顾理性的古典教养的增进。

柯小刚对“诗教”的阐释，从话语形式上看，谨守“采诗观风”“温柔敦厚”“中庸之德”等传统术语，在知识层面与今日其他学科的《诗经》研究者无异，但就其精神内核而言，需对柯氏“诗教”中贯注的主体性及整体性做一强调。诗教在其阐释下，直接作用于人的情感：调养情感，实现定性之效，达到道德境界和审美境界的融合。其指归实欲人养成情性之贞，自觉挺立人道，在日用人伦中承担职分，由有情的具体世界，际入幽微广远的形上之境，移风易俗，再使教化淳厚。

---

[1] ［美］托马斯·库恩．科学革命的结构［M］．金吾伦，胡新和，译．北京：北京大学出版社，2003：85.

[2] 朱自清．朱自清全集：第九卷［M］．南京：江苏教育出版社，1997：213.

在柯小刚看来，“现代《诗》学疑经方法的基础在于现代科学的对象性观物方法”[1]。今日无论科学考察，还是艺术审美，都囿于学科自律及价值中立而刻意置身《诗》外，预设了感性与理性、直观与概念二元对立的理论立场，没有注意到诗作为一种生活方式和社会结构的一部分所召唤的对整体性生活的需要，因而不可能关切，也无补于政教人心。他借鉴福柯在《词与物》中通过艺术作品批判现代主体观物方式的进路，开出了真正“中国式分类方法”：由宗炳《画山水序》“栖形感类”溯及《周易》“取象比类”思维，并以取象于外的客观阴阳天道勾连内在生命价值与秩序，观天地四时万物而观民风民情，进而以《诗经》的比兴之义和诗教的“兴观群怨”，呼唤建立刚健有为的人道。

以后出画论上溯千年而入诗法，是惊险一跃。尤其《易》与《诗》的联结，前人已有涉及。如章学诚在《文史通义》卷一《易教下》中便主张“《易》象通于《诗》之比兴”，二者可互为表里，“天地自然”之象与“人心营构”之象，因“心虚用灵”“情之变易”，即主观情感的感兴作用而相互勾连，并有“深于比兴，即其深于取象者也”的判断。但其进路，更多关注最终呈现形象之间的相关性，如“雎鸠之于好逑，樛木之于贞淑，甚而熊蛇之于男女，象之通于《诗》也”，是一种对社会道德与政治系统的象征，未言及其内在生成的具体机制：“心”“情”与“象”之间以何方式连接。在借鉴前人的基础上，柯氏则明确将《周易》“观”法引入诗教的实践。

由道而教，是儒家共同的主张。但在《诗》中，以及借助解《诗》发挥义理的《诗》学文献中，“由于‘《诗》言志’的性质，《诗》学文献的主题多与心的讨论（以及相关的性）有关。就具体的方面来说，对具体诗句的称引总是伴随着朝此方向的某种解释”[2]。按这个标准，只引用和解释《诗》句，开启后来儒家心性论传统的《中庸》，也可被视为《诗》学的文献。《中庸》“天命之谓性，率性之谓道，修道之谓教”“诚者，天之道也；诚之者，人之道也”，以及孟子所扩衍的“诚者，天之道也；思诚者，人之道也”，在

[1] 柯小刚．诗之为诗：《诗经》大义发微卷一［M］．北京：华夏出版社有限公司，2020：33.

[2] 王博．《民之父母》与《诗学》［M］// 哲学门（第四卷）：第二册．武汉：湖北教育出版社，2004：7.

此，《诗》学的天道落实于性，落实于“心之官则思”朝向生命内部的努力。而在本为卜筮书的《周易》中，天道在生命之外的象的对客观世界的模拟中展开，在“一阴一阳谓之道”的基础上构建“天人之际”的哲理体系。故与《诗》学强调“思”的功夫不同，《易》学更突出“观”的能动。《彖》释观卦和贲卦时说：“观天之神道而四时不忒，圣人以神道设教而天下服矣”“观乎天文，以察时变；观乎人文，以化成天下”，观的对象是“天之神道”“天文”，即天地万事万物的纹理形象特征和规律，并据此成人文，以礼乐的外显符号系统教化天下。“天行健，君子以自强不息”“地势坤，君子以厚德载物”中，君子通过观察“象”中表现的天道，进而确定人道的内涵。在天人合一的追求中，主体的精神被凸显，人与天地而参，人心效天道而健动不已，“观”也成为重要的手段乃至修身功夫。本乎此，柯小刚将分处天道两端的《易》与《诗》以观物起兴和观民采风的“大观之义”联结，于尽性立命、温柔敦厚外，灌注了更多刚健有为的精神。于所兴而可观，则兴能深远；于所观而可兴，则观愈精审。在“兴”与“观”的循环中，诗教挺立人道的意旨渐得活泼而显豁。

同样，《易》与《诗》的联结也在形式上启发了柯小刚对《诗经》篇章安排的思考，并在具体的阐释中将抽象的人道之精神进一步落实为日用人伦中职分、性分的自觉承担。这种精神的造就与陶冶，实是教化的题中之义，顺性命之正，修人道之常，既是尽性成德的内在感知，也是日新盛德的易之普遍通过诗教之特殊方式呈现的准鹄。兹撷取柯氏《周南》《召南》诸篇发微中的原文片段各一例，以窥《易》与《诗》变奏交响曲之一斑：

> “坤道至大而其德无微不至，这便是女功之事所承载的诗教大义。《葛覃》为什么编在《诗经》的第二篇？其义或可比照坤卦在《周易》的位置。而当我们考虑到女性、情感、婚姻和家庭生活在《诗经》中有着特别重要的位置，我们就尤其应该注意到《葛覃》作为专言女功之事的第一篇，以及专门歌咏女性在‘两姓’或两个家庭之间关系的第一篇，对于《诗经》来说有着多么重要的特别意义。《易》曰‘乾知大始，

坤作成物’。如果说《关雎》的君子之求是《诗》的乾元发动，那么，《葛覃》的‘施于中谷’就是《诗》的坤元之生。”——《读〈葛覃〉之一：〈关雎〉〈葛覃〉犹〈易〉之乾坤》[1]

“二气相感则有象，故《易》称‘两仪’。仪者有象之谓也，于《采蘩》则见诸‘被之僮僮’‘被之祁祁’也……序云‘《采蘩》，夫人不失职’。所以不失者，非仅‘僮僮’之悚敬也，亦以‘祁祁’之舒迟也。一张一弛，和气养于中，故居敬不穷，守职不渝。《葛覃》之黄鸟，《羔羊》之委蛇，皆此义也。和气的发生须在一个居敬的空间，使二气之相感从容氤氲，生化成象，不至于相刃相靡、相互侵夺。由于‘居敬’是一种时间性的工夫修持，所以，‘居敬的空间’毋宁说是‘居敬的时间’。在其中，有敬事之前的预备，也有敬事之后的淹留。人职之所以不失者以此。”——《读〈采蘩〉之一：气臭之信与居敬之象》[2]

如此论述，书中俯拾即是，错落可见。《汝坟》中的“金木关系”思考二南首尾两篇的对应关系[3]，《摽有梅》中“剥极而复之急时”的解读[4]，均为好例。凭借《周易》的引入，《诗经》，至少“二南”篇章结构上的推进被整合为“一篇”内在连贯的可解读文本，修辞背后的逻辑也与易理天道相通，得到本体层面的意义。钱锺书曾说，“《易》之拟象不即，指示意义之符（sign）也；《诗》之比喻不离，体示意义之迹（icon）也”[5]，名同为“象”，前者意义是相对明确与固定的，后者则因其暗示性而不免暧昧、丰富。若将差异巨大的二者以“观”的能动衔接、编织起来，并建立起一种整体性的思想体系，是高度富有独创性的“发微”策略。在柯小刚带领下，在如此迂回地“观看”《诗经》的历程中，我们得以暂时从考证细节、与之辩驳的压力中解脱出来，单纯享受《易》与《诗》为我们提供的关于人伦风俗的诗教图

[1] 柯小刚. 诗之为诗·《诗经》大义发微：卷一［M］. 北京：华夏出版社有限公司，2020：87.
[2] 柯小刚. 诗之为诗·《诗经》大义发微：卷一［M］. 北京：华夏出版社有限公司，2020：170.
[3] 柯小刚. 诗之为诗·《诗经》大义发微：卷一［M］. 北京：华夏出版社有限公司，2020：153–154.
[4] 柯小刚. 诗之为诗·《诗经》大义发微：卷一［M］. 北京：华夏出版社有限公司，2020：210.
[5] 钱锺书. 钱锺书集·管锥编：第1册［M］. 北京：生活·读书·新知三联书店，2007：20.

景，或曰“象”。这里的“象”，在叙述中形成，包括着分类、立义在内的形塑与阐释，在本体上可以自我指称，在整体上却并不指称历史实在。换言之，认识论问题在此变成了美学问题。

这与荷兰学者安克斯密特对历史表现的阐释暗合：作为历史实在的“替代品”而非“指实性摹仿”，历史表现就像艺术品一样具有独立存在的价值：“表现与被表现者在本体论上的地位是相同的。想一下这样一个范式性的例子：肖像画所描绘的对象与肖像画本身具有相同的本体地位——二者均属于世界清单（the inventory of the world）上的项目——正是这一事实可以解释，表现为什么通常可以成为其所呈现对象令人满意的替代者。”[1] 而在历史表现中，真理与价值存在其连续性，历史亦与政治及道德紧密相连，衡量的标准，则端赖美学意义上的表现力提供，一如各种风格的“建筑”对“建材”、不同主题的“乐句”对“音符”的超越。准乎此，我们产生的思考或许是：如何在经典与阐释及批评之间架设桥梁，不仅指向自身，还指向将要到来的包含又充实了前者的新事物？而作为真实的事件与人物，我们各有因应的时势，都包孕在前后往复而生生不息的历史之中，唯有以精神性的行动，才能更好地实现对相互依存的整体性把握。

二

哲学教授柯小刚参照的一大镜像是西方的“哲学诠释学”，其“发微”实践，不仅是技艺层面的经典阐释，也是本体论意义上的现代转换，理解与阐释活动的发生本身就具有其意义，指归于超出文献解读的当代思想创造的尝试。若前述“诗教”“人道”主要从内涵上把握柯小刚对中国传统文化特质中“诗之为诗”的解释，“儒家经典阐释的现代转换”则可谓方法层面思考柯小刚将阐释学方法与丰富经史材料结合、因应时代命题挑战做出的调整与成就，关注的是风格的呈现。这样的方法论，如绪论所揭橥的，是一种

[1]［荷］F. R. 安克斯密特 . 历史表现［M］. 周建漳，译 . 北京：北京大学出版社，2011：12.

“体现为一种大义发微的解释学”的“读《诗》练习”与“修身工夫”[1]——在基于解释的练习中，从文本过渡到行动，在各种活动的重建中参与到当下认同和意义建构中，完成经典阐释从知识到价值，从方法技艺到实践哲学的转换。可以说，以如此方式阐释经典，其致力的主要方向不在意义的澄清及正统源流的定义，而在试图勾勒、建立面对现实问题与困境时具体行为的普遍信仰，溢出了纸面的考据，适用于现实生活中的个人、团体、政治等范畴。

节录柯氏以《能感、能降、能群》为题，对《草虫》篇的“读诗练习”，以感受其中“大义发微”“修身工夫”并观照当下认同、参与现实生活的阐释魅力。

> （诗教）因情设教，从人情自然出发建设社会伦理、国家生活。相反，现代诗解貌似颂扬男女爱情，反对礼教，鄙弃天道，实际降低了人类爱情之于人类生活的建设意义，也减弱了爱情体验的深度和强度。所以，毫不奇怪的是，伴随着现代人对爱情的颂扬，现代爱情、婚姻和家庭生活反倒日益单薄。而且，与之相应，伴随着人道主义的日益流行和公民社会的完善，公司、社会和国家领域的人际关系反而也变得越来越淡漠。
>
> 《草虫》的政治哲学仍有强烈的当代批判意义。民主政治的本来意义在于建立人性相感的公共生活，而公共生活的建立有赖于那些下降到人群中去的君子。升降、相感、相见，《草虫》的三个要点对于人类政治生活的维建来说缺一不可。然而，当代民主实践的异化形式越来越堕落为党团、族群、个人权益和权利的角逐，丧失了“令人相见”的公共性，非常令人遗憾。孟子曾经对梁惠王讲的话，今天同样应该对现代主权者“人民”讲：人民啊，你何必言利，亦有仁义而已矣！[2]

---

[1] 柯小刚．诗之为诗·《诗经》大义发微：卷一［M］．北京：华夏出版社有限公司，2020：1.
[2] 柯小刚．诗之为诗·《诗经》大义发微：卷一［M］．北京：华夏出版社有限公司，2020：179，181.

毋庸讳言，柯小刚的儒学阐释工作，已非传统经学的，而是现代哲学的；不以文句释义为中心，而以思想概念的演绎为重点，价值更多体现在其人自出机杼的理解与发挥。我们应该承认，传统的注疏体与注经活动，在今日已无法再现，它们的效应，可能已经枯竭。柯小刚在此，不是就《诗经》在其时代与学科分化后给定领域内的经典程度来解释《诗经》，而涉及给出一种历史批判的和现实语境中的解释学。故就其成绩而言，很难，也不应用一般“客观”“真实”理念型分析概念的标准衡定。从阐释学的视野来看，柯小刚的“大义发微”实是一种个性化、哲学化的叙述方式，本质是具有现代意义的哲学主体思维的创造性活动。其外在样式虽是儒生语录之文，但已是在西方学术背景深刻影响下生发出来的阐释新样态。

中学之外，全书中可见引用、借鉴、激活、重释的西学思想资源从柏拉图、亚里士多德到海德格尔及福柯，从民主政体和同性恋，到现代女权与计划生育[1]，在极具跳跃性的论述中，观者无不眼花缭乱，暗生亲近之心，开卷之余，理解也活泼许多。试举一例。

释读《兔罝》时，面对朱熹、方玉润等前人笺释中大感棘手的不协调，何以儿女情长、“后妃之化”中夹杂入一篇“赳赳武夫”，柯小刚别出心裁，从苏辙《诗集传》的提醒切入，拈出“齐家治国平天下”视角里夫妻和敬的“化功”之远，以为文明教化鄙野的开始。论证中所引用的数条《论语》及《孔子诗论》外，所举重要例证，是罗马战士与萨宾娜妇女的故事，“罗马人抢萨宾娜女人是野蛮的行为，而萨宾娜女人作为罗马人的妻子获得丈夫的尊重则是罗马文明的开始”。在此中西故事的互证外，更精彩的是，柯小刚又有深入，将历史的“王者之化”“王道之大”落实到对现代西方民主制与民族国家的反思、批判，认为后者所主张“公民权”政治的底色与古希腊“城邦—奴隶制”的格局一致，对政治之为政治的理解尚未“超出”国家、“达到”天下，进而在对比之中再次彰显其对中国传统天下、政教观念的闪光思考：“华夏政教文明是一种建立在天性平等基础上的、可以通过德性学习而

[1] 柯小刚．诗之为诗·《诗经》大义发微：卷一［M］．北京：华夏出版社有限公司，2020：93，122.

来改变位置的德性等级制度。”[1] 这是以《诗》之阐释参与今日政治、制度、认知、文化结构的解释并欲形塑、改变此类结构的实践，或也可视为柯小刚为中国式现代化中道路自信所添加的一个富有启发性的注脚。

要之，在柯小刚的不断选取中，经典因观念的交织叠加，自由穿梭于不同传统而被阐发，充满现代性发散与扩张的色彩；就其思想创发及学术构建的过程而言，已不再像传统经学那样对儒家经典须臾不离、水乳交融，而是时有逸出，甚至剥离的。用冯友兰的话说，态度从“照着讲”转为了“接着讲”，意在当代性的文化新生力量。在这样的逻辑下审视柯的工作，问题的重心或不全在如何守护一门学问，而在于，如何在基本规范的土壤里培育新的学问。

如伽达默尔所说，阐释学是对一种共同意义的参与。而且“共同意义”的建基于理解对距离的超克，并以对话的形式实现。距离是主体间的，也是文化间的，即使属于我们自身文化传统的作品，我们与之也存在着至少时间上的距离。所以距离作为前提，成为理解的要素，任何展开的对话，也在理解开始时就潜在地指向别样的新的理解。换言之，对话交流并非机械的进程，而是充满冒险，或曰游戏性的实践，意味着倾听的经验，也是一个与价值范畴及对话风格紧密相关的转化过程。而着力于不同“他者”间建立起关系的愿景，只有成功后才能使其“谈话伙伴都处于事物的真理之下，从而彼此结合成为一个新的共同体”[2]。

在这种“新的共同体”意义下，柯氏对其阐释实践在当下面临的挑战，乃至可能的失败，有清楚的认识，在序言中便直言不讳，“‘大义发微’的经典解释工作，在这个时代几乎已被视为笑柄。在现代学院学术的共识中，要想笑话一个人，就说他的工作是‘大义发微’的”[3]。这是自嘲的话，也足以

[1] 柯小刚．诗之为诗·《诗经》大义发微：卷一［M］．北京：华夏出版社有限公司，2020：133-136. 另参看其《〈尼各马可伦理学〉道学疏解导论》第 5 节“文明与文化，文与质，明与化”中的梳理，载柯小刚．道学导论：外篇［M］．上海：华东师范大学出版社，2010：7-211.

[2]［德］伽达默尔．诠释学 I 真理与方法——哲学诠释学的基本特征：修订译本［M］．洪汉鼎，译．北京：商务印书馆，2010：534.

[3] 柯小刚．诗之为诗·《诗经》大义发微：卷一［M］．北京：华夏出版社有限公司，2020：2.

让我们再次思考理解与实践之间充满张力的关系，以及想要在具体阐释活动中落实“在理解与实践的互摄、互动中生成既有客观性，又具开放性，既有创造性，又具公共性和价值导向的意义空间”[1] 这一理念，仍然任重道远。就柯小刚本人的论述来说，《古今通变文集序》结尾也呈现了类似的期许，谦逊中流露自信，转录如下：

> “究天人之际”是天道变易不息的要求，“通古今之变”是大化源流持存不易的要求，“成一家之言”是自我修持简易有节的要求。一种自我修持和言说，只要它是“一种”，就必然是有限的，不可能是完美的。但同时，只要它能成为“一种”而不是“杂多的集合”，它就是“吹万不同”的声音中能与其他声音形成对话的声音。[2]

秉承这种天籁自鸣而开放对话的态度，在辨读经典、面对传统时，我们不一定要关心将会在何处取得最一致的意见，也不需要隐藏自己所怀有的信念与服膺的传统。相反，只需要这样的对话能提供一个语境，能在其中讨论，更清晰地意识到自己的信念和投身所在，使经典与我们的整个世界经验再次联系。甚至相比于“统一声音”、追求对经典一致性的权威解释，在相互对话、平等讨论的语境中，促进友谊比增进共识更重要。这有他近年面对体制内（在大学）与体制外不同受众的导论为证。在演讲中，他提到“古典教育”的现代意义：对体制内的学生，强调今日古典教育关乎“大学之道的先锋意识、人类文明的当代意识、现代性的批判意识”，意欲“直面现代性危机和当代文明困境，重建大学之道”；对体制外的社会学员，则突出如何在“政治正确、娱乐至死、新兴邪教三位一体的当代世界”及“民间国学乱象和学院学术堕落”现状中以“传统读书人群体”间切磋琢磨，“建立读书修身、自学默化的日常生活”。二者意趣略异，后者阐发何为“读书人群体”

---

[1] 牛文君，Klaus Vieweg. 理解与实践［J］. 山东大学学报（哲学社会科学版），2020（1）.

[2] 柯小刚，主编 . 诗经、诗教与中西古典诗学：古今通变文集：第 1 卷［M］. 上海：同济大学出版社，2016：Ⅵ .

时，更多次申明要“无视现代学科划分、专业区隔、体制门户”“不欢迎追随者，只喜欢交朋友……读书修身方法是自学默化，不是听闻感动、追随‘大师’”[1]。

三

是当代儒者，是哲学教授，柯小刚论诗颇多精辟见解，还折射着一颗诗心。或许能在儒者、学人等身份外，“发微”出他隐而不彰的文人气质。尤其在本书的阐释过程中，就柯小刚欲发明诗教，重光人道，建立一种普遍而有效的规范的一面来说，他是严厉批判的，但就诉诸与诗之创造过程的活生生的关系，深入诗与伟大心灵内部细细论说时，他又是无比浪漫的。有的时候，后者的光辉比前者更惹人注目。借用王充在《论衡·书解篇》中对儒士的分类，“著作者为文儒，说经者为世儒”，论发胸臆，文成手中者曰文人，柯小刚展现了说经而成著作的文士之诗心。这种诗心正是一种物媒触发中的审美注意，以况味蕴藉中的涵泳，产生身心兴腾的作用，甚至在推衍赏析中跨越普通感性与理性，在直觉涵化与濡染过程令读者产生精神感动的力量与阅读兴趣，实现境界的提升。

柯小刚的阐释在澄澈的言语之外，有很多引而不发的好例，让人叹服其文学修养。在开篇讲解《关雎》，释何为“风”时，提及“风是无形的，只有通过声音才能感觉到，所以诗风多写禽兽鸣声，正是雌雄相风的直接描写”，这是由“牝牡相诱谓之风”触类联想，随口道来的潇洒表述，马上能让敏感的读者想到《文选》物色类“风、秋色、雪月”下李善的注释，“风虽无正色，然亦有声”“四时所观之物色而为之赋”。尤其柯在之后紧接的解释中便引了《庄子·齐物论》中“大块噫气”及欧阳修的例子进一步解释，“欧阳修《秋声赋》写的其实是秋风赋”[2]，仅此一句，若难证柯对《文选》等典籍的熟悉，也足见其触手生春的绣口锦心。《甘棠》一篇中，由小树引发

[1] 柯小刚．当代社会的古典教育：讲稿两篇［J］．大学教育科学，2017（3）．

[2] 柯小刚．诗之为诗·《诗经》大义发微：卷一［M］．北京：华夏出版社有限公司，2020：67.

周德之小大及“圣道几微”的思考暂且不论，突然宕开一笔，“这种睹物思人的感怀在后世诗文中代有传承，比如苏东坡《江城子》中的松树，归有光《项脊轩志》中的枇杷树，都是《甘棠》小树的遗响”[1]，以三棵树的剪影勾勒两千年的中国文学史，寥寥数语，兴寄自深。学问在此时更像是柯氏尚友古人的途径，也让读者受到理性与情感交错互见的感动。

如果以上两例还有“以学问为诗”的嫌疑，下引《行露》发微，虽是暗以西哲存在（Being）澄明之境为底色的翻案文章，则无理而妙，真有别才，非学能致。由露水起兴，有如露水般莹洁静美的格言，又有着遗貌取神的风致，就吹嘘生命的力量而言，总能让人想起近百年前郭沫若《卷耳集》中对《诗经》的精彩改译。在面对《诗经》的态度上，至少在此处，郭、柯二人的诗心可共鸣相通：在诗外凸显了人的地位；人不仅是诗的作者或读者，人本身也就是诗了。面对这样隽语迭出的推衍欣赏，我们在玩味风格，涵泳况趣时，固知必有人目为无关诗旨的不经之谈，也将想起奥登的智慧：“良好的品味更多地取决于鉴别力，而不是盲目排斥。当良好的品味被迫排除一些事物时，它带来的是遗憾而不是快乐。”[2]原文较长，选录三节：

> 《诗经》中的露水，还有“野有蔓草，零露漙兮。有美一人，清扬婉兮。邂逅相遇，适我愿兮”（《郑风·野有蔓草》）。邂逅是美丽的，但也是短暂的，必将消逝于真实生活的阳光之中。《行露》是阳光下无露的坦然行走，不是《野有蔓草》的露水邂逅。草尖的露水在被晒干之前，只有片刻晶莹闪亮的静美。而这样的片刻，正是《行露》的永恒。
>
> 《蒹葭》也有这样的永恒。虽然《蒹葭》的露水不是被太阳蒸发为大气，而是被寒冷凝结为冰霜。《蒹葭》之不遇，《行露》之不从，《蒹葭》之怅恨，《行露》之决绝，都反而永恒了露水的短暂，宁静了生活的波澜。
>
> 晒干露水的阳光，催人老死的时光，当然是存在的，但没有人的指

[1] 柯小刚．诗之为诗·《诗经》大义发微：卷一［M］．北京：华夏出版社有限公司，2020：190.

[2]［英］W.H. 奥登．染匠之手［M］．胡桑，译．梵予，校．上海：上海译文出版社，2018：6.

尖可以像接一滴露水一样接住它的存在。时光几乎就是雀角鼠牙穿屋时挖出的空洞。即使未经穿挖的房屋，本身也是一个更大的空洞。人类在天地间建设自己的房屋，正如雀鼠在人类的房屋中建设自己的房间。人生活在时光的房间，也死在时光的房间，正如露水在阳光中闪亮，也在阳光中消散。[1]

此处的“露水”，与其说是鲜明、生动的形象（image），毋宁是玲珑、超诣的兴象，且与贯注其中的“时间—人生”互为相关，以至互相交替，在相互转换中实现永不停息的运动。这是短暂与永恒的辩证，也是物色与人情参伍相杂、妙合无垠的折射。所谓“妙合”，并不是将人之主体情感注入客观露水，使得情景融合为一，而是物我平等、情景相互映发的契合，背后是王夫之所主张的“情景虽有在心在物之分，而景生情，情生景，哀乐之触，荣悴之迎，互藏其宅”[2]，其立论基础乃是“以人道合天德”的中国式宇宙观，或如柯小刚所说，是古典文教的对于世界与事物的观看方式。这种“哀乐之触，荣悴之迎，互藏其宅”的兴感，尤有余味曲包之美，让人油然生玩赏不尽之慨。经柯小刚对诗中“露水”如此发微后，我们或许会联想，并对日本诗人小林一茶的俳句有更深的体会——“露の世は 露の世ながら さりながら”（“露水的世，虽然是露水的世，虽然是如此”，周作人译。钱稻孙译作“世犹朝露，洵如露，明知是，只无如”，近汉诗风貌，亦佳）——这是小林为在世四百日即殁的聪女所作，诗中“露”为秋之季语，众生如晨光中闪亮又消散的露水，都是虚空惘然。其中应物斯感的哀乐情理，以及“露水”对人的慰藉与人世的寄托，与《诗经》之中、柯小刚眼底的“露”，有古今中日之别，却是能感通共鸣的。

---

[1] 柯小刚．诗之为诗·《诗经》大义发微：卷一［M］．北京：华夏出版社有限公司，2020：195.

[2] 王夫之．薑斋诗话笺注［M］．戴鸿森，笺注．上海：上海古籍出版社，2012：34. 另参看萧驰对中国文明体系与抒情传统关系的梳理，其以《周易》为中国文明体系代表，将船山诗学中讨论“情景关系”的“互藏其宅”与古代易学中“乾坤并建”的观念相对应，强调“阴入阳中，阳入阴中”“互相容保其精”。参见萧驰．抒情传统与中国思想——王夫之诗学发微［M］．上海：上海古籍出版社，2003：77-86，128.

萧驰视王夫之为中国文化史上“集大哲学家与大文论家于一身的孤例”[1]，并对其诗学和哲学思想关系再三致意，认为可借此中国哲学与诗学直接联系之全景中几乎唯一的标本，理解、思考中国抒情传统作为审美理想重述中国传统文化的信念。或出于哲人与文人双重的敏感，柯小刚也将船山论《诗》作为典范，绪论中辟专节对其“性情相复、文质相救”的经史意识与“实涵斯活”的义理生发予以讨论，并在具体篇章的解读中大量征引船山的论述，在方法上多受影响，可谓心摹手追，同样意在“开生面”。那么，将郭绍虞论船山《诗绎》何以高明时的断语移用于此，作为对柯小刚本书的一种理解与本文的结束，也就不算突兀了。“以文学眼光去读诗，则于诗能领悟；本儒家见地以论诗，则于诗能受用”[2]，这是就读者读诗的提示，未尝不可视作阅读柯小刚时的路径，其中“领悟”“受用”间的关系，或也正是前所述“理解”与“实践”的辩证。以柯小刚自身的经验印证，可能没有什么比下面这段描述呈现的画面更感人了。虽然他们之间没有谈论什么诗，但当年一路默默倾听、暗中对话的年轻人一直记得，并在后来阐释《诗经》时，忽然想起，打捞并认出其中深挚的情感与诗意——

> 2003 年，我刚到上海工作的时候，有一次坐最破的绿皮车出差，旁边坐着两个农民工。我一路上听着他们谈话，都是“接地气”的家国情怀。[3]

[1] 萧驰．抒情传统与中国思想——王夫之诗学发微［M］．上海：上海古籍出版社，2003：4.
[2] 郭绍虞．中国文学批评史：下册［M］．北京：商务印书馆，2010：550.
[3] 柯小刚．诗之为诗·《诗经》大义发微：卷一［M］．北京：华夏出版社有限公司，2020：116.

当代中国的栗子与钢针

——《新解读：重思 1942—1965 年的文学、思想、历史》读后

王逸凡[1]

［摘要］ 作为北京·当代中国史读书会近十年来的重要学术成果，《新解读》鲜明标识了“社会史视野下的中国现当代文学研究”的路径与方法。读书会聚焦 20 世纪四五十年代的中国历史，缘由在于其中蕴含着把握 20 世纪中国革命和理解当下中国的思想资源。既不视政治为天然正义，也不无条件站在文学一端，《新解读》对“社会”的强调，意在突破文学与政治的二元对立，使两者重新焕发生机。《新解读》之所以看重革命现实主义文学，背后是对文学的主权、尊严与光荣的追寻，是对人的生命活力的召唤。

［关键词］ 当代文学　共和国史　社会史视野　革命现实主义　李凖

在当代中国从事人文知识思想研究，一桩事实上的困境无可避讳，即，围绕当代中国史的定性、评价、争论乃至诘难，以此而形成的截然对立、壁垒分明、缺乏共识且无可调和的研究困境，在其他学术领域中是不可想象的。在此境遇下，北京·当代中国史读书会（以下简称“读书会”）[2] 开展的一系列工作，便特别地显出独有的价值。集结在《新解读》丛书里的，是读

---

[1] 王逸凡，中山大学中文系博士后。

[2] 具体介绍参见何浩．“北京·当代中国史读书会”简介［J］．中共党史研究，2019（4）；何浩．努力扎根于经验的沃野——记“北京·当代中国史读书会”［Z］．微信公众号“北京大学人文社会科学研究院”．2020-06-11.

书会诸多努力的其中一个面向。此面向以“社会史视野下的中国现当代文学研究”为名，经过十年的摸爬滚打，如今已成为中国现当代文学研究界不容忽视的路径、方法突破。非如此，当读书会在今天将自己十余年的积累集体性地展出[1]时，断然不会把“新解读”之“新”作如此突出的标识。也就是，他们一定相信自己正在从事的工作是不同以往的，而且也将为学界带来新的变化和新的可能。

如何“既充分地内在于历史又批判性地解读”[2]《新解读》，并不是一件容易的事。柳青曾在《创业史》中描写蛤蟆滩困难户聚在一起的场景：“他们坐在教室里汽灯的强光下，非常的安静。”[3]程凯据此分析：“困难户们安静地坐在一起，这个无声的表象下面却是内在一致性的凝聚，这个一致无须交流而孕育着潜在的意志，其中还蕴含着等待，谁能够回应这个等待谁就能捕捉到这个力量。”[4]《新解读》丛书的问世，恰如这一安静但蓄势待发的时刻。这份包裹着内在一致性和潜在意志的等待，值得认真回应。

一、历史

为何需要以“社会史视野”重新观察和解剖中国现当代文学，《文学评论》2015年第6期的四篇笔谈[5]、贺照田为论文集《社会·历史·文学》[6]所写的编后记《不能忘记历史，不能忘记社会，更不能忘记人》[7]，已经提供了最直接的解释。随着近些年围绕丁玲、赵树理、柳青、周立波、李準而展开

[1] 除《新解读》论文集外，还有近期出版的《重读柳青》《重读周立波》《重读李准》及《20世纪中国革命与中国现当代文学》《社会·历史·文学》等论文集。

[2] 何浩.想象历史？不，与历史缠斗！（代序）[M]//贺照田，何浩，主编.新解读——重思1942—1965年的文学、思想、历史.石家庄：河北教育出版社，2023：序言28.

[3] 柳青.柳青文集：第二卷[M].北京：人民文学出版社，2005：117.

[4] 贺照田，何浩，主编.新解读——重思1942—1965年的文学、思想、历史[M].石家庄：河北教育出版社，2023：428.

[5] 程凯《“社会史视野下的中国现当代文学研究”的针对性》、何浩《历史如何进入文学？——以作为〈保卫延安〉前史的〈战争日记〉为例》、刘卓《现当代文学研究中的“历史化”》、萨支山《“社会史视野”：“当代文学”研究的一个切入点》。

[6] 贺照田，何浩，主编.社会·历史·文学[M].北京：中国大百科全书出版社，2023.

[7] 也可见于《汉语言文学研究》2023年第2期。

的诸多研究成果的问世，学界也已出现从不同侧面、角度，带有各自关怀、旨趣的理解方式。尽管一定避免不了“很多误解以及基于误解的批评与基于误解的称赞”[1]，但无论如何，现当代文学研究界因“社会史视野”而生发的种种讨论，已有不小的声量和规模。

基于此，如果再从现有的讨论路径和观察视点提供重复性的分析，将没有太大的必要。也许可以转从一个现象谈起，即原先在不同领域耕耘日久也颇有积累的读书会学人们，何以将目光纷纷汇聚至20世纪四五十年代的中国？为何他们要将可能是自己心力、才智最为充沛的年纪，奉献给这桩颇为冒险的事业？当他们真的将一切付出于此的时候，内心是否有难以消散的困惑与不安？而使他们能够坚持下去，“找到”了自己的位置和信念，最终克服困惑与不安的背后，又有哪些根本性的生命品质和思想认识在支撑着？[2]之所以好奇这些问题，是因为在如今的学术生活中已很难看到如读书会这般，将绝大多数精力投入无关考核、晋升的颇为纯粹的研究境地。这并不是说读书会学人能免于体制俗务的干扰，真实情况可能恰恰相反：在尽力承担体制俗务，维持甚至提升自身在体制内部的生存能力之余，他们仍然能够对事关根基与未来的学术、教育事业，葆有生生不息的动力与热情。换言之，既不是远离和弃绝赖以生活的体制，也非全然围绕甚至委身于体制，反而是在两者的游动与平衡之间，对时代课题和介入时代的学术实践倾注自己的身心。这是如何可能的？

在我看来，读书会的学术工作之所以能在这十余年间生根、发芽，直至开花、结果，是因为他们找到了能够使自己意义感、价值感追求得以安顿的学术领域。若提前给出一个简单、武断的结论，那就是20世纪四五十年

---

[1] 贺照田．不能忘记历史，不能忘记社会，更不能忘记人——《社会·历史·文学》编后记［J］．汉语言文学研究，2023（2）．

[2] 汪晖曾对比分析“五四”知识分子和20世纪30年代左翼知识分子的不同。他认为由于“马克思主义不仅解释了历史和现实，而且为他们找到了自己的位置和回到自己的社会的道路”，30年代的左翼知识分子不再有“五四”知识分子的“焦灼、惶惑和孤独”，由此而产生的认识是：“对于‘找到了’自己位置和信念的人来说，一切都是‘必然的’，也许斗争更加艰苦，然而内心却获得了安宁。”参见汪晖．预言与危机——中国现代历史中的“五四”启蒙运动［M］// 无地彷徨．杭州：浙江文艺出版社，1994：47．

代的中国，让他们变得坚韧不拔。只需浏览汇集读书会十余年来写作、思考成果的《人间思想》杂志（简体字版）中逢单数出版的第一辑《作为人间事件的1949》、第三辑《作为人间事件的新民主主义》、第五辑《新人·土地·国家》、第七辑《新与旧·公与私·理与时·情与势》、第九辑《作为人间事件的社会主义改造》、第十一辑《作为方法的五十年代》,[1] 就证明了读书会的关怀指向，以及上述结论的大致无误。因而，对于“何以将目光纷纷汇聚至20世纪四五十年代的中国”的进一步解答，是分析、评述其“社会史视野下的中国现当代文学”研究成果的重要前提。那时候的中国究竟有怎样的学术魅力？为何大多以文学研究为业的读书会学人，选择“当代中国史”而非“中国当代文学”作为关注对象？忽略或绕开这一问题，将无法准确触及读书会多系列、多层次学术工作的基本问题意识。

自2013年4月启动的当代史系列学术研讨会，是颇值得认真观察、审视的样本。关于此系列会议的宗旨，在第三次会议“新人·土地·国家——再论中华人民共和国成立的历史、文化、思想意涵”的邀请函中，有如下表述：

> 我们力图回到建国初的历史状况中，通过把握它们所置身的革命史脉络、内在张力关系以及国内外环境，来理解这一时期的历史结构、实践成果与发展方向。我们希望这系列会议能不断重建或触碰中国革命在某个历史阶段的结构性因素，并在这样一个“内在”视野下重新理解“我们是谁？”“我们从哪里来？”以及“走向哪里？”由此把握当下“中国”这一特定形态得以形成的内在历史逻辑。[2]

从“建国初的历史状况”试图“重建或触碰”中国革命取得成功时的“结构性要素”，以此理解和把握今日“中国”得以如此的内在历史逻辑。也就是说，读书会之所以投注心力于“建国初的历史状况”，是因为他们相信

[1] 此外，还有在2020年印行但未正式出版的《作为思想资源的五十年代》论文集。

[2] 贺照田，高士明，主编.人间思想：第五辑［M］.高雄：人间出版社，2016：3.

此历史时期不仅是中国革命的核心环节，而且还对回答眼下中国之种种问题提供了颇具穿透力和有效性的思想资源。简言之,20世纪四五十年代的中国，不仅在历史上重要，而且对今天也重要。

这“两个重要”绝非不言自明。对于中国近现代历史和中国现当代文学，诸多饱学之士并不一定拥有相同的认识。就哪个时段与该时段的文学在百余年历史中最为核心、重要，他们给出的答案也许是晚清、五四、抗战，也许是“文革”和“新时期”。与这些时段相比，建国前后的历史当然也很重要，但是否可以被提升至当代史会议邀请函所揭示的认识高度，实是众说纷纭的问题。而读书会之所以锚定此历史时期，何浩的解释最为贴切：

> 读书会的基本关切是20世纪中国革命史，尤其关注1949年后新中国政治、经济、文化、生活实践探索的历史与思想意涵。读书会发起人为文学研究出身的学者，这一起点使其在进入当代中国史研究领域时，特别针对和反思了当下人文知识思想在回应当代状况和当代问题时所应具备的历史认知之不足，并进而意识到正面投入处理当代史经验的必要性。[1]

这是在已有十年之久的积累基础上，在历经打磨与调整后而获得的自我理解和自我定位。回到十年之前，这一切又是如何开始的？恰好，在读书会组织的“人文知识思想再出发”系列讨论所附的与会者简介中，幸运地发现了生动、鲜活的印记。当事人之一是这么说的：

> 2011年1月28号，读书会第一次讨论的是钱理群老师的《毛泽东时代和后毛泽东时代》。当时我们并没有成熟和详细的规划，但总需要一个进入历史的媒介，正好钱老师的这本大作刚完成。钱老师作为中国当代史的一个代表性人物，他的思考和工作所具有的多层次的当代史

[1] 何浩．努力扎根于经验的沃野——记“北京·当代中国史读书会”［Z］．微信公众号“北京大学人文社会科学研究院”．2020-06-11.

含量，是很有挑战性的。……大概在2011年春节后的3月，钱老师基于他对当代史的一些理解和判断，建议我们接下来读1956—1966年的《中国青年》。……照田建议我和程凯先翻阅，但翻阅时的时段则最好从1949年开始。我们真的就去了。当时文学所资料室只有从1950年1月开始的《中国青年》杂志，我不记得我跟程凯翻阅的具体是哪一期杂志，不过记得我们看到杂志目录的丰富性，比如有大量政策文件、思想工作、农村经济、时事、工业计划、哲学、文化、文学、读者来信、问题讨论，等等栏目，我们微笑着点了点头。35岁的我们正年轻，想跟世界再搏一次。[1]

启发并引领此前从事文艺理论、政治哲学研究和“大革命”时期文学、政治研究的学者将目光聚焦于当代中国史，钱理群所著《毛泽东时代和后毛泽东时代（1949—2009）——另一种历史书写》[2]起到了重要的媒介作用。据钱理群的后记，该书脱胎于“2009年9月至11月在台湾交通大学社会与文化研究所给研究生上课的讲稿”。不过，钱理群对毛泽东研究的兴趣由来已久。他说“写作本书的最初冲动是产生于1985年”，那时由于刚完成《心灵的探寻》的写作，钱理群认为已基本清理完毕自己与鲁迅的关系，接下来应当“开始着手清理和毛泽东的关系”。1994年，钱理群赴韩国外国语大学任教。在拉开“时间与空间”“现实与心理”的距离后，才真正开始“正面地来处理这一历史研究课题”。2009年，钱理群在陈光兴的邀请下赴台讲学，此时他认为“如果要让台湾青年了解大陆的历史与思想文化，最佳切入口无疑是鲁迅与毛泽东。于是我决定同时开设两门课：在清华大学给大学生讲鲁迅，在交通大学给研究生讲毛泽东”[3]。2010年12月23日，钱理群在书稿完

[1] 引自何浩为“人文知识思想再出发”系列讨论撰写的自我介绍，亦可参见何浩为其最新出版的论文集《与“现实”缠斗》（河北教育出版社，2023年版）所写的后记。

[2] 钱理群．毛泽东时代和后毛泽东时代（1949—2009）——另一种历史书写：上、下册［M］．台湾：联经出版公司，2012.

[3] 钱理群．毛泽东时代和后毛泽东时代（1949—2009）——另一种历史书写：下册［M］．台湾：联经出版公司，2012：346.

成的时刻说道："完成了毛泽东研究，这一生，就真的没有什么遗憾了。"

以上对钱理群的毛泽东研究历程的速描，恰好接续读书会"正面处理"当代中国史的起点。不同的年龄、际遇，不同但部分重合的时代经验，以及相同的对国家、民族富有责任心和使命感的两代人，当他们"坐在一起"共同面对毛泽东时代的中国时，一定碰撞出了知识与思想的火花。对1939年出生的钱理群而言，这些"年轻朋友"的"严肃、认真"，和他们提出的"不同意见"甚至"某种不满"，都是令他难以忘怀的。因着自己的生命经验和学术探索，也因与"年轻朋友"碰撞而出的真挚、热情，钱理群最后得出的结论是："毛泽东和毛泽东时代、后毛泽东时代，无论其复杂性，还是丰富性，在中国历史以至世界历史上都几乎'绝无仅有''空前绝后'"，因此需要有一种"历史责任或雄心壮志"："我们要通过对这段内含着最深刻的'中国经验和中国教训'的历史研究与叙述，进一步提升到理论的高度，创造出具有历史与现实阐释力的中国批判理论"。[1]

以鲁迅研究闻名学界和社会的钱理群，在其晚年向世界抛出了关于毛泽东时代的勤勉思考，这不是一个现当代文学研究者能够轻易接住的。毋宁说，这里面潜藏着事关当代中国人文学术能否长久、致远的重要时代课题。自20世纪80年代以来，作为一门学科的中国现当代文学，已发展成为具有相当自主性，渐有成熟、规范乃至默契的研究方法，足以吸纳年轻学人不断涌入、多数学人耕耘一生的学问。因此，即使不必理会外界的风雨变幻，只需做好案头的学术工作，那么在现有的知识观念与评价体系中，不仅没有大的问题，反而会被视为知识分子坚守"岗位意识"的标杆。这是近四十年中国人文学术演进的结果，而深度参与此学术进程并获得巨大声誉的钱理群，却始终怀疑并挑战这一极具规定性的逻辑。如果说他的鲁迅[2]、周作人[3]、

[1] 钱理群．毛泽东时代和后毛泽东时代（1949—2009）——另一种历史书写：下册［M］．台北：联经出版公司，2012：354.

[2] 钱理群．心灵的探寻［M］．上海：上海文艺出版社，1988.

[3] 钱理群．周作人传［M］．北京：北京十月文艺出版社，1990；钱理群．周作人论［M］．上海：上海人民出版社，1991.

四十年代文学[1]、知识分子精神史研究[2]，是为学界赏识、注目的，那么钱理群围绕共和国的历史和当下而展开的毛泽东研究、民间思想研究[3]以及时政观察、评论[4]，却不一定能让从事现当代文学研究的同行吸收、消化，而更别说认真对待其“多层次的当代史含量”了。正是在此前提下，读书会努力接续钱理群对共和国史的沉甸甸的思考，显示出这些“年轻朋友”的别有幽怀和独特眼光。不明白此中关系，那么对读书会所指向的“当代中国史”及其之后的“社会史视野”，将错过把握其真实意涵的契机。

基于对现实状况的敏感不安，以及本该回应此敏感不安的人文学术却表现得不理想，加之以钱理群为代表的当代思想人物对当代中国史的关注、投入，这些因素共同作用于读书会学人，让他们从 2011 年开始了复杂而深刻的转变与征途。征途的目的地是 1949 年的历史深处，那既是中华人民共和国的起源，又是 20 世纪中国革命这条“大河”所拐的最显豁的“大弯”[5]。新国家的诞生如何重塑旧社会的山河与人民，世间的万物又会怎样承接革命风雨的冲刷或润泽，此类问题在 2011 年之所以变得如此重要，大概是因为在读书会学人心中，某种只有握紧过去的钥匙才能开启未来的大门的可能性正在浮出水面。在下一步怎么走悬而未决的时刻，若自己的主张与实践能够为中国人文学术向理想境界的进发而添砖加瓦，那么作为一名学者，也当会幸福、欣慰，自我生命的内在得以充实。由此或能理解，当读书会学人将目光聚焦于建国初期的历史与文学时，他们会特别注重找寻并放大翻身、解放、共和等激发人向上提升与向周边散开的国家感觉和社会感觉。在他们看来，这种国家感、社会感以及人与人之间的联结、纽带，是 20 世纪四五十年代的中国所特有的，也为今日之中国所特别需要的。既然在距离今天并不算远的中国历史上出现过理想的社会、人心状况，或者，应该更谨慎地说，出现

---

[1] 钱理群 .1948：天地玄黄［M］. 济南：山东教育出版社，1998.

[2] 钱理群 .1949—1976：岁月沧桑［M］. 香港：香港城市大学出版社，2017.

[3] 钱理群 . 拒绝遗忘：“1957 年学”研究笔记［M］. 香港：香港牛津大学出版社，2007；钱理群 . 爝火不息：文革民间思想研究笔记［M］. 香港：香港牛津大学出版社，2017.

[4] 钱理群 . 知我者谓我心忧：十年观察与思考 1999—2008［M］. 香港：香港星克尔出版有限公司，2009.

[5] 此处借用西川的隐喻性表达。参见西川 . 大河拐大弯［M］. 北京：北京大学出版社，2012.

过理想的社会、人心状况的生机与可能，那么我们为何不把握住它，使之成为对今日具建设性的思想资源呢？

我想，这便是读书会如此倾心共和国史，尤其是建国之初的原因。对比由其他问题意识和治学门径而进入相同领域的学人，读书会学人进入共和国史与当代文学的方式在根本处是有其特殊之处的。若进一步追问究竟有何差异？从所谓“社会史视野”中的“社会”入手，可大致揣摩其内在的主旨和质地。

二、社会

一位我很欣赏的青年学者曾私下说，他能读懂读书会老师的论文的每行字、每段话，但合在一起却不明白要表达什么。由于我知道他的学术造诣不低，那么这样的困惑，应当有其合理性和解释的必要。

这一困惑和上节结尾抛出的问题是直接相关的。也就是，虽然同样面对共和国史与当代文学，但因为和学界惯常的问题意识与处理方式存在实质性的不同，因而导致有相当水准的研究者，也可能会产生不解与误解。不过，上述困惑虽然不易解决，但也并非无迹可寻。不妨先从现当代文学研究界的老问题抑或“硬骨头”入手。在长久的思维惯性与操作惯习里，文学和政治的关系，是分析、讨论“延安文艺”与“十七年”文学时最核心的问题。这不仅由于毛泽东《在延安文艺座谈会上的讲话》的规定性影响，而且在其后的漫长岁月中，即使是对《讲话》的偏移、质疑乃至反拨，也仍然深深受制于文学与政治的观念框架而无法真正跳脱。比如，“新时期”以来对文学与政治关系的大幅度松绑，所通往的其中一个方向是对“文学是人学”的高度强调，再之后是对文学的“主体性”（刘再复）和“内向转”（鲁枢元）的推崇与迸发。但是，文学在努力恢复自主性的同时，却也逐渐“失却轰动效应”（王蒙），文学在当代社会生活中的位置日趋边缘。这是当初想要摆脱政治宰制、恢复文学尊严的提倡者所能预见的吗？更有甚者，不仅文学丢失了曾经达到的介入现实生活的能力，而且让人忧心的是，政治在缺少其他力量对其校准、修正[1]后，也在诸多层面和环节切断了与现实生活的有机联系，无法抵达社会与民众的物质、精神需求所在[2]。原本是想解绑已然紧张、压抑的文学与政治的关系，使两者都能重新恢复生机，然而在后续的历史变迁中，文学与政治的逐渐脱钩，却造成了两者对真实世界的感知、把握能力的各自下降。除了过度扭结与脱钩断链，难道就没有别的关联方式了？

在此意义上，读书会对共和国史和当代文学的思考、研究，特别标识了“社会”的重要性。为文学与政治的二元关系增添“社会”维度，是读书会学人颇具创造性的尝试。何浩说“之所以在进入历史之后，提出以‘社会史视野’为中心来考察革命文学，是由于我们发现，《讲话》中政治对文学所提出的要求，并不是无中介地抵达的，也不只是通过语言的中介来抵达的”[3]。特意表明从政治到文学的过程中存在着除语言之外的中介装置，这和单纯认为政治仿佛透明无碍地“侵扰”文学，或文学可以轻易通过语言的想象功能来含纳甚至抵御政治，在思考深度上拉开了不小的距离。看似只增加了一道中介，何以有可能冲破原有的思维定式与学术成规？缘由在于，读书会所发现和构想的“社会”，是一个根基坚实又极富生长性的存在。这个“社会”“不是一般社会学所谈论的‘社会’，不是被既定社会学知识体系所呈现的‘社会’，而是不断被不同时期的政治所打造，但又在不同时期配合或拒绝（甚至反抗）政治的存在”[4]。中共革命是20世纪中国历史中最重要的事件，其政治性又是极显眼的标志，在此状况下，若能发掘可以和政治互

---

[1] 文学是否也是“其他力量”之一？从20世纪中国的历史经验来看，答案应当是肯定的。贺照田提示：“关于20世纪中国历史特别是革命历史中文学对政治的塑造与影响问题，很多研究都涉及到，但可惜都没有把文学对政治的塑造作为正面聚焦问题，从而既准确把握、呈现不同时期文学对政治的影响，又在对相关历史前后变迁的准确、系统勾勒后，认真体味、分析这些变迁何以发生，其发生的历史、思想、政治、文化意涵是什么。”贺照田．不能忘记历史，不能忘记社会，更不能忘记人——《社会·历史·文学》编后记［J］．汉语言文学研究，2023（2）．

[2] 汪晖．代表性断裂与“后政党政治”［M］// 短二十世纪：中国革命与政治的逻辑．香港：香港牛津大学出版社，2015；贺照田．群众路线的浮沉——理解当代中国大陆历史的不可或缺视角［M］// 革命—后革命——中国崛起的历史、思想、文化省思．新竹：台湾交通大学出版社，2020.

[3] 何浩．想象历史？不，与历史缠斗！（代序）［M］// 贺照田，何浩，主编．新解读——重思1942—1965年的文学、思想、历史．石家庄：河北教育出版社，2023：序言38.

[4] 何浩．想象历史？不，与历史缠斗！（代序）［M］// 贺照田，何浩，主编．新解读——重思1942—1965年的文学、思想、历史．石家庄：河北教育出版社，2023：序言39.

动、对话的对象，尽量把过于强势的政治相对化，将大大助益于重新理解 20 世纪中国历史，并使历史呈现出另一种面孔与可能。读书会对“社会”的期待，其背后包含着上述意图。

那么，“社会”如何能在被政治打造的同时，还有配合或拒绝政治的自主权和灵活性？细究发现，这不仅是客观现实问题，而且还是主观认知问题。在大多数现代知识分子眼中，自晚清以来，中国社会与民众的状态并不理想，诸种政治力量虽有心但无力改变。例如，即使到了 1949 年，中华人民共和国的成立也没能让“卷入现代中国建国问题极深、极久，为之呕心沥血”的梁漱溟立时服膺，因为他暂时还未看到中共可以“积极有效推动、组织整个社会，把社会大部都变成自己稳固扎根的土壤，乃至自己的积极有机组成部分”[1]。为把中国社会的不理想转化为理想，除了政治需具备高度的现实感与敏锐性之外，政治和思想主体是否真的对中国社会内在蕴含的能量、品质与可能性充满信心，同样至为重要。以信心为基础，中共和知识分子才有可能通过“对它所坚信的中国社会的情感与认知投入，和与这些投入紧密相伴的认知进展，与根据这些认知进展而不断调整的实践进展”，来推动社会“在更多时候真的焕发出了过去社会自己恐怕也没有自信的能量与品质”。[2] 因此，怎样认知“社会”，实为下一步走向何方的关键锁钥。贺照田对新文化运动主流启蒙观的批评正在于此，他认为当年的启蒙知识分子“所痛心疾首的中国社会，所看到的只是在特定的历史—现实条件下这个社会的表现，并不应就此判定这个社会的本质便如此……现代中国社会相比现代中国知识分子对它的期待即使不够理想，也并不意味着它就没有一些重要的品质和能量可以组织到现代中国所需要的历史进程中去”[3]。而如果始终抱持着这么一种现实不可改变、历史亦无法重来的无力感，那么在今日，我们参与并创造的所有知识工作的意义，也就无从谈起了。

---

[1] 贺照田 . 当自信的梁漱溟面对革命胜利……——梁漱溟的问题与现代中国革命的再理解［M］// 革命—后革命——中国崛起的历史、思想、文化省思 . 新竹：台湾交通大学出版社，2020：100.

[2] 贺照田 . 启蒙与革命的双重变奏［M］// 当社会主义遭遇危机 . 台湾：人间出版社，2016：69.

[3] 贺照田 . 启蒙与革命的双重变奏［M］// 当社会主义遭遇危机 . 台湾：人间出版社，2016：70.

读书会学人当然不接受自我困陷的命运，否则无法想象这十余年来的勤恳努力是如何坚持下来的。不仅如此，当他们认定历史和现实中的“社会”都有无限值得开掘的矿藏时，与“社会”相关的诸多宝贵认识，确乎在积极的认知努力下浮出地表。譬如，程凯从《徐光耀日记》中发现，对“社会的实际运行状态”的准确把握，和中共革命得以成功所高度依赖的“群众路线”，以及知识分子的“深入生活”实践，都有着直接而密切的关联。程凯提示，作为一名党的干部或革命知识分子，能否做到紧贴“乡村生活世界的实态，或者更准确说是乡村原有的社会、生产构成，人际关系，行为逻辑，在新政治、新事物的冲击下会产生的反应方式”[1]，关键在于有没有“建立把群众当作真正的主体去把握的认识论”[2]，“学会真正站在群众的立场体会群众”[3]。换言之，暂不论自上而下施加的政治要求，也不论自下而上展露的乡村、群众实际状态，作为中介的行为主体自身，如何在整体性的视野和关怀里，认识、理解与感受其所迎面相撞的社会和社会中人，才是首要考虑和解决的问题。“群众路线”得以真正贯彻，“深入生活”得以行之有效，可以说皆赖于此。

“平静的乡村生活必须要被打破吗？以阶级斗争重构乡村秩序顺理成章吗？”[4] 在对周立波《铁水奔流》的研究论文里，符鹏不经意间的一处闲笔却足以显志。政治介入之前，乡村生活和乡村秩序是客观存在、自成一体的。政治为了自身的目标、理想，且此目标、理想包含着对社会朝向更好状态的追求，因而政治需要进入社会并改造社会，或者用何浩的话说，从“搅动”社会到“煨制”社会。[5] 但社会又不是纯然被动的，它有自己的架构和逻辑，

[1] 贺照田，何浩，主编．新解读——重思 1942—1965 年的文学、思想、历史［M］．石家庄：河北教育出版社，2023：305.

[2] 贺照田，何浩，主编．新解读——重思 1942—1965 年的文学、思想、历史［M］．石家庄：河北教育出版社，2023：306.

[3] 贺照田，何浩，主编．新解读——重思 1942—1965 年的文学、思想、历史［M］．石家庄：河北教育出版社，2023：309.

[4] 贺照田，何浩，主编．新解读——重思 1942—1965 年的文学、思想、历史［M］．石家庄：河北教育出版社，2023：200.

[5] 贺照田，何浩，主编．新解读——重思 1942—1965 年的文学、思想、历史［M］．石家庄：河北教育出版社，2023：152.

凝聚着特定地域人类如何生活的深远智慧，当然也少不了值得忧虑的危机与弊病。这些都是当年的政治需要面对的时代课题，也是今天的研究者在回顾历史时不应忽略的。仅从这句话即可看出，虽然读书会对20世纪中国革命与中国现当代文学用功甚深，但他们既不视政治为天然正义，也不无条件地站在文学一端。“社会”的出现意味着，文学与政治只有不固定自己的位置，两者均充分地向社会敞开自我，并把社会妥帖地融入自身的实践过程，才可能达致良性的运作状态。如果没有对社会的深切把握，而只依赖某种固定化的理论、思想，那么好的政治和好的文学的产生，恐怕会有相当难度。作为一部工业题材的“失败之作”，周立波《铁水奔流》的意义即在于此。以往研究多从“科层制的现代官僚体制（技术管理、效率主义）与社会主义的政治理想（工人的主体精神、民主诉求）之间的矛盾”来进入对建国初期工业化进程和工业题材小说的讨论，但符鹏敏锐地发现，“官僚主义”问题的复杂性在于，它表面上是一种对经验现象的描述，但准确来说却是“毛泽东为了推动现实转变的观念构造”。更为复杂的是，即使认识到此观念构造和实际历史的出入，大多数研究也“在相当程度上受到1980年以来大陆‘韦伯热’在学术界形成的科层制分析话语的影响，而并非真正从1957年之后中共激进政治理解的内在演进逻辑出发”[1]。因此，符鹏提醒：“即便工业生产有其自身的规定性，这种体制的组织方式与过程仍然依赖具体的人，更准确地说是具体的民族—国家处境中的人。”[2] 譬如，在中华人民共和国成立初期的工业生产中，“具体性”要求我们发现，“中国工人大多来自乡村破产的农民，他们进入工厂时并不能马上融入现代生产组织，不容易在这个新系统中形成个人的意义感”[3]，所以应如费孝通所言，“必须认真对待他们从中国传统传承的心性经验、道德想象”。

---

[1] 贺照田，何浩，主编．新解读——重思1942—1965年的文学、思想、历史［M］．石家庄：河北教育出版社，2023：160.

[2] 贺照田，何浩，主编．新解读——重思1942—1965年的文学、思想、历史［M］．石家庄：河北教育出版社，2023：159.

[3] 贺照田，何浩，主编．新解读——重思1942—1965年的文学、思想、历史［M］．石家庄：河北教育出版社，2023：228.

正是由于对“社会”的尊重，使得“社会史视野下的中国现当代文学”的学术位置和学术品质凸显。也许在左派学者看来，这样的研究太过保守和温情脉脉了：怎能忽略了区别敌我与阶级斗争？而在新启蒙主义者和自由主义者眼中，着力从中共实践中发掘思想资源，可能完全是一场缘木求鱼之举。“很多误解以及基于误解的批评与基于误解的称赞”，因之由此产生。最后是求得最大公约数，还是两边不讨好？读书会努力闯出的这条新路，究竟能走到哪里？从文学与人的角度，也许能窥见最后的方向。

三、文学与人

在长时间与“历史”“社会”厮磨、缠斗后，读书会对“文学”这个本职工作，还有兴趣吗？还保持着信心吗？从文学逸出而后又回到文学，是一种略显格套的自我阐释模式，还是真作如是观？即使回来了，文学还能承担什么？围绕文学而展开的人文知识工作，又能做些什么？想到如上问题，就不免让人踌躇。毕竟 20 世纪 90 年代以来的中国，文学的无力和孱弱是显而易见的。既然《新解读》的意旨之一是超越《再解读》对社会主义文艺的理解，那么显然，读书会无意重新回到被《再解读》超越的 80 年代的文学观念和思想感觉。所以令人好奇的问题是，读书会从 50—70 年代的中国文学里，究竟发现了什么？

何浩根据周立波对俄罗斯文学的理解、认识，写出了自己对文学的理解、认识。他说文学有一种“特殊的观察和体认而对世界的深入程度和认知能力”。举例来说，“乞丐讨钱可以是一个社会学、人类学、政治学、经济学的命题”，但只有文学可以发现钱“‘叮叮当当’的方式滚到乞丐脚边的世界”，这是一个“不忍直视却又被残忍听到的、不该发生且应被谴责的世界”，而“这一世界面向是俄罗斯文学对于人性无比敏锐的洞察和发现才得以呈现出来的”。[1] 若论文学有什么不可取代的，这一说法基本清晰地展示了

[1] 贺照田，何浩，主编 . 新解读——重思 1942—1965 年的文学、思想、历史［M］. 石家庄：河北教育出版社，2023：91.

出来。但这就够了吗？一般而言，伟大的世界文学经典都具备上述能力，而20世纪50—70年代的中国文学，反而恰恰被认为无以在中国文学史上留下印记，遑论与世界文学经典一较高下。既然伟大的文学有对世界的发现和洞察能力，那么中国的社会主义文学又有什么呢？何浩在论及李凖的文章中，有一段摄人心魄的表述启发我们思考这些问题：

> 深入农村生活的作家，在乡村要看报纸，写理论文章，分析乡村社会经济动态、阶级结构，这是人类历史上很奇特、很罕见的文学实践方式。李凖认为，这不只是深入生活的需要，这些环节是能保证作家站在社会运动最前沿、保持新鲜头脑的必须途径。以这种方式创作的作家不只是一个行吟诗人，而是神灵隐退后民族命运的最高奠基人之一。文学能与政治一同参与民族命运的未来，不是抽象的命运，而是携带着民族身体的当下性的命运。[1]

这是1955年的李凖，那时他凭靠对有活力的政治的敏锐把握，可以达到如此高度。到了1981年，当李凖不再信赖政治，欲以一己之力通过《黄河东流去》来唤醒古老民族的生命活力时，何浩认为：

> 李凖对文学功能的重新界定，内含着与政治重新争夺国家生命根基的潜在张力。李凖要为文学重新夺回对民族生命力量的控制权。[2]

这段话的意思是，在李凖已经发展但又尚未发展充分的基础上，如果我们继续构想、推进、深化，就可以重新为文学赋予无上的尊严与光荣。此等尊严与光荣，来自于李凖的文学既脱胎于政治，又超越政治，且始终包裹、

[1] 贺照田，何浩，主编 . 新解读——重思1942—1965年的文学、思想、历史［M］. 石家庄：河北教育出版社，2023：331.
[2] 贺照田，何浩，主编 . 新解读——重思1942—1965年的文学、思想、历史［M］. 石家庄：河北教育出版社，2023：332.

涵纳着政治。这是20世纪80年代初的"新时期文学"收获的历史时机，李凖在努力抓住这难得的复兴文学的入场券。

回过头看，说社会主义文学"是人类历史上很奇特、很罕见的文学实践方式"，大多数学者应该会同意这一点，不论其立场、喜好如何，但，以这种方式创作的作家"是神灵隐退后民族命运的最高奠基人之一"，真是迄今所见到的对社会主义作家的最高评价。在李凖这里，文学既能与政治一起参与民族命运的未来，也能在政治失效之际独自培育国家的生命根基与民族的生命力量。在何浩眼中，理想状态下的社会主义文学是可以企及如此境界的。向这个境界迈进的社会主义作家，其对世界与人民的使命感、责任心和洞察力，也是其他历史时期的作家所无法比拟的。暂且搁置对中国社会主义文学实际情况的分析与评价，仅从上述表达来体察读书会学人的文学认知，他们对文学的尊重和推崇，一点也不比单纯高扬文学性、视文学为最高生命形式的人要低。对"历史"和"社会"的认真、细致的投入，其背后潜藏着对文学的呵护与珍重。

进而言之，他们心目中的理想的文学，不仅具有主体性，而更应该有一种主权："如果说，在美学转向中，艺术作为独立于社会整体的'飞地'，获得了自治权（Autonomie），那么，在美的理念中，艺术进而被视为生活总体的化身，被授予了主权（Souveränität）。"[1] 文学独立于政治，只获得自治权，而文学的主权，有待于进一步的野心，这正是社会主义文学所要追求的。当然，社会主义文学的成败荣辱也系于此。并非所有文学实践都成功了，甚至大部分文学尝试都以失败作结。对于丁玲、赵树理、柳青、周立波、李凖这些最具代表性的作家来说，他们也只在某些时刻、某部作品能触碰到作为文学主权者的感觉，这种转瞬即逝的生命体验可遇而不可求。因此，既需要珍视那些成功经验，也应关注大多数时刻文学的不尽人意。洪子诚发问："我

[1] 黄金城．有机的现代性：青年黑格尔与审美现代性话语［M］．上海：上海人民出版社，2019：139.

们如何面对挫折？”[1] 这一问题实是检验各类研究学术质地的试金石。在此意义上，贺照田的如下表述，体现了读书会以“社会史视野”为名的中国现当代文学研究，与时下流行的社会主义文学、文艺研究的不同：

> 即使在 1950 年代末—1970 年代中这一历史时段，留给“人”的可自主空间——因政治的过多过强要求，制度设计、运转对人时间、精力的过度组织，个人可支配利用的物质文化条件过于有限，住居条件的困难，等等——被极大地压缩，但仍然不等于在这样的历史状况中的所有“人”都可以被这些有极强规定性的历史方面完全左右，也仍然要求我们对这个阶段的“人”之“为人”问题去作耐心考察与探问。即使在一个生命可自主空间被极大压缩的时代，文学要发挥其作为“人学”的力量，除了对时代使生命遭遇不必要的艰难、毁坏尤其以通常形式不容易赋形的时代存在、时代质地予以认真、痛切的努力揭示外，还必须致力于思考与呈现：在这样的艰难中，诸多生命是如何不被这些艰难完全压倒，在有限的可自主空间中仍然活出相当的生命尊严与意义支撑的。[2]

表面上看，读书会的学术工作，直观上给人以正面处理共和国史经验、正面打捞社会主义文学遗产的印象，以至于会让人以为他们对社会主义实践的挫折与失败采取了避而不谈的态度。但上段文字却结结实实揭示了，读书会学人的研究在根柢处是文学的态度，是对人的生命和尊严的关注。从革命作家和革命现实主义作品中发掘“人”之所以“为人”的可能，是藏在这一系列学术工作背后的深远用意。不过，在现有的知识格局与思想氛围下，这无异于火中取栗和大海捞针，且还需接受旁观的冷眼相待与窃窃私语。但那想要求取、打捞的栗子和钢针，正如同奥尔巴赫所说的，“抓住独特的、由

[1] 洪子诚．我们如何面对挫折［M］// 贺照田，何浩，主编．20 世纪中国革命与中国现当代文学．石家庄：河北教育出版社，2023.

[2] 贺照田．不能忘记历史，不能忘记社会，更不能忘记人——《社会·历史·文学》编后记［J］．汉语言文学研究，2023（2）．

内在力量驱动的东西，抓住具体的并且具有普遍有效深刻意义的东西”，并“将这些认知运用于当代，那么，当代也就表现为一个无与伦比的、有内在力量推动的不断发展的时代”。[1] 此中奥义，值得认真、负责的学术工作者深深思之。

最后，人的问题水落石出。在《新解读》的几乎每篇论文里，都渗透着对人的深切观照。比如，莫艾发现冯雪峰对农民的认识相当深刻且重要："农民的自私之后更为深层的精神品质是无私，这无私又要求着公平，不公平就要反抗。"[2] 程凯从徐光耀的“深入生活”过程和丁玲对徐光耀的建议中，读出“另一种生活的价值在于一个人不能惯性地生活，不知不觉地被周边生活的逻辑所左右，应该有勇气用‘应该有的’生活的理想去改造现实，为此或者还要牺牲自己的生活。这也许是残酷的，但对于广义的创作者而言，未必不是一种必要的残酷——用打破惯性自我的方式去获得更阔大、更具创造动能的自我”[3]；从柳青塑造梁生宝这一理想人物中，看到“柳青在梁生宝身上所赋予的就不单纯是对合作化运动的信心——基于信任、积极性而投入社会主义改造大潮的英雄主义气度——而是超常的责任心、谨慎的态度、反思性、斗争意识与实践能力”[4]。贺照田意识到雷锋之所以能做到“永不生锈”，是因为有五种对雷锋非常重要的路径、方法，“或根植雷锋生命内在经验、内在情感，或根植雷锋生命的核心向上冲动，或根植总能有力激发、调动他的身心、情感的努力”[5]。这些关于人、围绕人的细腻分析，是透过历史与文学的关怀而最后抵达的。换言之，读书会的中国现当代文学研究，欲想恢复“文学是人学”的本来面目。若没有贺照田在《社会・历史・文学》论文集

[1]［德］埃里希・奥尔巴赫．摹仿论［M］．吴麟绶，等译．北京：商务印书馆，2014：524.

[2] 贺照田，何浩，主编．新解读——重思 1942—1965 年的文学、思想、历史［M］．石家庄：河北教育出版社，2023：45.

[3] 贺照田，何浩，主编．新解读——重思 1942—1965 年的文学、思想、历史［M］．石家庄：河北教育出版社，2023：269.

[4] 贺照田，何浩，主编．新解读——重思 1942—1965 年的文学、思想、历史［M］．石家庄：河北教育出版社，2023：420.

[5] 贺照田，何浩，主编．新解读——重思 1942—1965 年的文学、思想、历史［M］．石家庄：河北教育出版社，2023：607.

编后记中的解释，即他们研究意识的准确表达应为“以历史中‘人’为媒介的中国现当代文学研究”，恐怕学界将在长时间内以为，读书会学人的“社会史视野”真的把文学抛在了脑后，而只关心所谓的“外部”。而“文学”向“人学”方向的贴近，则表明他们无意重新进入 20 世纪 80 年代中期之后至为流行的“纯文学”窠臼。经过多年努力，一种既文学又不文学，既历史、社会又和历史学、社会学的历史、社会颇具差异的学术研究，终于在今天初现雏形。

这样的人文学术会通往哪里呢？或可说，《新解读》中在在可见的对人与社会的“活力”的追寻，是该丛书的终极指向。他们为当代中国史和中国当代文学曾经拥有的活力而振奋，也为活力的消失而叹息。[1] 读书会的十年之功，为的便是找寻并唤回那支撑着亿万中国人在这片土地上存活、生活的“力”。由此我回想起半年前的 2023 年 6 月 26 日下午，贺照田在北京师范大学讲授“七八十年代青年诗潮几个未得到充分正视与讨论的问题”系列课程时，着重分析了海子的《九月》和《面朝大海　春暖花开》。面对用体内的太阳将自己烧成灰烬的海子，在那个炎热的教室里，贺照田说：“如果他能认真地生活，他就可以……”；“好的文学不会让人死”。虽然中间的段落已记不太清，但关于“认真地生活”的假设，和某种文学与生命的态度和关联方式，让被炙烤着的心头获得了难以言表的沁凉。那沁凉有如钢针刺破皮肤的触感。

如果 20 世纪 80 年代的海子能理解 50 年代的柳青和李凖，如果真能打通海子与柳青、李凖之间的壁障，那么中国当代文学有没有可能重新恢复活力？因有活力的当代文学和当代人文学术，我们每个人都身处其间的当代中国，有没有可能进而变得充实而有光辉？

我期待着，我们大家都期待着。

---

[1] “这正是我们看到的《讲话》以来文学最有活力的时期之一。在这个时期，《讲话》所带来的文学各形态的活力，实则是以人与社会的活力的焕发为基础和前提的。我们大致也是从这个视角来考察《讲话》及中共政治实践所打造的中国社会的特定形态和面向。但我们的工作也包括通过追踪这些作家不同时期的作品，来考察随后为何又会出现各种形态变化，并检讨其为何在不同时期会出现严重后果。而这种检讨也仍大多围绕特定时期人和社会的活力状态的丧失这些维度。”参见何浩．想象历史？不，与历史缠斗！（代序）[M] // 贺照田，何浩，主编．新解读——重思 1942—1965 年的文学、思想、历史．石家庄：河北教育出版社，2023：序言 42.

编后记

终于，经过一段时间的延宕，2024年上半年刊的文章大体编竣了。

很高兴，本辑得以重点讨论作为思想者和生产者的鲁迅，以“解读鲁迅：文学与政治”为题，邀请到三篇质量很高的文章。林分份讨论北京时期鲁迅的“联合战线”的定位，杨俊杰辨认厦门时期鲁迅文学回忆中的政治想望，让我们更好地理解文学与政治在鲁迅及其文学那里的交织样态。张历君透过对鲁迅接受舍斯托夫和日本“不安的文学”过程的辨析，打开了理解《故事新编》中的“群众”和他们的“余兴”以及作品“油滑”书写问题的方法。细致的线索辨认、思想的风云激荡和深层内涵的把捉，总是让人大开眼界。鹿地亘文章的译介同样丰富我们对鲁迅的理解，意味深长。

我们认为，文学教育和语文教育应当是文学研究尤其是理论研究和文化研究的当然部分。所以很高兴本辑能够邀请到詹丹、李小龙、李煜晖和彭薇，从文学研究与教学研究相关联的方面，讨论“整本书”的读法与教法问题，他们的努力和成果让我们感到文学和文化研究真正与教育教学研究相融合、相促进的可能性和现实性。让我们继续期冀。

《文化与诗学》希望一直推进独立书评的事业。本辑继续邀请年轻学人勇力参加健康的书评事业，希望他们的努力，能够彰显这些著作的光彩及其褶皱，让学术能够更好地流传和精进。

编者于2024年6月6日